KB119647

AWE
경외심

AWE:

The New Science of Everyday Wonder and How It Can Transform Your Life

Copyright © 2023 by Dacher Keltner
All rights reserved.
Korean Translation Copyright © 2024 by Wisdom House, Inc.

This edition is published by arrangement with Creative Artists Agency, LLC
through EYA Co., Ltd.

이 책의 한국어판 저작권은 EYA 에이전시를 통한
저작권사와의 독점 계약으로 ㈜위즈덤하우스에 있습니다.

저작권법에 의해 한국 내에서 보호를 받는 저작물이므로
무단전재와 무단복제를 금합니다.

AWE
경외심

**일상에서 맞닥뜨리는
경이의 순간은
어떻게 내 삶을 일으키고
지탱해주는가**

대커 켈트너 지음
이한나 옮김

위즈덤하우스

이 책을 향한 찬사

"우리는 살면서 더 많은 경외심을 느껴야 하는데, 어디에서 이를 찾으면 좋을지 설명하는 완벽한 책을 대커 켈트너가 써냈다. 경외심의 과학 분야 독보적인 전문가로서 그는 너무나도 훌륭하게 이 강력한 정서의 비밀을 설명하고 경외심을 통해 우리가 어떻게 고양감이나 탄탄한 안정감을 느끼는지 풀어낸다."

– 애덤 그랜트
펜실베이니아대학교 조직심리학 교수, 《기브 앤 테이크》 저자

"베토벤 음악을 들을 때 돋는 소름, 그랜드캐니언을 바라볼 때 느껴지는 경이, 아기의 조그마한 발이 지닌 그 완벽성에 대한 경탄. 이렇게 경외심을 느끼는 순간들이야말로 살면서 마주하는 가장 깊이 있는 경험이라는 것은 아마 여러분도 이미 감지했으리라. 그런데 만약 이 같은 순간들이 어디에서 비롯되었는지, 어떤 의미를 지니는지, 어떻게 하면 더 자주 경험할 수 있는지 궁금했던 적이 있다면 이에 대해서는 위대하고 현명한 심리학자 대커 켈트너보다 훌륭한 안내자가 없다. 최상의 자기실현에 다다르고자 한다면 이 책을 읽으라."

– 수전 케인
《비터스위트》《콰이어트》 저자

"《경외심》은 두 가지 측면에서 경탄할 만큼 멋지다. 엄청나게 강렬한 경험인데도 관련 지식은 미약한 정서에 대해 훌륭하게 분석하는 동시에, 우리가 어디에서 경외심을 느끼는지 짚어주는 예시들로 가득하다니."

– 스티븐 핑커
하버드대학교 심리학 교수, 《우리 본성의 선한 천사》 저자

"변화와 감성에 관한 강렬하고 호소력 짙은 이야기들을 통해 켈트너는 우리 삶에서 지금보다 더 많은 비중을 차지해야 할 경외심이라는 장대한 정서를 느낄 수 있도록 능숙하게 독자들을 인도한다."

– 피트 닥터
〈몬스터 주식회사〉〈업〉〈소울〉〈인사이드 아웃〉 감독

"모두에게 추천하고 싶은 책. 이 책 덕분에 나의 수많은 경험, 관찰, 생각 그리고 희망이 강력하고도 새로운 방식으로 정리되었다. 또한 나 자신과 우리 인간이라는 종과 가능성들을 신선한 방식으로 바라보게 되었다."

– 리베카 솔닛
《멀고도 가까운》《걷기의 인문학》 저자

"읽는 이로 하여금 이 세상, 다른 사람들, 삶의 의미에 가까이 다가설 수 있게 해주는 일상적인 마법에 대한 흡입력과 통찰력 있는 탐구. '우와'의 과학이 마침내 우리를 찾아왔다."

- 대니얼 길버트
《행복에 걸려 비틀거리다》 저자, PBS 프로그램 〈이토록 정서적인 삶This Emotional Life〉 진행자

"단일한 정서를 파고들어 가능한 모든 각도에서 분석하는 책은 흔치 않다. 대커 켈트너는 자신의 전문성을 십분 활용해 경외심이 우리 삶 속에 존재하는 수수께끼 같은 힘이라는 사실을 깨달아가는 여정을 대단히 매력적이고 흥미롭게 만들어준다."

- 프란스 드 발
《차이에 관한 생각》《침팬지 폴리틱스》 저자

"이 특별한 책은 우리 개개인의 일상과 삶에 존재하는 경외심과 감탄의 힘을 탐구한다. 과학, 개인, 사회 관점에서 경외심의 이점을 밝힌다. 열정을 담아 명료하게 쓰인 이 책은 그 자체로 경외심의 자양분이며, 독자들이 새로운 시각과 열린 마음으로 자신의 인생을 돌아볼 수 있게 해준다."

- 조앤 핼리팩스 선사禪師
우파야 선 센터 원장

"경외심에 대한 20년간의 통찰. 우와! 전 대륙과 우리가 상상할 수 있는 온갖 종교에서 피어난 경외심. 이야. 몹시 개인적이지만 눈에 띄게 집단적이며 지극히 보편적인 그 정서에 켈트너의 이야기와 경외심의 과학은 영감을 받았다. 경외심은 자연, 음악, 예술, 영혼, 생명의 유한성, 집단성, 삶 그리고 죽음처럼 자기보다 거대한 시스템과 우리를 묶어준다. 켈트너의 글 덕분에 우리는 더 나은 삶을 향해 나아가리라. 일단 읽어보시라. 아아."

– 수전 T. 피스케
《두뇌로부터 문화에 이르는 사회인지》 공저자,
《위를 향한 질투, 아래를 향한 경멸》 저자

"독자들에게 선과 협력에 대한 새로운 사고의 관점을 가르쳐주었던 연구자가 이번에는 가장 수수께끼에 싸인 정서 가운데 하나인 경외심에 집중한다. 눈이 번쩍 뜨이고 마음이 확장되게 해주는 책."

– 세라 블래퍼 허디
《어머니의 탄생》《어머니, 그리고 다른 사람들》 저자

"사건 사고가 끊이지 않는 현대사회, 조회수에만 눈이 먼 기사들, 심지어 습관화된 우리 마음가짐마저 우리 의식 세계를 삶의 부정적이고 위협적인 측면으로만 뒤덮이게 하곤 한다. 이 책은 이에 반격을 시도한다. 강력하고 박식하며 눈부신 연구 성과에 기반했으면서도 반할 만큼 이해하기 쉬운 이 책은 삶의 경이를 수면 위로 끌어올린다. 스포츠 경기에서의 움직임부터 친구의 마음으로부터 우러난 용기에서 느껴지는 아름다움까지, 언제나 우리 곁에 존재하는 경이를 알아차리고 경험하는 방법을 안내해준다. 그로써 의식 세계에 균형을 찾아준다. 이토록 깊은 영감을 주는 책을 읽은 것이 얼마 만인지. 여러분도 당장 읽어보길 바란다. 후회하지 않을 것이다."

– 클로드 M. 스틸
사회심리학자, 스탠퍼드대학교 명예교수

"대커 켈트너가 그 스스로 우리 일상에서 보다 빈번하게 경험해야만 한다고 설득하는 정서에 대해 마침내 대단히 개인적이면서 과학적으로도 뛰어난 책을 써내고야 말았다."

– 리처드 E. 니스벳
《생각의 지도》《마인드웨어》 저자

롤프 켈트너에게

일러두기

1. 기본적으로 이 책의 핵심 개념인 awe는 '경외심'으로, wonder는 '경이'로, emotion 은 '정서'로, feeling은 '감정'으로 옮겼다.
2. 맞춤법과 외래어 표기는 국립국어원 맞춤법과 외래어 표기법을 따랐으나, 일부 관례로 굳어진 경우는 예외를 두었다.
3. 국내 번역 출간된 책은 한국어판 제목으로 표기했으며, 미출간 도서는 원어를 병 기했다.
4. 단행본은 《 》로, 영화, TV 프로그램, 신문, 잡지 등은 〈 〉로 표시했다.

모든 존재는 경이에서 시작해 경이로 향한다.[1]

———

노자老子

차례

머리말

나는 지금까지 전 세계를 돌며 수십만 명에게 행복에 대해 가르쳐왔다. 어쩌다 이런 일을 하게 되었는지는 명확하지 않다. 사실 나는 상당 기간 긴장과 불안을 달고 살았고, 명상 수업에서는 무려 첫 시간에 쫓겨난 사람이다("나는 보라색 불꽃입니다"라는 구호를 외치는 도중 웃음이 터져 나왔기 때문이다). 그렇지만 본래 인생이란 예상치 못하게 흘러가는 법이어서, 어쩌다 보니 상상도 못 했던 직업을 가지는 일도 생기곤 한다. 그 결과 나는 유치원의 둥그런 러그부터 캘리포니아대학교 버클리UC버클리의 대강의실, 교회 예배당, 교도소, 병원 무균실, 자연 속 소모임에 이르기까지 가지각색 장소에서 거의 매일같이 사람들에게 좋은 삶을 찾는 법을 가르치고 있다.

이러한 탐구 과정에서 궁극적으로 우리가 찾고자 하는 것은 인류가 수만 년 동안이나 다양한 관점에서 고민을 거듭해왔던 해묵은 문제에 대한 답이다. 어떻게 하면 좋은 삶을 누릴까? 어떻게 하면 가치 있게 산다는 느낌과 소속감을 경험하고 주변 사람들과 환경에도 활력을 전하며 기쁨과 의미가 충만하고 함께할 사람들이 곁에 있어 유쾌한, 그런 삶을 살 수 있을까? 20년 동안 행복에 대해 가르치며 나는 마침내 그 답을 찾았다.

경외심Awe을 찾으라.

경외심이란 우리가 이해할 수 없는 어떤 거대한 신비를 마주했을 때 경험하는 정서다. 어째서 이토록 순식간에 사라지는 덧없는 정서에서 행복을 찾으라고 조언하는 걸까? 한마디로 명료하게 설명하지도 못할 만큼 모호한 데다 뜻밖인 상황에서나 마주할 수 있는 이 감정을? 확실하고 알기 쉬운 대상이 아닌 수수께끼 같은 미지의 대상을 향하게 하는 것이 행복에 무슨 도움이 된다고?

그 이유는 우리가 일상 어디에서나 경외심을 찾을 수 있기 때문이다. 또 경외심을 느끼기 위해서는 돈을 쓰거나 화석연료를 태우지 않아도 되기 때문이다. 심지어 별로 많은 시간이 필요하지도 않다. 연구 결과에 따르면 하루에 고작 몇 분 할애하는 것만으로 충분하다. 경외심을 느끼고 싶어 하는 것은 우리 뇌와 몸이 태생적으로 품는 기본욕구이기에 그저 잠시 호기심을 품고 주위를 둘러보기만 해도 쉽게 경험할 수 있다. 살아온 배경이 어떻든 우리는 모두 자신만의 의미 있는 방식으로 경외심을 찾을 수 있다. 그리고 결정적으로 잠시 동안 느끼는 경외심이 그 무엇보다도 몸과 마음에 도움이 된다.

이 책을 읽는 여러분에게 내가 바라는 것은 단순하다. 경외심을 더 많이 경험하라는 것이다.

이 목적을 이루기 위해 지금부터 여러분에게 네 가지 이야기를 들려주려 한다.

첫 번째는 경외심의 과학적인 측면에 관한 이야기다. 이제야 비로소 깨닫기 시작했지만 나는 어릴 적부터 과학을 도구 삼아 경외심을 탐구하도록 키워졌다. 내 어머니는 규모가 큰 주립대학에서 시와 문학을 가르쳤고, 그런 어머니의 삶을 통해 나는 언제나 열정적이고 소신 있게 살아야 한다는 지혜를 배웠다. 아버지는 프란시스코 고야나 프랜시스 베이컨 풍인 부시무시하면서도 아름다운 그림을 그리며 인생이란 선심초심禪心初心(일본 승려 스즈키 순류가 미국에 전한 동양 불교 선 수행법의 핵심 마음가짐으로, 항상 초심을 유지하는 것이 수행의 목표라는 뜻 – 옮긴이)으로 도를 닦는 것이라고 말하곤 했다. 1960년대 말에는 캘리포니아주 로럴캐니언(당시 저항문화의 중심지로 포크 및 록 음악가들의 거점 – 옮긴이)에서 도어즈Doors와 조니 미첼Joni Mitchell을 이웃 삼아, 이후에는 시에라산맥 기슭, 몹시도 가난한 시골 황무지에서 어린 시절을 보냈다. 흑인민권운동, 반전시위, 여권신장운동, 성혁명과 예술혁명, 워터게이트사건 등 당대 급부상하던 관념들이 저녁 시간 밥상머리 대화에서 오갔고, 집 안 곳곳에 걸린 포스터에도 가득 담겼다.

그 나이대 아이로서는 이례적으로 예술 작품을 들여다보고 소설, 시, 회화, 영화에 등장하는 멋진 장면과 인물들에 대해 들으며 많은 시간을 보냈다. 아쉽게도 그와는 별개로 일찍이 문학 작품 분석이나 소설 쓰기, 예술에는 전혀 재능이 없었다. 그 대신 나는 공룡, 자연사 박물관, 스포츠 경기 통계 자료, 농구, 비틀스, 연못과 개울에 담긴 생명의 신비, 산과 강, 별이 총총히 박힌 탁 트인 하늘을 가까이하는 경험에서 경이로움을 느꼈다. 이처럼 열정 가득한 가정환경에서, 그리고 격동의 시기에 자랐으니 위스콘신대학교 매디슨에서 시작해 그

후 UC버클리에서도 정서를 과학과 연결 짓는 연구에 전념한 것은 어찌 보면 당연할지도 모르겠다.

그렇게 학자로서 첫발을 내디뎠을 무렵에는 편집증이 있는 젊은 교수답게 지하 연구실에 틀어박혀 당혹감과 수치심을 묘사하는 장면을 프레임별로 분석하며 수백 시간을 보냈다. 그러다 두 딸이 태어나고 가족과 함께하며 얻는 기쁨이 하루하루를 채우면서부터는 웃음이라는 것이 얼마나 경이로운지, 사랑이라는 감정이 표정과 몸짓에 어떻게 드러나는지, 자비의 정서를 느낄 때는 목소리와 생리 패턴이 어떻게 변하는지, 단순히 피부를 맞대는 것만으로 어떻게 고마운 마음을 표현할 수 있는지에 관심이 생겼다. 이러한 연구는 《선의 탄생: 나쁜 놈들은 모르는 착한 마음의 비밀》에서 개괄한 자비, 감사, 사랑 같은 정서가 사회관계를 끈끈하게 하는 접착제 역할을 한다는 명제를 바탕으로 활발하게 진행되었다.

그런데 경외심은 어떨까? 경외심도 과연 두려움, 분노, 기쁨처럼 인간이 경험하는 보편적이고 중요한 기본 정서일까? 경외심을 과학적으로 연구하려면 어떻게 해야 할까? 말로 채 담을 수조차 없는 이 감정을 어떻게 측정할 수 있을까? 무엇보다도 어떻게 발생하는지조차 수수께끼에 싸인 이 경외심이라는 감정을 어떻게 실험실 환경에서 일관성 있게 재현할 수 있을까?

15년 전 나는 연구실 박사과정 학생들 및 전 세계 연구자들과 함께 실험실이라는 환경에서 경외심을 찾기 시작했다. 뇌와 신체 변화를 기록하는 최신 장비들을 활용해 눈물을 흘리거나 털이 곤두서는 것 같은 신체 반응과 오싹함 같은 감각을 측정하고, 경외심을 느낌으로써 우리가 생각하고 행동하는 방식이 어떻게 달라지는지 보여주는 실제 사례들을 모으며 이 난해한 정서를 차근차근 공략해나갔다. 커다란 나무들에 둘러싸이거나 광활한 전경을 바라볼 때면 어째서 경외심을 느끼는지 연구했다. 스포츠 경기를 관람하거나 펑크록 공연을 보거나 수많은 사람과 하나 되어 춤출 때 경험하는 감격스러운 흥분도, 기도나 명상, 요가, 사이키델릭 환각제 복용 중 겪는 신비체험도, 음악, 시각예술, 시, 문학 작품, 드라마를 통해 느끼는 영적인 고양감도 살펴보았다. 그렇게 경외심은 과학 영역으로 들어왔고, 이 책의 첫 번째 이야기로 자리매김하게 되었다.

아직 과학 영역 밖에 있던 시절, 경외심은 문화 형태로써 탐구되었다. 이에 따라 이 책에서는 두 번째 이야기로 문화가 경외심을 어떻게 담아냈는지 들려주려 한다. 즉 인류가 음악, 시각예술, 종교, 소설, 영화 등을 창작함으로써 경외심이라는 경험을 어떻게 서로 나누었으며 이를 통해 자신이 속한 문화에서 다른 사람들과 공동으로 마주하는 거대한 신비를 이해하고자 했는지에 관한 이야기다. 수만 년 전부터 전해온 원주민들의 이야기, 의례와 의식, 시각디자인 작품들은 그 바탕에 경외심이 깔려 있었기에 그토록 활기를 띠었다. 바꿔 말하면 이러한 문화 활동들이 경외심을 다룬 인류 최초의 기법이었다고 할 수 있다. 경외심은 또한 전설, 신화, 신전, 성서를 구축하는 근간이었다. 프랜시스 고야부터 베를린의 길거리 화가들, 미야자키 하야오의 애니메이션에 이르기까지 다양한 장르의 회화, 사진, 영화에서도 생생하게 전해진다. 경외심은 우리 몸속에 늘 존재하며 서아프리카 전통 현악기 코라 소리, 인도의 라가 음악부터 래퍼 니키 미나즈Nicki Minaj 의 노래에 이르기까지 거의 모든 음악에서도 그 흔적을 느낄 수 있다.

어떤 현상이 있을 때 과학은 대체로 일반화를 하는 경향이 있다. 문화는 이상을 지향하고 흔히 완벽한 형태를 추구한다. 경외심을 이해하기 위해 이 둘에 더해 필요한 것이 바로 세 번째 이야기, 개인적이고 직접적인 차원에서의 체험담이다. 세 번째 이야기의 필요성은 사람들에게 다음 질문을 던지고 대답을 듣는 과정에서 선명하게 드러났다.

당신이 알던 세상을 뛰어넘는 거대한 신비를 마주하고
경외심을 느꼈던 때는 언제였나요?

잠시 시간을 들여 생각해보면 여러분도 실제 경외심을 느꼈던 순간을 떠올릴 수 있을 것이다.

사람들이 들려주는 이야기에는 아무리 시간이 흘러도 퇴색되지 않는 진솔함이 묻어 있었다. 척추에 치명적인 부상을 입고 사지가 마비된 전 올림픽 국가대표가 재활을 통해 첫걸음을 내딛는 모습을 바라보며 경외심을 느낀 이야기. 무명이었던 존 콜트레인John Coltrane이 마침내 이름을 알리게 된 역사적인 콘서트를 맨 앞자리에서 관람하며 경외심을 느낀 이야기. 이라크 아부그라이브 교도소에서 근무하던 어느 여성 CIA 요원이 유프라테스강 물결을 바라보다 자기 내면에 잠자던 평화주의를 발견한 순간 경외심을 느낀 이야기.

이런 이야기들에 깊은 감명을 받은 나는 의사, 참전 용사, 프로 운동선수, 재소자, 작가, 환경운동가, 시인, 음악가, 미술가, 사진작가, 영화제작자, 성직자, 원주민 학자, 순례자, 조산사, 호스피스 노동자 등 갖가지 환경에 놓인 사람들에게서 경외심 체험담을 모았다. 질병으로부터 고통받는 사람들이 보여준 놀라운 용기며 전쟁 트라우마를 치유해준 자연의 경이로움에 관한 이야기. 낯선 땅에서도 고향을 느끼게 해주는 음악의 힘에 관한 이야기. 죽음의 문턱에 다다른다는 것은 어떤 느낌이며 이처럼 평범하지 않은 경험을 인간이 어떻게 받아들이고 이해하는가에 관한 이야기까지. 과학으로는 도저히 담아낼 수 없고 문화로도 그저 모방에 그칠 따름인 개개인의 상황을 직접 경험해본 사람만이 할 수 있는 생생한 표현과 비유, 묘사를 통해 들어볼 수 있었다.

경외심을 둘러싼 이 세 가지 측면, 다시 말해 과학, 문화, 개인 차원 이야기들은 결국 우리가 어떨 때 경외심을 느끼는가에 대한 이해로 수렴된다. 우리는 무엇에서 경외심을 느낄까? 다른 누군가가 보여주는 강인함과 용기와 친절, 군무나 스포츠 경기장에서 집단으로 움직이며 수많은 사람들과 하나 되는 경험, 대자연, 음악, 예술과 시각디자인, 신비체험, 눈앞에서 목격하는 삶과 죽음, 위대한 통찰이나 깨달음 등 일명 삶의 여덟 가지 경이와 만났을 때 인간은 경외심을 느낀다. 이러한 경이는 잠시 하던 일을 멈추고 마음을 열기만 하면 주변 곳곳에서 얼마든지 마주칠 수 있다. 일상에서 경외심을 느낄 기회는 무궁무진하다.

경외심은 우리를 어떻게 변화시킬까? 경외심은 끊임없이 종알거리는 자기비판적이고 위압적이며 사회 지위에 지나치게 연연하는 마음 속 자아의 목소리를 잠재움으로써 우리로 하여금 타인과 협력하고 경이에 마음을 열며 삶의 심오한 패턴들을 알아차릴 수 있는 힘을 얻게 해준다.

왜 경외심인가? 멀게는 아주 오래전 인류가 고도로 사회적인 포유류로 진화하는 과정에서 경외심과 유사한 행동 패턴을 통해 타인과 협력한 개체들이 위협이나 미지의 대상과 맞닥뜨렸을 때 무사히 살아남았기 때문이다. 또 가깝게는 경외심이 우리 몸을 더 건강하게 해주고 창의적인 사고를 가능케 하는 것은 물론, 기쁨을 느끼고 삶에 의미를 부여하며 공동체를 형성하게 해주기 때문이다.

하나 더, 이 책을 쓰는 계기인 마지막 이야기가 남았다. 내가 그 주인공이 되리라고는 전혀 생각지도 않았던 이야기이기도 하다. 거센 바람이 몰아치던 2019년 1월, 어느 날이었다.

그날 나는 오랜 파트너 아이작과 함께 힘든 시합을 끝내고 땀에 흠뻑 젖은 채 가뿐한 마음으로 핸드볼 코트를 나서며 운동 가방 위에 놓아두었던 아이폰을 들여다보았다. 메시지 두 통이 와 있었다.

제수인 킴이었다.

최대한 빨리 이쪽으로 와주실래요?

그로부터 15분 후 도착한 어머니의 메시지.

> 다 끝났다. 롤프가 칵테일을 맞았어. 이제 우리 곁을 떠나
> 려고 해.

롤프는 멕시코 할리스코주 어느 작은 병원에서 나보다 1년 늦게 태어난 내 남동생이다. '칵테일'은 동생이 투약한 말기환자용 아편제 혼합물로, 보통은 한두 시간이면 사망에 이른다.

나는 킴에게 전화를 걸어 자초지종을 들었다.

> 파란 하늘이 눈부시게 맑은 아침이었어요. 롤프와 루시
> (동생 부부의 열네 살 난 딸)가 바깥 햇볕 아래 앉아서 한참 대
> 화를 나눴어요. 그러더니 들어와 이제 준비가 되었다고 말
> 하더라고요. 약을 맞은 건 오후 3시였어요. 그리고는 주방
> 에서 서성였어요. 괜히 냉장고 한번 열어봤다가, 또 몇 발자
> 국 걷다가 하면서요. 제가 이제 누울 시간이라고 말했어
> 요…. 그렇게 남편 침대에 함께 누웠죠. 조금 있으니까 잠이
> 들더군요. 코를 고네요. 봐요, 이렇게….

킴이 롤프의 입가에 전화기를 가져다 댔다. 성대가 깊고 규칙적으로 진동하는 소리가 들려왔다. 죽어가는 동생이 가르랑가르랑하는 소리가.

제 부모님은 와 계세요. 아버님과 낸시는 오는 중이고요.
어머님 좀 모시고 와주실래요?

나는 "최대한 빨리 가겠습니다"라고 답했다. 그리고 "고마워요, 킴"
이라고 덧붙였다.

나는 버클리에서 아내 몰리와 두 딸 내털리, 세라피나를 데려온 다
음 새크라멘토에 가 어머니를 태웠다. 시에라산맥 기슭에 위치한 동
생 부부네 집에 도착하니 밤 10시였다.

롤프는 삶의 마지막 몇 주간 보금자리가 되어주었던 아래층 침대
에 누워 있었다. 오른뺨을 대고 머리를 살짝 위로 기울인 채 엎드린
모습이었다. 아버지가 동생 발을 감싸 쥐었다. 나는 동생 몸 쪽으로
기댔다. 어머니는 침대 머리맡에서 동생 머리칼을 쓰다듬었다.

롤프의 얼굴은 통통했고 발갛게 물들어 있었다. 대장암 투병으로
움푹 팼던 눈과 수척했던 뺨은 이제 사라지고, 긴장되고 축 처졌던 입
가 피부도 편안하게 펴졌다. 입꼬리는 위로 살짝 말려 있었다.

나는 뼈가 둥그렇게 돌출된 동생의 왼쪽 어깨에 오른손을 얹었다.
그리고 어린 시절 동생과 헤엄치던 강가에서 찾곤 했던 부드러운 화
강암 조각들을 손에 쥐었을 때처럼 꼭 잡았다.

롤프… 나야, 대크….
넌 세상에서 가장 좋은 동생이야.

내 딸 내털리가 그의 어깨뼈에 살짝 손을 올렸다.

우리 모두 사랑해요, 롤프 삼촌.

롤프의 호흡이 느려졌다. 그는 우리가 하는 말을 듣고 있었다. 인식하고 있었다.

롤프의 숨소리를 듣자니 우리가 형제로 살아온 장장 55년의 세월이 생생하게 떠올랐다. 1960년대 말에는 이웃에 살던 로큰롤 가수들을 염탐하고 폭스바겐이 줄지어 선 거리를 스케이트보드로 누비며 로럴캐니언을 헤집고 돌아다녔다. 청소년기에는 야생이 살아 숨 쉬던 시에라산맥 기슭을 거닐고 펜린 A팀 선수로 리틀야구 리그에서 뛰었다. 나는 투수였고 와, 너무 재밌어!라고 말하듯 장난꾸러기 같은 눈빛을 반짝이던 장발의 왼손잡이 롤프는 1루수를 맡았다. 갓 성인이 되었을 무렵에는 멕시코에서 신나는 모험을 하고 클럽에서 춤을 추고 하이시에라 곳곳을 돌아다녔다. 그리고 마침내 대학원에 들어가서는 결혼 예복을 구입하고 식장에서 서로의 들러리가 되어주었으며 교사이자 딸들의 아버지가 되었다.

롤프의 얼굴에서 흘러나오는 빛이 느껴졌다. 빛은 규칙적인 동심원을 그리며 퍼져 나와, 살짝 머리를 숙이고 그에게 기댄 우리 몸을 어루만졌다. 내 마음속 술렁거림, 머릿속에 꽉 박혀 있던 대장암 진행 단계 용어들, 새로운 치료법, 림프샘, 생존율 따위 말들이 차츰 흐려졌다. 동생 몸을 감쌌던 어떤 힘이 그를 데려가는 것을 느낄 수 있었

24

다. 그러자 이런 생각들이 떠올랐다.

> 롤프는 무슨 생각을 하고 있을까?
> 지금 기분은 어떨까?
> 죽는다는 것이 동생에겐 무슨 의미일까?

마음속 목소리가 말했다.

> 내가 경외심을 느끼고 있구나.

그 압도적인 순간에 받은 느낌에는, 과거 내가 경외심을 느꼈던 크고(예를 들어 27년 수감 생활을 마친 넬슨 만델라가 5만 군중 속에서 연설하는 장면을 봤을 때) 작은(어린 두 딸의 웃음소리가 만들어내는 이중창을 들으며 오크나무 위로 드리운 황혼을 바라봤을 때) 경험들과 본질적으로 유사한 부분들이 있었다. 롤프가 떠나는 것을 보며 나는 한없이 작아졌다. 차분해졌다. 겸허해졌다. 순수해졌다. 나와 외부 세계를 구분 짓는 경계가 사라졌다. 무언가 거대하고 따스한 것이 나를 감싼 듯 느껴졌다. 마음이 열려 호기심이 샘솟았고 한층 깨어났으며 경이로움을 느꼈다.

롤프가 떠나고 나서 몇 주 뒤 킴은 친구들과 가족이 한데 모여 롤프와의 추억을 나누는 자리를 마련했다. 모인 사람들은 동생이 광대와 마술 트릭에 얼마나 빠졌었는지, 친구들에게 요리해주기를 또 얼마나 좋아했으며 모두의 예상을 뛰어넘는 핼러윈 분장으로 어찌나 동네 꼬마들을 사로잡곤 했는지로 이야기꽃을 피웠다. 롤프가 근무했던 작은 마운틴 스쿨(주로 자연 속에 자리한 소규모 자립형 사립학교 – 옮긴이) 동료 교사들은 동생이 학교에서 가장 말썽이 심한 남학생들을 어떻게 차분하게 만들었는지 들려주었다. 그러다 차츰 이야깃거리가 줄어들더니 이내 침묵이 찾아왔다. 나무에 앉아 있던 찌르레기 한 무리가 교회 종소리에 놀라 나선형을 그리며 어두운 회색 구름이 짙게 깔린 하늘로 날아올랐다. 우리는 악수와 포옹을 나누고 조용히 집을 나서 각자의 삶으로 돌아갔다. 내 경우에는 이젠 롤프만 한 구멍이 뚫린 삶으로.

뒤이어 덮쳐온 비탄 속에서 새벽이 밝기도 전에 헉 소리를 내며 화들짝 깨어나는 일이 반복되었다. 몸에 열이 올랐다. 곳곳이 쑤시고 아팠다.[1] 그 전과는 전혀 다른 꿈들을 꾸었다. 한번은 어릴 적 펜린에서 살던 집과 닮은 빅토리아풍 건물을 향해 어둡고 구불구불한 흙길을 걷고 있었다. 집에서는 불빛이 새어 나왔다. 고등학교 육상부 훈련차 달리고 있던 노란 반바지 차림 롤프가 모퉁이에서 불쑥 튀어나왔다. 롤프는 멈추더니 빙긋 미소 짓고 나에게 손을 흔들며 입술을 달싹여 내게 들리지 않으리라는 사실을 알면서도 무어라고 말을 했다. 그런가 하면 조앤 디디온이 《상실》에서 묘사한 환각을 경험하기도 했다.[2] 맞닿은 구름들이 조금씩 이동하는 와중에 생겨나는 경계선에서 롤프의 얼굴 윤곽을 보았다. 버클리캠퍼스를 거닐던 중에는 나선형 삼나무 껍질에서 화학요법으로 진이 다 빠진 롤프의 눈빛을 보았다. 나뭇잎이 바스락거리는 소리에서는 동생 목소리를, 바람에서는 한숨 소리를 들었다. 분명히 동생을 보았다는 생각에 어깨와 이마 모양, 주근깨, 턱선이 동생과 비슷해 보일 뿐인 전혀 모르는 사람을 쫓아간 적도 두 번이나 있었다.

우리 마음은 모두 타인과의 관계에서 생겨난다.[3] 다른 이와 함께한 경험을 통해 삶의 패턴을 이해하고, 다른 이의 목소리에서 인생의 중요한 주제를 발견하며, 다른 이의 손길에서 자신보다 커다란 무언가가 자신을 감싸안아주고 있음을 느낀다. 나는 롤프의 눈을 통해 세상의 경이로움을 보았다. 동생이 죽고 나는 경외심을 잃어버린 느낌이었다. 57년 인생을 살아오는 동안 그 거대한 신비를 이해할 수 있게 도와주던 나의 경외심 짝꿍이 더는 곁에 없었다.[4] 그때 커다란 목소리가 귓가에 울렸다.

경외심을 찾으라.

경외심에 다양한 이점이 있으며 이를 느끼게 해줄 대상이 주위에 얼마든지 있다는 사실을 안 나는 경외심을 찾아 나섰다. 매일 잠깐씩 짬을 내어 주변에서 경외심을 불러일으킬 만한 것들을 접했다. 경외심이라는 영역에서 선구자라고 여겨지는 인물들의 이야기에 나를 맡긴 채 흘러가는 대로 대화를 나누었다. 새로 태어난 마음으로 삶의 다양한 경이에 푹 빠져들었다. 이러한 탐구 과정이 결국 나만의 경험과 기억을 쌓고 꿈을 꾸고 통찰을 얻어 동생을 잃는 것에서 내 나름의 의미를 찾을 수 있게 도와주었다. 아울러 경외심이란 사실상 늘 곁에 있으며 경외심을 느끼는 것이야말로 우리 삶의 일부인 상실과 트라우마를 딛고 치유와 성장으로 나아가는 길임을 확신하게 해주었다.

그러니까 이 책에서 우리가 함께 나누어볼 경외심 이야기는 총 네가지다. 과학, 개인, 문화 측면, 이와 더불어 인생 속 역경과 불확실, 상실, 미지와 마주했을 때 경외심으로 말미암아 이루어낼 수 있는 성장. 이 책은 크게 이렇게 구성되었다. 이에 따라 처음 세 장은 경외심의 과학적인 이야기를 다룬다. 경외심이란 과연 무엇이며 어떤 상황에서 이를 경험할 수 있는지, 두려움이나 미적인 감각과는 어떻게 다른지, 일상에서 우리에게 어떤 느낌으로 다가오는지를 고찰한다(1장). 이어 경외심이 우리 자의식, 사고방식, 세상과의 관계를 어떻게 변화시키는지 살펴본다(2장). 그리고 나서는 과거로 돌아가 진화의 발자취를 되짚으며 본질적인 물음을 던진다. 어째서 인간은 경외심을 느낄까? 나의 영웅 제인 구달은 침팬지도 경외심을 느낄 수 있으며, 정확한 표현을 인용하자면 자신 외 대상에 감탄할 줄 아는 능력을 바탕으로 어떤 영적인 감각을 지녔다고 믿었다. 바로 이러한 수수께끼에서 영감을 얻어, 오싹해지고 눈물이 맺히며 눈과 입이 떡 벌어지고 무의식적으로 이야나 우와 하고 탄성을 내뱉게 되는 반사적인 반응이 인류 진화 과정 중 어디에서 비롯했는지, 또 여기에서 알 수 있는 경외심의 근본 의미는 과연 무엇인지를 살펴볼 것이다(3장).

이 책 2부에서는 개인 체험담으로 넘어간다. 타인이 보여준 심적인 아름다움moral beauty이 지닌 초월적인 힘, 그 힘이 교도소처럼 열악한 환경에서, 도서관 혹은 병원처럼 삶의 질을 향상하기 위해 설립된 기관에서 얼마나 중요한가에 관한 이야기(4장). 무아지경에 이른 군무, 프로농구 경기장에서 하는 단체 응원, 일상에서 경험하는 인파의 집단 움직임처럼 수많은 사람과 하나 될 때 느껴지는 집단 열광에 관한 이야기(5장). 그리고 대자연이 선사하는 경이로움과 그 힘이 전쟁, 외로움, 빈곤이 남긴 트라우마를 치유하는 데 어떤 도움을 줄 수 있는가에 관한 이야기들을 들어본다(6장).

3부는 분위기를 바꾸어 지금까지 인류 문화가 어떻게 경외심을 다양한 형태로 담아냈는지 논한다. 구체적으로 경외심이 음악(7장), 시각예술(8장), 종교와 영성(9장)에서 어떤 위치를 차지하는지 살펴보기로 하자. 이토록 창의적인 문화 활동을 모두 다루는 것은 분명 어마어마한 일이겠지만 탐구 대상을 경외심의 역할로 좁히면 우리가 알고자 하는 바를 이해하는 데 많은 보탬이 될 것이다.

마지막 4부는 상실과 트라우마를 겪었을 때, 나아가 보다 일반적인 의미에서 삶의 불확실성 및 미지와 마주했을 때 이를 딛고 성숙한 인간으로 거듭나는 데 경외심이 어떤 도움을 주는가에 대한 이야기를 더욱 심도 있게 다룬다. 우리가 삶과 죽음, 각종 생물들이 만들어내는 무한한 생명 순환 속에서 씨름할 때 경외심이 얼마나 핵심적인 역할을 하는지(10장), 존재 의미를 찾으려고 끊임없이 노력하는 우리에게 경외심이 어떻게 삶의 여덟 가지 경이를 통해 커다란 통찰을 안겨주는지(11장) 깨닫고 나는 깊이 감명받았다.

행복을 주제로 20년 이상 강연하면서 나는 자신 외 대상에 감탄할 줄 아는 것이 건강과 안녕감well-being에 얼마나 이로운지 목격했다. 이것

이 경외심의 이로움이다. 처음 세상에 태어나 마지막 숨을 내뱉을 때
까지 경외심은 그 무엇보다 인간적인 정서로, 삶의 수많은 경이와 견
고한 관계를 맺고 찰나 같은 인생 속 떼려야 뗄 수 없는 거대한 신비
에 경탄하게끔 우리를 인도한다.

1부

경외심의
과학

1장
인생에서 만날 수 있는
여덟 가지 경이

나는 어쩌다 경외심 연구를 시작하게 되었나

> 삶이 이상한 점은 수백 년간 모든 사람이 그 본질을 똑똑히 보았음
> 에도 단 한 명도 제대로 된 설명을 남기지 못했다는 사실이다. 런던
> 거리 지도는 있지만 우리 감정은 지도조차 없는 미지다.[1]
>
> — 버지니아 울프

내가 마지막으로 '경외심'이라는 단어에 한 대 얻어맞은 듯 강렬한
통찰을 경험한 것은 스물일곱 살 때였다. 폴 에크만의 연구실에 들어
가 정서를 연구하고자 그의 응접실에서 막 연구원 면접을 마친 참이
었다. 에크만은 표정 연구로 잘 알려진 인물로 과학적인 정서 연구의
창시자다. 질의를 모두 마친 뒤 우리는 샌프란시스코 언덕에 자리한
그의 집 밖 덱으로 자리를 옮겼다. 도심 풍경이 우리를 에워쌌다. 짙
은 안개가 시내를 통과해 베이브리지로 향하더니 마침내 만을 지나
버클리까지 흘러갔다.

대화를 이어가기 위해 몸을 쭉 펴면서 나는 젊은 학자로서 무엇을 연구하면 좋을지 폴에게 물었다. 그의 답은 딱 한마디였다.

경외심.

1988년 당시만 해도 정서란 무엇이고 정서가 우리 몸과 마음에 어떤 영향을 미치며 무엇보다 왜 우리가 여러 감정을 느끼는지 등에 관해 과학적으로 알려진 바가 거의 없었다.

'인지혁명'을 맞으며 심리학계에는 겉으로 드러난 행동뿐만 아니라 인간 내면의 심적 활동을 과학적으로 이해하려는 인지심리학이 견고하게 자리 잡았다. 이 관점에서는 도덕적으로 누군가를 비난하는 것부터 유색인종을 차별하는 것에 이르기까지 인간 경험은 모두 마음이 컴퓨터프로그램처럼 냉정하게 정보 조각들을 처리하는 과정에서 비롯한다고 보았다.[2] 다만 인간 특성을 이렇게 설명하면서 한 가지 간과한 것이 바로 정서다. 정념 passion. 직감 gut feeling. 영국 철학자 데이비드 흄의 명언, "이성은 정념의 노예"에서 가리키는 이성을 지배하는 주체이자, 노벨상 수상자 대니얼 카너먼의 책《생각에 관한 생각》에서 '시스템 1' 사고라고 묘사되었던 그것 말이다.[3]

정서는 아주 오래전부터 '하등'하고 동물적인 특성이며, 인류가 손에 넣은 가장 위대하고 고귀한 이성이라는 능력에 방해만 되는 존재라고 여겨졌다. 순식간에 사라져버리며 매우 주관적인 탓에 정서를 실험실 환경에서 측정하기란 불가능하다고 주장하는 이도 있었다.

버지니아 울프의 사색 후로 70여 년이 지났지만 인간 감정은 여전히 상당 부분 수수께끼에 싸여 있었다.

그런데 그때 에크만이 돌연 학계 관심을 정서로 쏠리게 할 논문 한 편을 발표했다.[4] 참고로 이 논문은 현재 해당 분야에서 가장 널리 인용된다. 사실 논문이라기보다는 안내서에 가까웠던 이 글은 정서를 어떤 특징이 두드러지는 생각과 표정, 생리 변화를 동반하는 순간적인 감정 상태라고 정의하며 대체 정서란 무엇인지 상세하게 묘사했다. 에크만의 설명에 따르면 정서는 이를테면 울적함을 느낀다고 표현할 때의 '기분'이나 우울증 같은 '정동장애'에 비해 지속 시간이 짧고 빠르게 사라진다. 에크만은 정서가 어떻게 우리에게 영향을 미치는지도 설명했다. 정서는 현재 처한 상황에 적응할 수 있게끔 우리 생각과 행동을 변화시키는 역할을 한다는 것이다. 우리가 왜 정서를 느끼는가를 설명하기 위해 에크만은 찰스 다윈의 이론에서 단서를 얻어, 정서가 위험에서 벗어나고 독성물질을 피하고 영양가 풍부한 식량을 찾는 등 '살아가는 데 반드시 필요한 기본 과제들'을 수행하게 해주는 기능이라고 결론지었다. 즉 정서는 개인 생존과 종 진화에서 핵심이라고 할 수 있다.

정서과학이라는 신생 학문에 안내서가 생기자 학자들은 곧장 본격적인 탐구에 나섰다. 먼저 이들은 에크만이 1960년대 초 문명과 동떨어진 뉴기니 산골마을 원주민들의 표정을 통해 입증한 기본 정서인 분노, 혐오, 두려움, 슬픔, 놀람, 기쁨을 체계적으로 연구했다.[5] 이어서 당혹감, 수치심, 죄책감 같은 자의식 정서가 실험실에 등장했다. 연구자들은 우리가 사회적인 실수를 저질렀을 때 어떻게 이런 정서 상태에 이르는지, 또 얼굴을 붉히고 고개를 숙이고 어색한 미소를 짓고 사과하는 행동을 통해 어떻게 다른 사람들 앞에서 당당함을 회복하는지 세세하게 정리했다.[6] 그러다 우리 몸과 마음, 뇌에는 부정적인 정서만 존재하지 않을뿐더러 삶의 즐거움은 '기쁨' 외에도 다양하다는 사실을 알아챈 젊은 연구자들이 재미, 감사, 사랑, 자부심 같은 긍정적인 정서로 관심을 돌렸다.[7] 나도 당시 웃음, 감사, 사랑, 욕망, 연민 등을 연구하는 데 합류했다.

이렇게 인지혁명에 대응해 일어난 정서혁명으로 심리학은 인간 마음을 무미건조하고 차가운 존재로 바라보며 몸의 중요성을 주의 깊게 살피지 않는 인지주의 관점을 넘어 또 다른 세계로 나아갔다. 신경과학자들은 "정서를 느끼는 기관으로서의 뇌"를 연구했다.[8] 어떤 연구 결과들은, 사랑의 비밀을 풀고자 했던 이들에게 부부가 서로에게 경멸을 표할 때가 결혼의 종말이라는 사실을 깨우쳐주었다.[9] 낙태, 인종, 계급, 기후위기를 둘러싼 문화전쟁은 당대 도덕적 쟁점에 대한 개개인의 직감이 빌미를 제공해 일어났다.[10] 정서과학자들은 "정서지능emotional intelligence", 이른바 정서지수emotional quotient, EQ를 지능지수intelligence quotient, IQ보다 중점적으로 기르는 것이 인생을 더 잘 살 수 있는 비결임을 밝혀냈다.[11] 지금도 우리는 정서과학이 우리 삶 곳곳에 영향을 미치는 "정서의 시대"에 산다.[12]

그런데 한 가지, 이 혁명의 중심으로 들어오지 못한 정서가 있었다.

음악, 시각예술, 종교, 과학, 정치, 인생을 바꿀 만한 통찰 등 무엇보다 인간다운 면에서 유래된 정서. 바로 경외심이다. 이렇게 된 데에는 방법론적인 문제 탓이 컸다. 과학은 정확한 정의와 측정을 기반으로 하는데 경외심 연구에서는 이것이 불가능해 보였던 것이다. 솔직히 경외심을 어떻게 실험실에서 연구할 수 있단 말인가? 연구자가 어떻게 필요에 따라 실험 참가자에게 즉각적인 경외심을 불러일으키고 형언하기조차 어려운 그 감각을 측정할 것이며, 실제로 경외심이 우리 삶을 변화시킨다고 한들 이를 또 어떻게 입증하겠는가?

여기에 더해 이론 장벽도 있었다. 정서과학 연구가 순풍을 타면서 정서는 결국 개인의 위험을 최소화하고 다른 개체와의 관계에서 이득을 향상시키는 방식으로 자기보호를 도모하는 기능이라는 이론이 통념으로 자리 잡았다. 반면 경외심은 어쩐지 자신이 아닌 외부 대상에 몰두하게 하는 것처럼 보인다. 스스로를 희생하고 다른 개체에 도움을 주도록 이끈다. 나와 남의 경계가 무너지고 진짜 우리 본성은 집합주의적인 성향을 띤다고 느끼게 만든다. 이런 특성들은 초개인주의, 물질주의, 이기적 유전자 등 당시 부각되던 인간 본성에 대한 관점과는 잘 맞지 않았다.[13]

개개인이 느끼던 거부감도 한몫했으리라. 경외심에 대해 이야기할 때면 흔히 자신의 영혼이 진정으로 추구하던 것을 찾았다느니 신성을 발견했다느니 영적인 울림을 느꼈다는 식으로 표현하는데 이는 모두 과학적인 관점과 측정 능력을 벗어나는 현상이기 때문이다.

그렇지만 이미 정서과학은 경외심이 무엇이고 우리에게 어떤 영향을 미치며 그 의의는 무엇인지 밝히기 위한 안내서이자 로드맵까지도 갖추고 있었다. 경외심 연구에 가장 먼저 필요한 것은, 훌륭한 과학 이론이라면 응당 시작점으로 삼아야 할 명쾌한 정의였다. 경외심이란 무엇인가?

경외심을 어떻게 정의할 수 있을까

정서과학이 다양하고 긍정적인 정서에 주의를 기울이기 시작하던 2003년, 나는 오랜 시간 연구를 함께한 뉴욕대학교의 조너선 하이트와 경외심을 명확하게 정의 내리는 작업에 착수했다.[14] 당시만 해도 경외심을 다룬 과학 논문은 극히 소수였다(이와 대조적으로 두려움에 관한 논문은 수천 편에 달했다). 이렇다 할 정의도 당연히 전무했다.

이에 우리는 신비주의자들이 신과 조우한 경험을 기록한 글들을 파고들었다. 성스럽고 숭고하며 초자연적이고 신성한 경험과 '몰입flow', '기쁨', '환희', 심지어 '계몽' 같은 단어로 묘사되곤 하는 '절정경험peak experience'에 대한 글도 읽었다.[15] 막스 베버 같은 정치이론가들과 이들이 선동가들의 부추김에 휘둘리는 군중의 격정을 설명한 가설들도 참고했다.[16] 서로 멀리 떨어진 문화권의 춤, 음악, 시각예술, 종교에서 비롯하는 경외심을 다룬 인류학자들의 기술도 읽었다. 이 모든 갈래의 학문 자료들에 기대어 우리는 경외심을 다음과 같이 정의했다.

경외심이란 세상에 대한 기존 이해를 뛰어넘는 거대한 무언가와 마주했을 때 느끼는 감정이다.

이때의 거대함은 물리적인 것일 수 있다. 이를테면 눈앞에 우뚝 솟은 100미터가 넘는 거목이나 대공연장 가득 울려 퍼지는 가수의 목소리 혹은 전기기타 소리처럼 말이다. 그런가 하면 누군가의 웃음소리나 어떤 향기에 이끌려 어린 시절 기억으로 떠나는 여행처럼 시간을 통해 느끼는 광대함일 수도 있다. 때로는 조각조각 가지고 있던 세상에 대한 생각과 아직 알지 못하던 것들을 일관성 있는 논리로 통합해주는 위대한 깨달음처럼 의미 있고 관념적인 것일 수도 있다.

거대함은 도전적으로 다가오며 혼란스럽고 불안정한 느낌을 유발할 수 있다. 경외심을 불러일으키는 한편 현재 우리 지식으로는 우리가 마주한 이 무언가를 이해하기에 역부족임을 느끼게 한다. 따라서 경외심을 경험하면 우리는 삶을 이해할 수 있는 새로운 방식을 찾아나서게 된다.

경외심은 우리가 삶의 거대한 신비와 맺은 관계에 대한 정서다.

경외심의 수없이 다양한 유형들은 어떻게 설명하면 좋을까? 문화권에 따라, 시대에 따라 경외심은 어떻게 달라질까? 개개인이 느끼는 경외심에는 어떤 차이가 있을까? 아니, 심지어 한 사람의 인생에서도 경험하는 시점에 따라 다르게 느껴지는 것은 어떻게 설명할까?

무엇이 그토록 거대하게 느껴지는지는 문화와 상황에 따라 몹시 다양하다. 어디에서는 아주아주 높은 산이, 또 어디에서는 폭풍이 몰려오는 끝없이 펼쳐진 평원이 그 대상이다. 젖먹이 시절에는 부모의 헤아릴 수 없는 온정이라면 죽음에 가까워서는 인생의 장대함이, 어떤 시대에는 인간의 끝 모를 폭력성이라면 다른 시대에는 폭력을 가하는 기계와 기관들에 맞서는 거리 시위가 그러하다. 이처럼 거대함에는 무수히 많은 형태가 있으며, 그 때문에 경외심의 의미가 조금씩 달라진다.

'가미성 주제flavoring themes'도 하이트와 나의 추론에 따르면 경외심의 다양성을 설명하는 요인이다. 가미성 주제란 다시 말해 거대한 수수께끼에 의미를 부여하는 방식이 맥락 특수성을 띤다는 말이다. 하나 예를 들면, 뒤에서 설명하겠지만, 놀라운 선행善行이나 뛰어난 능력은 우리에게 경외심을 불러일으킬 수 있다. 그런데 이 선행과 능력의 개념 자체가 전쟁터에 있느냐 명상 수행 중이냐, 힙합 공연장에 있느냐 체스 클럽에 참가하고 있느냐, 종교 교리를 따르느냐 월가 규칙이 지배하는 곳에 있느냐 등 우리가 속한 맥락에 따라 극단적으로 달라진다. 이처럼 해당 지역 문화에서 선행과 능력을 어떻게 개념화하느냐가 경외심의 다양성을 만들어내는 것이다.

경외심 경험을 자아내는 또 다른 가미성 주제는 초자연적 신념체계, 즉 유령, 영혼, 신비체험, 신, 하느님, 천국, 지옥 등에 대한 믿음이다. 이러한 믿음은 경외심 경험에 문화 특수적인 의미가 담기게 한다. 가령 많은 사람들이 산, 폭풍, 바람, 해, 달을 보며 느낀 경외심에는 역사적으로 신 관련 민담과 신화가 가미되었다. 반면 어떤 사람들은 같은 산, 폭풍, 바람, 해, 달을 보면서도 신적인 존재가 아닌 대자연 자체의 성스러움에 기반한 경외심을 느낀다.

어쩌면 가장 흔한 사례로, 위협감 역시 경외심 경험에 두려움, 불확실성, 소외감, 무서움을 덧입혀 특색을 더할 수 있다.[17] 일본이나 중국 같은 특정 문화권 사람들이 위대한 사람에게 느끼는 경외심에는 위계가 덜 두드러진 문화권 사람들이 느끼는 것에 비해 어째서 두려움이 많이 섞였는지,[18] LSD나 MDMA, 아야와스카 같은 환각 물질 경험이 어째서 어떤 사람에게는 순수한 경외심을 불러일으키는 반면 어떤 사람은 무서움에 떨게 하는지, 신과의 조우가 어째서 어떤 문화권에서는 두려움 가득한 경험인 데 반해 신이 인간을 심판한다는 개념이 부재한 문화권에서는 환희와 사랑 경험으로 묘사되곤 하는지, 죽음이 어째서 어떤 이에게는 장대하고 경외심 가득한 것이고 다른 이에게는 끔찍하게 무서운 것인지, 성조기 같은 문화 상징에 어째서 누군가는 눈물이 차오르고 오싹할 만큼 감격하고 또 다른 누군가는 두려움과 소외감으로 몸서리치는지도 이들이 지각한 위협감 차이로 설명할 수 있다.

삶의 거대한 수수께끼와 마주한 상황에 선행의 개념, 초자연적 신념체계, 위협감 같은 가미성 주제들이 더해져 결국 우리는 무한대에 가까운 다양한 경외심을 경험한다.

삶의 여덟 가지 경이

정서는 이야기와 같다.[19] 소설이나 영화, 연극 장면들과 마찬가지로 우리의 하루를 구성하는 극적 요소다. 사람들이 주고받는 동작에서 드러나는 정서를 통해 우리는 위로가 필요한 사람에게 위안을 주고 사랑하는 사람에게 헌신을 표현하며 부당함을 바로잡고 집단에 소속된다. 경외심을 정의했으니[20] 이제는 '경외심이란 무엇인가?'라는 물음에 본격적으로 답하기 위해 사람들이 직접 이 정서를 경험한 이야기로 넘어가보자.

뒤에 자세히 설명하겠지만, 심리학 창시자 윌리엄 제임스가 20세기 초에 신비적 경외심을 연구할 때만 해도 사람들이 느끼는 이 감정을 수치로 표현하게 하지는 않았다.[21] 실험을 하지도 않았다. 그의 오랜 관심 대상이었던 생리 반응이나 감각을 측정한 것도 아니었다. 그저 이야기를 모았을 뿐이다. 신과의 조우, 개종, 영적인 깨달음, 천국과 지옥의 환영 등에 관한 지극히 사적이고 직접적인 체험담이었다. 그리고 이 이야기들에서 패턴을 파악한 그는 마침내 종교의 핵심을 밝혀냈다. 신이라고 여겨지는 존재와 연결되었다는 형언할 수 없는 정서 경험에서 비롯한 신비적 경외심이 바로 종교를 이루는 근간이었던 것이다.

이 같은 접근 방식을 참고하여 나는 오랜 시간 함께 연구해온 바이양柏陽 교수와 함께 총 26개국 사람들로부터 경외심 체험담을 수집했다.[22] 이렇듯 연구 대상을 넓게 잡은 이유는 과학계에서 경계하는 통칭 위어드WEIRD, 다시 말해 표본이 서구의Western 교육 수준이 높고Educated 개인주의적이며Individualist 부유한Rich 민주주의자Democratic들로만 치우치지 않도록 하기 위해서였다.[23] 그 결과 우리 연구 참가자들은 위어드와는 거리가 먼 사람들로 채워졌다. 기독교, 힌두교, 불교, 이슬람교, 유대교 여러 종파 등 모든 주요 종교 신자들과 더불어 종교를 크게 중요하게 여기지 않는 문화권(네덜란드 등) 거주자들도 연구에 참가했다. 부와 교육 수준에서도 다양성이 확보되었다. 민주주의뿐만 아니라 독재 정치체제에서 생활하는 사람들도 포함되었다. 성 평등주의자도, 가부장적인 사람들도 있었다. 아울러 문화 가치가 상대적으로 집산주의에 가까운 나라(중국이나 멕시코 등) 사람들부터 훨씬 개인주의에 가까운 국가(미국 등) 사람들까지 고루 분포했다.

연구 참가자들에게는 먼저 우리가 앞서 살펴보았던 '세상에 대한 기존 이해를 뛰어넘는 거대한 무언가와 마주했을 때 느끼는 감정'이라는 경외심의 정의를 들려주었다. 그리고 참가자들에게 자신이 경외심을 느꼈던 순간에 대해 적어보게 했다. 이후 UC버클리에 재학 중인 각 언어 구사자들이 총 스무 개 언어로 쓰인 일화 2600편을 영어로 번역했다. 분석 결과 세계 곳곳에서 수집한 이 다채로운 경험담들이 놀랍게도 경외심만의 특정한 분류체계로 유형화될 수 있다는 사실이 드러났다. 바로 삶의 여덟 가지 경이다.

각국 사람들에게 경외심을 불러일으킨 가장 흔한 대상은 과연 무엇이었을까? 대자연? 영적 수행? 음악? 다름 아닌 타인의 용기, 친절, 정신력 또는 역경 극복 사례였다. 전 세계를 통틀어 인간은 심적인 아름다움에 감명받았을 때 경외심을 느끼는 경우가 가장 많으며, 이것이 우리가 정리한 분류체계에서 삶의 첫 번째 경이에 해당한다. 외모부터 풍경에 이르기까지, 물리 차원에서의 빼어난 아름다움은 예술과 과학이 사랑받는 오랜 이유 가운데 하나로, 우리가 미의 대상에 심취하고 애정을 느끼며 때로는 소유욕을 느끼게 만든다. 반면 흔히 보기어려운 뛰어난 선행, 품성, 능력 같은 심적인 아름다움은 순수하고 선량한 의도와 행동이 특징으로, 전자와는 전혀 다른 미의식 과정에 따라 우리에게 감동을 주며 경외심을 느끼게 한다. 심적인 아름다움 중하나는 고통스러운 상황에서 보여주는 용기다. 어느 영국 참가자가들려준 이야기를 한번 보자.

우리 딸이 아이를 사산한 상황에서 보여주었던 모습이요. 병원에서 죽은 아기가 나왔을 때 나도 곁에 있었는데, 그 상황에 대처하던 딸애 모습에 경외심을 느꼈답니다. 마냥 어린애 같았던 녀석이 하룻밤 사이에 부쩍 커서는 그 힘든 시간을 씩씩하고 의연하게 이겨냈지요.

전시戰時에 사람들이 보여주는 용기 또한 예로부터 경외심의 원천이었다. 그리스 로마 신화나 〈라이언 일병 구하기〉 같은 영화의 명장면, 참전 용사들이 들려주는 무용담에서 찾을 수 있는 감동적인 주제가 바로 이 전쟁터에서의 용기다.[24] 남아프리카 참가자가 보내온 이이야기에서처럼 말이다.

앙골라독립전쟁에 참전했을 때 일입니다. 우리 쪽 병사 한 명이 총에 맞았습니다. 장교 하나가 두려움을 무릅쓴 채 자기 목숨을 걸고 그 병사를 안전지대까지 끌고 왔습니다. 그러다 그 장교도 부상을 입었지만 결코 멈추지 않았습니다. 이 모습을 본 저도 그가 부상병을 안전한 곳으로 이동시킬 시간을 벌어주기 위해 숨어 있던 곳에서 나와 엄호했습니다.

이보다는 빈도가 훨씬 덜하지만 끔찍하게 무서운 행동들도 때로 경외심의 원인이 될 수 있는데, 주로 예술 작품을 감상하면서 깨달음을 얻을 때 경험한다. 일례로 한 스웨덴 참가자 이야기를 보자.

2011년 〈쉰들러 리스트〉를 처음 봤을 때요. 음악이랑 주인공의 연기가 미친 듯이 강렬했어요. 인간 본성에 대한 암울한 진실도요. 그리고 나서 몇 시간을 그냥 아무 생각 없이 울었어요.

인간의 잔혹 행위가 우리 마음에 깊은 울림을 주기는 하지만 이 자체는 사실 경외심과는 별개 정서인 **공포**를 촉발하는 요인으로 보는 편이 더 적절하다고 여겨진다. 뒤에서 더 자세히 살펴보겠지만 예술은 이처럼 인간의 참혹한 면을 곱씹고 상상할 여지를 줌으로써 미적인 경외심을 경험하게 하는 경우가 몹시 흔하다.

삶의 두 번째 경이는 집단 열광collective effervescence으로, 이 용어가 처음 소개된 것은 프랑스 사회학자 에밀 뒤르켐이 종교의 정서적 핵심을 분석한 글에서였다.[25] 그는 이러한 현상이 지닌 특성을 한마디로 "하나의 집단적 자기이자 같은 무리이자 '우리'라는 물결로서 사람들을 뭉치게 하는 어떤 생명력으로 인해 활기와 고양감이 끓어오르는 듯한 경험"이라고 표현했다. 우리가 모집한 26개국 참가자들도 문화권을 막론하고 결혼식, 세례식, 성인식, 졸업식, 스포츠 경기 행사, 장례식, 가족 모임, 정치 집회 등에서 집단 열광을 겪었다며 경험담을 들려주었다. 그중에는 러시아 참가자가 들려준 이야기도 있다.

> 승전기념일 군사 퍼레이드에서는 도시 전체, 나아가 온 국민이 하나가 되었어요. 참전 용사들 사진을 들고 함께 걷는 '불멸의 연대Immortal Regiment' 행렬도 있었지요. 그 속에 있다 보면 우리나라와 국민들이 자랑스럽게 느껴졌어요.

삶의 세 번째 경이는 여러분도 쉽게 예상했을 것이다. 바로 대자연이다. 사람들은 흔히 지진, 뇌우, 번개, 들불이나 산불, 강풍, 쓰나미 같은 자연재해를 목격하며 경외심을 느꼈다. 어느 중국인 참가자가 이야기한 것처럼 홍수가 마을 전체를 집어삼키는 장면도 한 예다. 그 옛날 그리스와 로마, 메소아메리카 사람들이 신을 상상하는 데 영감을 주었던, 무수한 별빛들의 패턴이 총총한 밤하늘도 많은 이들이 경외심의 대상으로 꼽았다.[26] 빛 공해가 심각한 오늘날, 밤하늘 별빛이 흐려지면서 경외심을 느낄 기회가 점차 사라진다는 우려가 적지 않은 것 역시 이 때문이다.[27] 그 밖에 산에 올라 골짜기를 내려다보고, 거목들 사이를 거닐고, 광활한 모래언덕 위를 달리고, 처음으로 바다를 보는 것 같은 경험도 사람들에게 경외심을 일으켰다. 이에 대해 어느 멕시코인 참가자는 이렇게 묘사했다.

> 살면서 처음으로 바다를 보았을 때요. 아직 어렸지만 파도와 바람 소리를 들으며 부드러운 바닷바람을 온몸으로 느꼈어요.

한편 대자연에서 경외심을 느끼며 흔하게 경험하는 것이 동식물에게도 의식과 지각이 있다는 느낌인데,[28] 이러한 관념은 이미 수많은 원주민 전통 사상에서 찾아볼 수 있으며, 오늘날 과학계에서도 주목하고 있다. 아래 러시아 참가자가 들려준 대자연 속 경외심 이야기에서는 꼭 자신과 같은 대상을 바라보는 듯한 나무들을 인식하고 어떻게 표현했는지에 주목하자.

> 5년 전, 숲에서 버섯을 채취하다 우연히 바닥에 난 신기한 구멍을 발견했어요. 그 주위로 나무들이 모두 둥그렇게 둘러서서 구멍 안을 지켜보는 것만 같았어요.

음악은 삶의 네 번째 경이로서, 콘서트장에서 조용히 음악을 감상하거나 예배 시간에 성가를 부르거나 일상에서 다른 사람들과 함께 노래를 부르는 경험을 통해 새롭고 상징적인 차원으로 사람들을 데려간다.[29] 한 스위스 참가자는 자기 자신이 거대한 무언가와 연결된 것처럼 느꼈다고 묘사했는데, 앞서 경외심을 정의할 때 가장 핵심이 되었던 바로 그 특성이다.

> 몇 년 전 크리스마스 즈음이었어요. 학교 친구들과 스위스 서부 지방 여러 수도원을 여행하고 있었죠. 그러다 도미니크 수도원에 머물 때였어요. 밖에서는 눈이 내렸고 얼어붙을 듯 추웠어요. 희미한 불빛만이 밝혀진 로마네스크 성당 안에 있자니 그레고리오성가가 들려오더군요. 그 무엇과도 비할 수 없이 아름다운 음악이었죠. 어떤 커다란 존재에 대한 경배심이 차오르는 동시에 마음이 편안해지는 기분이 들었어요.

음악에 따른 경외심은 대체로 가장 좋아하는 록 그룹이나 위대한 명연주자들의 공연을 들었을 때 경험하며, 어느 아일랜드인 참가자가 언급한 것처럼 어린아이들의 음악에서 큰 감동을 받을 수도 있다.

> 일곱 살짜리 딸이 수백 명의 관객 앞에서 씩씩하게 틴휘슬을 불던 용기 있는 모습에 경외심을 느꼈어요. 연주를 마친 아이에게 박수갈채가 쏟아졌지요. 지역 성당에서 열린

어린이 영성체 행사였고, 아이 오빠들과 친척들도 모두 참석한 자리였거든요. 아이가 무대에 오르기 전에는 제가 다 긴장되었지만 막상 딸이 그 어린 나이에 많은 사람 앞에서 그렇게 잘 해내는 걸 보고는 경외심에 사로잡혔어요. 끝나고는 아이를 끌어안고 뽀뽀하며 정말 멋졌다고 말해주었답니다.

나도 우렁우렁한 전기기타보다는 틴휘슬 소리에 더 감동을 느끼곤 한다.

삶의 다섯 번째 경이는 시각디자인으로 밝혀졌다. 건축물, 중국 병마용, 댐, 회화 작품 등은 전 세계 경외심 체험담에서 빠지지 않는 소재다. 심지어 어느 남아프리카 참가자는 조금은 뜻밖인 시각디자인 유형에도 경외심을 느꼈다고 한다.

공정 라인 설비를 살펴보러 거래처 제약회사 공장에 갔을 때였습니다. 기계 성능이 너무나도 놀라워서, 정말이지 충격 그 자체였습니다. 기계장치가 보여준 기능성과 속도, 디자인에 완전한 경외심을 느낄 정도였습니다. 1년쯤 전, 그 기계를 디자인한 동료 직원과 함께 그곳을 방문했을 때 일입니다.

올더스 헉슬리는 저서《지각의 문, 천국과 지옥》에서 보석 디자인

이 세상을 신비로운 방식으로 지각하게 해준다고 주장했다.[30] 시각디자인 관련 경외심은 우리가 특정 문화체계에 속했음을 자각하게 한다. 여러분도 어쩌면 파리 오스만 대로, 마야문명 피라미드, 바르셀로나 그라피티, 혹은 저 이야기에서처럼 약품 공정 라인 설비를 보며 그런 느낌을 받을지 모른다.

영적이고 종교적인 경외심은 삶의 여섯 번째 경이로 꼽혔다. 인류가 그토록 오랜 시간 끊임없이 열반과 깨달음, 환희, 삼매를 좇은 것을 고려하면 의외로 이러한 경외심은 흔치 않은 편이다. 신비주의 관련 경외심 체험담 몇몇은 시리아 다마스쿠스로 향하던 길에 신의 음성을 듣고 회심回心했다는 성 바오로나 보리수나무 아래서 깨달음을 얻었다는 석가모니처럼 전형적인 개심 사례로, 한 싱가포르 참가자가 전해준 이야기도 그중 하나다.

성당에서 주최한 '주님 안에 사는 인생' 세미나 진행 중 성령께서 내게로 오셨을 때요. 그 존재감이 너무나도 강렬해서 차마 버티지 못하고 순간 쓰러지고 말았지만 정신은 말짱해서 주변에서 일어나는 일들을 모두 알 수 있는 상태였는데, 감긴 눈으로는 엄청나게 밝고 하얀 빛만 들어왔답니다. 그 일이 있기 전에는 세상이 나를 버렸고 그 누구도 나에게 신경 써주지 않는다고 생각했거든요. 그런데 그 일이 일어나자 곧바로 마음이 가벼워졌고 무엇보다 사랑받는 느낌이 들었어요.

그 밖에 캐나다인 참가자가 들려준 다음 이야기처럼 신비적 경외심과 성적 욕망이 뒤섞인, 인류가 존재한 이래로 늘 함께해온 성스러움과 불경함의 조화와 관련된 경험도 있었다.

우리 동네 농산물시장에서 만난 한 남자가 명상과 인체와 정서가 지닌 힘에 눈뜨게 해줬어요. 어깨에 손을 한 번 대는 것만으로도 그 사람은 저의 내면을 꿰뚫어 볼 수 있었어요. 그 사람의 존재감과 지식에 나는 점점 더 많은 것을 알고 싶어졌어요. (중략) 그래서 그 사람을 따라 매주 명상 수업에 나가기 시작했죠. 나 자신의 몸과 마음, 영혼에 대해 아주 많은 걸 배웠어요.

신비적 경외심을 경험할 때뿐만 아니라 삶의 모든 경이를 마주하는 동안 느껴지는 감각들이, 피부에서 피부로 전해지는 온기, 포용되는 느낌, 따뜻한 사람들의 존재, 누군가가 자신을 지켜봐준다는 자각 등과 얼마나 관련 깊은지는 뒤에서 더 자세히 살펴볼 것이다. 어쩌면 이러한 밀접한 연관성이 경외심이라는 정서의 원천을 이해하는 단서가 될지도 모른다.

삶과 죽음, 즉 삶의 일곱 번째 경이에 대한 이야기도 세계 곳곳에서 흔하게 들을 수 있었다. 우리는 새 생명이 탄생하는 순간에 경외심을 느낀다. 그리고 생명 순환의 고리 반대편, 내가 그날 밤 목격했던 롤프의 죽음처럼 살아 숨 쉬던 한 사람의 육신이 무언가 다른 존재로 변해가는 순간에도 우리는 경외심을 느낀다. 인도네시아에서 생명 순환을 경험한 어느 참가자의 이야기 역시 비탄에 빠진 인간 마음이 삶 너머로 떠난 이가 남은 자들 곁에 함께할 수 있는 방법을 어떻게 떠올리게 되는지 잘 보여준다.

6년여 전, 욕야카르타 소재 사르지토 병원에서 저는 아버지, 형제들과 함께 편찮은 어머니 곁을 지키고 있었습니다. 어머니는 의식을 되찾지 못한 채 일주일을 입원해 계신 상태였습니다. 당시 어머니가 조물주 품으로 떠나기까지 정말 가슴이 미어지게 슬펐지만 곧 이대로 깊은 슬픔에 잠겨 있기만 해서는 안 된다는 사실을 깨달았어요. 우리에게는 아직도 살날이 더 많이 남았으니까요. 어머니가 우리를 떠난 뒤에야 비로소 우리는 어머니와 아내라는 존재가 얼마나 소중한지 깨달았고, 다들 이를 계기로 한층 성장해 내 아이의 어머니인 아내를 아끼고 사랑하는 마음을 품게 되었습니다.

이 이야기는 삶의 근본 진리를 번뜩 깨닫는 통찰epiphany과도 연결되는데, 이것이 바로 삶의 여덟 번째 경이다. 문화권을 막론하고 사람들은 한순간에 인생을 바꿔놓을 만한 철학적인 통찰, 과학 발견, 형이상학적 관념, 개인적 깨달음, 수학식, 갑작스러운 폭로(예를 들어 남편의 가장 친한 친구와 눈이 맞았다며 헤어지자는 아내의 통보) 등에 경외심을 느껐다고 보고했다. 이 같은 통찰은 모두 사실과 신념, 가치, 직관 그리고 심상을 하나의 새로운 이해 방식으로 통합한다. 아래 일본인 참가자가 보내준 통찰 경험담에는 특히 마음이 갔는데, 나 역시도 어린 시절에는 미술관이나 자연사박물관에서, 조금 더 커서는 다윈의 진화론을 배우면서 경외심을 느꼈기 때문이다.

열두 살이 되기 얼마 전, 과학박물관 전시를 보고 생물의 진화를 이해했습니다. 인간도 결국 수많은 생명체 가운데 한 종에 불과하다는(다른 종에 비해 특별히 더 우월한 존재가 아니라는) 사실을 깨달았죠.

정리하자면 심적인 아름다움, 집단 열광, 대자연, 음악, 시각디자인, 영성과 종교, 삶과 죽음 그리고 통찰까지, 이상 삶의 여덟 가지 경이에서 우리는 경외심을 찾을 수 있다. 혹시라도 여러분이 내심 최고라고 생각하는 경외심의 대상이 이 목록에서 누락되어 기분이 상했다면 위로차 덧붙인다. 이 밖에도 '기타' 유형에 해당하는 내용이 전 세계 응답 중 5퍼센트를 차지했다. 이 기타 유형에는 믿을 수 없을 만큼 훌륭한 풍미, 비디오게임, 압도적인 감각(이를테면 아주 강렬한 색이나 소리), 첫 성 경험이 포함되었다.

또 한 가지, 경외심을 일으킨 대상으로 언급되지 않은 것이 무엇인지도 유용한 정보가 될 수 있다. 이를테면 사기를 당해 전 재산을 날린 사건처럼 특수한 한두 사례를 제외하면 돈은 경외심의 대상으로 여겨지지 않았다. 아울러 어느 누구도 노트북, 페이스북, 애플워치, 스마트폰 관련 경험을 거론하지 않았다.[31] 신상 나이키 제품, 테슬라, 구찌 가방, 몽블랑 펜 같은 상품을 구입한 일을 이야기한 사람도 없었다. 경외심은 물질주의, 돈, 소유, 다른 사람들에게 보이는 모습처럼 세속적인 세계와는 분리된, 세속적인 것들을 뛰어넘어 소위 신성하다고 일컫는 영역에서 일어난다.[32]

두려움과도, 미적 감동과도 다른 독자적 정서

'경외심awe'의 어원은 800년 전으로 거슬러 올라가 중세 영어 단어인 ege와 고대 스칸디나비아어 단어 agi에서 찾을 수 있다. 두 단어 모두 두려움, 경악, 공포, 무서움이라는 뜻이다(우리말 또한 '공경할 경敬'과 '두려워할 외畏'가 결합된 한자어로 두려움의 의미가 담겨 있다 – 옮긴이). 이 같은 어원이 남긴 영향은 상당히 깊다. 여러분도 경외심이란 무엇인가?라는 질문에 무언가 두려움과 연관된 단어들로 설명하려 할 것이다. 그렇지만 한편으로 또 잊지 말아야 할 것이, 약 800년 전 ege와 agi라는 단어가 생겨났을 무렵은 전염병과 기근이 만연하고 공개 처벌, 종교재판, 전쟁이 횡행하며 기대수명이 지금보다 훨씬 짧던 시대였다. 무언가 거대하고 정체가 불분명한 것들은 당연히 폭력과 죽음을 연상시킬 수밖에 없었다.

과연 우리는 오늘날에도 '경외심'이라는 단어를 두려움과 유사한,

혹은 위협감과 도피 충동을 느끼는 경험을 묘사하는 데 사용할까?

또 한 가지 생각해볼 문제가 있다. 경외심은 아름다움을 마주했을 때 느끼는 감동과 별개일까? 하늘부터 음악, 활기차고 생기 넘치는 도시인들에 이르기까지, 우리는 경외심을 불러일으키는 모든 대상에 아름답다는 느낌을 함께 받곤 한다. 혹시 경외심이란 그저 아름다움을 보고 느끼는 감동, 즉 미적 감동이 심화된 정서는 아닐까?

비교적 최근까지 정서과학은 이 문제들에 답을 하지 못했다. 정서 경험에 관한 연구는 대부분 1960년대에 폴 에크만이 탐구하던 여섯 가지 상태에 치중되어 거미, 으르렁거리는 개, 선혈이 낭자한 고어물, 배설물 등 무시무시하거나 역겨운 사진들로 두려움과 혐오 반응을 유발한다든지 초콜릿케이크, 열대지방 해변, 외모가 아름다운 사람들, 목가적인 자연 풍경 사진들로 즐거움과 기쁜 정서 경험을 하게 하는 식으로 이루어졌다.[33] 어떤 연구도 참가자들에게 경외심을 불러일으키려는 시도를 하지 않았다. 설령 시도했다고 한들 가장 많이 활용되었던 정서 경험 질문지는 활기, 흥미, 자부심, 신남, 열의, 고무감, 맑은 정신, 열정, 결의, 주의 깊음 같은 긍정적인 정서를 측정하기 위해 만들어졌고 경외심이나 아름다움 관련 정서는 전혀 언급되지 않아(재미, 사랑, 욕망, 자비도 마찬가지다) 참가자들이 느낀 경외심을 제대로 포착하지 못했을 가능성이 크다.[34] 경외심 경험은 그렇게 철저히 미지의 영역에 머물러왔다.

경외심 경험을 미지의 영역으로부터 끌어내고자 했던 나는 운 좋게도 컴퓨팅 사고력이 뛰어나고 새로운 양적 분석 기법에 정통한 수학 영재 앨런 카우언Alan Cowen과 함께 인간 경험을 구조화하고 분류하는 연구를 진행할 수 있었다. 카우언은 먼저 인터넷을 샅샅이 뒤져 풍부한 정서를 느낄 수 있는, 2~3초 동안 움직이는 GIF 이미지를 2100가지나 모았다.[35] 실제 우리 실험 참가자들에게 제시한 GIF 이미지들은 에크만의 여섯 가지 정서를 유발하기 위해 사용되던 사진이나 동영상보다 훨씬 다양하여 몸 개그를 하는 개, 어색한 사람과의 만남, 마틴 루서 킹 주니어의 심금을 울리는 연설, 군침 도는 음식, 키스하는 커플, 털이 북슬북슬한 무서운 거미, 끔찍한 교통사고, 상해가는 음식, 눈을 뗄 수 없는 기괴한 기하학 패턴, 아름다운 풍경, 아기와 강아지 얼굴, 기상천외한 방식으로 말썽을 일으키는 고양이, 갓난아기를 안아주는 부모, 폭풍을 몰고 오는 웅장한 먹구름 등이 포함되었다. 각각의 GIF 이미지를 보여준 뒤에는 참가자들에게 연구 주제와 가장 밀접한 경외심, 두려움, 공포, 아름다움을 비롯한 쉰 개가 넘는 정서 단어들과 해당 이미지로부터 느껴지는 정서가 얼마나 일치하는지 평가하게 했다.

어느 날 카우언이 내 연구실에 들러 분석 결과를 시각화한 다음 페이지 자료를 내밀었다. "이게 대체 뭘 나타낸 그림인가?" 내가 카우언에게 가장 먼저 던진 질문이었다. 그러자 그는 이 같은 도표를 도출하는 데 사용한 새로운 통계분석 기법을 자세히 설명하고는 그림에 표기된 각 알파벳 글자가 연구에서 쓰인 정서적 GIF 이미지를 가리킨다며 그 이미지들이 어떤 정서를 가장 두드러지게 불러일으켰는지를 공간적으로 배치한 결과가 바로 이 도표라고 알려주었다. 이처럼 나

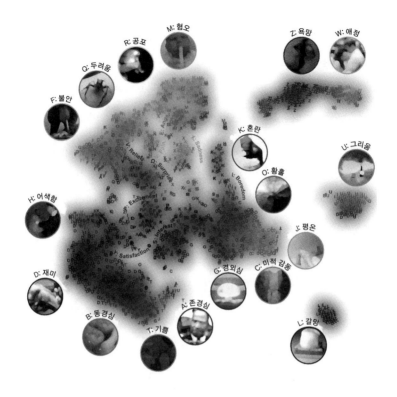

타낸 정서 단어들의 전반적인 분포 형태를 의미 공간semantic space이라고 한다. 런던 거리 지도가 있듯, 이제 우리 정서 경험에도 지도가 생긴 것이다.

도표를 보면 우리가 얼마나 풍부한 정서 경험을 하는지 한눈에 알수 있다. 우리 연구에서 참가자들은 스물일곱 가지 개별 정서를 경험했다. 도표에 따르면 우리는 많은 경우 여러 정서가 한데 혼합된 상태를 경험한다. 이를테면 슬프면서도 혼란스럽다든지 애정과 동시에

욕망을 느낀다든지 경외심과 공포가 뒤섞인 느낌을 받는 식이다. 다시 말해 정서 경험이란 대단히 복합적이다.

우리 관심사인 경외심은 이 정서의 의미 공간에서 어디쯤 위치할까? 단순히 두려움의 일종으로 분류되었을까? 아니, 아무리 눈을 씻고 봐도 그렇게 보이지는 않는다. 도표에서 보다시피 경외심은 두려움, 공포, 불안과는 저 멀리 떨어진 아랫부분에 있다. 내가 롤프의 죽음을 지켜보며 깜짝 놀랐던 것도 이 때문이었다. 암에 대한 공포와 동생을 잃는다는 크나큰 상실감에도 불구하고 내 마음속에 찾아온 죽음이라는 그 거대한 수수께끼는 나를 경외심에 빠뜨렸다.

경외심은 두려움보다는 오히려 존경심이나 미적 감동과 더 가깝게 위치한다. 경외심이란 본질적으로 긍정적인 정서인 셈이다. 그렇지만 우리가 경험하는 경외심은 미적 감동과도 분명하게 구별된다. 참가자들에게 아름다움을 느끼게 한 GIF 이미지들은 바다, 숲, 꽃, 석양처럼 우리에게 익숙하고 이해하기 쉬우며 시각적인 세상에서 우리가 예상하고 기대하는 바에 잘 부합한다. 반면 경외심을 느끼게 했던 GIF 이미지들은 도로 위에 끝없이 늘어선 사이클선수들의 행렬, 물결치듯 날아오르는 새 떼, 타임랩스로 촬영한 사막 하늘 가득 수놓인 별무리의 움직임, 알프스산맥 사이를 비행하는 조감도, 마치 빈센트 반고흐의 〈별이 빛나는 밤〉 속에 들어가 있는 것처럼 연출한 디지털 전시처럼 거대함과 신비로움이 부각되었다.

유사한 방법론을 활용하여 의미 공간 연구를 계속하며 카우언과 나는 경외심이 두려움이나 공포, 미적 감동과 구별되는 정서임을 입증하는 또 다른 근거들을 찾아냈다(정서 의미 공간 결과를 자세히 살펴보고 싶다면 alancowen.com을 방문하자).[36] 먼저 우리가 경외심을 나타낼 때 내는 목소리는 두려움을 느낄 때 내는 소리와 차이를 보였다(오히려 흥미와 깨달음처럼 새로운 것들을 학습할 때 경험하는 정서와 흡사했다). 경외심을 느낄 때의 표정 역시 두려운 표정과는 확연히 구별되었다. 아울러 경외심을 불러일으키는 음악과 시각예술 작품은 공포나 아름다움을 느끼게 하는 작품들과 완전히 다르다. 요컨대 우리가 경험하는 경외심은 두려움과는 동떨어졌으며, 익숙하고 기분 좋은 아름답다는 느낌과도 구별되는 독자적인 정서다.

경이는 생각보다 훨씬 가까이 있다

이렇게 세계 곳곳에서 수집한 체험담과 정서 경험 지도를 바탕으로 경외심의 정체가 서서히 밝혀지기 시작했다. 여기까지 읽은 여러분은 어쩌면 의구심이 생길지도 모르겠다. 앞서 26개국 참가자들을 대상으로 했던 연구에서 방법론적으로 핵심이 되었던 경외심 체험담을 떠올려보면 자기 목숨을 던져 남을 구한다든지 멕시코시티 과달루페 축제에서 수백만 인파와 하나가 되었다든지 그랜드캐니언을 관광한다든지 어머니의 죽음을 지켜보는 것처럼 보다 극단적인, 일생에 한 번 있을까 말까 한 경험들이 대부분이었던 것만 같다. 매핑 연구에서 GIF 이미지, 음악, 회화 등 경외심을 일으킨 예술 작품들은 다들 정해진 양식을 따르는 이상적인 표현물이다. 두 가지 경우 모두 일상에서의 경외심은 다루지 않다 보니 과연 평범한 생활 중 경외심을 경험할 수 있기나 한지 미심쩍을 법하다.

일상에서 경외심을 경험하는 경로를 찾기 위해 나는 바이양, 미시간대학교의 에이미 고든 Amie Gordon 교수와 함께 일지 쓰기 daily diary method라는 방법론을 활용해 여러 나라 참가자들을 대상으로 일련의 연구를 진행했다.[37] 그날그날 느껴지는 기분을 단어로 옮기는 과정을 통해 자기 정서를 기록으로 남기는, 인간의 자연스러운 행동 양상을 그대로 실험에 적용한 방법이다. 그중 한 실험에서는 중국과 미국 참가자들에게 2주에 걸쳐 매일 밤 하루를 돌아보고 경외심을 느낀 순간을 일기에 쓰게 했다. 아래 글은 어느 중국인 참가자가 쓴 것으로, 경외심을 불러일으키는 데 박물관의 힘이 정말 막대하구나 다시 한번 느끼게 해준다.

국립박물관에서 상나라 때 청동기 유물, 피카소의 작품, 마오쩌둥 동상 전시를 관람했다. (중략) 정교한 동상들, 그 섬세하게 제작된 손 형태들, 피카소가 그린 여성과 남성 누드화의 구조, 그리고 여장군 푸하오婦好의 이야기가 담긴 청동기 유물들을 보며 그저 넋을 잃고 말았다. 경외심이 느껴졌다.

푸하오는 3000여 년 전, 상나라를 지키기 위해 싸웠던 여성 장군이자 중국 역사에서 위대한 용기를 보여준 인물 가운데 하나로 꼽힌다. 덧붙여 손의 정교함을 아름답다 느끼고 감탄한 것은 비단 이 참가자만이 아니다. 조각가 로댕은 손을 신성한 부위라고 여겼고, 그의 작품 〈대성당〉은 오른손 두 개가 위를 향하며 숲이나 대성당에서 느낄 법한 신비로운 명암과 공간감을 자아낸다.

한편 UC버클리 학생 한 명은 화학적 인과 과정에 관해 배우면서 눈에 보이는 현실 기저에 눈에 보이지 않는 본질적인 또 다른 세계가 있다는 사실에 경외심을 느꼈다고 한다.

연구실에서 일하던 중 지금까지 한 번도 경험해보지 못한 새로운 화학 과정을 배웠다. 아주 미묘한 온도 변화가 결과에 미치는 영향은 그야말로 굉장했다. 실험에 쓰인 도구 자체도 굉장했다.

또 다른 학생은 빅데이터의 광대함에 대해 생각하다 경외심을 경험했다.

소셜미디어를 주제로 한 사회학 수업 시간이었다. 데이터가 어마어마하게 광대하며 우리가 애써 무시하든 그렇지 않든 우리 개개인의 삶에 미치는 힘이 몹시 크다는 사실에 경외심을 느꼈고, 어쩐지 나 자신이 미미한 존재라는 생각이 들었다. 매 순간 심장이 뛰는 횟수까지 기록될 정도로 소소셜미디어와 현대 기술은 차마 파악하기 어려울 만큼 수없이 많은 일상생활 데이터를 축적하고 있다.

이렇게 진행한 일지 연구 결과는 앞서 26개국 참가자들의 체험담 연구를 통해 알게 된 것들과 정확하게 일치했다. 다시 말해 일상에서도 우리는 심적인 아름다움과 마주했을 때 경외심을 가장 많이 느꼈으며 대자연과 음악, 시각예술, 영화를 통한 경험이 그 뒤를 이었다. 일상에서 영성 관련 경외심 경험은 비교적 많지 않았다(신학대학에서 같은 실험을 했어도 결과는 크게 달라지지 않았을 것이다). 또한 의미 공간 연구에서와 마찬가지로 참가자들이 기록한 경외심의 순간 가운데 약 4분의 3에 해당하는 대부분의 경험이 긍정적인 기분과 연관되었으며, 4분의 1만이 위협감이 혼재된 경험이었다.

아울러 문화 요소가 매우 큰 영향을 미쳤다. 베이징 학생들은 교사나 조부모의 훌륭한 인품, 음악가들의 뛰어난 연주처럼 심적인 아름다움을 통해서 가장 흔하게 경외심을 경험했다. 미국 학생들의 경우에는 대자연에서 경외심을 느끼는 빈도가 더 잦았다. 다만 연구팀이 이해할 수 없었던 한 가지 연구 결과는 미국인이 개인적 자기individual self(사회 지위 혹은 문화 요인과 별개로 타인과 구별되는 자신만의 특성을 바탕으로 지각한 자기정체감 – 옮긴이)에서 경외심을 느끼는 경향성이 중국인보다 스무 배나 높았다는 점이다. 미국 학생들은 어려운 수업에서 A를 받았다든지 경쟁이 치열한 장학금 수여자로 선발되었다든지 빵 터지는 농담을 던져 사람들을 웃겼다든지 혹은 그중에서도 일부 자기애가 정말 강한 사람들의 경우 소셜 앱 틴더에 사진을 올리는 행위에서 참을 수 없는 경외심을 느꼈다.

때로는 과학 연구에서 어떠한 가설을 세우지도, 여러 이론적 관점들을 서로 비교하지도 않는 단순한 관찰 결과가 가장 중요한 사실을 밝혀내주기도 한다. 우리의 일지 연구도 바로 이 경우에 해당했다. 사람들은 평균 일주일에 두세 번은 경외심을 경험했다. 즉 하루나 이틀에 한 번꼴이다. 참가자들은 친구가 거리 노숙자에게 보인 친절, 향긋한 꽃내음, 신록이 우거진 나무가 보도 위로 드리우는 빛과 어둠의 조화, 첫사랑의 추억 속으로 시간 여행을 하게 하는 음악, 친구들과 함께 〈왕좌의 게임〉을 몰아 보는 시간처럼 익숙하고 평범한 상황에서 특별함을 찾았을 때 경외심을 느꼈다. 즉 일상 속에서 느끼는 경외심인 셈이다.

월트 휘트먼부터 레이첼 카슨, 선 수행의 대가 스즈키 순류에 이르기까지, 위대한 사상가들은 삶이 우리에게 얼마나 큰 경외심을 줄 수 있는지 유념하라고 말한다. 수많은 지역 원주민들의 철학에서도 우리를 둘러싼 삶의 많은 부분이 신성하다는 깊은 신념을 찾아볼 수 있다. 우리가 진행했던 일지 연구의 결과는 이러한 위대한 사상과 문화가 한 가지 중요한 진리를 꿰뚫고 있음을 시사한다. 바로 삶의 경이는 생각보다 훨씬 가까이 있다는 사실이다.

사진 1372장이 불러온 초월 경험

다양한 문화권 사람들에게서 경외심 체험담을 수집하고, 21세기 첨단 기법을 활용해 정서 경험을 지도화하고, 일상에서 경외심을 느끼는 순간에 대한 기록을 종합해서 살펴보았으니 이제 '경외심이란 무엇인가'에 답을 해보자. 경외심은 삶의 여덟 가지 경이와 만나면서 시작된다. 경외심은 다른 정서들과 구별되는 독자적인 경험으로, 두려움이나 공포는 물론이거니와 아름답다는 느낌과도 다른 긍정적인 정서다. 우리는 일상에서 수없이 경외심을 느낀다.

95킬로그램에 어깨가 떡 벌어진 건장한 몸에서 65킬로그램에 쇠약하고 비쩍 마른 체형으로 변하자 대장암에 걸린 동생이 맞이할 미래가 점점 선명해졌다. 이에 나는 애써 과거를 되짚으며 동생과 함께 행복했던 추억에 몰두했다.

동생이 세상을 떠나기 열흘 전, 마지막이 되기 바로 전 방문에서 나는 아직 부모님이 이혼하지 않아 온 가족이 함께하던 15년간의 흔적이 담긴 사진 1372장을 동생과 함께 꺼내 보았다. 대부분이 흑백사진으로, 누렇게 색이 바래가는 작은 판지 상자에 봉인되어 있었다. 몇 년 동안 한 번도 들여다보지 않은 채 그대로 방치된 상태였다. 동생과 내가 멕시코에서 태어나 젖먹이 시기를 보내던 1963년부터 온전한 가족으로서 잉글랜드에서 지낸 마지막 나날인 1978년까지의 사진이었다.

롤프, 어머니와 함께 나는 사진들을 연도순으로 한 장씩 차근차근

넘겨 보았다. 동생과 내가 젊은 부모님 팔에 안겨 하늘 높이 들어 올려졌던 아기 때 모습, 서로 볼을 맞댄 모습, 보송보송한 배냇머리를 살포시 덮은 어른 손이 담긴 1960년대 초 사진. 로럴캐니언 생활을 한껏 즐기며 여름방학이면 파란색 폭스바겐 버스를 타고 여기저기 다니던 1960년대 말 사진. 로키산맥에서 사시나무에 둘러싸인 텐트 밖으로 고개를 빼꼼 내민 사진. 캘리포니아주 멘도시노 인근에서 1번 도로를 벗어나 험준한 해안가 암벽을 기어 내려가던 사진. 아버지의 작품전에서 찍은 사진. 1960년대 말에 놀러 갔던 뮤직페스티벌과 르네상스 페어, 독립기념일 기념 지역 행사 사진. 어딜 가든 장발을 한 사람들의 집단 열광이 가득했던 시절이었다.

1970년대에는 캘리포니아 북부 산기슭으로 이사해 새 폭스바겐을 장만하고 연못이 딸린 6000평짜리 뒷마당에서 허클베리 핀과 같은 청소년기를 보냈다. 아버지가 수레국화 무성한 초원에 만들어주었던 농구장에서 골대로 공을 던지던 추억. 강에서 튜브를 타고 래프팅을 하던 추억. 건국 200주년을 맞아 미국 전역을 여행한 1976년, 버스 차창 밖으로 광활하게 펼쳐진 몬티셀로 옥수수밭을 배경으로 동생과 내가 우스꽝스러운 표정을 지으며 행사 장면을 흉내 내고는 킬킬대던 추억.

그리고 마침내 우리가 온전한 가족으로 보낸 마지막 해, 훗날 부모님이 갈라서게 될 잉글랜드로 향하던 길. 10대였던 롤프와 나는 때로는 코웃음치고 비웃으며, 또 때로는 엄숙해지고 깊은 감동을 받으며 알람브라궁전, 루브르박물관, 노트르담대성당처럼 유서 깊은 관광 명소들을 구경했다.

사진들을 보는 동안 롤프는 깜박깜박 졸면서도 계속 보고 싶다는 듯이 손가락을 까닥거렸다. 결국 참지 못하고 깊은 잠에 빠지기 직전, 동생은 말했다. "우리 참 재미있게 살았다."

재미는 경외심처럼 **자기 초월**self-transcendent(개별 존재로서의 자기정체 감에서 벗어나 자신이 더 큰 세상의 작은 일부임을 깨닫는 것 – 옮긴이) 상태에 해당하는 몇 안 되는 정서 중 하나로, 자기중심적이고 위협 회피에 중점을 두며 눈앞의 상황에 대처하기에 급급한 마음가짐에서 벗어나 자기 자신보다 거대한 무언가와 연결되는 감각을 경험하게 한다.[38] 잠깐 세속적인 근심 걱정으로부터 자유로워지는 **기쁨**도 같은 유형이며, 자기 자신이 완전히 녹아 사라지는 느낌인 **황홀경**(환희)도 마찬가지다 (참고로 경외심을 느낄 땐 미약하나마 자기 자신에 대한 의식이 잔존한다). 그리고 재미, 유쾌함, 가벼운 즐거움은 모두 우리가 평소에 지나치게 심각하게 받아들이곤 하는 일상을 조금 다른 시각에서 바라볼 때 느낄 수 있다.

감사 역시 삶이 우리에게 준 선물에 경건한 마음을 갖는 정서로, 이같은 초월적 느낌의 영역에 속한다. 그 1372장의 사진을 보던 날, 슬픔과 불안의 파도에 사로잡힌 가운데서도 나는 깊은 감사를 느꼈다. 부모님은 나와 동생이 경이로운 세상을 마음껏 탐험할 수 있게 해주었다. 그 덕분에 롤프와 나는 경외심 충만한 형제애 속에서 살아왔다.

이제 경외심이 무엇인지, 어디에서 찾을 수 있는지, 어떤 느낌인지 그리고 어째서 초월 상태라는 상위 유형 정서에 속하는지 조금은 알았으니 지금부터는 경외심이 우리에게 어떤 영향을 미치는지 알아볼 차례다. 경외심은 과연 우리 마음, 자의식, 생활양식을 어떻게 변화시킬까?

2장
경외심의 인사이드 아웃

경외심은 어떻게 우리가 지각하는 세상과의
관계성을 변화시키는가

우리가 할 수 있는 가장 아름다운 경험은 신비다. 이는 진정한 예술
과 과학의 요람인 근본 정서다.[1]

— 알베르트 아인슈타인

경이감은 몹시도 견고해서 말년의 지루함과 환멸감, 거짓된 것들을
향한 무익한 집착, 정신력의 원천으로부터의 소외에 대한 확실한
해독제로서 우리가 살아가는 내내 지속적인 영향을 미친다.[2]

— 레이철 카슨

2010년 어느 부산했던 날, 연구실에서 일하던 나는 애니메이션 〈업〉
으로 아카데미상을 갓 수상한 피트 닥터의 전화를 받았다. 다음 작품
과 관련해 제작팀에 조언을 해줄 수 있느냐는 내용이었다. 이어 주인
공은 라일리라는 열한 살짜리 소녀의 마음속 다섯 가지 정서라고 덧

붙였다. 가칭 〈인사이드 아웃〉이었다.[3]

픽사 캠퍼스에 방문할 때면 피트는 공동 제작자인 로니 델 카르멘Ronnie del Carmen과 함께 몇 시간이고 틀어박혀 〈인사이드 아웃〉 스토리보드 작업에 열중하던 구석진 방으로 나를 데려갔다(보통 영화는 스토리보드 7만에서 12만 장을 기반으로 제작된다). 당시 나는 '질투심을 느끼는 표정에는 어떤 특징이 있나요?'라든지 '혐오감을 가장 잘 전달할 수 있는 색은 무엇인가요?' 따위 기술적인 질문들에 대한 답을 준비했다. 그렇지만 정작 우리가 씨름했던 문제는 정서가 어떻게 작용하는가였다.[4] 감정은 어떻게 우리 행동을 조성할까? 우리 정서는 어떻게 우리가 어떤 행동을 취하도록 이끄는 걸까?

위대한 소설과 영화가 으레 그러하듯 〈인사이드 아웃〉은 정서의 작용 방식에 관한 두 가지 중요한 통찰을 극으로 표현했다. 첫째로 정서는 우리가 세상을 지각하는 방식을 변화시킨다. 즉 〈인사이드 아웃〉에서 '인사이드(내면)'에 해당하는 통찰이다. 가령 연구 결과들에 따르면 우리는 두려움을 느낄 때 연인 관계에서 불확실성을 평소보다 크게 지각하고, 이상한 질병이나 테러로 죽을 가능성을 높게 생각하며, 10대 시절 흑역사를 더 잘 떠올리고, 컴퓨터 화면에 나타난 위협적인 시각 자극을 탐지하는 실험에서 거미 그림에 훨씬 빠르게 반응한다.[5] 두려움을 느끼는 동안에는 우리 마음이 위험 상황에 예민하게 안테나를 세우기 때문이다.[6] 이처럼 각각의 정서는 우리가 세상을 바라보는 렌즈가 되어준다.

〈인사이드 아웃〉의 '아웃(외면)'은 정서가 어떻게 행동을 촉발하는

가에 관한 통찰을 가리킨다.[7] 작중에서 라일리를 행동하게 하는 것은 라일리의 마음속 다섯 정서다.[8] 18개월 때 라일리가 전기 콘센트를 조심스레 피해 간 것은 빌 헤이더Bill Hader가 연기한 '소심Fear(두려움)'이 라일리의 행동을 지휘한 덕분이다. 라일리가 하키 경기 도중 폭력적인 모습을 보일 때 얼음판에 화풀이하도록 주도한 것은 루이스 블랙Lewis Black이 연기한 '버럭Anger(분노)'이다. 정서는 그냥 단순히 마음속에서 짧은 순간 일어나는 상태 변화가 아니다. 사회관계를 수행하는 동안 사람들 사이에 행해지는 일련의 행동들에도 깊이 관여한다.[9]

그렇다면 과연 경외심의 인사이드 아웃은 어떠할지 살펴보자. 경외심은 어떻게 우리가 세상을 보는 방식을 변화시킬까? 또 경외심이라는 정서 경험은 삶의 여덟 가지 경이가 선사하는 거대한 수수께끼를 마주했을 때 어떤 행동을 야기할까?

나 자신보다 거대한 무언가의 일부라는 감각

우리가 경험하는 경외심은 언어 영역을 뛰어넘어 이루 말로 표현할 수 없는 것처럼 느껴진다. 아이러니한 점은 경외심의 바로 그 형언할 수 없다는 특성 때문에 사람들은 일기나 시, 노래, 음악, 춤, 시각 예술 및 디자인을 통해 경외심의 경험을 전하고 숭고함을 이해하려는 시도를 지속해왔다는 사실이다. 이와 같은 전통 상징 문화에서 표현된 경외심 경험에는 한 가지 명백한 주제가 드러난다. 독립된 개체로서의 자기라는 감각은 사라지고 주위 경계가 흐려지며 내가 나 자신보다 훨씬 거대한 무언가의 일부라는 감각이 그 자리를 대체한다는 것이다.[10]

수백 년 전부터 지금까지 경외심은 신과 만난 경험들을 기록으로 남기는 영적 일기spiritual journal에서 늘 중심이 되어왔다. 14세기 신비주의자 노리치의 율리아나Julian of Norwich는 예수의 자비로운 사랑에 대한 환시를 열여섯 차례나 보았다. 이 경외심 충만한 일화들은 훗날 《사랑의 계시》라는 제목으로 출간되었고, 여성이 영어로 쓴 최초의 책 중 하나로 기독교 신학이 자비와 사랑에 기반한 신념을 강조하는 방향으로 변하게 하는 데 많은 영향을 미쳤다.[11] 노리치의 율리아나는 책에서 줄곧 "나는 아무것도 아닌 존재다"라는 구절로 그리스도의 사랑에 관한 경외심을 표현했다.

윌리엄 워즈워스, 랠프 월도 에머슨, 헨리 데이비드 소로 등 서구 사회에서 가장 영향력 있는 작가들이 자연을 주제로 쓴 몇몇 글귀는 자연에서 경외심을 경험하는 동안 자기 자신이 녹아 사라진다고 묘사한다. 이처럼 자기가 사라진 경험은 초기 페미니스트 마거릿 풀러Margaret Fuller가 미국 초월주의 운동의 중심에 서고 유력 잡지 〈다이얼 The Dial〉 편집자로 일하며 베스트셀러 《19세기 여성 Woman in the Nineteenth Century》을 쓰는 등 성차별이 극심했던 시대에 상상하기 어려울 만큼 놀라운 업적을 이뤄낼 수 있도록 인생을 바꾼 계기가 되기도 했다.[12] 풀러는 스물한 살에 경외심을 경험했는데, 그날 예배당 좌석에서 피어오르기 시작한 경외심은 풀러가 건물 밖으로 나가 "슬픈 구름"과 시리도록 파란 하늘 아래 선 뒤에도 지속되었다.

　　나는 자기라는 존재는 없다는 사실을 깨달았다.[13] 자기중
　심성은 대단히 어리석은 생각이며 주변 환경에 의해 만들
　어진 결과일 뿐이라는 것도, 내가 고통을 겪은 이유는 모두
　자기정체감을 현실이라고 여겼기 때문이라는 것도, 실제로
　는 전체라는 관념 속에서 살았어야만 한다는 것도, 그리고
　그 전체가 곧 나라는 것도 깨달았다.

　경외심은 풀러가 지극히 19세기 초 여성상에 맞추어졌던 자기정체
감으로부터 해방되어 "전체"와 더불어 자유와 권리를 신장하는 삶을
찾아 나설 수 있게 해주었다.
　자기가 사라지는 감각 경험, 이른바 '자아 죽음ego death'은 환각 경
험에서도 중심을 차지한다.[14] 현대적인 저술가 마이클 폴런Michael
Pollan은 실로시빈 성분이 든 마법의 버섯 한 조각을 삼키고 안대를 한
채 가만히 누워 음악을 듣다가 경외심을 경험했다고 한다. 그는 자기
가 종이 다발로 변해 사라져가는 환각을 경험했다.

　　포스트잇만 한 종이 다발, 그것들이 바람에 흩어진다….

　이어 폴런은 화가의 남편이자 음식 관련 글을 쓴 작가다운 방식으
로 자기가 확장되는 장면을 보았다.

나는 주위를 둘러보다 다시 저 멀리서 나 자신을 보았지만 이번에는 페인트 혹은 버터처럼 눈앞 풍경에 흩뿌려져 있었고, 온 세상은 내가 나라고 인식한 물질로 얇게 뒤덮여 있었다.

개인적인 특성은 언제나 초월 경험에 깊은 영향을 미친다.

경외심을 경험할 때 사라지는 자기란 정확히 무얼 가리키는 걸까? 올더스 헉슬리는 메스칼린(페요테라는 선인장과 식물에서 추출한 환각 물질 – 옮긴이) 복용 후 환각 상태에서 사라지는 것만 같았던 그 대상을 이해하려는 시도 끝에 "깨어 있는 시간 동안 육신을 지배하기 위해 애쓰는 참견쟁이 신경증 환자"라고 칭했다.[15] 이 묘사는 실제로 심리학에서 기본 상태의 자기 default self(뇌가 특별한 인지 활동을 하지 않는 디폴트 모드, 즉 휴지기 상태일 때의 자의식으로, 주로 자기평가를 행하는 주체다 – 옮긴이)를 이해하는 방식과 상당히 흡사하다. 기본 상태의 자기는 우리 자신을 이루는 여러 유형의 자기정체감 가운데 하나로, 자신이 타인과 어떤 점에서 차별화되고 얼마나 독립적이며 자기 삶을 통제할 수 있고 다른 이들보다 경쟁 우위에 있는지에 초점이 맞추어졌다. 개인주의와 물질주의가 대세로 자리 잡으면서 덩달아 존재감이 커졌으며, 그전(이를테면 수천 년 전 원주민 문화가 흥했던 시기)에는 확실히 지금만큼 두드러지지 않았다. 오늘날 이 기본 상태의 자기는 우리가 목표를 성취하기 위해 똑바로 나아가고 사회 지위를 높이는 데 힘쓰는 등 생존과 번영을 위해 반드시 필요한 행동들을 하게 만든다.[16]

그런데 그러다가 기본 상태의 자기가 지나치게 강력한 힘을 휘두르고 우리가 우리 자신에게 과도하게 집중하면 불안, 반추, 우울, 자기비판에 휩싸일 위험이 있다.[17] 또한 공동체 내에서 협동심과 선의를 약하게 할 수 있다.[18] 현대사회의 문제 가운데 상당수는 이처럼 지나치게 강한 기본 상태의 자기에 의해 발생한 뒤 스스로에게 집착하게 만드는 디지털 기술들 탓에 악화된 결과물이다. 경외심에는 바로 이 기본 상태의 자기가 하는 끊임없는 잔소리를 잠재우는 힘이 있는 듯하다.

그렇다면 경외심의 순간 자기가 사라지는 현상은 어떻게 연구할 수 있을까? 그 첫 번째 시도에서 바이양 연구팀은 요세미티 국립공원에 진을 쳤다. 그리고 140번 도로 옆 전망대에서 며칠에 걸쳐 총 42개 국에서 모여든 1100명이 넘는 관광객들에게 다가가 실험에 참가해달라고 청했다.[19] 국보급 명소인 요세미티 계곡의 탁 트인 경관이 내려다보이는 명당으로, 과거 시어도어 루스벨트가 이런 말을 남기기도 했던 곳이다.

인간의 손으로 세운 그 어떤 건축물보다 거대하고 아름다운, 장대하고 엄숙한 대성당 안에 누워 있는 기분이 들었다.[20]

연구진은 실험 참가자들 각자가 인식하는 자기의 크기를 측정하고자 모눈종이에 자신의 모습을 그리고 그 옆에 '나'라고 쓰게 했다. 통

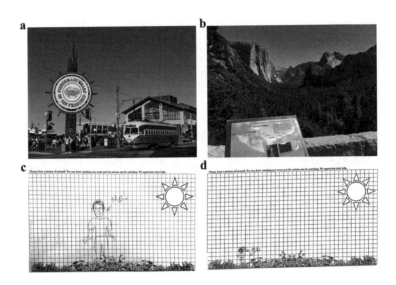

계적 비교를 위해 통제 조건에서는, 경외심보다는 마음이 가벼워지고 즐거운 정서를 불러일으키는 샌프란시스코의 피셔맨스워프에서 동일한 실험을 진행했다. 선행 연구들에 따르면 자신의 모습을 그린 그림과 그 옆에 적은 '나'라는 글자 크기 비교는 단순하지만 그 사람의 자기중심성을 상당히 정확하게 측정한다고 한다. 위는 실험 참가자들의 그림 가운데서 무작위로 선정한 것들로, 왼쪽은 피셔맨스워프의 관광객이, 오른쪽은 요세미티 국립공원의 관광객이 그린 그림이다.

그저 경외심을 느끼는 상황에 있기만 해도 사람들은 '작은 자기small self'를 경험했다. 경외심을 더 많이 느끼는 환경에 노출되는 것만으로도 참견쟁이 신경증 환자의 성가신 목소리를 조용히 시킬 수 있는 것이다.

후속 연구에서 바이양과 나는 경외심의 이 '작은 자기' 효과가 비단 광활한 대자연을 마주했을 때뿐만 아니라 삶의 여덟 가지 경이 모두에서 고루 관찰된다는 사실을 발견했다. 그러니까 이를테면 심적인 아름다움을 목격했을 때나 감동적인 음악을 들었을 때, 번뜩이는 아이디어가 떠올랐을 때 느끼는 경외심도 이 참견쟁이 잔소리꾼 신경증 환자의 목소리를 잠재운다. 더불어 꼭 그림이 아니라 그냥 단순히 떠오르는 생각들을 자유롭게 보고하게 하는 방법으로 측정했을 때에도 경외심을 느낀 참가자들이 자기가 사라지는 감각을 경험함을 확인할 수 있었다("나 자신이 하찮게 느껴져요"라든지 "개인적인 고민들이 사소하게 느껴져요" 같은 응답들이 대표적이다).

기본 상태의 자기의 핵심인, 나 자신이 타인과 차별화되고 독립적이며 자기 삶에 통제권을 쥐고 다른 이들과의 경쟁에서 승리하는 방법을 모색해야 한다는 신념은 과연 어떨까? 경외심이 어떻게 자의식을 확장해 스스로를 독립적인 존재에서 보다 커다란 무언가의 일부로 인식하게 하는지 알아보기 위해 애리조나주립대학교의 미셸 시오타Michelle Shiota 교수와 나는 다음 연구를 진행했다.[21] 먼저 대학생들을 고생물학박물관에 데려가, 보기만 해도 경외심이 일어나는 티라노사우루스 뼈대 모형을 향해 서게 했다. 통제 조건 참가자들에게는 같은 장소에 서되 형광등 불빛이 밝혀진 복도를 보게 했다. 그리고 '나는 _____다'의 빈칸을 채워 스무 문장을 만들라는 과제를 주었다. 그러자 통제 조건 참가자들은 보편적 인간성보다는 개개인의 고유성이 유리하게 여겨지는 개인주의 정신에 따라 자신만의 독특한 특질과 선호를 바탕으로 스스로를 규정하는 문장을 완성했다. 반면 경외심을 느낀 쪽 참가자들은 대학생이다, 댄스 동아리 소속이다, 인간이다, 모든 지각 있는 존재 부류 가운데 하나다 등 다른 사람들과 공유하는 속성들을 꼽았다.[22]

기본 상태의 자기를 지탱하는 또 다른 주요 신념은 우리가 자신의 삶을 통제한다는 것이다. 개인의 주체성과 자유에 관한 이 신념은 여러 이점을 가지고 있기도 하지만 동시에 이와 정반대인 한 가지 진실로부터 우리 눈을 멀게 할 수도 있다. 우리 삶이 우리 자신의 의사와 무관하게 어쩌다 태어나 속한 가정환경, 계층적 배경, 역사적 시기, 문화 등 거대한 외부 힘에 의해 조성된다는 사실 말이다. 경외심이 과연 이처럼 우리 삶을 조성하는 거대한 힘을 보다 열린 마음으로 받아들이도록 변화시키는지 알아보기 위해 나는 토론토대학교의 제니퍼 스텔라Jennifer Stellar와 함께 실험에 자원한 대학생들을 데리고 1914년 UC 버클리 캠퍼스 내에 문을 연 종탑 전망대로 올라갔다.[23] 종탑은 높이 67미터로, 학생들에게 샌프란시스코 베이 지역의 만과 다리들, 도시, 간선도로들, 안개 낀 변화무쌍한 하늘까지 탁 트인 경관을 선사하는 곳이다. 18세기 유럽인들이 처음으로 열기구를 타고 지면으로부터 이 정도 높이에 떠올랐을 때, 한 조종사는 "땅이 마치 살아 있는 생명체처럼 신비로운 패턴으로 이루어졌으며 그 비밀이 서서히 드러나는 거대한 유기체"처럼 느껴졌다고 말했다.[24] 많은 우주비행사가 우주에서 지구를 내려다볼 때에도 스케일이 조금 더 클 뿐 조망 효과overview effect라고 하는 이 감각을 경험한다.[25] 우주비행사 에드 깁슨Ed Gibson 은 자신이 1964년 우주에서 느꼈던 경외심에 대해 이렇게 표현했다.[26]

내 삶과 고민들이 이 우주의 다른 것들과 비교하면 얼마 나 사소한지 깨닫는다. (중략) 그 결과 눈앞의 삶을 즐기게 된다. (중략) 이를 통해 내면의 평화를 얻는다.

우리 연구에서, 탁 트인 경관을 바라본 참가자들도 마음가짐이 훨씬 겸허해지고 인생 방향이 자신의 주체성을 뛰어넘는 수많은 힘의 상호작용에 따라 좌우될 수 있다는 느낌을 받았다고 보고했다.

경외심을 느낌으로써 자기가 사라지는 현상은 우리 뇌에서부터 나타난다. 이를 살펴본 연구 대부분은 우리가 자기중심적인 관점에서 정보를 처리할 때 관여하는 피질 영역들인 디폴트 모드 네트워크default mode network에 초점을 맞춘다.[27] 일본에서 진행한 어느 연구에서는 참가자들에게 경외심을 유발하는 대자연 영상들(BBC 다큐멘터리 〈플래닛 어스〉에서 산, 협곡, 하늘, 동물이 나오는 장면들)을 보여주었다. 그리고 또 다른 참가자들에게는 토네이도, 화산, 번개, 거센 폭풍처럼 상대적으로 두려움이 가미된 경외심을 느낄 수 있는 자연 영상들을 보게 했다.[28] 그러자 두 집단 모두에게서 영상을 보기 전보다 디폴트 모드 네트워크의 활성화가 감소했다.[29] 이러한 결과는 곧 우리가 경외심을 경험할 때면 자기비판, 불안, 심지어 우울의 원인인 과도한 자아 활동 관련 뇌 영역들이 잠잠해진다는 것을 시사한다.

또한 연구 중 긍정적인 경외심을 느낀 참가자들은 디폴트 모드 네트워크와 보상감에 관여하는 뇌 영역(대상피질cingulate cortex)의 연결성이 증가했다. 반면 위협 기반 경외심을 경험한 조건에서는 디폴트 모드 네트워크와 투쟁-도피 반응을 주관하는 편도체amygdala의 연결성이 증가해 경외심에 위협감이 가미되었다는 사실을 뒷받침했다.[30] 중요한 것은 명상, 기도, 실로시빈 등 신비적 경외심을 유발하는 대상들도 디폴트 모드 네트워크의 활동을 감소시켰다는 점이다.[31] 삶의 다른 경이들도 아마 마찬가지일 것이다.

다른 연구들도 인간은 경외심을 느끼면 기본 상태의 자기가 사라지면서 약육강식 법칙에 지배당하던 경쟁적인 마음가짐에서 벗어나 우리 모두 상호 의존적이고 협동적인 개체들로 이루어진 관계망의 일부임을 지각한다는 것을 보여주었다.[32] 경외심을 느끼면 우리는 자신이 가족, 지역공동체, 문화가 일구어가는 역사의 한 장에 속했다고 느낀다. 즉 생태계의 일원이라는 인식이다. 월트 휘트먼은 이 같은 자기의 변화가 마치 노래처럼 느껴졌던 듯하다.

나는 나 자신을 찬양하고, 나 자신을 노래한다.
그리고 내가 믿는 바를 그대도 믿으리라.
내게 속하는 모든 원자가 또한 그대에게도 속하니.[33]

자기보다 훨씬 거대한 무언가의 일부라는 감각은 귓가에 들려오는 음악 소리와 같다. 경외심이 일으킨 이런 자기 변화는 오늘날 유행병처럼 만연한 고립감과 외로움에 대항하는 강력한 해독제가 되어줄 것이다.

경이, 탐구심과 호기심을 느끼며 개방적인 심적 상태

《경이의 시대 The Age of Wonder》에서 리처드 홈스 Richard Holmes는 18세기부터 19세기 전반에 경외심이 과학을 어떻게 변화시켰는지 상술한다.[34] 경외심이 지닌 이 같은 변화의 힘을 보여주는 사례로는 젊은 시절 밤하늘에 두둥실 뜬 달이 산책하던 자신을 빛으로 둘러싸는 모습에 깊은 경외심을 느낀 과학자 윌리엄 허셜 William Herschel의 이야기가 있다. 그는 경외심 덕분에 세계에서 가장 큰 망원경을 만들었고, 여동생 캐롤라인 허셜 Caroline Herschel과 함께 많은 노력을 기울여 하늘 위별과 혜성의 움직임을 기록했다. 남매의 발견은 지구를 중심으로 도는 별 수천 개의 2차원 좌표 패턴에는 변화가 없다고 주장하는 '항성恒星' 이론을 종식했다. 그 대신 무한에 가까운, 끝없이 변화하는 수십억 별들이 이루는 3차원 공간 패턴에 사람들이 눈뜨게 해주었다. 이 같은 통찰에 철학자 존 보니캐슬 John Bonnycastle은 경외심에 대한 글을 남겼다.

천문학은 우리 관념의 범위를 확장했고, 인간의 상상력 조차 길을 잃고 마는 끝없는 우주로 향하는 문을 열어주었다. 무한한 우주 공간에 둘러싸여 광대함에 집어삼켜진 인간은 고작 바다에 떨어지면 금세 그 속에 뒤섞이고 오염되고 마는 물 한 방울에 불과한 것처럼 여겨진다. 하지만 이처럼 난감한 상황에서도, 인간은 대자연이 부여한 힘을 사용해 넓은 시각으로 그의 작품을 탐구함으로써 그곳으로부터 스스로 벗어나기 위해 노력한다.[35]

다른 경외심 경험담들과 마찬가지로 우주의 거대한 수수께끼에 대한 보니캐슬의 이야기는 경외심의 특성으로 밝혀진 정서 경험 패턴을 그대로 보여준다. 그의 이야기 역시 "끝없는 우주"와 "인간의 상상력조차 길을 잃고 마는"이라는 구절처럼 거대함과 수수께끼에서 시작한다. 이어서 "물 한 방울"이라는 표현처럼 자기가 사라지며 "광대함"이라는 단어처럼 자기보다 커다란 존재와의 관계성을 느낀다. 그리고 기본 상태의 자기가 사라지면서, "그의 작품을 탐구"한다는 말에서 알 수 있듯 경외심이 불러일으킨 지적인 물음과 탐구에 마음을 연다. 즉 경이를 느끼게 된다.

경이란 탐구심과 호기심을 느끼며 수수께끼를 기꺼이 맞이하는 개방적인 심적 상태로, 경외심의 경험을 통해 생겨난다.[36] 우리 연구 결과, 일상에서 보다 빈번하게 경외심을 경험한 사람들은 경이를 느끼며 산다는 증거들이 발견되었다.[37] 이들은 새로운 사상에도 훨씬 개방적이었다. 미지에 대해서도, 말로는 표현할 수 없는 것들에도, 부조리에 대해서도, 새로운 지식을 탐구함에도, 소리나 색채, 신체감각, 꿈을 꾸거나 명상을 하면서 떠오르는 생각의 방향 등 경험 그 자체에 대해서도, 타인의 능력과 선행에 대해서도 한층 열린 마음가짐이 엿보였다.[38] 이러한 사실들로 미루어볼 때 하루 고작 5분씩이라도 일상적인 경외심을 느낀 사람들이 경외심을 느끼지 않는 경우보다 예술, 음악, 시, 새로운 과학 발견, 철학, 삶과 죽음에 대해 훨씬 호기심 수준이 높다는 결과는 전혀 뜻밖이 아니다. 이들은 수수께끼 같고 불가해한 것들을 비교적 편안한 마음으로 대한다.

경외심에 대한 흔한 고정관념 가운데 하나는 경외심을 느끼면 할 말을 잃고 멍해져 이성적인 판단보다 독단적인 견해, 허위 정보, 맹목적인 신념, 지역사회의 권위자나 최근 유행하는 인플루언서의 말을 따르게 된다는 것이다. 하지만 과학적인 근거들이 시사하는 바는 이와 전혀 다르다. 경외심이 불러일으킨 경이 상태에서 우리는 보다 엄밀하고 활발하게 사고한다. 역사 속 인물을 예로 들면 아이작 뉴턴과 르네 데카르트는 모두 무지개를 보고 경외심을 느꼈다. 그리고 경이 상태에서 '햇빛이 물 분자를 통과하며 굴절될 때 어떻게 무지개가 생기는 것일까?', '이 같은 효과를 일으키는 정확한 각도는 무엇일까?', '이러한 사실이 빛과 우리의 색채 경험에 대해 시사하는 것은 무엇일까?' 같은 궁금증을 품었다.[39] 무지개에서 비롯한 경이 덕분에 이 두 학자는 수학, 빛 물리학, 색채 이론, 감각과 지각에서 최고의 연구 성과들을 이루어냈다.

실험 연구들은 경외심이 어떻게 엄밀한 사고를 가능케 하는지 살펴보았다.[40] 그중 하나에서는 과거에 탁 트인 경관을 바라보며 경외심을 느꼈던 대학생들이 연구진의 지시에 따라 그 순간을 떠올림으로써 탄탄한 과학적 근거에 기반한 설득력 있는 주장과 단일한 개인 견해를 바탕으로 하며 설득력이 부족한 주장을 더욱 잘 구별할 수 있었다는 결과를 발견했다.

경외심으로 사고가 활발해지면 우리는 거대한 수수께끼를 보다 복합적인 이해 체계 안에서 바라본다. 그리고 조수가 만들어낸 웅덩이, 꽃가루를 옮기는 벌, '어머니 나무mother tree'(숲에서 가장 크고 오래되어 균류와 어린 나무를 비롯한 주위 생명체들이 서로 조화를 이루도록 중재하고 이어주는 구심점 역할을 하는 나무 ─ 옮긴이)를 중심으로 형성된 생태계 같은 자연현상들을 인과에 따른 수많은 힘들이 이룬 밀접한 상호작용 체계의 결과로 지각한다.[41] 인간사 또한 개개인의 의사를 뛰어넘는 역사 속 수많은 인과관계가 복잡하게 얽힌 결과로 여긴다. 자신의 삶을 떠올릴 때에도 가족, 이웃, 인자한 학교나 학원 선생님, 지혜로운 어른과의 운명적인 만남, 자신이 누리는 양호한 건강 상태처럼 거대한 힘들이 우리 인생의 경로에 큰 영향을 미치고 있음을 더욱 의식하게 된다. 경외심을 느끼는 동안 우리 마음은 경이 상태에 이르고, 생명계와 그 안에서 우리 자신이 차지한 작은 부분을 열린 마음으로 받아들인다.

우리 본성의 더 선한 측면을 일깨우다

그러니까 경외심의 순간 우리는 우리 운명에서 오로지 자신만이 통제권을 쥐었으며 다른 사람들보다 성공하기 위해 노력해야 한다는 마음에서 벗어나, 자신 또한 공동체 일원으로서 다른 사람들과 본질적으로 같은 성질을 지니며 서로 의지하고 협력하는 관계라는 마음을 품게 된다. 경외심은 철학자 피터 싱어가 말한, 친절함을 베풀 마음이 드는 사람들과 형성한 관계망, 이른바 돌봄 서클circle of care이라는 개념을 한층 확장한다.[42] 윌리엄 제임스는 이 같은 돌봄 서클의 기본 바탕인 행동, 다시 말해 스스로를 희생하고 다른 사람들과 나누며 그들의 이익을 위해 사리사욕을 뒷전으로 두는 것 같은 행동들을 가리켜 신비적 경외심이 낳은 "거룩하고 고결한 기질saintly tendency"이라고 칭했다. 우리 연구에서는 이러한 '거룩하고 고결한 기질'이 삶의 여덟 가지 경이 가운데 어느 것과 만났을 때에든 발동된다는 사실을 발견했다.

이와 같은 주제로 진행된 어느 연구에서 나와 오랜 기간 연구를 함께한 캘리포니아대학교 어바인UC어바인 교수 폴 피프Paul Piff는 먼저 참가자 한 집단에게 BBC 다큐멘터리 〈플래닛 어스〉를 보여주고 경외심을 느끼게 했다. 그리고 다른 집단에게는 자연 서식지에 사는 동물들의 행동에 우스꽝스러운 목소리를 덧입힌 BBC 코미디 프로그램 〈워크 온 더 와일드 사이드Walk on the Wild Side〉에서 개, 곰, 고양이, 원숭이, 유인원의 익살스러운 모습이 담긴 영상을 보여주었다.[43] 이후 전체 참가자들에게 현금과 교환할 수 있는 포인트를 부여하고는 낯선 사람에게 이 가운데 얼마만큼을 나누어 줄 수 있는지 묻자, 경외심을 느낀 쪽 참가자들이 그렇지 않은 참가자들보다 더 많은 양을 나누겠다고 답했다. 이들이 모르는 사람에게 선물한 포인트는 심지어 자신이 받은 포인트의 절반 이상이었다.

경외심은 희생하는 마음을 북돋고 우리가 지닌 가장 귀중한 자원, 즉 시간도 기꺼이 나누도록 고무한다. 멤피스대학교 교수 지아 웨이 장Jia Wei Zhang과 나는 실험실에 경외심이 절로 일어나는 식물 또는 그렇지 않은 식물에 둘러싸일 수 있는 공간을 설치하고 참가자들을 그 안에 머물게 했다.[44] 그러고는 참가자들이 실험실을 떠날 때 2011년 동일본 대지진 피해자들에게 선물할 종이학을 접어줄 수 있겠는지 물었다. 결과적으로 경외심을 느끼게 한 식물에 둘러싸이는 환경은 타인을 위해 시간을 할애하는 경향성을 높여주었다. 기본 상태의 자기를 지탱하는 신념 가운데 마지막인, 다른 이들보다 어떻게든 경쟁 우위에 서기 위해 노력하며 자신의 소유물이나 시간을 타인에게 베푸는 데 인색한 마음은 경외심을 느끼는 동안 허물어진다.

그렇게 경외심은 우리 본성의 더 선한 측면을 일깨워준다.

〈인사이드 아웃〉 후속편에서 라일리가 경외심을 만난다면

아마도 〈인사이드 아웃〉 후속편이 제작될 듯하다(이 책은 2022년에 집필

되었다. - 옮긴이) 후속편에서는 어쩌면 라일리의 마음속에 '경외심'이라는 캐릭터가 등장해 삶의 여덟 가지 경이와 만난 경험을 계기로 자의식이 변화하고 경이에 눈뜨며 거룩하고 고결한 기질 쪽으로 마음이 기울지도 모를 일이다. 라일리는 어쩌면 전편보다 성장하여 대학생이 되고 '경외심' 캐릭터가 이끄는 대로, 갓 성인이 된 나이에 알맞게 젊은 사람만이 지닌 심적인 아름다움과 만나 파티에서 춤을 추고 야외 콘서트를 즐기고 삶의 의미에 대해 늦은 밤까지 대화를 나눌지도 모른다.

내 사심을 한술 더하자면, 이 속편에서 라일리는 이제 막 싹트기 시작하는 신경과학자이리라. 만약 그렇다면 라일리가 자신에게 영웅과도 같은 제인 구달의 내레이션이 담긴 '폭포 앞 과시 행동Waterfall Display'이라는 영상을 연구실 사람들에게 보여주는 장면도 있을 수 있다.[45] 영상에서는 홀로 떨어진 침팬지 한 마리가 포효하는 폭포를 향해 다가간다. 침팬지가 털을 곤두세운다. 몸을 리드미컬하게 흔들며 거센 강물 주위로 뻗은 가지들을 타고 넘는다. 커다란 돌들을 강물로 밀어 넣는다. 이 일련의 '춤사위'가 끝나면 고요하게 앉아 물의 흐름에 몰입한다. 제인 구달은 침팬지가 폭포와 거센 강물 주변뿐만 아니라 강한 폭우와 돌풍 속에서도 이 같은 폭포 춤을 춘다고 말한다. 그러고는 자신이 추측한 바를 덧붙였다.

이 폭포 앞 과시 행동 내지는 춤사위가 꼭 우리가 느끼는 경외심, 경이, 이런 감정들로 촉발된 것만 같다는 느낌을 지울 수가 없어요. (중략) 그러니까 침팬지들도 자신 외 대상에 대한 진정한 감탄에서 비롯한 어떤 영적인 감정을 느끼지 말란 법 있겠어요?

라일리는 이 짧은 영상의 결론에 대해 연구실 사람들에게 물을 것이다. 침팬지가 털이 군두설 때 느낀 감정이 우리가 오싹함을 느낄 때의 감정과 같을까? 애당초 그 오싹함이란 무슨 의미일까? 침팬지들도 영적인 감각을 경험할까? 우리는 왜 경외심을 느끼는 걸까?

3장
우리는 경외심을 느끼도록 진화했다

———

우리의 눈물, 오싹함, 탄성은
경외심을 느끼는 이유에 대해 무엇을 말해주는가

———

그리고 만약 육신이 곧 정신이 아니라면 정신은 대체 무엇이란 말
인가?[1]

— 월트 휘트먼

———

롤프가 죽는 모습을 지켜보면서, 그리고 이후 비탄이 이어지는 동안,
나는 미간을 찡그리고 입을 꾹 다문 채 몇 차례 움찔거리며 '마른 울
음'만을 울었다. 그런데 동생과 나를 하나로 묶어준 것들, 우리가 중
요하게 여겼고 좋았던 것들을 떠올릴 때면 매번 어김없이 눈물이 차
올랐다.

가족이 화목하던 시절 어린 우리 몸을 들썩이게 만들던 비틀스의
〈서전트 페퍼스 론리 하트 클럽 밴드 Sgt. Pepper's Lonely Hearts Club Band〉
나 플리트우드 맥 Fleetwood Mac의 〈루머스 Rumours〉 그리고 우리가 산속
으로 향하는 차 안에서 함께 부르던 라디오헤드와 토킹헤즈 Talking

Heads의 곡들을 들을 때. 공원을 걷다 어린 우리가 따뜻한 오후와 황혼 무렵에 놀던 테니스장과 농구장, 마름모 형태 야구장을 볼 때나 그 황혼 형태와 색을 닮은 불그스름한 금빛 잔디로 뒤덮인 캘리포니아 언덕들을 볼 때면 늘.

롤프가 떠난 다음 해 여름, 나는 캘리포니아주 동부 시에라산맥의 매머드레이크 인근으로 차를 몰아 동생이 대장암에 걸리고 우리 삶이 흔들리기 전 7월에 함께 다녀왔던 덕레이크의 21킬로미터 둘레길을 산책했다. 그 익숙한 장소에 다시 방문하자 주황색과 파란색, 자홍색, 보라색 석양빛을 등진 산등성이의 어두운 윤곽선이 나를 에워쌌다. 높은 화강암 산길을 향해 나란히 걷는 동안 우리를 사로잡았던 그때의 오솔길을 떠올리니 눈물이 왈칵 치솟았다. 마치 다시 그때처럼 시에라가 품은 신비로움에 경이를 느끼며 서로 어깨를 기대기라도 한 듯 차 안 옆자리에 앉았던 동생의 온기가 느껴져 목덜미가 오싹해졌다. 우와 하는 소리가 들렸다. 서서히 사라지고 있는 무언가에 압도되고 경외심에 사로잡히는 기분이 들었다.[2]

경외심은 어째서 이처럼 눈물, 오싹함, 우와 하는 탄성을 수반하는 걸까?

이 문제에 답하기 위해 정서체emotional body(정서나 통증 같은 감각을 느끼는 몸이라는 뜻으로 아스트랄체나 감정체라고도 불리며, 물리적인 의미에서 몸을 가리키는 육체, 심적인 영역에서 몸을 가리키는 정신체와 더불어 철학에서 말하는 우리 몸의 세 가지 분류 기준 가운데 하나 – 옮긴이)를 둘러싼 과학적 시각의 변천사를 차근차근 살펴보자. 정서체를 살인 사건 속 사체처럼, 다시 말해 우리 몸이 현재 상태에 이르기까지 근본 원인들을 밝혀주는 단서의 보고처럼 대했던 빅토리아 시대 대표 걱정쟁이 찰스 다윈과 윌리엄 제임스가 이 여정에서 초대 가이드가 되어줄 것이다.[3] 두 사람 모두 인간은 어째서 인간 본성에서 가장 중요하고 기본적으로 선하며 생명의 필수 요소인 영혼이라는 감각과 의미적으로 그토록 가까운 경외심 및 그 관련 상태들을 경험하는가 하는 의문으로 고심했다. 그리고 둘 다 우리 몸에서 그 답을 찾았다.

다윈은 외부로 시선을 향해 제인 구달이 폭포 춤을 추는 침팬지들을 관찰하며 그랬던 것처럼 우리 정서 표현이 과거 포유류의 행동 패턴들에서 진화했다고 주장했다. 제임스는 내부로 시선을 향해 정서가 우리 몸속에서 생겨났다는 관념을 제시했다. 두 사람의 글은 대단히 급진적이다. 영혼이 느끼는 주관적인 감각이라고 여길 법한 헌신, 환희, 미적 감동, 경외심 같은 초월적 정서들이 신체 반응에 기반한다고 주장한 것이다. 그러니까 다윈과 제임스가 창시한 정서과학 관점에서 보면 눈물과 오싹함, 탄성은 언어와 상징 문화가 생겨나기도 전 경외심의 본래 의미와 근본 특성을 밝혀줄 진화론적 기원에 관한 단서를 제공한다.

정서체는 오랜 세월 동안 동물적이고 부도덕하며 이성보다 하등한 존재이자 인간 본성에서 가장 중요하고 선한 측면, 즉 영혼과는 정반대인 개념으로서 죄악시되었다. 그러다 지금부터 우리가 살펴볼 새로운 과학이 등장해 이와는 다른 관점을 제시했는데, 이 새로운 시각을 가장 잘 표현한 사람이 시인 월트 휘트먼이다. 말년에 휘트먼은 영혼이 "아름다운 생리학 법칙들"을 따른다고 언급했다.[4] 우리가 왜 경외심을 경험하며 경외심이 어떻게 포유류 자체의 기질적 특성에서 비롯되어 지금처럼 모든 인류가 보편적으로 보이는 특정한 패턴에 이르렀는지를 이해하려면 이 법칙들을 먼저 살펴볼 필요가 있다. 그 과정에서 우리는 다음 질문들을 만나게 된다. 우리는 어째서 타인의 친절과 역경 극복 사례를 접하면 눈물이 날까? 음악을 듣거나 백년가약을 맺는 젊은 커플 곁에 다른 사람들과 함께 서 있을 때 순간 오싹한 느낌이 드는 것은 과연 무슨 의미일까? 우리 영혼이 진화해온 과정에 대해 어떻게 생각해볼 수 있을까?

우리는 왜 눈물을 흘리는가

지금까지의 과학 연구 결과들을 바탕으로 밝혀진 바에 따르면 눈물에는 적어도 세 가지 유형이 있다. 물론 따지고 들면 실제로는 당연히 훨씬 더 많은 유형들이 있을 것이다. 어쨌든 그 세 가지 가운데 첫 번째는 각막 바로 뒤, 위쪽에 위치한 눈물샘에서 액체가 분비되어 눈 표면을 거의 지속적으로 적셔주는, 말 그대로 눈의 물이다. 이 눈물은 거친 각막 표면을 매끄럽게 만들어 우리가 세상을 보다 선명하게 볼 수 있게 돕는다.

두 번째 유형은 양파를 썰거나 자욱한 연기에 눈이 매워진다든지, 날벌레가 눈으로 날아든다든지, 아이들과 과격한 장난을 치다 실수로 눈을 찔리는 것 같은 물리 자극이 가해졌을 때 그에 따른 반응으로 분비되는 눈물이다. 해부학적으로는 첫 번째와 동일하며, 단지 직접적인 물리 자극에 대한 반응이라는 점만이 다르다.

그리고 세 번째가 바로 정서적인 눈물로, 눈물샘이 미주신경을 포함한 신경계 영역에 의해 활성화되는 경우다. 미주신경은 척수 가장 윗부분에서부터 안면 및 성대 근육을 지나 폐, 심장, 장벽腸壁을 지나며 주요 장기들은 물론이고 장내미생물과도 신호를 주고받는다. 심박수를 늦추고 우리 몸을 차분하게 만들며 타인과 눈을 맞추고 목소리를 내게 함으로써 유대감과 소속감을 느낄 수 있게 해준다. 롤프와 함께 산책했던 산이 시야에 들어오자 눈물을 터뜨린 나는 그 산에서 이인삼각을 하듯 나란히 걷는 동안 우리 형제가 느꼈던 친밀감을 떠올리고 있었다.

지금으로부터 약 2500년 전, 학자들은 이 정서적인 눈물에 대한 분류체계를 하나 제시했다.[5] 우리가 이 같은 눈물을 흘리는 것은 슬픔, 기쁨, 회한 그리고 경외심과 가장 가까운, 신이 선물한 삶의 다정하고 선한 측면이 느껴지는 은혜를 경험할 때라고 말이다. 이 가운데 마지막인 성스러운 눈물을 흘린 사례는 역사에서 수도 없이 등장한다. 성 프란체스코 다시시San Francesco d'Assisi는 모든 생명체에 깃든 신성에 이처럼 눈물을 흘렸는데, 전해지는 이야기에 따르면 너무나도 자주 눈물을 쏟은 나머지 눈이 멀어버렸다고 한다. 한편 오디세우스는 원정 도중 압도적인 시련들을 직면할 용기를 끌어모을 때면 자주 성스러운 눈물을 흘렸다.

이런 관찰 결과들을 모아 현대 과학에 맞게 해석하는 과정에서 인류학적인 시각을 지닌 심리학자 앨런 피스크Alan Fiske는 우리가 '공동체적 공유communal sharing' 행동을 목격할 때 눈물을 흘린다고 주장했다.[6] 공동체적 공유란 인간이 스스로 상호 의존적임을 인식하고 서로를 돌보고 나누며 모두에게 보편적 인간성이 있다는 감각에 기반하여 타인과 관계를 이루는 방식을 말한다. 피스크의 주장에 따르면 우리가 집단생활을 할 때 이런 관계 방식은 생존과도 직결되는 너무나도 중요한 것이어서 낯선 사람이 베푼 친절, 누군가가 다른 이를 위로해주는 모습, 스포츠 경기 중 상대 팀과 포옹하는 모습처럼 공동체적 공유 행동을 목격하면 눈물이 차오르는 것이다.[7] 더불어 피스크는 사람들이 선거 기간이면 지지자들의 결속을 다져주는 후보자들에게 감동해 눈물을 흘리곤 한다는 사실을 발견했다. 2016년 미국 대선 당시 힐러리 클린턴 유세 영상을 본 지지자들은 감동해서 눈물을 흘렸으며, 도널드 트럼프의 빨간 모자 지지자들 또한 자신이 응원하는 후보에 대해 동일한 행동 패턴을 보였다.

종합해보면 눈물은 우리가 자신을 다른 사람들과 공동체로서 결속되게 하는 거대한 무언가를 지각했을 때 차오른다.[8] 그리고 우리가 나이를 먹어감에 따라 이 눈물의 의미는 변하고 복합성이 더해진다. 생애 초기, 어린아이에게 눈물은 부모와 연결된 생명선이다. 아이들은 배고픔, 피로, 신체 고통, 보호자와 분리된 상태를 알리기 위해 울음을 터뜨리고, 그 소리는 0.1초 내에 주변 사람들의 중뇌수도 주위 회색질periaqueductal gray이라는 원시 뇌 영역을 활성화해 동정심과 보호

본능을 자극한다.[9] 어린 시절 우리가 흘리는 눈물은 타인과 하나 되는 감각을 느끼게 하는 거대한 대상과 처음으로 만나게 하는데, 그 대상이란, 즉 우리와 피부를 맞대고 안정감을 주는 손길과 리드미컬한 움직임, 부드러운 음성 그리고 따스한 체온으로 마음을 편안하게 해주는 우리의 주보호자다.

그러다 아이가 성장하면 점차 스스로를 보잘것없다 여기고 온갖 외부 권위에 비해 주체성이 결여되었다고 느낄 때 눈물을 흘린다. 가령 학교 교사에게 야단을 맞거나, 자기 역할에 지나치게 몰입한 학원 교사에게 몰아세워지거나, 일진이 사나웠던 부모에게 괜히 질책을 듣거나, 인기 많은 동급생에게 부당하게 놀림을 당하는 상황을 떠올려보자. 동급생, 부모, 학교와 학원 교사 그리고 그 밖의 어른들과 마찬가지로 자신이 속한 문화 속 거대한 힘들에 비해 스스로가 한없이 작게만 느껴지는 기분이 들 때면 우리 눈에는 눈물이 차오른다. 이 시기 우리 바람은 그저 같은 문화 속 다른 사람들, 특히 또래에게 무리의 일원으로서 받아들여지는 것이다.

성인이 되면 다른 경험 대부분과 마찬가지로 눈물을 흘리게 만드는 거대한 무언가 또한 전보다 훨씬 상징적이고 비유적인 형태로 변한다. 문화 의례나 의식을 진행하고 특정 음악, 춤, 영화, 연극을 감상하며 직접 뛰거나 응원하는 스포츠 팀 우승을 축하하고 심지어 연설이나 역사적 사건에서 묘사되는 정의, 평등, 인권, 자유 같은 관념어들을 들으며 우리는 눈물을 흘린다. 또한 떠난 이가 살아생전 함께 경외심을 느끼곤 했던 의미 있는 장소를 보면서 눈물을 흘린다. 경외심의 눈물은 자신을 다른 사람들과 결속하게 해주는 거대한 무언가를 인식했음을 알리는 신호인 셈이다.

우리는 언제 오싹함을 느끼는가

"제 어린 시절은 경외심의 극치였어요." 클레어 톨런Claire Tolan에게 어린 시절 경외심을 느꼈던 경험에 대해 묻자 돌아온 대답이다. 매서운 눈, 헝클어진 머리칼과 더불어 그 표현은 내 호기심을 자극했다.

미국 오하이오주에서 자란 톨런이 경외심을 찾은 건 외부에서였다. 열두 살에 처음으로 글을 쓰기 시작한 그녀는 10대 시절 내내 수많은 시와 산문을 써냈다. 일찍이 윌리엄 카를로스 윌리엄스William Carlos Williams의 작품에서 숭엄미를 느낀 영향으로 대학에서 시를 전공했으며, 이후 정보학으로 박사학위를 취득했다.

학업을 마친 톨런은 독일 베를린으로 이사했고, 그곳 어느 카페에서 내게 설명한 바에 따르면 일종의 "난민을 위한 에어비앤비" 앱을 개발하는 일에 착수했다. 하지만 새로운 도시에 적응하기가 녹록지만은 않았다. 톨런은 불안과 긴장감에 시달렸다. 21세기의 그 지독한 고질병이 낳은 외로움의 마수가 그녀를 덮쳤다.[10] 그녀는 잠을 제대로 이루지 못했다. 여명이 밝아올 때까지도 잠들지 못하고 깨어 있는 날이 잦았으며, 마음이 어지럽고 걱정이 쌓여갔다.[11]

톨런은 ASMR에서 안정을 찾았다. ASMR이란 무엇일까? 여러분이 만약 30대 이하라면 이미 ASMR을 잘 알뿐더러 취향에 맞는 영상이나 음향 자료들을 한가득 즐겨찾기 해두었을 가능성이 높다. 하지만 그 이상의 연령대라면 이 또한 여러분의 어눌한 춤 동작을 놀림감으로 삼고 일자리나 빼앗으려는 어린 세대가 만들어낸 의미 불명 줄임말 중 하나 정도로만 여길지도 모른다.

ASMR은 autonomous sensory meridian response, 즉 자율감각쾌락반응의 약자다. 한눈에 이해하기도 발음하기도 힘든 이 단어 묶음은 척추와 어깨, 뒷목, 정수리를 무언가 콕콕 찌르듯 찌르르하고 간질거리는 자극적인 감각, 일명 팅글 tingle을 포함한 다양한 신체감각을 가리킨다. 시인 월트 휘트먼이 '몸의 전율 body electric'에 대한 글을 쓸 때에도 어쩌면 이 감각을 떠올렸을 수 있다.

그런데 톨런 같은 사람들이 무엇에서 ASMR을 느끼는지를 보니 기이한 점이 눈에 띄기 시작한다. 인터넷에 게시된 ASMR 영상은 수백만 편에 달한다. 대부분 근접 촬영된 어떤 사람이 속삭이며 시청자에게 가까이 다가오는 것처럼 움직이는 영상이다. 보통 식재료를 썰거나 조리대를 톡톡 두드리거나 셀로판 포장지를 바스락거리거나 친밀한 대화를 하는 등 일상적인 소리가 담긴다. 또 입안이 촉촉한 상태에서 혀를 차며 똑딱거리는 소리, 입술을 부드럽게 빠끔거리는 소리, 무언가를 먹는 소리를 들려주는 경우도 있으며 한국에서 제작된 영상 가운데에는 아예 굴이나 조개류를 후루룩거리는 소리만을 모은 먹방 ASMR 장르도 있다. 친밀한 공간에서 행해지는 치과 치료, 카이로프랙틱, 귀 청소 등 시청자가 보살핌을 받는 기분이 들게 하는 행동에서

도 ASMR을 느낄 수 있다.[12]

톨런은 ASMR을 경험하면서 불안이 가라앉았고 알 수 없는 편안함을 느꼈다. 비로소 자신이 있어야 할 자리에 있다고 느꼈다. 심지어 집에 온 것처럼 마음이 진정되었다. 대화를 마무리 지어갈 즈음 나는 이 모든 감각 및 정서 경험이 대체 무엇을 의미하는 것일지 그녀에게 의견을 구했다. 그녀는 곰곰이 생각하더니 이렇게 말했다.

마치 어린 시절 듣던 소리들에 둘러싸이는 기분이에요. 저녁 식사 시간에 부모님이 담소를 나누는 소리. 수저가 식기와 목재 식탁에 닿아 달그락거리는 소리. 꼭 엄마가 다가와 잘 자라고 말을 건네는 걸 들으며 잠에 빠져드는 느낌이죠. 모두 친밀함에 둘러싸인 소리들이에요. 갓난아기일 때, 포근하게 안기던 그때 듣던 소리들 말예요.

그녀의 말처럼 어떤 특정한 오싹함이 감각을 표현하는 수단, 예를 들어 사랑하는 사람이 자신에게 다가오거나 집에서 듣던 소리들에 둘러싸이는 감각 등을 표현하는 수단이라는 가능성에 대해 어떤 결론을 내리면 좋을까? 이 문제에 답하기 위한 기본 바탕은 윌리엄 제임스가 위대한 소설가였던 자신의 남동생 헨리 제임스와 주고받은 편지들에서 찾을 수 있다. 편지에는 요통, 배탈, 정맥류, 신체 피로에 관한 생생한 묘사들이 담겨 있다. 몹시도 예민한 이 형제의 마음속에서 일어나는 극적인 사건들은 곧 정말로 신체감각들을 유발하기에 이르렀고, 이에 영감을 얻은 윌리엄은 불멸의 이론을 하나 창시했으니, 바로 우리 정신세계가 체화embodied되어 있다는 이론이다. 여기서 말하는 체화란 우리가 의식 상태에서 경험하는 정서와 그 때문에 변화된 세상을 바라보는 시각, 그러니까 경외심을 예로 들면 자기보다 거대한 무언가의 일부라는 느낌이 결국 신체감각 및 그 기저의 신경생리학에서 비롯되었다는 뜻이다.[13] 윌리엄은 "우리 정신세계가 우리 육체의 틀과 촘촘하게 얽혀 있다"라고 보았다.[14]

오늘날 윌리엄 제임스의 사유에 뿌리를 둔 체화 이론에 관한 새로운 과학 연구 결과들은 우리 머릿속에서 일어나는 중요한 인지 과정 가운데 다수가 실제로 신체 반응과 서로 관련 있음을 밝혀내고 있다.[15] 예컨대 우리가 위험을 지각할 때에는 심장이 수축해 동맥으로 혈류를 내보내면서 발생하는 수축기 혈압 변화를 탐지해 판단을 내린다.[16] 몸의 자세를 어떻게 하느냐가 우리가 지각하는 현실에 직접적인 영향을 미친다. 어떤 개념(이를테면 '구토')을 대할 때, 그와 관련된 정서(이를테면 '혐오')에 맞추어 얼굴 근육들을 움직일 경우 그 개념의 의미를 더 쉽게 지각할 수 있다.[17] 단순히 미간을 찡그리고 입을 꾹 닫아 분노를 나타내는 표정을 짓는 것만으로도 삶을 불공평하다고 지각하는 경향성이 증가했다(사랑하는 사람이 건네는 말을 들을 때 어금니를 꽉 깨물고 상대를 노려보면 머릿속에서 과연 무슨 생각이 떠오르는지 여러분도 한번 시험해보기 바란다).[18] 어떤 사람이 믿을 만하다거나 그렇지 않다는 판단은 육감에 기대어 내려진다.[19]

클레어 톨런이 들려준 ASMR 경험담은 말하자면 체화 이론을 시적으로 나타낸 사례다. 그녀가 느낀 오싹함은 부모 곁에 있다거나 집에 온 듯한 감각에 둘러싸이는 느낌을 수반했다. 이처럼 특정한 오싹함이 눈앞의 미지와 직면하기 위해 다른 사람들과 연대하는 것 같은 기분을 수반한다는 주제는 시대를 막론하고 경외심의 순간 및 삶의 여덟 가지 경이에 대한 묘사에서 수도 없이 등장한다.

예술 부문에서는 특히 크레셴도, 고음역대 솔로, 작렬하는 기타 리프, 빠른 드럼 비트, 불협화음 등 특정 음악 속성이 오싹한 느낌을 유발할 수 있다. 또한 음악이 공유 정체감shared identity(집단적, 사회적, 문화적 속성을 공유하는 사람들끼리 느끼는 소속감과 그에 결부된 확장된 자기 개념 – 옮긴이)을 바탕으로 다른 사람들과 친밀감을 느끼게 할 때에도 오싹함을 동반한다.[20]

소설이나 시를 읽을 때면 작품 구성이 지닌 거대한 힘을 알아차리면서 돌연 오싹함을 느끼는 '문학적 전율'이 온몸에 파문처럼 번지기도 한다. 블라디미르 나보코프는 찰스 디킨스의 소설을 읽고 이 같은 감상을 표현했다. "글을 읽고 이해하는 것은 마음이 하는 일이지만 정작 예술적 즐거움을 느끼는 곳은 양 어깨뼈 사이에 자리한다. 그 뒤에서 일어나는 작은 떨림은 가히 인류가 순수미술과 순수과학을 발달시키면서 손에 넣은 최고의 정서다. 척추와 그를 타고 느껴지는 팅글을 경배할지어다."[21] 음악이 그러하듯 문학을 통해 느끼는 오싹함은 우리가 다른 사람들과 연대해 눈앞에 놓인 거대한 미지에 함께 맞서게 해준다.

목적의식이 같은 사람들을 하나로 묶어줄 통찰 및 놀라운 깨달음의 순간에도 우리는 흔히 오싹함을 경험한다. 리처드 닉슨 대통령이 사임하는 계기였던 워터게이트사건을 보도하던 날 〈워싱턴포스트〉 기자 칼 번스틴Carl Bernstein은 커피머신 앞에서 오싹함에 사로잡혔다. 그는 동료 기자였던 밥 우드워드Bob Woodward를 보며 무심결에 이렇게 내뱉었다. "이런 맙소사, 이번 대통령은 탄핵되게 생겼네."[22] 이때의 오싹함은 그동안 미처 깨닫지 못했던 사회 변화의 힘(이 사례에서는 번스틴과 우드워드가 밝혀낸 진실이 대통령을 끌어내릴 시위에 사람들을 결집시키는 상황)이 이제 곧 닥쳐오리라는 신호를 기본 상태의 자기에게 보내는 것이다.

한편 신과의 조우에서도 사람들은 꾸준히 또 다른 유형의 오싹함을 경험한다. 욥기에 실린 이 이야기처럼 말이다.[23]

사람이 깊이 잠들 즈음 내가 그 밤에 본 환상으로 말미암아 생각이 번거로울 때에, 두려움과 떨림이 내게 이르러서 모든 뼈마디가 흔들렸느니라. 그때에 영이 내 앞으로 지나매 내 몸에 털이 주뼛하였느니라.

−《성경전서 개역개정판》

요가 전통에서는 오싹함이 신을 향한 헌신적인 사랑을 나타내는 신호이자 쿤달리니Kundalini, 즉 요가 수행 도중 경험하는 신비로운 감각으로, 만물이 서로 연결되어 있다고 느끼며 자아를 사라지게 만드는 여신 속성의 영적 에너지의 일부라고 여겨진다.[24] 불교계 문헌에서는 이러한 오싹함으로 신체가 떨리는 현상을 아비담마Abhidhamma라고 부르며 황홀경 및 신의 존재감 앞에서 자기가 사라지는 감각 경험을 나타내는 신호로 간주한다. 월트 휘트먼이 주장한 대로 인간 영혼이 체화되었다면 오싹함은 우리가 어떤 근본적이고 선하며 자기보다 거대한 무언가와 연결되었음을 알아차렸다는 표현 수단으로 볼 법하다.

그렇지만 '오싹함'과 관련된 이 다양한 의미들을 통해 우리는 무엇을 알 수 있을까?[25] 경외심을 느낄 때나 무서움을 느낄 때 모두 오싹함이 수반된다는 사실에 대해 어떤 결론을 내릴 수 있을까? 환희와 경악, 황홀경과 공포, 또 신과 하나 되는 경험과 단죄의 순간에 수반되는 오싹함에 대해서는?

이 같은 물음들을 바탕으로 경외심 연구자들은 '오싹함'의 의미를 탐구했다. 관련 연구 가운데 하나에서는 실험 참가자들에게 오싹함을 느꼈던 경험을 글로 적게 하고 그 당시 다양한 정서뿐만 아니라 오한, 몸서리, 팅글, 소름 등 네 가지 감각을 각각 어느 정도 강도로 느꼈는지 수치로 답하게 했다. 그리고 그 결과 '오싹함'이 서로 전혀 다른 사회적 의미가 담긴 두 가지 별개의 신체 반응을 가리킬 수 있다는 사실을 밝혀냈다.

첫 번째는 공포와 경악이라는 정서에 수반되는 오한과 몸서리다(지금부터는 둘을 묶어 오한으로 칭하기로 하자). 집단학살, 고문, 식인, 소아성애처럼 인간의 악행과 비열함이 드러나는 글을 읽을 때 이 같은 오한이 일어날 수 있다. 오한은 소외감, 외로움, 단절감에 수반된다. 신비체험의 경우에는 전능한 신이 단죄를 내려 사후에 단테의 지옥을 연상시키는 혼자만의 고통과 고립감에 시달리리라는 두려움을 느끼는 상황에 오한을 느낀다.[26] 보다 일상적인 경험으로는 익숙한 장소가 예상치 못하게 텅 비었고 어쩐지 돌연 이상하게 느껴질 때의 으스스한 감각 등이 오한을 야기할 수 있다.[27]

두 번째 오싹함은 팔과 어깨, 뒷목, 정수리에서 느껴지는 팅글 그리고 '소름이 돋는' 감각이다. ASMR과 유사한 것은 바로 이 오싹함이다. 롤프가 떠나기 전 함께했던 것처럼 덕레이크를 거닐기 위해 동부 시에라산맥을 다시 찾았을 때 내게 엄습해온 감각도 이것이었다. 연구자들은 소름이 공동체 내 다른 구성원들과 강한 결속력을 맺고 있다는 감각의 고조와 연관 있다는 사실을 발견했다. 우리가 경외심을 경험할 때에는 소름이 돋지, 오한을 느끼지는 않는다. 이 역시 경외심이 두려움이나 공포와는 구별되는 정서라는 증거다.

이 두 가지 오싹함이 거쳐온 진화의 역사를 되짚어보면 과연 어떤 사실이 밝혀질까? 포유류가 느끼는 경외심의 기원, 나아가 영혼의 진화론적 뿌리에 관한 최신 이론들을 한번 살펴보자.

음식물을 섭취하고 체내 산소 농도를 적정 수준으로 관리하는 것과 더불어 체온을 유지하는 것은 생존에 필수적이다. 우리 몸이 지나치게 뜨거워지거나 차가워지면 뇌와 신체의 복잡한 기제가 작동하기 시작한다. 그런데 일부 설치류나 늑대, 영장류, 인간처럼 고도로 사회적인 포유류들은 극한의 추위에 대처하기 위해 비장의 수단을 추가로 하나 더 지니고 있다.[28] 주위 다른 개체들과 한데 뭉쳐 옹송그리는 것이다. 이러한 행동 패턴은 쥐, 개, 인간 같은 사회적인 포유류들이 생명에 위협이 닥쳤을 때 서로에게 의지하고 협력한다는 일반적인 진화 원리와도 일치한다.[29]

극도의 추위에 노출되면 사회적인 포유류들은 가장 먼저 입모立毛 반응을 보이는데, 이는 소름의 근원인 신체 반사이기도 하다. 이 반응은 피부 조직을 단단하게 만들어 차가운 기운이 피부 속으로 침투하는 것을 어느 정도 막아준다. 눈으로 확인 가능한 이 반사 반응은 또한 주변 개체들에게 옹송그리는 행동을 촉진하는 신호로서 개체 간 물리적 거리를 좁히고 서로 피부를 맞대도록 유도하며, 인간의 경우에는 그 행동 반응이 격려와 위로가 담긴 토닥임, 포옹 등으로 나타난다. 다른 개체와 가까운 거리, 피부 접촉은 모두 연결성과 관련된 신경화학 반응들을 활성화한다. 여기에는 뇌와 체내 곳곳에 작용하며 타인에게 마음을 열게 하는 신경화학물질인 옥시토신 분비[30]와 미주 신경 활성화[31]도 포함된다. 그러니까 과거부터 우리 포유류 친척들은 온몸이 마비될 정도인 추위, 굉음을 내는 거센 물줄기, 불어닥치는 돌풍, 천둥을 동반한 폭우, 번개 등 아주 위험하고 거대한 수수께끼 현상들과 마주할 때면 털을 바짝 세우고 다른 개체들과 가까이 뭉침으로써 서로 온기를 느끼고 역경을 이겨낼 힘을 얻었으리라.

이렇게 함께 옹송그리는 행동이 불가능할 경우, 위협적인 추위에 노출된 포유류는 신체조직들을 따뜻하게 데우기 위해 격렬하게 근육을 수축해 몸을 떠는 반사 행동을 보인다. 오늘날 인간은 위협적인 수수께끼와 미지를 오롯이 홀로 마주해야 할 때, 사회적으로 거부 혹은 따돌림을 당하거나 극심한 외로움을 느낄 때, 타인이 저지르는 참혹한 악행을 목격했을 때 몸을 떤다. 이런 오한은 위협에 관여하는 뇌 영역(배측 전대상피질dorsal anterior cingulate cortex)이 활성화되고 혈압이 상승하는 등 소름과는 매우 다른 신경생리학적 특징을 띤다. 장-폴 사르트르의 《구토》에서 주인공 로캉탱은 공원 벤치에 혼자 앉아 마로니에 나무를 바라보다 몸이 떨리고 구토감이 치미는 "끔찍한 황홀경"을 경험한다. 그의 신체 떨림은 실존주의 핵심 사상이 체화된 결과이며, 여기에는 삶의 수수께끼들 앞에 우리는 모두 혼자라는 21세기의 개인주의적인 관념도 담겨 있다.[32]

경외심은 과연 휘트먼이 말한 "아름다운 생리학 법칙들"을 따르고 있었다.[33] 우리 눈물은 자신을 다른 사람들과 결속하게 해주는 거대한 무언가를 알아차렸음을 표현하는 수단이다. 소름은 다른 사람들과 연대해 수수께끼와 미지에 함께 맞선다는 느낌을 수반한다. 오늘날 우리는 좋아하는 가수나 밴드의 음악을 들을 때, 거리 시위에 참여한 다른 사람들과 입을 모아 구호를 외치거나 많은 이들과 함께 절에서 수행할 때 경외심의 이런 생리학 법칙들을 체감할 수 있다. 그리고 휘트먼이 몸의 전율이라고 표현한 이 눈물과 오싹함의 도가니에서 영혼이란 무엇인지도 조금씩 깨달아갈 것이다.

오싹함과 눈물이 엄습해오면 우리는 흔히 말을 잃고 경이를 느끼며 그 대상이 품은 거대한 수수께끼에 감탄한다. 고도로 사회적인 영장류로서 인간은 본능에 따라 삶의 경이에 대해 다른 사람들과 이야기를 나누곤 한다. 그 과정에서 몸짓과 더불어 경외심을 의미하는 최초의 언어였던 특별한 소리들을 사용한다.

탄성, 경외심의 신체적 반응

앞서 보았듯이 무지개는 뉴턴과 데카르트가 수학과 물리학 이론을 정립할 수 있는 계기를 만들어주었다.[34] 훗날 폴 '베어' 바스케스 Paul 'Bear' Vasquez도 하늘을 수놓은 그 조화로운 색깔에 이끌려 우리 디지털 시대에 어울리는 작품을 만들어냈다. 2010년 요세미티에 위치한 자택 밖으로 쌍무지개가 뜬 것을 보며 감탄하는 이 3분짜리 영상은 이 글을 쓰고 있는 때를 기준으로 약 5000만 조회수를 기록했다.[35] 영상 속에서는 요세미티 인근 잔디가 뒤덮인 구릉 위로 쌍무지개가 뜬 모습이 비친다. 3분 내내 바스케스는 초월 상태에서 다양한 소리들을 낸다. 우와라거나 황홀경에 빠진 듯 아아 하며 어쩔 줄 몰라 한다. 울부짖는 듯한 소리를 길게 내기도 한다. 기본 상태의 자기가 지녔던 좁은 시야를 뛰어넘는 거대하고 심오한 무언가를 알아차렸을 때 흘러나오는 실존주의적인 웃음을 터뜨리며 울다가 웃다가 한다. 영상이 끝나갈 즈음, 그는 "너무하네"와 "세상에"를 연발하며 "이게 대체 무슨 일이야?"라는 물음을 몇 차례고 반복한다. 이처럼 경외심에 사로잡히면 우리는 초월 상태가 반영된 탄성을 터뜨리곤 한다.

찰스 다윈이라면 바스케스의 탄성을 두고 우리가 다른 사람에게 삶의 경이에 대해 알리고 그 대상을 향해 같은 생각과 행동을 하도록 만드는 모습을 잘 보여주는 사례라고 말했을 것이다.[36] 1872년에 발표한《인간과 동물의 감정 표현》에서 다윈은 침팬지의 폭포 춤이나 사회적 포유류들이 생명에 위협이 될 만큼 지독한 추위에 옹송그리는 행동처럼 정서를 표현하는 방식이 어떻게 진화했는지 상세히 설명한다.[37] 그가 설명한 정서 표현 가운데 셋은 경외심과 동류라고 볼 수 있다. 바로 존경심, 놀라움 그리고 헌신이다. 존경심에는 미소가 따른다. 반면 예상치 못한 거대한 사건에 아연할 지경인 놀라움에는 미소 대신 손으로 입을 가리는 반사 행동이 수반된다. 마지막으로 헌신에는 대상의 신성함을 인식한다는 사실을 보여주는 행동들이 함께한다. 얼굴은 위쪽을 향한다. 겸허하게 무릎을 꿇는다. 눈은 베르니니 Gian Lorenzo Bernini의 유명한 조각 작품 〈성 테레사의 황홀경 L'Estasi di Santa Teresa〉처럼 살포시 감긴다. 조토 Giotto di Bondone의 그림 속, "그토록 많이 모여 앉은 새와 그 아름다움"에 경이를 느끼며 새들에게 설교하는 성 프란체스코처럼 활짝 펼쳐진 손바닥은 위를 향한다.

이처럼 진화의 역사에서 우리가 많은 이들과 하나 되어 삶의 경이를 알아볼 수 있게끔 정서를 표현하던 보편적인 행동 패턴이 경외심에도 있을까? 이 물음에 답하기 위해 나와 함께 연구를 해오던 예일대학교의 대니얼 코르다로 Daniel Cordaro는 중국, 일본, 한국, 인도, 미국에서 경외심의 신체 표현 방식에 대한 자료를 수집했다.[38] 실험 참가자들은 실험 공간으로 마련된 빈 강의실에서 자신의 모국어로 어떤 상황을 묘사한 짧은 이야기를 듣고 그 이야기에 담긴 정서를 어떤 방식으로든 좋으니 몸으로 표현하라는 지시를 받았다. '몸으로 말해요'라는 게임의 정서 버전이었다. 8개월 동안 참가자들의 신체 움직임을 밀리초 단위로 코딩해 분석한 결과, 다음 사실이 밝혀졌다. 5개국 참가자들은 두려움에는 비명을 질렀고 분노에는 으르렁거리는 소리를 냈으며 욕망에는 입술을 핥으며 뽀뽀하듯 내밀었고 기쁨에는 그야말로 춤을 추었다. 그럼 경외심은 어땠을까? 5개국 참가자들은 경외심을 표현할 때 공통적으로 눈썹과 눈꺼풀을 치켜올리고 미소를 짓거나 입을 떡 벌리고, 고개를 틀어 위를 향했다. 경외심을 표현한 신체 움직임 가운데 절반가량은 실험 참가자들이 속한 모든 문화권에서 보편적으로 관찰되었다. 또 4분의 1은 그동안 쌓아온 경험과 유전 특징에 따라 고유한 방식으로 표현되었다. 나머지 몸짓 25퍼센트는 각 문화권에서만 독특하게 관찰되는 문화 특수적 '악센트' 형태를 띠었다. 이를테면 인도인들은 경외심을 표현할 때 입술을 내미는 유혹적인 동작을 했는데, 어쩌면 인도의 경외심에는 고대로부터 내려오는 그 모든 에로틱한 조각상들과 탄트라 성관계에 관한 연구 결과들이 체화되었는지도 모른다.

바스케스가 질렀던 우와 하는 탄성은 정서적 소리 내기vocal burst라고 하는데, 정서를 전달하기 위한 목적으로 내는, 0.25초가량 말없이 지속되는 소리 패턴이다. 정서적 소리 내기에는 이외에도 한숨, 웃음, 비명, 으르렁대기, 우웩, 우우, 아아, 으음 하는 소리 등이 있다. 정서적 소리 내기는 수백만 년 전부터 사용되었으며, 약 10만 년 전 언어가 생겨나기 전까지는 호모사피엔스의 주요 의사소통 방식이었다. 인간뿐만 아니라 유인원, 말, 염소, 개, 코끼리, 박쥐를 비롯한 사회적 포유류 다수 종이 동족의 다른 개체들과 위협 요인, 식량, 교미, 소속, 위로, 통증, 놀이 등에 관한 정보를 주고받는 정서적 소리 체계를 갖추었다.[39]

경외심을 느낄 때 내는 탄성이 과연 보편적인 표현 방식인지 알아보기 위해 우리 연구팀은 실험 참가자들에게 다양한 상황에서 느끼는 감정을 음성으로 표현해보게 했다. 가령 '커다란 돌부리에 발가락을 찧어 아픈 상황'이라면 아야! 하는 반응이, '신체적으로 매력적인 사람을 보며 성관계 욕구를 느끼는 상황'이라면 으음(맛있는 음식을 맛볼 때 내는 것과 매우 유사한 소리) 하는 반응이 나올 수 있었다. '막 세상에서 가장 큰 폭포를 본 상황'이 주어졌을 때 사람들은 경외심을 표현하는 정서적 소리로 우와, 아아, 이야 같은 소리를 냈다. 참가자들이 낸 이 같은 소리들을 다시 총 10개국 사람들에게 들려주자 90퍼센트에 육박하는 정확도로 경외심을 표현하는 정서적 소리를 식별해냈다.[40] 이 결과는 우리 연구팀에게도 충격이었다. 경외심을 표현하는 정서적 소리는 그 어떤 정서를 표현한 소리보다도 보편적이었으며, 서구 선교사들이나 서구 혹은 인도 표현 매체와는 거의 접촉이 없었던 동부 부탄 히말라야에 자리한 외딴 마을 주민들까지도 바로 알아차릴 수 있었다. 10만여 년 전 언어가 생기기도 전부터 인류는 친지나 친척들에게 우와라고 말함으로써 삶의 거대한 수수께끼에 모두 함께 맞섰던 것이다.

경외심과 문화는 늘 진화한다

지금까지 우리가 왜 경외심을 느끼는지 이해하기 위해 진화의 역사를 되짚어보며 눈물, 입모, 옹송그리기, 우와 등의 탄성, 눈이 커지고 손과 팔을 활짝 벌리는 몸짓, 피부로 온기를 전하는 것 같은 다양한 사회적 행동까지 초기 인류가 경외심을 느낄 때 보였을 것으로 추정되는 특징들을 두루 살펴보았다.[41] 이것이 바로 수십만 년 전 총 인구수가 1만여 명이었던 호모사피엔스들이 연대해 음식을 나누고 추울 때 한데 모여 옹송그리며 포식자들을 쫓아내고 큰 포유동물들을 사냥하는 등, 날씨, 생태계, 동식물의 생명 순환, 동물들의 대규모 이동 같은 자연계 패턴과 더불어 고도로 사회적인 생존 방식을 이어가기 위해 반드시 필요한 과제들을 수행 가능하게 해주었던 경외심이라고 짐작해볼 수 있다. 이처럼 초기 경외심은 다수가 힘을 모아 위험과 미지에 맞서는 데 초점이 맞추어져 있었다.

그러다 8만 년에서 10만 년 전, 고고학 기록에 따르면 언어, 상징, 음악, 시각예술이 등장했다.[42] 호모사피엔스는 문화를 일군 영장류가 되었고, 곧 끊임없이 발달하는 상징 능력을 활용해 경외심을 기록으로 남기기 시작했다. 언어에 기반한 **표상**representation이 생겨나면서부터는 단어, 비유, 이야기, 전설, 신화를 통해, 또 회화, 조각, 탈, 조형물 같은 시각 기법들을 활용해 삶의 경이를 다른 사람들에게 전하기 시작했다. **상징화**symbolization를 통해 경외심을 표현하던 신체 특징들을 노래, 성가, 춤, 연극, 악기 연주로 극화했다. 아울러 **의식화**ritualization

를 통해 절을 하듯 자세를 낮추고 다른 사람들과 피부를 맞닿게 하는 등 경외심과 관련된 행동 패턴들을 의례와 의식으로 형식화했다.[43]

무수한 문화 형태로 경외심을 표현하고 기록으로 남기며 우리는 다른 사람들과 함께 문화적이고 미적인 경외심을 경험했고, 이를 통해 몹시도 사회적인 우리 삶에서 마주치는 수수께끼들을 이해했다. 이것이 1995년부터 1997년까지 미국 계관시인으로 지명되었던 로버트 하스Robert Hass가 2016년 버클리 학회에서 시와 그 외 문학 작품 속 경외심의 역할에 관해 12분간 했던 발표의 논지였다. 이 이론을 설명하던 그는 우리 선조들이 숭엄미를 깨달았을 때 내던 우와 하는 소리로써 자신의 문학적 통찰을 몸소 표현했다.

하스는 아리스토텔레스가 주장한 카타르시스에 대한 단상으로 이야기를 시작했다. 2500년 전, 카타르시스는 일종의 정화 의식이었다. 당시 사람들은 밖에서 좋지 않은 기운을 만났을 경우 집에 들어가기에 앞서 기름으로 몸을 씻었다. 우리는 연극과 시, 그 외 문학 작품들을 쓰고 읽고 봄으로써 안전한 상상의 영역에서 인간의 참혹한 면을 들여다보고 통찰을 얻는다. 이 행위는 또한 인간의 유해하고 참혹한 면을, 경외심을 불러일으키는 미적 표상으로 탈바꿈한다. 이로써 이와 유사한 상징적이고 의식적인 정화 행위 역할을 할 수 있다.

이어 하스는 어머니와 동침하고 아버지를 살해한 뒤 자신의 두 눈을 스스로 도려낸 왕의 일대기를 그린 소포클레스의《오이디푸스 왕》을 언급했다. 극 마지막 코러스는 이처럼 가족 관계를 무너뜨릴 수 있는 끔찍한 갈등을 깨달을 수밖에 없는 저주에 대해 노래한다. 이 대목에서 하스는 눈썹을 치켜세우고 청중을 향해 몸을 기울이며 말했다.

우와.

그러고는 2000년을 건너뛰어 끔찍한 죽음으로 끝맺는 셰익스피어의 두 작품, 《햄릿》과 《안토니와 클레오파트라》 이야기로 넘어갔다. 《안토니와 클레오파트라》 결말부에서는 "땅이 갈라지고 속에서부터 떨림이 인다." 클레오파트라의 죽음이 얼마나 큰 충격이었던지 대지마저도 오싹함을 느낀 것이다! 이 점을 지적하며 하스는 발표 자료에서 시선을 들고 청중을 바라보며 말했다.

우와.

객석이 술렁였다. 사람들은 웃음을 터뜨리고 일행끼리 쿡쿡 찌르기도 하며 하스의 이야기가 어디로 흘러갈지 궁금해하다 다시 연단 쪽으로 주의를 기울였다.

이제 하스는 평생 자신에게 경외심을 불러일으켰던 대상으로 주제를 옮겼다. 다름 아닌 하이쿠였다. 하이쿠 시인들 사이에서는 2000개가 넘는 일본 영적 공동체들이 신성한 경외심을 느끼는 장소로 삼는 영산, 후지에 대해 한 편이라도 시를 짓는 것이 관례라고 한다. 하스는 전설적인 시인 바쇼의 작품을 인용했다.[44]

안개비 속에

종일 가린 후지산

흥미롭도다!

우와.

덧붙여 바쇼가 이웃 사람에 대해 쓴 시도 소개했다.[45]

깊어진 가을

이웃은 무얼 하며

살고 있을까?

우와.

이렇듯 다른 사람들의 생각이나 생활 방식을 궁금해하고 상상하면서도 우리는 일상 속 경외심을 찾을 수 있다.

이 같은 방식으로 문학적 경외심의 역사를 간략하게 설명한 지 약 8분째에 이르렀을 때, 하스는 "영어권에서 가장 위대한 작가 중 한 명"이라는 수식어와 함께 에밀리 디킨슨의 작품 이야기를 시작했다. 하스는 디킨슨의 시들이 저혈당 상태에서 탄생했다는 농담을 던졌다. 그녀의 작품들에는 "전능한 아버지" 하느님에 대한 믿음을 잃고 19세기에 유한한 자신의 삶을 무한과 연결하고픈 갈망으로 씨름하던

그녀의 노고가 반영되어 있다. 하스는 죽음과 비탄에 쏠렸던 그녀의 한결같은 관심에 주목했다.[46]

한 줄기 빛이 비스듬히 비친다
겨울 오후[47]
대사원에서 흘러나오는 선율의
무게와도 같이 짓누르며

그것은 굉장히 상처를 주는데도
상처 자국 하나 없어라
그러나 교감이 이는 내면에선
천둥 같은 변화가

아무도 그것을 가르칠 순 없다 아무도
그것은 봉인된 절망
대기가 우리에게 건네준
장엄한 고뇌

그것이 올 때면, 그림자들은 숨을 멈추고
풍경은 귀 기울인다
그러나 그것이 사라질 때면 마치
죽음의 얼굴 위에 누운 거리처럼 아득하여라

"한 줄기 빛이 비스듬히", "풍경은 귀 기울인다", "죽음의 얼굴"이라는 시구를 들으며 나는 심장이 멎는 듯했고 눈물이 살짝 맺혔으며 등줄기를 따라 희미하게 오싹한 기운이 번졌다. 내 안에 있던 상실의 거대함을 알아차린 나는 이 본질적인 진리에 공유된 인식shared awareness(독립체 둘 이상이 공유한 지식 정보를 바탕으로 동일한 인지 과정을 수행할 수 있는 상태 - 옮긴이)을 가지게 된 다른 관람객들과 함께 몸을 앞으로 기울였다. 그리고 다시 한번 하스의 목소리를 들었다.

우와.

발표를 마무리 지으며 하스는 게리 스나이더 Gary Snyder의 작품을 언급했다. 스나이더는 시에라 산속에서 모닥불 옆에 앉아 있다가 자신의 몸을 따뜻하게 데워주는 그 모닥불과 인근 산을 창조해낸 화산의 용암 불, 불교에서 영혼을 정화하기 위해 불을 피우는 의식 사이에서 연결고리를 발견했다고 한다. 하스는 부처의 말로 끝맺었다.

모든 것이 불타고 있다.

우와.

하스가 들려준 우와 하는 감탄사와 시구는 청중을 휘저어 그들이 마음을 열고 패륜, 죽음, 이웃과의 연결 및 그들 마음속에서 일어나는 수수께끼 같은 일들, 빛과 대사원에서 흘러나오는 선율의 의미, 그리고 불이 어떻게 산과 화강암을 창조하며 상징적인 의미에서 우리 영혼까지도 만들어내는지 궁금해하게 만들었다. 이처럼 문학, 연극, 수필, 시는 경외심의 경험을 통해 사람들을 연대하게 하고 이렇게 변화함으로써 실질적인 도움을 받을 수 있게 해준다.[48] 이러한 관념을 실험적으로 검증해보기 위해 한 연구에서는 참가 학생들에게 먼저 "우리는 왜 살아 있는가?"라는 질문을 제시했다.[49] 그리고는 떠오르는 생각을 담아 시를 쓰게 한 다음 자신이 시를 쓰는 동안 경외심을 얼마만큼 느꼈는지 보고하게 했다. 이후 문학과 박사과정 학생들이 고대 그리스에서부터 전해진 아래 항목들에 따라 참가자들의 시에서 느껴지는 숭엄미를 평가했다.

사고가 대담하고 장엄한가?

격렬하거나 열정적인 감정을 일으키는가?

언어 사용이 능숙한가? 품위 있게 표현했는가?

구조 및 구성이 고상한가?

그런 뒤 또 다른 참가자들을 모집해 이 시들을 읽고 어느 정도 감동을 받았는지 보고하게 했다. 핵심 결과부터 말하자면, 처음 시를 지은 학생 참가자들이 시를 쓰는 동안 느낀 경외심이 클수록 박사과정 학생 평가단으로부터 높은 숭엄미 점수를 받았으며, 시가 지닌 숭엄미 수준이 높을수록 마지막 참가자들이 느낀 감동도 컸다. 이 같은 결과는 곧 우리가 경외심 경험을 타인과 공유하는 미적 경험으로 변환할 수 있으며 이로써 다른 사람들과 연대해 자기보다 거대한 무언가를 이룰 수 있게 된다는 것을 시사한다.

이처럼 신체적인 경외심 경험을 문화 형태로 바꾼 예가 바로 클레어 톨런을 베를린에서 버티게 해준 힘이었다. 그녀는 자신이 경험한 ASMR 감각을 오로지 21세기 문화다운 창의 활동으로 변화시켰다. 베를린 지역 라디오에서 ASMR 모음집으로 생방송을 진행한 것이다. 더불어 동료 예술가들과 함께 베를린 나이트클럽에서 ASMR 음향을 곁들여 참가자들이 작게 소곤거리듯 노래를 읊조리면 관객들이 앙코르를 속삭이는 형식의 사교 모임을 개최했다.

우와.

경외심과 문화는 늘 진화한다. 수천 년 전은 일상적인 경외심의 시대였다. 원주민들은 자연, 이야기, 의례, 춤, 성가, 노래, 시각디자인 그리고 시공간 및 인과관계에 대한 상식을 뛰어넘는 초월적인 의식 상태에서 경외심을 찾았다. 노자는 자연의 생명력이 지닌 수수께끼인 도道를 설파했다. 플라톤은 경이야말로 철학의 근원이자 우리가 이 장에서 함께 고민했던 "영혼이란 무엇인가?", "신성은 어떻게 찾을 수 있는가?"를 비롯한 삶의 위대한 물음에 답할 수단이라고 단언했다.

그러다 2500년 전부터는 노리치의 율리아나가 쓴 것과 같은 신비 체험담이 경외심에 대한 기록에서 주를 이루기 시작했고, 부처와 그리스도를 기점으로 계몽주의 시대 전까지 이어졌다. 이 과정에서 전설, 신화, 가르침, 의례, 도상학, 신전이라는 형태로 기록된 신비주의 경외심은 종교를 이루는 기본 뼈대가 되었다.[50] 적어도 역사에 기록된 경외심은 신이라는 존재를 이해하고자 함과 더불어 폭력, 무역 확장, 가족 해체, 공동체적 공유보다 사적 이익을 중시하는 사회 분위기에 맞서 공동체를 구축하기 위한 노력을 반영하듯 상당히 종교적인 정서로 변해갔다.[51]

중세 암흑시대에서 막 벗어났을 무렵에는 당시 폭발적으로 발전하던 예술, 음악, 문학, 수사법, 연극, 도시설계 및 건축디자인을 통해 경외심을 나누고 기록으로 남겼다. 가령 셰익스피어의 극작품은 지금도 그러하듯 당시 관객에게 신선한 경이를 불러일으켰다.[52] 그로부터 다시 몇 세기 지나 에드먼드 버크는 평범한 일상에서 어떻게 경외심을 찾을 수 있는지 상세히 설명하며 서구 사회 최초로 철학적인 관점에서 일상적인 경외심을 주창했다. 장 자크 루소, 퍼시 셸리, 윌리엄 블레이크, 윌리엄 위즈워스 같은 낭만주의 영웅들은 대중에게 특히 자연에서 숭엄미를 찾도록 권했다. 이들은 자연 속을 거닐며(랠프 에머슨) 자유로이 지적인 대화를 나누고(마거릿 풀러) 평범한 일상을 누리며(월트 휘트먼) 종교나 환시, 약물 효과 등으로 신비체험을 하면서(윌리엄 제임스) 경험할 수 있는 일상 속 경외심을 미국 초월주의자들이 찬양하게 하는 데에도 많은 영향을 미쳤다.[53]

이렇듯 경외심이 거쳐온 변천사를 살펴보면 "우리는 어째서 경외심을 느낄까?"라는 의문에 대해 진화론적인 설명과는 또 다른 답을 발견할 수 있다. 다름 아닌 경외심 덕분에 자기라는 편협한 틀에서 벗어나 공동체, 대자연, 사상 및 문화 같은 보다 큰 체계에 통합됨으로써 개체의 생존 자체가 가능했다는 것이다. 치솟는 눈물은 자신을 다른 사람들과 하나로 묶어주는 바로 이 큰 체계를 깨달은 결과다. 그리고 오싹함은 우리가 다른 사람들과 힘을 모아 이 같은 미지를 이해하려 노력하고 있다는 신호 역할을 한다.

자, 이제 경외심의 과학을 주제로 한 1부를 마무리 지을 시간이다. 지금까지 우리는 삶의 여덟 가지 경이와 마주했을 때 어떻게 경외심이 생겨나는지, 그렇게 생겨난 경외심이 또 어떻게 자기가 사라지는 느낌을 낳고 경이를 불러일으키며 거룩하고 고결한 기질로 향하게 하는지 살펴보았다. 아울러 눈물, 오싹함, 탄성이 포유류의 진화 과정에서 상당히 오래전 자리 잡았으며 다른 개체와의 연대를 필요로 하는 거대한 힘을 알아차리는 습성에 그 뿌리가 있다는 이론도 알아보았다.

이 배경지식을 이정표 삼아 지금부터는 삶의 여덟 가지 경이라는 분류체계에 속한 여러 상황에서 경외심이 어떻게 작용하는지 조금 더 집중적으로 탐구해보자. 삶의 여덟 가지 경이에서 비롯한 경외심 경험, 이를테면 특정 음악을 듣거나 신비체험을 했을 때의 정서 경험은 흔히 말로 표현할 수 있는 범위를 넘어서며, 문제를 정의하고 측정하며 선형적인 인과관계를 추론하고 가설을 세우는 현대 과학의 영역 밖에 있는 경우가 많다. 이러한 사실을 고려하면 교도소 안이나 음악당 주변에서 만나본 사람들의 이야기를 비롯해 참전 용사들이 들려준 전쟁터에서 죽음의 문턱까지 가본 경험과 어느 원주민 학자가 멕시코 지역 병원에서 사경을 헤맸던 경험 등 개개인이 들려주는 경외심 체험 사례들에 더 많이 의존해야 할 것이다. 이들의 이야기는 거대한 수수께끼를 마주한 경험에서 시작해, 경외심이 개인의 삶에 미친 변화의 힘을 선명하게 보여주리라.

2부

경외심으로
인생이 바뀐 사람들

4장
심적인 아름다움

타인의 친절, 용기, 역경 극복 사례는
어떻게 경외심을 불러일으키는가

지난 40년간, 세월이 더해갈수록 나는 점점 더 선한 행동들(그 행위
가 우발적이었든 계획적이었든 혹은 실수였든…)을 언어로 분명하게 표현
하는 데 힘썼다. (중략) 선이 스스로 목소리를 내게 한다고 해서 악
이 말살되는 것은 아니지만 선에 대한 나만의 생각을 보여줄 수는
있다. 내게 있어 선이란 바로 자기를 이해하는 것이다.[1]

― 토니 모리슨

샌퀜틴 주립교도소는 샌프란시스코만에 위치한 보안등급 2단계 교도
소다(캘리포니아주의 교도소 보안등급은 총 네 단계로, 이 중 2단계는 일반적으
로 교도관에게 위협이 되지 않는 경범죄자들을 수용하여 최소한의 보안만이 필요
하다고 판단될 때 부여된다. 샌퀜틴 교도소는 본래 최고 등급인 4단계로 캘리포니
아 내 유일하게 사형 시설을 갖춘 교도소였으나 최근에 재활 위주의 시설로 탈바
꿈하면서 2단계로 하향 변경되었다 - 옮긴이). 이곳에는 푸른색 수의를 입

어 통칭 맨 인 블루the men in blue로 불리는 재소자가 4500명 있으며, 캘리포니아주 내 사형수들도 수감되어 있다. 2016년, 나는 재소자들이 주도하는 회복적 정의restorative justice(범죄자의 잘못을 벌하는 응보적 정의와 달리, 피해자의 회복을 돕고 범죄자 스스로 자신이 저지른 행동의 영향을 직면하고 이를 바로잡는 책임을 지게 하는 데 목표를 두는 사법 정의 – 옮긴이) 프로그램 일환으로 재소자 200명 앞에서 특강을 하기 위해 처음으로 이 교도소를 방문했다.[2]

첫 번째 방문 전날 밤, 나는 방문객 안내 사항을 살펴보았다. 초록색, 베이지색, 갈색, 회색 계통 옷을 착용할 것. 어느 범죄 조직과도 연관이 없으며 만일의 사태에 교도관이 재소자들의 푸른색 수의와 쉽게 구별할 수 있는 색이어야 함. 재소자와 신체 접촉을 하지 말 것. 약물 및 무기가 될 만한 물품 반입 금지.

그날 특강을 결심한 데에는 내가 회복적 정의에 관심이 있다는 이유도 있었다. 하지만 그보다 더 결정적인 이유는 미셸 알렉산더Michelle Alexander의《신新 짐 크로 법The New Jim Crow》과 브라이언 스티븐슨Bryan Stevenson의《월터가 나에게 가르쳐준 것》을 읽고 느낀 경외심에 마음이 움직였기 때문이다. 두 책 모두 원주민 학살에서 흑인 노예화와 대량 투옥으로 이어지는 일련의 사회체계로써 유색인종을 지배해온 미국 역사에 대한 크나큰 통찰을 담고 있다. 이 책들을 읽으며 피어난 경외심에 시야가 넓어지자 나는 미국 내 계급체계가 낳은 일상 속 공포에 관해 더 많이 알고 싶어졌다. 지금은 스탠퍼드대학교 교수가 된 한 친구가 10대 시절 경찰관에게 붙잡혀 다짜고짜 목을 졸린 채 제압

당한 사연, 부모의 약을 구하러 약국에 들어섰던 원주민 친구가 빈손으로 쫓겨난 사연, 내 수업을 듣던 어느 멕시코계 학생이 매일 밤 조부모와 통화하며 이민세관단속국의 최근 동향에 대해 이야기하던 사연, 집 없이 떠돌이로 자라 늘 굶주림에 시달린 탓에 음식을 미심쩍어하며 깨작거리는 습관이 든 한 UC버클리 장학생의 사연에도 궁금증이 생겼다. 이 두 책에 깊은 감명을 받은 영향으로 나는 그렇게 이끌리듯 샌퀜틴 교도소를 찾아갔다.

방문 당일, 나는 얼마 안 되는 다른 회복적 정의 프로그램 자원봉사자들과 함께 첫 번째 보안문 근처에 있는 먼지투성이 대기실로 이동했다. 재소자들의 아내와 어머니, 아이들 틈에서 기다리던 우리는 그곳에 전시된 재소자들의 소묘, 목판, 꽃과 석양, 만, 가족 얼굴이 담긴 그림 등을 구경했다. 선이 스스로 목소리를 내게 한다는 토니 모리슨의 말처럼 나는 바로 그날 그 순간, 재소자들이 자기 내면의 선한 측면을 드러내기 위해 그토록 다양한 방법을 모색하고 있다는 사실을 처음으로 마주했다. 두 번째 보안문에 이르러 우리는 아크릴판 칸막이 안에 서 있는 교도관에게 신분증을 보여주었다. 그곳에서 출입 승인을 받고서야 최종 관문답게 걸쇠가 철컹 울리는 소리에 놀라며 거대한 문을 통과해 안으로 들어갔다.

샌퀜틴 교도소에서 우리는 재소자들을 위한 예배실로 안내되어 죄수 180여 명과 함께 좌석에 앉았다. 만에 자욱한 안개 틈으로 비치는 순백색 빛이 벽에 반사되어 예배실 안은 밝았다. 재소자 거의 전원이 유색인종이었는데, 약물 관련 법들이 점점 엄격해지면서 미국 내 교도소가 미어터지기 시작하던 1998년에 래퍼 투팍 샤커 Tupac Shakur가 자신의 노래 〈변화Changes〉에서 예견한 것과 같았다.

딱히 비밀도 아니지, 진실을 은폐하지 마.
감방은 꽉 찼고, 안엔 죄다 흑인이라고.[3]

그날 아침 일정은 기독교, 이슬람교, 불교, 유대교 등 다양한 종교 의례로 시작되었다. 그레이 이글 Grey Eagle이라는 원주민 재소자가 나무 피리로 자기 부족에서 전해지는 성가를 연주하자, 그 카랑카랑하고 고조된 음률에 우리의 공유된 인식이 예배실 창문 너머까지 확장되었다. 오전 일정의 마지막 순서는 130킬로그램은 될 법한 근육질 거구에 교도소 내 소프트볼팀에서도 활약하는 우푸 Upu라는 재소자를 필두로 한 전투무용 하카 Haka 시범이었다. 폴리네시아 민속춤인 하카는 그들 신화 속 태양신의 아내 히네라우마티 Hine-raumati의 일렁이는 빛에너지를 상징적으로 표현한 것이다. 더운 날 지면에서 아스라이 피어오르는 아지랑이 속에서 보이는 형상이 바로 그녀의 모습이라고 한다. 하카를 출 때에는 이두박근을 한껏 부풀린 채 기마 자세로 앉아 맹렬하게 기합을 외치며, 눈을 크게 뜨고 입을 벌리고 혀를 내보이며 위협적인 표정을 짓는 것이 특징이다. 우푸는 몸집이 거대한 폴리네시아 출신 장정 여섯 명을 이끌고 시범을 보이며 박력 넘치는 발구르기와 외침으로 예배실 전체를 뒤흔들었다. 강단에서 몇 발자국 떨어진 예배석에 앉아 있던 다른 재소자들은 눈을 동그랗게 뜨고 입을 살짝 벌린 채 그 모습을 지켜보았다.

쉬는 시간에 재소자들과 섞여 가벼운 대화를 나눌 때 이들이 자신의 미술 작품 사진들을 보여주었다. 할머니나 아버지 앞으로 정성스럽게 쓴 편지들을 펼쳐 읽어주기도 했다. 피해자나 그 유가족에 대해서도 이야기했다. 나처럼 교도소 밖에서 혜택받은 삶을 누리는 사람이 하는 이야기에는 이를테면 어떤 소설 표지 문구를 주제로 한다든지 하는 단순 명쾌하고 일관된 패턴이 있다. 반면 재소자들의 이야기는 혼란하고 폭력적인 힘을 언어로 담아내듯 시처럼 함축적이고 비유적이다. 또한 랩을 하는 것 같은 리듬감과 종교인의 구원 설교처럼 질질 늘어지는 억양이 실린다. 이들의 이야기는 흔한 오락용 약물 사용 및 판매, 절도, 무단침입, 난폭운전 등 백인만 아니었다면 나 역시도 수감되었을 법한 치기 어린 일탈 행위들에서 시작된다. 그리고 이어서 운명을 뒤바꾼 강력범죄를 저지르게 된다.

그중에서도 특히 기억에 남는 사례를 하나 소개한다.

난 사창가에서 자랐어요. 아버지는 내가 태어나기도 전에 사라져버렸고요. 어머니는 크랙 코카인 중독자였는데 새아버지가 시켜서 매춘을 했어요. 우리 집 거실은 허구한 날 파티로 북적였고요. 나는 열 살부터 멍청한 짓들을 하기 시작했어요. 약을 하고, 좀도둑질을 하러 남의 집을 드나들고, 차를 훔치고 뭐 그런 거요. 열두 살에는 새아버지가 총을 줬어요. 새아버지는 누나한테까지 매춘을 시키려고 했어요. 그 일로 새아버지랑 거실에서 싸움이 붙었어요. 내가 죽여버렸죠.

그리고···.

어느 날 양아치 놈들 둘이 내 사촌을 잡는다고 걔네 집에 쳐들어갔어요. 그런데 사촌이 집에 없자 그 어머니를 쏜 거예요. 두 살배기 아들을 앞에 두고 안락의자에 앉아 텔레비전을 보던 사람을요. 친구가 나한테 총을 건넸고, 나는 복수를 해야겠다고 말했어요. 방과 후 그놈들 무리를 찾았고 그중 두 놈을 쏴 죽였죠. 그런데 나중에 알고 보니 그놈들이 아니더라고요.

오늘날 사회과학자들은 어린 시절 대표 트라우마 열 가지 가운데 몇 가지에 해당하는지를 두고 부정적 아동기 경험 adverse childhood experiences, ACEs 지수를 측정한다.[4] 샌퀜틴 교도소 재소자 상당수가 유치원에 들어갈 무렵에 이미 만점에 가까운 점수를 받았는데, 이 거대한 운명이 이들의 스트레스체계를 빠르게 가동해 미래를 암울하게 만들고 수명까지 단축했으리라.[5]

시간이 갈수록 나는 점점 그날 내 특강 주제였던 경외심이 이 재소자들에게는 완전히 남의 세상 이야기가 아닌가 하는 찝찝한 기분이 들었다. 백인이 누리는 특혜에서 비롯한 근시안적이고 자기중심적인 생각의 산물이라며 되레 무례하고 불쾌하게 받아들일지도 모를 일이었다. 종신형을 선고받고 세 평 남짓한 감방에서 하루 스무 시간씩 보내는 사람들한테 대체 경외심이 다 무슨 소용이란 말인가?

찬양팀이 사용하는 마이크와 앰프들에 둘러싸여 연단에서 이야기를 한 지 15분이 되었을 즈음, 나는 물었다.

여러분은 무엇에서 경외심을 느끼나요?

그리고 기다렸다. 1~2초나 되었을까, 이런 말들이 들려왔다.

우리 딸이요.

외부에서 온 면회자들이요.

찬양팀에서 노래 부르는 거요.

공기요.

예수님이요.

빵 동기요.

야외 운동장에 비치는 햇살이요.

쿠란 읽기요.

글 배우기요.

샌쿠엔틴의 회복적 정의요.

오늘이요.

경외심은 '부'가 아니라 '타인'에게서 온다

경외심이란 삶을 즐기고 '문화'를 누릴 충분한 부를 가진 자들만을 위한 것이라 흔히들 생각하지만 사실 이 관념은 틀렸다. 재소자들의 반응이 이를 증명한다. 최신 실증적 연구 결과들 역시 이를 뒷받침한다. 한 연구에서는 자산이 적은 사람들이 하루 중 더 빈번하게 경외심을 느끼며 일상 주변 환경에서 경이를 더 많이 발견한다고 보고했다.[6] 보통은 재산이 많으면 호화로운 주택이나 VIP들만 사용 가능한 값비싼 리조트, 최고급 소비재 등을 누릴 수 있으니 경외심도 더 많이 느낄 수 있을 것이라고 생각하기 쉽다. 하지만 현실은 오히려 정반대여서, 부가 일상 속 경외심의 가치를 평가 절하하고 다른 사람들이 가진 심적인 아름다움, 대자연의 경이, 음악이나 예술의 숭엄미를 알아볼 수 있는 능력을 떨어뜨리는 것으로 보인다. 경외심 경험은 부에 의존하지 않는다. 일상에서 경외심을 느끼고자 하는 것은 인간의 기본욕구이기 때문이다.

앞서 소개한 다양한 국가에서의 일지 연구 결과를 살펴보면 참가자들이 일상에서 가장 빈번하게 경외심을 느낀 대상은 바로 타인이었다.[7] 전혀 모르는 사람, 룸메이트, 교사, 직장 동료, 뉴스에 나온 사람들, 팟캐스트 등장인물들, 이웃과 가족이 취한 특정 행동에서 경외심을 느끼는 경우가 가장 많았다. 흔하지 않은 사례이지만 어떤 스페인 참가자가 들려준 이야기처럼 때로는 누군가를 불안하고 불편하게 만드는 행동이 경외심을 불러일으키는 일도 있다.

프랑스 파리의 한 지하철역이었다. 밤 10시 반쯤이었다. 플랫폼에는 우리 일행밖에 없었다. 열차가 도착하기를 기다리고 있었는데, 어떤 남자가 오더니 욕하면서 소리를 지르기 시작했다. 뭔가 하느님에 대한 이야기를 하는 것 같았다. 어디가 아픈 사람 같다고 생각하는데 갑자기 칼을 꺼내더니 닥치는 대로 쑤시고 베었다. 우리 일행은 역사 밖으로 도망치려 마구 달리기 시작했다. 이제 다시는 인적 없는 지하철역에 가지 않을 것 같다.

독재자가 정권을 잡는 모습을 보고 말문이 막혔다는 한 싱가포르 참가자의 사례도 이와 유사하다.

이틀 전 필리핀 대신 결과가 발표되었을 때 일종의 경외심을 느꼈다. 척살대를 동원하고, 교도소 폭동 사건 중 강간 살해를 당한 호주 여성 선교사를 두고 자신이 먼저 성폭행하지 못해 아쉽다고 말한 데다 중국에 전쟁까지 선포한 두테르테라는 놈이 당선되다니! 어떻게 그런 놈이 대통령선거에서 이길 수가 있는 거지??? 진짜 대단한 놈 아닌가!!! 이 말은 곧 트럼프 같은 인간도 미국 대통령이 될 수 있단 뜻이잖아!!! 둘이 똑같은 놈들이라 서로 잘 통할 테니 그건 그것대로 또 끝내주겠네. 인간의 가장 기본적인 정서에 호소하는 공포 정치꾼들. 그래 놓고 당선이라니!!!

이처럼 길에서 만난 낯선 사람과 공공 지도자를 통해 같은 인간이 어디까지 타락할 수 있는지 깨닫고 놀라워하는 일도 있을 수는 있지만, 연구 결과 세계적으로 이런 대상에서 경외심을 느끼는 경우는 극소수였다.

전 세계 사람들에게 경외심을 불러일으킨 타인의 행동 중 95퍼센트 이상은 다른 누군가를 위해 취한 행동들이었다. 이렇게 숭고한 심적인 아름다움을 느끼게 할 수 있는 잠재 요인 하나는 **용기 있는 행동**이다. 심장마비를 일으킨 환자를 되살리려 심폐소생술을 하는 사람들, 건강 문제가 심각한 아이를 키우는 부모들, 범죄를 저지하거나 싸움을 말리는 행인들, 국경없는의사회 같은 기구들 모두 경외심을 자아낸다. 용기 있는 구호 행동에 경외심을 느꼈다는 어느 칠레 참가자가 들려준 이야기를 살펴보자.

그날은 날씨가 화창해서 형과 형의 동갑내기 친구와 함께 낚시를 가기로 했는데, 당시 나는 열일곱 살이었고 형은 거의 스물이었다. 우리는 얌전히 잘 쓰고 돌려드리겠다는 조건으로 이웃에게 플라스틱 낚싯대를 빌렸다. 그렇게 다함께 산페드로데라파스에 갔는데, 그곳 석호가 컸는지 작았는지는 기억나지 않지만 어쨌든 몇 미터 안쪽에 줄이 걸리고 말았다. 친구가 줄을 풀겠다며 물속으로 뛰어들었는데 몸이 가라앉기 시작하자 도와달라고 소리를 질렀고, 형은 수영도 잘 못하면서 친구를 구하기 위해 물에 들어갔다.

친구는 형 몸에 손이 닿은 순간 허리를 붙잡고 매달렸고, 결국 두 사람 다 가라앉기 시작하더니 수면 아래로 사라져버렸다. 나는 기겁해서 마리오오오, 마리오오오, 마리오오오 하며 형의 이름을 부르짖었지만 울음이 터지려고 하면서 목이 메어 목소리도 잘 나오지 않았다. 그때 어디에선가 수영복을 입은 남자 한 명이 달려와서는 물에 뛰어들어 두 사람을 구해냈다. 그 사람이 그곳에 있었다는 건 정말 기적이었고, 마치 형과 친구를 구하기 위해 하느님이 내려주신 천사 같았다. 마침내 우리는 모두 무사히 집으로 돌아왔다.

이처럼 특별한 경외심 이야기에는 신이 꽤나 자주 등장한다. 이 숭고한 경험을 설명할 방법을 찾기 위해 신의 도움을 받는 것이다.

그런가 하면 타인의 친절 또한 전 세계 사람들에게 경외심을 불러일으킨다. 식당 주인이 자동차 수리비를 대신 내주었다든지 쫄딱 망했을 때 친구가 선뜻 돈을 건네주었다든지 길에서 마주친 모르는 사람을 도와주는 시민을 목격했다든지 달라이라마처럼 도덕적 귀감이 되는 사람에 관한 글을 읽는 것 등에서 사람들은 경외심을 느꼈다. 미국인 참가자가 들려준 다음 이야기는 용기와 자비가 결합된 사례다.

1973년, 사촌이 운영하는 식당에서 있었던 일이다. 아버지는 그곳에서 바텐더로 일하고 계셨다. 내가 식당 안에 앉아 있노라니 고등학교 때 가장 친했던 친구가 들어왔다. 친구는 흑인, 나는 백인이었고 무려 5년 만의 재회였다. 나는 벌떡 일어나 그를 끌어안았고 이야기를 나누기 시작했다. 바에 있던 손님 한 명이 아버지에게 말했다. "아니, 어떻게 아드님이 검둥이와 친구가 되는 걸 허락하실 수가 있어요?" 그러자 아버지는 그 손님을 쳐다보더니 당장 내 바에서 꺼지고 다시는 얼씬도 하지 말라고 고함을 질렀다. 당시 쉰아홉이었던 아버지가 그때만큼 자랑스러웠던 적이 없다.

장애 극복 역시 만국 공통 요인이었다. 극심한 인종차별과 빈곤을 이기고 성공한 사람들. 강제수용소에서 살아남은 유대인들. 그리고 한 남아프리카 실험 참가자가 들려준 이 이야기에서처럼 정신적, 신체적 어려움을 뛰어넘은 사람들을 보며 우리는 경외심을 느낀다.

선천성 내반족(발이 안쪽으로 휘는 병 — 옮긴이)인 딸이 처음으로 발레 리사이틀에서 춤을 출 때 나는 경외심에 휩싸였다. 나는 어머니와 함께 객석에 앉아 있었고, 우리 꼬마 아가씨는 무대 위에서 춤을 추었다. 그 전까지는 늘 공연 준비를 돕느라 무대 뒤에서만 지켜보았다. 아이의 공연을 보면서 눈에 눈물이 고이기 시작하고 자랑스러운 마음에 심장이 터질 듯 벅차올랐다. 불현듯 딸 발이 거꾸로 뒤집힌 채막 태어났을 때의 기억이 떠올랐고, 그날 이후로 몇 년 사이아이가 이렇게나 많이 성장했음에 경이로움을 느꼈다.

우리는 흔히 문학, 시, 영화, 예술 작품 그리고 때로는 뉴스를 통해 선이 스스로 목소리를 내게 한, 마음에 울림을 주는 역경 극복 사례를 만난다. 한 노르웨이 참가자가 들려준 이 이야기가 그 단적인 예다.

강제 결혼을 시키려는 집에서 도망 나와 부모와 재판에서 싸웠다는 예멘의 여덟 살짜리 여자아이에 대한 기사를 신문에서 읽었을 때였다. 한 사람 안에 정말로 큰 용기와 투지가 깃들어 있을 수 있으며 자신이 생각하는 대의를 위해 싸우고 실제로 변화를 만들어낼 수 있다는 데 큰 충격을 받았다. 이 기사를 읽었을 때 나는 성인이었다. 당시에는 혼자 있었지만 나중에 만난 몇몇 사람들에게 기사에 대해 이야기해주었다. 그 뒤로도 나는 살아가면서 무언가 특별한 일을 하진 못했지만 그 일은 내게 있어 "아하" 하는 통찰의 경험이었다.

마지막으로 다른 사람의 보기 드문 재능에 전 세계 사람들은 경외심을 느낀다. 그 대상이 어느 멕시코 청년에게는 태양의 서커스 팀 공중곡예사 및 다른 곡예단원들이었다. 어느 스웨덴 여성에게는 커다란 가구와 가전제품들을 집 안 이곳저곳으로 척척 옮기는 힘센 남편이었다. 어떤 호주 사람에게는 수영선수 쑨양이 1500미터 세계 기록을 세운 경기에서 마지막 100미터를 질주하는 장면이었다. 또 다른 호주 사람에게는 15미터가 넘는 파도를 타는 서퍼들의 모습이었다.

어느 일본 학생에게는 필즈상을 수상한 수학자의 강연이었다. 아래 이야기는 한 인도네시아 참가자가 들려준 흔치 않은 재능 목격담이다.

안드레라는 자폐 남자아이가 있었다. 안드레의 부모는 가난했기에 그는 학교에도 다니지 않았다. 안드레는 말도 없이 집을 나서곤 했는데, 한번은 집을 나갔다가 2년 만에야 발견된 적도 있었다. 안드레에게는 희귀한 재능이 있어 어떤 날짜를 제시해도 그날이 무슨 요일인지 정확히 알아낼 수 있었다. 나랑 다섯 친구들이 그 애 집을 방문했을 때도 안드레는 우리가 태어난 날을 정확히 맞혔다. 그는 또 아무런 계산 도구 없이 더하기, 빼기, 곱하기, 나누기를 할 수 있었다.

부모가 아이에게서 경외심을 느끼는 사례도 심심치 않게 보고되었다. 태아의 심장 소리를 들을 때, 돌쟁이 아기가 처음으로 단어를 말할 때, 두 살배기가 콩콩 뛰어다니는 모습을 볼 때, 객석에 앉아 유치원 학예회 무대를 볼 때 부모는 경외심을 경험했다. 아이들은 작지만 그들이 이루어내는 성장은 거대하며, 그렇게 왕성하게 성장하는 동안 부모에게 경외심의 원천이 되어준다.

일상에서 발견한 심적인 아름다움은 삶을 변화시킬 수도 있다. 스티븐 치프라Steven Czifra는 폭력 가정에서 자랐는데, 어느 날 밤에는 부부 싸움이 격해진 나머지 한 사람이 상대에게 끓는 물을 뿌렸다. 그 사람이 아버지였는지 어머니였는지는 기억하지 못했다. 그는 열 살에 학교를 그만두었고, 이어 약물에 손을 댔으며 머리를 밀고(머리카락을 짧게 깎은 일명 스킨헤드는 폭력적인 인종차별주의 및 반체제 집단의 상징이다 – 옮긴이) 멕시코 범죄 조직에 들어갔다. 하루는 카오디오를 훔치려고 주차된 메르세데스벤츠 차량을 털다가 하필이면 로스앤젤레스 경찰이던 차 주인과 딱 마주치고 말았다. 그는 차가운 방 안에서 의자에 수갑으로 묶인 채 여덟 시간을 홀로 지새웠던 감방에서의 첫날 밤이 자신의 인생에서 가장 긴 시간이었다고 훗날 내게 말해주었다.

그런 그의 인생을 바꾼 것이 바로 일상에서 마주한 타인의 심적인 아름다움이었다. 교도소 독방에 수감 중이던 그는 독서에 대한 굶주림을 채워줄 박식한 사서를 만났고, 셰익스피어의 《율리우스 카이사르》와 그 안에 기록된 "죽음에 대한 두려움보다 명예라는 이름을 향한 사랑이 더 크다"라던 카이사르의 용기에서 크나큰 통찰을 얻었다.[8] 석방된 뒤에는 중간거주시설(약물중독자나 전과자가 사회에 복귀하기 위한 훈련을 받는 시설 – 옮긴이)에서 알게 된 어떤 폭주족이 그가 약을 끊고 일당 70달러짜리 덤불 제거 일자리도 얻을 수 있게 도와주었다고 한다. 그가 마주한 또 다른 심적인 아름다움이었다. 이후 전문대학에서 셰익스피어 수업을 가르치던 래리라는 강사가 스티븐에게 존 밀턴의 글을 문학비평가처럼 읽는 법을 가르쳐주었고, 그의 마음속에 자리하던 자기혐오는 그저 제 역할을 제대로 수행하지 못한 그의 부모 탓에 생겨난, 언젠가는 사라질 일시적인 생각일 뿐이라고 알려주었다. 시간이 흘러 대학원생이 된 스티븐은 다른 학생들과 뜻을 모아 UC버클리에 지하 세계 학생 대책 기구Underground Scholars Initiative를 창립했다.[9] 지하 세계 학생 대책 기구는 과거에 교도소 수감 경험이 있거나 현재 수감 중인 학생들이 대학 생활을 무사히 마칠 수 있도록 지원하는 재학생 단체다. 대학 생활에 적응하기 힘들 것 같은 이 학생들도 선이 스스로 목소리를 내게 할 기회를 찾을 수 있도록 돕는 것이다.[10]

도덕성을 연구해온 학계에서는 인간이 오랫동안 추상적인 원칙 교육을 받고 훌륭한 글을 읽고 카리스마 있는 지도자나 훌륭한 현자의 리더십을 접하면 도덕적 나침반을 형성하게 된다는 것이 정설이었다.[11] 하지만 실제로는 이에 못지않게 주변 사람들이 보여준 경이로 피어난 경외심 속에서도 우리 '내면의 도덕 잣대'는 형성된다.[12]

인간 본성의 선한 면을 마주할 때
섬광처럼 내면에 차오르는 깨달음

미국 노숙자 70만 명 가운데 약 4000명이 캘리포니아주 오클랜드시 길에서 산다. 레이프 하스Leif Hass 박사는 정신질환, 당뇨, 고혈압, 곪은 상처, 영양실조, 약물중독 그리고 마땅한 보금자리 없이 차가운 밤공기와 딱딱한 바닥에서 지내는 생활이 지속되면서 저하된 뇌 기능 등 이들의 건강 문제를 돌보는 데 많은 시간을 바쳤다.

많은 의료 종사자들이 이 일을 하다 지쳐 중도에 포기한다.[13] 그렇지만 하스는 자신이 보살피는 사람들이 보여준 심적인 아름다움을 통해 다시 기운을 차리고 "환자의 건강을 가장 우선적으로 배려하겠다"라는 히포크라테스선서를 실천했다. 그는 "한 줄기 빛과 같은 레이 A Ray of Light"라고 제목 붙인, 수술 후유증으로 양손조차 제대로 사용하지 못하는 선천성 뇌성마비 환자에 대한 이야기를 내게 들려주었다. 하스는 그와 이런 대화를 나누면서 경외심을 느꼈다고 한다.

"안녕하세요! 어떻게 지냈어요, 레이?"

그가 대답했다. "그저 매일 아침 잠에서 깬 후에 어떻게 하면 사람들을 행복하게 해줄 수 있을까 궁리하지요."

팔에 오소소 소름이 돋았다….

"와, 레이, 정말 훌륭한 사람이네요, 당신은. 그런데 병원에는 무엇 때문에 오신 건가요?"

뇌성마비 때문에 이따금 발생하는 약간 부자연스럽고 불분명한 발음으로 레이는 병원에 온 이유를 설명했다. 내 머릿속에서는 나도 모르게 그의 이 수수께끼 같은 행복의 원인이 무엇인지 진단을 내리려 애쓰고 있었다.

그 뒤로도 우리는 하느님과 사랑 그리고 사람들이 서로에게 관심을 가지고 돌보아야 한다는 이야기를 10분여간 더 나누었다.

마침내 나는 말했다. "미안해요, 레이, 이제 저는 가봐야겠어요…."

병실을 떠나며 나는 활력이 솟는 것을 느꼈고, 그와 더불어 이상하게 겸허해지는 기분이 들었다.

하스가 경험했듯 심적인 아름다움과의 만남에는 중대한 통찰 또는 소설이나 영화 속 잊을 수 없는 장면처럼 어떤 강력한 힘이 있어서 이에 우리는 당황한다.[14] 철학적인 관점에서 분석한 영적 통찰이든 소설가들이 그리는 작품 속 인물들의 개인적 통찰이든 이 경험은 한결같이 빛, 명료함, 진실 그리고 이 세상에서 정말 중요한 것이 무엇인지에 관한 날카로운 깨달음이 내면 가득 차오르는 느낌으로 묘사된다. 그런 이유에서 하스의 이야기도 "한 줄기 빛과 같은 레이"라고 이름 붙였으며, 전형적인 경외심의 전개 과정을 따랐다. 뇌성마비를 극복해낸 레이의 모습이 하스에게는 거대하고 수수께끼 같은 느낌을 주었다. 레이의 너그러운 생각들이 하스를 기본 상태의 자기에서 벗어나 레이가 지닌 상냥한 마음씨의 진정한 가치를 알아볼 수 있게 변화시켰다. 하스는 어째서 레이가 그렇게 행복한지 궁금해졌다. 레이의 선한 마음에 감응해 하스의 몸에는 소름이 돋았고, 이를 통해 자기가 보다 거대한 무언가의 일부임을 상기하게 되었다. 그는 마침내 "활력이 생긴 느낌"과 겸허한 마음을 경험했다.

타인의 용기, 친절, 정신력, 역경 극복 사례를 목격하는 것에 특별한 힘이 있음을 뒷받침하는 실증적 연구 결과들은 지속적으로 보고된다.[15] 대표적인 한 연구에서는 참가자들에게 먼저 테레사 수녀, 데즈먼드 투투 같은 선인들의 심적인 아름다움을 느낄 수 있는 행동이나 마음에 울림을 주는 교사의 모습이 담긴 짧은 영상을 보게 했다.

또 다른 참가자들에게는 단순히 각자가 일상에서 심적인 아름다움을 마주한 경험을 떠올리게 했다. 그러자 이처럼 어떤 식으로든 심적인 아름다움을 목격한 사람들은 그렇지 않은 사람들보다 훨씬 고무적이고 낙관적인 정서를 경험했다.[16] 자신이 속한 공동체와 더욱 강한 일체감을 느끼고 이른바 돌봄 서클이 확장되었다. 같은 인간으로서 다른 사람들에 대한 신뢰가 향상되고 인류 미래를 희망차게 보았다. 더 나은 사람이 되어야겠다는 어떤 소명의식 같은 내면의 목소리를 듣고 다른 사람들의 용기, 친절, 정신력, 역경 극복 등을 모방하려는 경향성을 보였다.[17] 앞서 용감한 예멘 소녀의 기사를 읽은 어느 노르웨이인의 경우처럼 다른 사람들과 그 심적인 아름다움 목격담을 나누기도 했다.[18] 심적인 아름다움을 목격한 경험은 이렇듯 우리가 기꺼이 자기 것을 나누고 도움이 필요한 이들에게 손을 내미는 행동을 취하도록 이끈다.

같은 맥락에서 진행된 또 다른 흥미로운 연구에서는 각 참가자들에게 세 영상 중 하나를 보여주었다. 첫 번째 영상은 미국에서 남아프리카로 갔다가 흑인 청년들에게 살해당한 에이미 비엘Amy Biehl이라는 백인 대학생을 다룬 텔레비전 프로그램 〈60분60 Minutes〉을 짧게 편집한 것이었다. 영상에서 에이미의 부모는 큰 슬픔에 빠졌음에도 사회, 경제적으로 어려운 남아프리카 흑인들이 더 나은 삶을 누릴 수 있도록 돕는 청년 프로그램들을 지원하는 에이미 비엘 재단(현재는 에이미 재단으로 불린다)을 설립했다.[19] 두 번째 영상은 레지널드 도트Reginald Dort라는 사람이 자신의 지인을 트럭으로 치려다 실수로 엉뚱한 차를 들이받으면서 발생한 화재 사고에 관한 것이었다. 피해 차량에 타고 있던 가족 중 생후 22개월인 조엘 소넨버그Joel Sonnenberg는 끔찍한 화상을 입었다. 조엘은 목숨을 건지기 위해 마흔다섯 차례나 수술을 받아야 했다. 사고로부터 수년이 지난 후, 도트의 판결 선고일에 조엘은 마지막으로 이렇게 말했다.

이건 아저씨를 위해 드리는 제 기도예요. 부디 은혜에는 끝이 없다는 걸 아저씨가 깨닫길 바라요. 우린 증오로 삶을 낭비하진 않을 거예요. 증오는 괴로움만 가져올 뿐이니까요. 우린 사랑만을 우리 삶 곁에 둘 거예요.

비교를 위한 통제 조건으로 경외심과는 상관없는 마지막 영상을 본 집단을 포함하여 세 가지 영상 가운데 하나씩을 본 백인 미국 대학생 참가자들은 이어 흑인 대학 기금 협회United Negro College Fund에 얼마를 기부하겠냐는 질문을 받았다. 이 실험에서 겉으로 드러나지 않은 또 다른 조건은 이 백인 참가자들 중 일부가 흑인에 대한 차별적 편견이 남들보다 심한, '사회 지배 성향social dominance orientation, SDO' 이 높은 사람들로 구성되었다는 점이다.[20] 그런데 에이미 비엘이나 조엘 소넨버그의 이야기를 들은 참가자들은, SDO가 높은 사람들조차도 통제 조건의 영상을 본 참가자들보다 큰 금액을 기부하겠다고 답했다. 인간 본성의 선한 측면을 마주함으로써 경험한 경외심은 부정적인 자민족중심주의에 대응할 힘이 될 수 있는 것이다.

타인의 용기, 친절, 정신력, 역경 극복 사례를 목격할 때 우리 뇌에서는 물리적인 아름다움을 보았을 때와는 달리 타인의 정서를 이해하고 공감하는 데에 관여하는 피질 영역들이 활성화된다.[21] 아울러 옥시토신이 분비되고 미주신경이 활발해진다.[22] 우리는 흔히 눈물이 차오르고 소름이 돋는 등 자신이 다른 사람들과 나를 하나로 묶어주는 공동체의 일원임을 인식했다는 것을 알리는 신체 반응을 경험한다. 타인에게서 발견한 경이에 마음이 움직였을 때, 우리 몸 안의 영혼이 깨어나며 곧이어 숭배를 표현하는 행동이 뒤따른다.

단순하고 사소한 숭배와 감사 행동의 힘

'꽃의 도시'라고 불리는 멕시코 살라파에서 자란 유이 모랄레스Yuyi Morales는 어린 시절, 자신을 데리고 가주지 않을까 하는 바람과 함께 외계 생명체에 대한 호기심과 상상으로 하루하루를 보냈다. 시간이 흘러 유이의 아들이 태어나고 2개월이 되었을 무렵, 그녀의 배우자는 샌프란시스코에 사는 할아버지가 몹시 아프다는 소식을 들었다. 어니 할아버지가 하나뿐인 손자를 못 보고 사망할까 걱정된 이들은 유이의 어머니에게만 인사를 남긴 채 서둘러 길을 떠났다.

그런데 샌프란시스코에 도착하니 유이는 이민법에 가로막혀 멕시코로 돌아가지 못하게 되었다. 영어라고는 겨우 단어 몇 마디밖에 할 줄 모르던 그녀는 외로움과 고립감에 힘겨운 나날을 보냈다. 갓난아기를 돌보는 일도 힘에 부쳤다. 그곳에는 아는 사람도 하나 없었다. 그녀는 매일 울었다.

그러다 그녀는 걷기 시작했다.

유아차에 아들을 태우고 샌프란시스코 거리를 이리저리 돌아다녔다. 하루는 공공도서관을 발견하고는 큰마음 먹고 안에 들어갔다. 그 공공장소의 정숙함 속에서 만난 한 사서가 유이의 삶을 완전히 바꿨다. 사서는 유이가 책과 만나게 해주었다. 경이로움을 느낀 유이는 영어를 배웠다. 이윽고 그녀는 자신의 상상 속 장면들을 그리기 시작했고, 심적인 아름다움을 느꼈던 프리다 칼로와 세사르 차베스를 주인공으로 한 책 두 권을 포함해 자신만의 그림 동화책을 써내 칼데콧상을 비롯한 세계적인 상들을 수상한 작가가 되었다. 유이가 2018년 발표한 《꿈을 찾는 도서관》에는 독특하게도, 심적인 아름다움의 경이를 기록하고 책을 대출하는 사람들을 위해 선이 스스로 목소리를 내게 하는 사서가 히어로로 등장한다.[23]

나와 이야기를 나누던 유이는 이 이야기의 영감을 준 낸시라는 사서에게 고마운 마음을 담아 썼던 편지를 내게 보여주었다.[24]

올라, 낸시,

나 기억해요? 난 낸시를 영원히 잊지 못할 거예요. 물론 처음에는 그 환상적인 장소에 들어설 때마다 당신 모습에 조금 겁을 먹기도 했지요. 아들이 늘 쪼르르 다가가던 어린이 책 바구니와 너무 가까운 곳에서 수호신처럼 데스크를 지키고 있었잖아요. 웨

스턴애디션 공공도서관 아동도서 구역 말예요.

처음엔 낸시를 두려워했던 것 같아요. 혹시 내가 뭘 잘못하면 어쩌지? 도서관 규칙을 어기기라도 하면? 우리가 와서는 안 될 곳이라며 나가라고 하지는 않을까? 그런데 그 대신 낸시는 어느 날 우리 곁에 다가와 우리가 미처 알아차리기도 전에 내가 잘 이해하지 못하는 영어로 말을 건네며 켈리에게 도서관 회원증을 내밀었죠. 난 어리둥절해졌어요. 켈리는 당시 겨우 두 살이었으니까요. 그 나이에 무언가를 소유할 수 있다니요?

이제 켈리는 책을 사랑하는 스물네 살 청년이 되었어요. 직접 글을 쓰기도 해요. 내가 쓴 어린이 책 원고를 읽고 여전히 부족한 내 영어 문장들을 고쳐주기도 하죠. 낸시가 내 손에 쥐여주었던 것 같은 책들이요. 낸시, 도서관이 내 집이 되고 책들이 내가 성장할 수 있는 길이 된 그 순간부터 낸시는 멋진 수호천사가 되어주었어요. 고마워요.

유이가 쓴 것 같은 감사 편지는 우리가 심적인 아름다움에 감탄하고, 나아가 일반적으로 삶의 모든 경이를 신성시하면서 행하는 다양한 숭배 행위 중 하나다.[25] 일상적인 숭배 행위는 이보다 미묘해서 칭찬, 세심한 배려가 묻어나는 질문, 상대를 존중하기 위한 에두른 표현을 접한 뒤 그에 반응해 듣는 이를 대하는 말투가 달라지는 것 같은 변화로 나타나기도 한다.[26] 다른 많은 포유동물들과 마찬가지로 우리는 고개를 살짝 숙이거나 어깨를 구부정하게 하는 등 일시적으로 덩치를 작아 보이게 함으로써 숭배와 경의를 전달한다.[27] 단순히 다른 사람 팔을 따뜻하게 감싸는 행동만으로도 우리는 상대 체내에서 옥시토신이 분비되고 미주신경이 활성화되게 만들어 그 사람에 대한 감사와 진심을 표현할 수 있다.[28]

이에 그치지 않고 우리는 이처럼 오래전부터 행해오던 단순한 숭배 행위들을 문화적 관행으로 의식화한다. 이를테면 양 손바닥을 맞대고 고개를 숙이는 기도 자세처럼, 존중과 공통 인류애를 표현하는 상징적인 몸짓들을 만들어낸다. 또 작고한 부친의 넥타이, 배낭여행지에서 가져온 돌멩이, 약혼식 식사 메뉴판, 좋아하는 공연의 기념 티셔츠 등 우리에게 경외심을 느끼게 해주었던 경이의 대상을 잊지 않기 위해 언제든 손으로 만질 수 있는 물리적인 성물을 찾는다. 과거 수렵채집 시대 여러 문화권에서는 세상을 떠난 가족이 남은 이들의 삶에서 여전히 한자리를 차지하고 있음을 상기하고자 고인의 뼛조각이나 두개골을 가지고 다니는 풍습이 있었다. 나 역시 롤프가 죽기 얼마 전 내게 주었던 손목 밴드를 한 번씩 만지작거리며 어쩐지 동생이 곁에 있는 것처럼 느끼곤 한다. 고개를 숙이거나 상대와 피부를 맞댐으로써 표현하는 일상 속 숭배 행위는 종교의례, 장례식, 세례식 등에서도 찾아볼 수 있다.

경외심을 준 대상을 숭배하고 신성시하려는 경향이 어찌나 강한지 우리는 다른 사람이 가장 단순한 숭배 행위인 감사를 표현하는 모습을 보는 것만으로도 덩달아 상냥해진다. 어느 연구에서는 이러한 현상을 살펴보기 위해 참가자들에게 어떤 작가가 쓴 영화 리뷰 교정 과제를 맡겼다.[29] 교정을 시작하기에 앞서 참가자들은 다른 교정자들의 작업물을 살펴보았다. 그중 실험 조건에 해당하는 일부 참가자들이 본 작업물에는 교정자의 수고에 고마움을 표한 "감사합니다"라는 작가의 코멘트가 남겨져 있었다. 이 단순한 숭배 행위를 목격한 참가자들은 그렇지 않은 조건의 참가자들에 비해 자신이 맡은 교정 작업에서 작가를 더욱 열심히 도와주려는 경향을 보였다. 타인의 숭배 행위가 우리에게서도 비슷한 행동을 이끌어내는 자극제가 되어주는 것이다.[30] 이로써 우리는 우리 모두가 서로에게 미치는 숭배라는 행위로 밀접하게 연결되어 있음을 깨닫는다.

세상에는 여전히 너무나 많은 심적인 아름다움이 있다

운이 좋다면 우리는 하루하루 심적인 아름다움으로 둘러싸인 어린 시절을 보냈으리라.

하지만 루이스 스콧Louis Scott의 유년기는 그렇지 않았다. 여섯 살때 그는 아버지가 어떤 남자를 죽이는 장면을 목격했다. 어머니는 성노동자였고, 그가 말하길 어머니의 일은 리틀리그 야구 경기나 장난감 자동차보다도 어린 시절 그의 일상에서 큰 비중을 차지했다. 그런 환경에서 자란 그가 포주 일을 하는 것은 시간문제였으며, 굉장한 소질을 보인 끝에 결국 성매매 알선으로 유죄가 확정되어 229년 형을 선고받았다. 그런 그가 경외심을 느꼈던 경험이라며 내게 들려준 이야기는 이러했다.

나는 판사 앞에 서서 229년 종신형(종신형 앞에 '몇 년'이라는 구체적인 숫자가 붙는 경우 일반적으로 가석방이 가능함을 뜻한다 – 옮긴이)을 선고받았습니다. 너무나 화가 나고 절망적이고 기분이 상하고 또 수치스러웠던 기억이 납니다. 대중 앞에서 구경거리로 전락한 느낌이었습니다. 법정에 있는 모두가 백인이었습니다. 방청석에서 누군가가 걸어 나와 나를 쏘려고 할지도 모를 일이었습니다. 그 순간에는 생각이 이리저리로 튀어서 정신을 차릴 수 없었습니다. 유체이탈이라도 체험하는 기분이었습니다. 나는 내 재판의 선고 단계에서, 나에게 229년 종신형을 내려봤자 아무런 의미도 없다고 항변하며 판사와 언쟁을 벌이는 내 모습을 곁에 서서 지켜본 겁니다. 너무 열받은 나는 이 나라의 건국이념에 어긋나는 짓은 아무것도 하지 않았다고 판사에게 말해버렸고, 지금 이때까지 그 한 문장에 대한 대가를 치르고 있다는 느낌이 듭니다.

대학교, 박물관, 대성당, 법원, 기념비, 형사 사법기관 등 그 자체로 심적인 아름다움을 상징하는 건축물들은 운 좋게 특혜받은 삶을 누리는 사람들에게 경외심을 불러일으킬 수 있다. 그러나 그곳에 예속된 사람들이 느끼는 감정은 보통 위협감에 기반한 경외심이며, 신체

반응도 오한에 가깝다.[31]

교도소에서 스콧은 한 가지 생각을 떠올리고는 완전히 달라졌다. 감방에 평화를 가져오고 내부 사람들의 상냥함과 용기를 외부 사람들이 깨달을 수 있게 하기 위해, 교도소에서는 정말 드문 일이지만 선이 스스로 목소리를 내게 하겠다는 생각이었다. 이를 실행에 옮긴 그는 범죄 조직원들의 충성에 대한 일반적인 환상과 실제 그들이 치르는 희생, C형 간염 환자로 살아가면서 겪는 고통과 죽어가는 경험, 교도소 내 에이즈가 만연하다는 낙인 같은 주제들로 샌퀜틴 라디오방송을 제작해 언론인 상을 수상하기에 이른다. 〈샌퀜틴 뉴스〉에 골든 스테이트 워리어스 Golden State Warriors(캘리포니아주 샌프란시스코를 연고지로 둔 NBA 소속 농구팀 – 옮긴이) 선수라든지 샌퀜틴 교도소를 방문한 수전 서랜던, 헬렌 헌트, 밴 존스 같은 유명인들을 인터뷰하고 그 기사를 싣기도 했다. 전문 언론인 협회 Society of Professional Journalists 회원으로 선정된 재소자는 그가 유일하다.[32]

스콧은 내가 샌퀜틴을 방문한 첫날 회복적 정의 프로그램을 이끌었던 재소자 넷 중 한 명이었다. 회복적 정의는 비폭력 원칙에 기반해, 가해자가 자신이 일으킨 피해를 자각하고 자기 행동에 책임을 지며 잘못을 뉘우치고 바로잡게 하는 데 주안점을 둔다.[33] 이는 만약 우리가 선이 스스로 목소리를 내게 할 기회를 준다면 갈등 한가운데 있는 사람들조차 대개 깨지기 쉬울지언정 훨씬 평화로운 관계를 형성할 수 있으리라는 관념을 급진적이고 의식적으로 시행한 것이다. 회복적 정의는 역사가 오랜 문화유산이다. 가까이는 마하트마 간디나 마틴 루서 킹에게서, 멀리는 세계 곳곳 원시 부족들의 관습에서 그 유례를 찾을 수 있으며, 진화론적으로는 포유동물의 타고난 중재 습성까지 거슬러 올라간다. 남의 목숨을 앗아간 자와 소중한 이를 잃고 복수에 대한 생각으로 머리가 뜨겁게 달아오른 사람들도 포함해 만인은 상냥함을 되찾고 어려움을 극복할 수 있다는, 심적인 아름다움을 향한 확고한 신념에서 비롯한다.

회복적 정의 프로그램의 핵심 활동은 참가자들이 둥글게 둘러앉아 돌아가면서 한 사람씩 마음속 이야기를 하는 동안 나머지는 가만히 듣는 원형 대화 모임이다. 경외심을 주제로 한 내 특강이 끝난 뒤 우리는 각자 열 명씩 조를 짰는데, 스콧이 마침 내가 끼어 있던 대화조에서 조장을 맡았다. 그렇게 한 명씩 자기 이야기를 하면서, 푸른 옷을 입은 이 재소자들은 사무치는 회한, 의무실에서 죽어가는 50대 감방 동료, 감옥에 간 아들, 곧 있을 가석방 심사 위원회 출석, 양형법에 대한 최근 견해, 학교에서 교도소로 이어지는 파이프라인(소수 집단 및 불우한 환경에서 자란 청소년이 지나치게 가혹하고 엄격한 학교 방침 탓에 결국 전과자가 되는 비율이 과도하게 높아지는 현상을 가리키는 용어 – 옮긴이), 약물 합법화, 경찰 폭력(직권 남용, 과잉 진압 등 경찰이라는 권위를 이용해 폭력을 가하는 행위를 총칭하는 용어 – 옮긴이), 대량 투옥에 관해 말했다. 전반적으로 이 대화는 대학원 사회학 수업 시간 토론 같았다. 스콧은 트라우마를 담백하게 서술하고 서로 적대시하는 집단들을 통합하는 일에 익숙한 사람답게 재소자들의 고백을 들으며 괜한 오해가 없도록 천천히 신중하게 말을 고르고 문법적으로 명료하게 요점을 짚어주었다.

마지막으로 샌퀜틴 교도소를 방문했을 때 나는 거의 대부분 크리스라는 백인 재소자 옆에 앉았다.[34] 그는 캘리포니아주 오렌지카운티에서 백인들과 함께 자랐고, 커서는 그 지역 스킨헤드 조직에 합류해 뒷골목 생활을 했다. 조직은 그에게 "다른 사람들에게 폭력성을 표출해라"라는 임무를 주었는데, 이들이 말한 다른 사람들이란 당연히 유색인종을 의미했다. 그 때문에 크리스는 수차례 체포되었으며, 무장 강도로 스리 스트라이크 아웃(범죄를 세 건 이상 저지른 상습 전과자에게 종신형을 내리는 법 ─ 옮긴이)을 선고받고 결국 샌퀜틴 교도소에 수감되었다. 그곳에서 그는 회복적 정의 프로그램에 참가했다. 크리스는 이런 교훈을 얻었다고 한다.

무언가를 키우기 위해선 흙이 조금 있어야 한다.
나 자신이 성장하기 위한 나만의 흙.

크리스는 교도소 내 백인 우월주의 스킨헤드들과 관계를 끊고자 머리카락을 기르고 있었다. 목에 새긴 문신들도 하나씩 제거하고 있었다. 그날 그는 재소자 200명 앞에서 자신의 이야기를 했다. 나치 스킨헤드로 지냈던 생활에 대해. 유색인종 사람들을 야구방망이로 폭행했던 일들에 대해. 예배실 좌석에서 나는 그의 얼굴이 수치심으로 붉게 물들어가는 것을 볼 수 있었다. 다윈은 우리가 얼굴을 붉히는 것은 타인의 눈을 신경 쓴다는 신호이며 심적인 아름다움이 존재한다는 징후라고 추론했다.[35] 그리고 그로부터 130년 뒤에 진행된 연구들에서 다른 사람이 얼굴을 붉힐 때 이를 본 사람들에게서 용서 및 화해의 정서가 촉발된다는 결과가 발견되었다. 이 1밀리초 사이에 이루어지는 행동 패턴을 통해 가해자와 피해자가 함께 회복적 정의의 핵심인 변화의 역동을 경험하는 것이다. 크리스의 이야기가 끝날 때쯤 재소자들은 어색한 침묵 속에서 좌불안석했다. 스콧은 성큼성큼 연단으로 걸어가 크리스를 꽉 안아주었다. 그러고는 크리스가 자신의 이야기를 털어놓기까지 얼마나 큰 용기가 필요했을지 인정해주었다.

그날 쉬는 시간에 스콧은 독방 생활을 했던 한 재소자를 내게 소개해주었다. 그는 직접적인 눈맞춤을 피하며 비뚜름한 자세로 멀찍이서 있었다. 독방에서 지냈던 사람들은 다른 사람의 얼굴, 특히나 시선을 마주할 때 그에 압도되는 기분을 경험할 수 있다. 스콧의 설명에 따르면 이 재소자는 부당한 독방 감금 제도에 반대하는 단식투쟁에 참가했었다고 했다. 그는 교도소 내 당번 구역을 청소할 때 사용하던 빗자루 손잡이 안에 작은 쪽지들을 밀어 넣어두었다. 이 방법을 통해 쪽지는 다른 재소자들의 손에 들어갔고, 다시 또 다른 재소자들에게 전해졌다. 재소자들 사이에는 그렇게 거대하고 촘촘한 레지스탕스 연결망이 형성되었다.

스콧은 캘리포니아주 펠리컨베이 주립교도소에서 발생한 단식투쟁 때 심적인 아름다움을 느껴 시작된, 일명 애슈커 대 캘리포니아 주지사 Ashker v. Governor of California 사건에서 법정 조언자 자격으로 의견서를 쓴 사람이 바로 나라고 재소자들에게 설명했다.[36] 이 사건의 원고 측 대표인 애슈커는 캘리포니아 북부 지역에 위치한 펠리컨베이 보안등급 최고 단계 교도소에서 28년이나 독방 생활을 한 바로 그 백인 우월주의자 토드 애슈커Todd Ashker였다. 독방 감금 기간 동안 애슈커는 창문도 없고 차 한 대 주차할 만한 공간에서 하루 스물세 시간을 홀로 지냈다. 다른 재소자들을 볼 수 없었을뿐더러 교도관들이 그의 방 앞을 아크릴판으로 가린 후로는 소리도 전혀 듣지 못했다. 교도관들은 그의 가족에게서 온 "편지까지 건드렸다." 면회 온 사람들을 포옹하는 행위조차 허용되지 않았다. 의견서에서 나는 숭배를 표현하는 인간의 가장 강력한 언어인 신체 접촉을 박탈하는 것은 재소자들의 신체 및 정신 건강에 해로우며 교화의 가능성 또한 악화한다는 견해를 피력했다. 독방에 감금된 재소자들을 살펴본 어느 연구 결과에 따르면 연구 대상자 가운데 70퍼센트가 신경쇠약을 보이기 직전이었고 40퍼센트는 이미 환각에 시달렸으며 27퍼센트는 자살 사고를 하고 있었다. 독방 감금은 일상 속 심적인 아름다움을 말살한다. 독방에 감금된 한 재소자는 한마디로 이렇게 정리했다.[37] "차라리 사형을 당하는 게 낫겠습니다."

독방에서 애슈커는 주변 다른 독방들에 갇혀 있던 멕시코계 및 흑인 폭력 조직원들에게 큰 소리로 말을 걸고 환기구를 통해 대답을 듣는 방식으로 대화를 시도하기 시작했다. 부모와 조부모, 삼촌, 형제자매, 자녀 그리고 독방이 얼마나 힘든지에 대한 대화를 나누며 이들은 심적인 아름다움을 느꼈다.[38] 이들은 경쟁 조직원들과의 휴전도 선언했다. 2013년 7월 8일, 애슈커는 단식투쟁을 주도했으며, 2만 9000명이 넘는 재소자가 독방 감금은 잔인하고 비정상적인 처벌을 금지한 수정헌법 8조를 위배한 것이라고 주장하며 이에 동참했다. 미국 역사상 가장 규모가 큰 단식투쟁이었다. 실로 거대한 무언가라고 할 수 있었다. 2015년, 애슈커와 재소자들은 결국 소송에서 승리했고, 그 덕분에 전국에서 2000명 이상이 독방에서 벗어났다.

스콧이 나를 샌퀜틴 교도소 재소자들에게 소개해주었을 때 우리는 250밀리초라는 짧은 순간 빠르게 시선을 교환했다. 내가 그동안 진행했던 어떤 연구나 강의보다도 위대한 무언가의 일부가 된 느낌에 나는 소름이 쫙 돋았다.

그날 일정을 모두 마치고 마지막으로 재소자들은 다 같이 일어서서 회복적 정의의 원칙을 낭송했다. 200명이 한꺼번에 일어나면서 직직 끌리는 소리와 끙차 하는 신음 소리가 뒤섞여 잠깐 소란이 일었다가 그 뒤에 찾아온 강력하고 고요한 순간에 모두 집중하자 침묵이 장내를 뒤덮었다. 그리고 이어서 우리는 입을 모아 낭송했다.

나는 폭력이 그 어떤 문제도 해결해주지 않음을 믿습니다.
나는 모든 사람이 성스러운 존엄성을 타고났다고 믿습니다.
나는 모든 사람에게 변화하고 회복하고 교정될 수 있는 능력이 있다고 믿습니다.
나는 모든 사람의 존엄성을 존중하겠다고 맹세합니다.
나는 폭력을 사랑과 자비로 극복할 것을 맹세합니다.
나는 범죄에 영향을 받은 사람이라면 누구든 회복을 위한 여정에 함께 있어주고 지지할 것을 맹세합니다.

나는 교정과 화해와 용서의 매개자가 될 것을 맹세합니다.

마지막 문장의 "용서"라는 단어에 이르자 재소자들은 선이 스스로 목소리를 내게 한 여파로 서로 마주 보며 악수하고, 손에 손을 잡고, 빙그레 웃으며 눈을 맞추었다. 돌연 방이 확 환해진 듯했다. 예배실 뒤편에 서 있던 스콧과 나는 방문객 규칙을 어기고 서로를 안아주었다. 남자들이 포옹할 때면 으레 그렇듯 몸을 살짝 한쪽으로 기울여 한쪽 어깨가 상대 가슴팍에 닿게끔 팔을 엇갈려 안은 자세였다.

이러한 포옹은 롤프와 내가 하던 마지막 숭배 행위이기도 하다. 죽기 1~2주 전, 동생은 아편제 덕분에 바다에 뜬 것처럼 몽환적인 상태로 거실 소파에 기대어 잠이 들락 말락 졸고 있었다. 그러다 조금 뒤 일어나 바로 앉아서는 나와 내 아내 몰리 그리고 우리 딸 내털리와 세라피나를 곁으로 오라고 불렀다. 우리는 의자를 끌어다 동생을 반원형으로 둘러싸고 앉았다. 롤프는 한 명 한 명에게 선물을 주고는 우리의 심적인 아름다움이 그의 삶에서 얼마나 중요했는지 다소 익살스럽고 엉뚱하게 이야기를 들려주었다. 내가 받은 선물은 열세 살 때 매일 하고 다니던 같은 색 머리띠를 떠올리게 하는 빨간색, 흰색, 파란색이 섞인 손목 밴드와 프랑스제 오피넬 나이프였다. 나는 지금도 그 나이프의 나무 손잡이를 매일 만지곤 한다. 그 촉감은 꼭 롤프의 손을 생각나게 한다.

힘에 부쳐서 롤프는 느릿느릿 일어섰다. 고통으로 몸이 비스듬하게 기운 채 발을 질질 끌며 주방으로 걸어갔다. 나는 동생이 태어난 이래 줄곧 서로 똑 닮았던 걸음걸이로 그 뒤를 따랐다. 그곳에서 우리는 서로를 감싸안았다. 기껏해야 2~3초였다. 하지만 훨씬 더 길게 느껴졌다. 포옹을 풀자 동생은 바닥을 내려다보며 말했다.

우리 참 잘 살았네.

그 말을 제외하고는 우리가 그날 무슨 대화를 나누었는지 잘 생각나지 않는다. 삶을 한마디로 정리하거나 대단한 연설을 남긴 기억은 없다. 내가 기억하는 건 그저 동생 가슴과 어깨가 내 몸통에 기대어 있고 정수리가 내 관자놀이 부근에 닿아 있으며 그의 커다란 손이 내 어깨뼈에 얹혀 있는 감각 그리고 그 뒤에 따라온 경외심이었다. 이처럼 롤프의 몸이 내게 닿아 있던 감각을 나는 오늘날에도 스콧 같은 사람들을 감싸안을 때 느끼곤 한다. 그러면 롤프의 얼굴과 두 눈이 마음속에 떠오른다. 동생의 웃음소리, "대크 형!" 하고 전화를 받던 목소리가 들리는 것만 같다. 이에 나는 동생이 보여준 용기, 상냥함, 정신력, 역경을 극복하는 모습에 대한 기억의 거미줄 속으로 가라앉는다. 5학년 꼬맹이에 불과했던 녀석이 나랑 같은 반이던 7학년 왕따 여학생을 8학년 일진들의 괴롭힘에서 구해냈다든지, 친구들을 잔뜩 불러다 바비큐 요리를 해주는 걸 좋아했다든지, 소프트볼 공을 보이지도 않을 만큼 하늘 높이 던질 수 있었다든지, 언어치료사로서 부정적 아동기 경험 때문에 일반적인 경로에서 벗어나 모두에게 외면당한 채 살아온 빈곤한 아이들이 제대로 말을 할 수 있도록 매일같이 가르쳤다든지 하는 기억들. 선이 스스로 목소리를 내게 한 그의 삶.

　내 기본 상태의 자기는 앞으로는 영원히 동생의 포옹을 느낄 수도, 그의 심적인 아름다움이 묻어난 새로운 행동들에 감명받을 수도 없을 것이라고 말한다. 하지만 내 몸은 이처럼 다른 사람들과 접촉하는 감각 속에 동생이 여전히 살아 있다고 말한다. 동생과 내가 함께한 삶이 내 피부 안쪽 수백만 세포 속에 어떤 전기화학적인 인식 형태로 영구히 새겨져 동생과 감싸안고 있는 듯한 느낌을 만들어낸다고, 사람들의 삶에는 육체적인 것을 뛰어넘는 무언가가 있어 그들이 떠난 뒤에도 우리 세포 속에 남는다고, 그리고 세상에는 여전히 너무나도 많은 심적인 아름다움이, 우리가 행해야 할 선한 일들이 있다고 말이다.

5장
모두 하나가 되는 경험

의례, 스포츠 경기, 군무, 종교 활동, 공공 생활에서
구성원들의 하나 된 움직임은 어떻게 경외심을 불러일으키는가

사람들이 한데 모이면 그들 사이 친밀성으로 인해 일종의 전기가
발생하고, 이들은 평상시에는 볼 수 없던 강한 고양감으로 치닫는
다. (중략) 아마도 집단 정서는 조화롭고 하나 된 움직임을 가능케 하
는 어떤 질서를 형성하지 않고서는 집단적으로 표현될 수 없는 까닭
에 이들의 몸짓과 구호가 일정한 리듬과 규칙을 띠는 것이리라.[1]

－에밀 뒤르켐

대학 졸업 뒤 뉴욕에서 투자 은행가가 된 라다 아그라왈Radha Agrawal
은 때로는 좋아하지도 않는 칵테일을 마시고 도중에 딴생각이 떠오
를 정도로 지루한 대화도 나누어가며 전투적으로 살았다. 그러다 네
바다 사막에서 매년 열리는 버닝맨 축제에 참가하면서 모든 것이 변
했다.

역사적으로 축제라면 모름지기 그래왔듯이 버닝맨은 집단 경외심

을 불러일으키기 위한 시도로, 여러 삶의 경이가 한데 엮였다.[2] 돈을 지참하는 것은 허용되지 않았으므로(보통 축제 참가자들은 주머니 사정이 여유로운 편이었는데도 말이다!) 사람들은 음식을 나누어 먹고 필요한 물품들을 교환하고 감사 포옹을 나누는 행동을 통해 옥시토신 분비와 미주신경 활동이 활발해지는 경험을 즐기며 일상 욕구를 충족하는 일에 집중했다. 자연의 아름다움을 감상할 줄 아는 참가자들은 사막의 일출과 일몰을 보며 우와나 아아 하는 탄성과 함께 하루를 시작하고 끝맺었다. 음악과 춤은 온종일 사람들이 서로 협력하고 마음을 열고 호기심을 갖게 해주었다. 팝업 도시 곳곳에 설치된 몰입형 예술 작품은 놀라웠다(버닝맨 축제는 매년 축제 기간 동안 사막 한가운데 임시 도시를 건설하는 프로젝트로 유명하다 – 옮긴이). 라다는 춤을 통해 변화를 경험했다.

　　잠을 이룰 수 없어 혼자서 자전거를 타고 딥 플라야(역내 저쪽 끝을 그렇게 부르더군요)에 갔다가 초대형 아트카(웅장한 베이스 음향 시스템을 갖춘 개조 버스였어요. 뼛속 깊이 울리는 게, 살면서 들어본 것 중 가장 끝내주더군요)를 발견했어요. 지붕이 열리도록 개조된 차 꼭대기는 DJ의 왕좌였는데, 섹시한 의상을 입은 사람들이 100명도 넘게 모여 춤추고 있었어요. 나는 자전거를 바닥에 던져버리고 먼지투성이 무대 위에 자리를 잡은 다음 눈을 감고 평소의 나답지 않게 완전한 무방비 상태로 음악과 베이스 소리가 내 몸속을 흐르는 걸 느끼며(심지어 맨정신에요!) 아마도 태어나서 처음으로 비트에 실려 몸이 가는 대로 자연스럽게 움직였어요.

  어떻게 하면 이때의 몸이 가는 대로 자연스럽게 움직인 경험을 다시
느껴볼 수 있을지 궁리하던 라다는 이후 뉴욕 시내 한 라운지 바 지하
에서 댄스파티를 열었다. 바 입구를 지키던 경비원들의 자리는 서로
포옹하는 사람들로 대체되었다. 파티 참가자들은 술 대신 밀 싹 주스
를 마셨다. 파티는 밤이 아닌 오전에 진행되었다. 그리고 뒤르켐이 말
한 "집단 열광", 요컨대 여럿이 한 몸처럼 움직일 때 발생하는 전기 같
은 고양감을 경험하며 수백 명이 함께 춤을 추었다. 라다는 이렇게 새
롭게 생겨난 모임에서 더 많은 이들과 함께하길 바랐다. 이에 남편 엘
리와 그의 대학 시절 친구 팀과 함께 데이브레이커Daybreaker라는 본
격적인 공동체를 결성했고, 현재는 매달 전 세계에서 50만 명이 넘는
사람들이 이들이 개최하는 댄스파티에 참가한다. 흥을 추구하는 신
성 공동체인 것이다.

  나는 2020년 어느 샌프란시스코 호텔에서 라다를 처음 만났다. 당
시 데이브레이커는 오프라의 2020 비전 투어(미국 유명 방송인 오프라 윈
프리가 자기실현과 행복한 삶을 주제로 전국을 다니며 진행한 행사 – 옮긴이)의
개막 공연을 맡았다. 호텔 엘리베이터에서 내린 라다는 새 깃털 혹은
물고기 비늘을 닮은 반짝이는 은색 재킷(나중에 그녀는 그 옷을 직접 디자
인했다고 알려주었다)을 입은 모습으로 춤을 추듯 어깨와 골반을 실룩
거리며 내게 다가왔다. 엘리는 바로 뒤에서 딸 솔레이를 데리고 있었
다. 순회공연을 열 군데나 다녀온 참이라 다들 지쳐 보였다.

라다 가족과 나는 검은색 밴에 올라 샌프란시스코 체이스 센터로 이동했다. 차 안에서 라다는 자신이 금융업계에서 일하던 시절에는 고역스러운 생활 탓에 삶의 진정한 의미와 공동체에 대한 소속감으로부터 단절되었다는 이야기를 들려주며 몇 가지 과학적인 연구 결과들을 언급했다. 오늘날 미국인은 20년 전에 비해 소풍을 즐기는 횟수가 절반밖에 되지 않는다. 30년 전과 비교해 각자의 돌봄 서클에 속하는 소중한 친구 수도 한 명 줄어들었다. 인구의 35~40퍼센트는 외로움으로 고통받는다.[3] 이런 공동체의식의 소멸은 우리 뇌의 사회적 거절감 중추social rejection center(외로움과 거절감 그리고 고립감을 탐지하는 배측 전대상피질)를 활성화하고, 이에 따라 자신이 혼자라는 불안 속에서 체온을 높이기 위한 수단으로 우리 몸은 염증 반응을 일으킨다.[4] 21세기를 살면서 우리는 집단 경외심을 느낄 기회를 잃어버리고 말았다.

데이브레이커의 공연은 태고 연주자 셋이 심장까지 쿵쿵 울리는 북소리를 내며 시작됐다. 라다가 백업 댄서들과 함께 무대에 올라 에어로빅 같은 춤을 추며 공연장에 모인 1만 4500명의 군무를 이끌었다. 이마는 이성, 가슴은 상냥한 온기, 배는 직관, 음부는 열정 등 차크라를 콘셉트로 한 안무에 시선이 집중되었다. 그야말로 체화 그 자체였다. 윌리엄 제임스가 이 모습을 봤다면 흐뭇하게 미소 지으며 엉덩이까지 흔들었을지 모른다. 이어 고등학생 힙합 아티스트 넷이 무대 위로 뛰어오르자 관객은 열광했다.

무대 옆에 서서 나는 공연장의 보라색 빛을 보았다. 1만 5000명에 가까운 인파가 춤을 추고 있었다. 젊은 시절 범프(1970년대 미국에서 유행하던, 남녀가 서로 엉덩이를 부딪치는 춤 – 옮긴이)를 추던 때의 움직임을 떠올리기라도 하듯 그들은 입술을 꼭 다물고 이제는 중년이 된 몸을 한결 더 씰룩씰룩 꿀렁꿀렁 흔들었다. 웃음과 박수, 꼭 잡은 손, 포옹의 물결이 공연장에 모인 사람들 사이에서 번져 나갔다.

1912년에 발표한 자신의 저서《종교생활의 원초적 형태》에서 에밀 뒤르켐은 이러한 "하나 된 움직임unison of movement"이 바로 종교의 생명이라고 주장했다.[5] 그의 이론에 따르면 하나 되어 움직이는 경험을 통해 우리는 고양감을 느끼고, 우리를 하나로 만들어주는 대상에 대한 공유된 의식이 발달하며, 초자연이나 은유적인 관념을 이용해 이를 상징적으로 표현하고, 하나 된 움직임을 제祭 혹은 의례로 의식화하며, 자의식이 변화한다. 지금처럼 전능한 신을 섬기는 대규모 종교들이 생겨나기 전 사람들은 다른 이들과 함께 몸이 가는 대로 자연스럽게 움직이는 경험을 통해 신성을 찾았다.

오늘날 뇌 동기화를 연구하는 새로운 학문의 등장으로 사람들이 다른 이들의 움직임에 동기화되는 순간의 패턴을 기록할 수 있는 방법 및 수학 기법이 개발되면서 뒤르켐의 이론이 실제로 어떻게 가능한지 밝혀졌다. 우리는 다른 사람들의 움직임에 빠르게 동화한다. 그렇게 하는 동안, 뒤에서 곧 상세히 살펴볼 뇌의 공감 과정을 통해 다른 사람들의 감정을 자신도 느낀다. 이처럼 집단 움직임 및 정서로 뭉쳤다는 사실을 의식하면서 우리는 우리를 하나로 묶어주는 것의 정체를 설명하기 위해 상징, 심상, 관념에 기댄다. 거창한 경험에는 그에 걸맞은 거창한 설명이 필요한 법이니까. 가령 우리는 광란의 댄스 파티에서 심장이 쿵쿵거리는 감각을 영적인 원리로 설명한다든지 스포츠 경기장에서 수십만 팬이 내지르는 환호의 물결을 자신이 응원하는 팀을 규정하는 성격 혹은 정신이라고 표현한다. 그리고 개개인의 기본 상태의 자기가 상호 의존적인 집단의 일원이라는 감각으로 대체되면서 경외심을 느낀다. 그 안에서 우리는 시간 감각도, 각자의 목적도 잃어버리고, 많은 경우 사회적 억제에서도 자유로워진다.[6] 자의식의 부담에서 벗어나 자신보다 거대한 무언가의 일부임을 느끼며 경외심에 따른 '거룩하고 고결한 기질'로 마음이 기운다.

이러한 삶의 경이는 우리가 하나 되어 움직일 때면 거의 언제나 만날 수 있다. 의식, 의례, 순례, 결혼식, 민속춤, 장례식 등 수천 년 동안 문화적 진화를 거치며 누구나 집단 열광을 위한 활동임을 깨달을 수 있는 상황에서, 정치 집회, 스포츠 경기 행사, 콘서트, 축제 현장 등 비교적 즉흥적으로 일어난 물결 속에서, 그리고 이보다 훨씬 미묘하고 의식적으로 깨닫기 어려운, 그저 거리에서 사람들과 함께 걸으며 일상의 리듬을 구성하는 한 부분이 될 때처럼 평범한 생활 속에서, 우리는 집단 열광이라는 삶의 경이를 발견한다.

다 같이 열광하고 다 같이 애도하는 경험은 왜 소중한가

데이브레이커의 댄스 공연이 펼쳐지자 진행자였던 엘리엇은 공연장

우측을 가리키며 파도타기 시간임을 알렸다. 그의 말을 담은 음파가 인파의 물결을 일으켰다. 저 멀리 해안에서 밀려오는 파도처럼 사람들이 들어 올린 팔의 물결이 서서히 일기 시작했다.[7] 파도타기는 공연장 네 귀퉁이를 돌면서 탄력이 붙었다. 마지막 구간에 들어설 즈음에는 유후, 워후 하며 내지르는 환호성 그리고 열광으로 무장 해제된 사람들이 내는 **우와** 하는 소리와 함께 모두의 몸이 하나의 물결을 이루었다.

파도타기는 이제 미식축구 경기, 정치 집회, 콘서트, 졸업식 등에서 의식처럼 행해진다. 보통 시계 방향으로 1초에 스무 석 정도 속도다. 별달리 의미 있는 일이 벌어지고 있지 않을 때 호응을 받으며, 간혹 기조연설 도중이나 페널티킥을 찰 때 시작된 파도타기는 참가자들이 건성으로 움직이다 보니 빠르게 소멸된다. 또한 10만 관객이 모인 경기장에서도 겨우 스물 남짓이 움직이는 것만으로 물결이 시작될 수 있다. 그만큼 적은 인원으로도 집단 경외심을 일으키는 데 충분한 것이다.

하나 된 움직임은 무질서해 보이는 상황에서도 발생할 수 있다. 한 연구팀은 헤비메탈 공연 관객들의 움직임을 분석해보았다.[8] 이런 공연장 중앙에는 대개 모시핏 mosh pit(록 콘서트 무대 앞에 사람들이 격렬하게 춤추고 뛸 수 있게 마련된 공간 – 옮긴이)이 있어 사람들 몸이 서로 부딪히며 대혼란이 펼쳐진다. 그런데 연구 결과, 이처럼 몸뚱이들이 뒤엉켜 소용돌이를 이루는 대혼란 와중에도 다른 관객들이 물결처럼 주변을 감싸며, 모시핏 위로 크라우드 서핑 crowd surfing(군중이 머리 위로 들어 올린 팔에 의지해 수영하듯 이동하는 행위 – 옮긴이)하는 사람들이 정말 위험한 낙상 사고를 당하지 않도록 보호해준다는 사실이 밝혀졌다. 사회 무질서의 대명사인 모시핏이 "조화롭고 하나 된 움직임"을 가능케 하는 하나의 질서를 이루는 것이다. 정작 그 자리에서 헤비메탈에 미쳐 있던 사람들은 몰랐겠지만 말이다.

이처럼 다양한 파도타기에 언제든 동참할 준비가 된 것을 보면 우리에게 태생적으로 얼마나 다른 개체들과 하나 되어 움직이려는 특성이 있는지 알 수 있다. 연구자들은 4개월 아기가 어른들이 혀를 빼꼼 내밀고 미소 짓는 모습을 흉내 내고 그보다 조금 더 큰 아동은 학교나 학원 교사, 부모, 힙합 아티스트, 스포츠 스타 등의 자세와 몸짓을 모방한다는 것을 발견했다.[9] 성인이 된 뒤에도 우리는 다른 사람들의 자세와 손 움직임, 말투와 문법 구사 특징, 그리고 미소, 찡그림, 얼굴 붉히기, 눈썹 찌푸리기 같은 표정을 의식하지도 못한 채 따라 하곤 한다.[10] 이렇듯 타인을 따라 하는 과정을 거치며 자기와 타인 사이 경계선이 사라지고 집단의 일부라는 느낌을 통해 경외심을 경험할 수 있게 된다. 시인 로스 게이 Ross Gay는 자신의 위대한 저서 《기쁨의 책 The Book of Delights》에서 인간 몸의 이 '투과성'이 얼마나 놀라운지, "우리 몸은 얼마나 자주, 대체로 자각조차 없이 다른 사람 몸이 되는지" 서술했다.[11] 그 결과 우리는 몸이 가는 대로 자연스럽게 움직이는 것이다.

우리 몸이 다른 사람의 몸이 되면 생체리듬 또한 그 사람들과 동기화한다.[12] 다른 사람들과 함께 경기를 관람할 때 스포츠 팬의 심장박동은 다른 관객들과 동기화하며, 경기가 주는 고뇌와 황홀경을 따라 집단으로 고동친다.[13] 밤에 한데 모여 불 위를 걷는 의식을 지켜보던 스페인 산페드로만리케 주민들에게서도 같은 현상이 확인되었다.[14] 의례, 음악 공연, 스포츠 경기, 군무, 종교의식 등 집단 열광을 일으키는 상황에서는 우리 생체리듬이 그 집단의 공통 리듬으로 변하면서 자신이 피부를 경계로 물리적으로 구분된 존재라는 관념에서 생겨난 자기와 타인을 가르는 가장 기본적인 장벽이 무너진다.

우리 신체 및 생리 리듬이 다른 사람들과 동화되는 사이 감정에도 같은 변화가 일어난다. 정서 전염을 살펴본 연구에서 룸메이트, 이웃, 연인, 직장 동료와 한 공간에서 일상생활을 공유하는 사람들이 서로 감정도 닮아간다는 사실이 발견되었다.[15] 기본 상태의 자기는 우리가 느끼는 감정이 고유하다고 여기지만 실제로는 거의 언제나 다른 사람과 같은 감정을 느낀다고 보는 편이 더 타당하다.

이렇게 하나 된 움직임과 감정의 수렴을 통해 의식에도 변화가 일어난다. 자신의 눈으로만 세상을 바라보던 자기중심적인 시각에서 한 집단에서 현재 발생하고 있는 현상에 대한 공유된 시선으로 관점 자체가 옮겨 간다. 심리학자 마이클 토마셀로Michael Tomasello는 지금도 많은 영향력을 떨치는 자신의 명쾌한 저서에서 아동기에 놀이, 손가락으로 가리키기, 탐험, 협동 과제 등을 통해 경험하는 타인과 동기화된 사회적 행동이 어떻게 이처럼 공유된 시선으로 세상을 바라보는 능력을 가능케 하는지 상세히 설명했다.[16] 이러한 순간들에 우리는 별개로 존재했던 각자의 관점들을 통합하여 공유된 의식, 집단의식,

확장된 마음 같은 용어로 묘사되는 공통 관점을 형성한다.[17]

이는 발달 단계에서 상당히 초기부터 나타나며, 성인이 된 이후에도 우리가 현실에 대한 공유된 표상에 끌리는 밑바탕이 된다. 가령 연구 결과에 따르면 사람들은 테러 공격처럼 트라우마를 남기는 사건들을 겪고 난 직후에는 또 다른 공격이 있을지 모른다는 생각에 두려워하거나 죄 없는 사람들이 죽었다는 사실에 분노하는 등 저마다 고유한 관점을 드러낸다. 그러다 시간이 지나면 각 정서가 하나로 수렴해 사건에 대한 공통된 이해와 집단 사고를 한다. 이러한 정서 수렴이 곧 선의와 협동심 그리고 공동체 일원으로서 자의식 변화로 이어지는 것이다.[18]

이처럼 하나 되어 움직이고 정서가 전염되고 공유된 시선으로 세상을 바라보며 집단표상을 취하고 자기를 초월하는 과정 덕분에 우리는 문화적 관행에서 자신이 취하는 행동이 하나의 움직임, 공동체, 나아가 문화의 일부임을 깨닫고 경외심을 느낀다. 이러한 감정은 장례식 중에도 일어날 수 있는데, 장례식은 앞서 소개했던 26개국 경외심 체험담 연구에서 문화권에 관계없이 보편적으로 등장하는 상황이기도 했다. 한 스웨덴 실험 참가자는 장례식에서 상주와 조문객이 다함께 고인에게 작별 인사를 하기 위해 한자리에 모인 순간 경험했던 경외심에 대해 이렇게 묘사했다.

가장 친한 친구의 장례식에 참석했을 때였어요. 굉장히
슬펐지만 이제는 관 옆으로 가 마지막 인사를 해야 했지요.

관에 장미꽃을 올리고 오랜 기간 그 친구가 내게 어떤 의미였는지 말을 전할 때, 경외심을 느꼈어요. 장례식을 마치고 친구 딸을 한 번 안아준 다음 마음을 진정하려고 바닷가로 내려갔답니다.

졸업식 또한 공유된 시선, 하나 된 움직임과 더불어 고양감, 집단표상, 새로운 정체감 탄생을 중심으로 이루어진다. 심리학자 벨린다 캄포스Belinda Campos는 박사학위를 받는 졸업식에서 이를 경험했는데, 당시 박사학위를 받는 멕시코계 미국인이 극소수였던 데다가 부모의 맞벌이로 5학년에 학업을 중단해야 했던 점을 고려하면 더욱이 믿을 수 없는 성취였다. 캄포스가 졸업식장을 나설 때 한 멕시코인 할머니가 다가와 캄포스 같은 사람이 단상에 올라 박사학위를 받는 모습을 보는 것이 자신에게 얼마나 큰 의미인지 모르겠다며 말을 건넸다고 한다. 캄포스는 이때 느낀 경외심에 대해 이렇게 말했다.

그분 말씀에 정신이 번쩍 들었어요. 저 같은 사람이 그날 그 자리에 오를 수 있었던 건 개인과 집단의 수많은 희생 덕분이었어요. 그 모든 삶과 희생이 오랜 세대와 무수히 많은 사람들에 걸쳐 이어졌다는 느낌이 문득 들었어요. (중략) 그렇게 이어져온 집단 분투, 성공하기 위해 노력한 사람들, 보다 평등하고 더 나은 세상을 향한 절박감을 생각하자 두려움 같은 경이가 차오르는 한편 사람들이 행하는 모든 것이

훨씬 더 거대한 차원의 인간 경험을 구성하는 일부분임을
되새기게 되었죠.

졸업식 같은 의례는 개개인이 보다 큰 서사 속에 위치함을 자각하
게 하며 역사적으로 주류사회에서 소외되었던 사람들에게 흔히 경외
심과 "두려움 같은 경이"를 야기하곤 한다.

다른 사람들과 하나 되어 움직이고자 하는 본능은 매우 강하기에
집단 열광이 지닌 변화의 힘은 광범위한 영향력을 떨친다.

걷기와 함께 떠나는 경외심 여행

아마도 하나 된 움직임이 나타날 수 있는 가장 단순한 형태는 함께 걷
기일 것이다. 숲속 나무 위에서 생활하던 인류는 두 발로 걷게 진화함
으로써 경외심을 느낄 수 있는 기반이 마련되었다.[19] 이족보행을 하기
시작하면서 우리는 세상을 전혀 다른 관점에서 바라보게 되었다. 전
에는 볼 수 없던 광활한 풍경, 저 멀리 존재하는 신비와 마주한 것이
다. 인류는 이주 행동을 시작해 해와 날씨, 계절, 동식물의 생명 순환,
다른 포유류의 대규모 이동 패턴과 변화 주기에 맞추어 삶의 터전을
옮기고 정착했다. 포식자로부터 스스로를 방어하는 방식 또한 각자
나무 위로 잽싸게 도망치는 것에서 다 함께 동기화된 움직임으로 위
협에 맞서는 형태로 변화했다. 거대한 포유동물을 사냥하면서(더불어

농경 생활이 시작되면서) 절기 및 추수 시기와 맞물린 의례 의식을 통해 음식을 나누는 풍습이 생겨났다. 그러다 마침내 약 5만에서 6만 년 전 아프리카에서 출발한 두 번째 대이동을 시작으로 인류는 작은 집단 (아마도 열 명에서 서른 명 정도인 소규모)을 꾸려 걷고 또 걸어서 전 대륙으로 뻗어 나갔다.

오늘날 우리는 보통 일상적으로 걸을 때에도 파도타기의 원리 및 양상과 같은 방식으로 하나 된 움직임을 따른다.[20] 가령 도심 속 보행자들을 떠올려보자. 연구 결과에 따르면 보행로가 유난히 복작거릴 때 우리는 보행자 물결에 녹아들어 좁은 공간과 시간 압박을 훨씬 더 효율적인 움직임으로 헤쳐 나가는 전략을 취한다고 한다. 때로는 이를 보며 우리 자신이 도시라는 기계를 이루는 한낱 톱니바퀴라는 느낌이 들면서 어쩐지 삭막한 기분에 사로잡히기도 하지만 한편으로는 집단적, 문화적 움직임의 일부라는 감각에 경외심이 일기도 한다.

하나 되어 걷기 현상을 살펴본 한 연구에서는 뉴질랜드 어느 돔구장으로 참가자들을 데려갔다.[21] 실험 환경으로는 상당히 이례적인 장소였다. 그곳에서 참가자들은 대집단 둘로 나뉘어, 5분 동안 한 집단은 연구자의 걸음걸이에 맞추어 구장 내를 돌았고, 다른 집단은 개인의 보행 습관대로 자유롭게 걸었다. 그러자 특히 다른 사람들과 발을 맞추어 활기차고 빠르게 걸었던 집단 참가자들은 해산하라는 지시를 들은 뒤에도 서로 가까운 거리를 유지했고 이후 조원들과 협동해서 나사받이를 줍는 과제에도 더 열심히 임했다. 하나 되어 걷기 행동이 사람들에게 선의와 협동심을 불러일으킨 것이다.[22]

하나 된 움직임에서 경험하는 초월적인 느낌은 의식과 의례의 핵심이다. 성 패트릭의 날 기념 퍼레이드에 다녀온 아일랜드 사람들과 인도 마그 멜라 축제에 갔던 힌두교 순례자들(강에서 열리는 정화 의식에 참가한 사람들)을 대상으로 한 연구에서도 경외심 경험이 축제 참가자들을 결집하는 핵심이었던 것으로 밝혀졌다. 참가자들은 한결같이 자기보다 훨씬 커다란 존재, 즉 영적 공동체의 일부라는 감각과 목적의식이 고취되면서 느낀 감동에 대해 이야기했다.[23] 역사학자 윌리엄 맥닐William McNeill도 자신의 저서《모두 함께, 동시에Keeping Together in Time: Dance and Drill in Human History》에서 같은 견해를 제시하며 군부대 행군, 대학 미식축구 경기에서의 악대 행진, 거리에 나온 시위대의 행진 등 하나 되어 걷는 경험은 자기 자신보다 더 큰 대의를 위해 기여하고 있다는 감각을 일으킨다고 설명했다.[24]

걷기 문화의 역사를 다룬《걷기의 인문학》에서 솔닛은 17세기 들어 길이 안전하게 정비되어 야외를 여행하고 거닐고 탐험하기에 용이해지면서 유럽에 불어닥친 걷기 혁명을 상세히 묘사했다.[25] 이 무렵 유럽이 걷기 유행을 받아들이면서 식사 후 마을 및 도시 광장에서 가볍게 산책하기부터 친구들과 함께 누비는 야생 탐험까지 여러 형태로 집단 걷기 문화가 발생했다. 솔닛은 이렇듯 집단 걷기부터 홀로 걷기까지 다양한 걷기를 통해 경외심 같은 의식이 생겨남으로써 자기 개념이 주변 환경까지 아우를 수 있도록 확장된다는 이론을 제시했다. 예컨대 걷는 동안 우리는 자기 신체 움직임과 동행의 움직임 사이에서 연관성을 발견할 수도 있고, 자기 생각과 각자 살아가며 움직이는 다른 사람들 생각 사이에 존재하는 연결고리를 떠올릴 수도 있으며, 자기 머릿속 심상과 나무 사이로 부는 바람의 움직임 또는 하늘 위 구름의 이동 같은 자연 패턴들의 관계성을 생각해볼 수도 있다. 다른 사람들 속에서 걷다 보면 우리는 우리 신체 움직임이 이른 아침에 길을 건너는 학생 무리, 점심시간에 건물 밖으로 쏟아져 나오는 직장인들, 장터 마감 시간에 진열된 물건 사이를 누비는 손님들, 길거리 농구를 하는 어린아이들처럼 인간 사회를 지탱하는 거대한 패턴의 일부라는 사실을 깨달을 수 있다.

이렇듯 걷기가 경외심과 유사한 감각을 불러일으킨다는 관념을 바탕으로 캘리포니아대학교 샌프란시스코UCSF의 신경과학자 버지니아 스텀Virginia Sturm과 나는 경외심 걷기awe walk라는 활동을 개발했다.[26] 말이 거창하지 사실은 그저 걷기 명상, 순례, 등산, 배낭여행, 저녁 식후 산책 등에서 경외심을 찾던 보편적인 인류 전통에 이름을 붙였을 뿐이다.[27] 경외심 걷기를 하는 방법은 다음과 같다.

1. 어린아이 같은 경이의 감각을 활용하자. 어린아이들은 모든 것이 새롭기 때문에 경외심을 느끼는 상태가 거의 지속된다. 여러분도 걷는 동안 보이는 모든 것을 마치 태어나 처음 본 것처럼 새로운 시선으로 살펴보려고 시도해보자. 산책을 나갈 때마다 잠시 시간을 들여 눈앞 대상의 거대함을 유심히 관찰하자. 파노라마처럼 펼쳐진 경치를 바라보아도 좋고, 나뭇잎이나 꽃을 가까이에서 자

세히 들여다보아도 좋다.

2. 새로운 곳을 찾아가자. 매주 새로운 산책 장소를 선택해
   보자. 예상치 못한 낯선 경치와 소리를 만날 수 있는 신선
   한 환경에서는 경외심을 느낄 가능성이 높다. 그렇다고
   는 해도 간혹 아무리 여러 번 찾아가도 지루해지지 않는
   장소들도 있기 마련이어서, 만약 갈 때마다 늘 경외심을
   불러일으키는 여러분만의 장소가 있다면 그곳을 다시 찾
   는 것도 나쁘지 않다.

스텀과 나는 연구 참가자들에게 주기적인 경외심 걷기 장소로 나
무가 많은 곳이나 물가, 밤하늘을 올려다볼 수 있는 곳, 해돋이나 해
넘이가 보이는 장소, 도심에서라면 마천루, 역사적 가치가 높은 건축
물, 가깝지만 한 번도 가본 적 없는 인근 지역, 대형 경기장, 박물관이
나 식물원을 추천했다. 이도 저도 아니면 그냥 길거리를 이리저리 돌
아다녀도 좋다고 덧붙였다.

연구에서는 75세 이상 참가자들만 모집해 두 집단으로 나눴다. 연
령대를 이렇게 설정한 이유가 뭘까? 50대 중반부터 시작해 75세 무렵
까지는 사람들이 행복감을 더 많이 느끼는 경향이 있다.[28] 나이가 들
면서 우리는 삶에서 정말 중요한 것은 돈이나 지위, 명예, 성공이 아
닌 의미 있는 사회적 관계라는 사실을 깨닫는다. 그러나 75세에 이르
면 상황이 변한다. 자신의 죽음에 대한 생각이 깊어지고 소중한 사람
들의 죽음을 목격하기 시작한다. 이에 따라 75세 이후에는 행복지수

가 약간 감소하고 불안이 증가한다. 그러므로 이 시기야말로 경외심 걷기의 힘을 시험하기에 딱 좋은 연령대인 셈이다.

연구에서 무작위 선정을 통해 통제집단에 배정된 노인 참가자들에게는 매주 한 번씩 8주 동안 활기차게 산책을 하라고 지시하되 경외심에 대한 언급은 일절 하지 않았다. 반면 경외심 걷기 집단에 속한 노인 참가자들에게는 상술한 방법에 따라 매주 짧은 경외심 여행을 떠나게 했다. 그러고 나서 모든 참가자에게 공통적으로 행복, 불안, 우울 정도를 보고하게 했으며 산책 도중 자기 모습을 사진으로 남기도록 했다.

연구 결과 아주 흥미로운 점이 세 가지 발견되었다. 첫째, 노인 참가자들은 정기적으로 경외심 걷기를 하면서 주가 거듭될수록 점점 더 많은 경외심을 느꼈다. 여러분은 아마도 우리가 삶의 경이 속에서 경외심을 자주 경험하다 보면 점차 그 대상이 지닌 효력이 약해지리라 예상했을 것이다. 이러한 예상 결과는 쾌락 적응hedonic adaptation 법칙이라고 해서 이를테면 물건을 사거나 풍미 좋은 맥주를 마시거나 초콜릿을 먹는 등 특정 상황에서 얻는 쾌락이 횟수가 더해질수록 강도가 약해지는 현상으로 잘 알려졌다.[29] 하지만 경외심은 그렇지 않았다. 경외심은 경험하면 할수록 더 깊고 다채로워졌다.

둘째, 자기 개념이 주변 환경까지 아우를 수 있도록 확장된다는 솔닛의 이론을 뒷받침할 근거를 발견했다. 그저 활기차게 산책하라는 지시를 받았던 통제집단 참가자들과 비교해 경외심 걷기 집단 참가자들이 찍은 사진에서 촬영자 자신의 모습은 점점 귀퉁이로 밀려나

면서 비중이 줄어들고 자신이 거닐던 인근 지역, 샌프란시스코 길모퉁이, 나무들, 석양, 정글짐에서 신나게 노는 아이들처럼 외부 환경이 크게 담기는 경향성이 나타난 것이다. 상단 사진들 중 위의 두 장은 감사하게도 책에 싣는 것을 허락해준 통제집단의 여성 참가자가 찍

은 것으로, 왼쪽은 실험을 막 시작했을 때, 오른쪽은 산책을 나갔을 때 촬영된 사진이며, 아래 두 장은 경외심 걷기 집단의 여성 참가자가 찍은 사진이다(오른쪽 사진에서는 정말 기쁜 듯한 미소가 살짝 보인다). 자기가 사라지고 보다 거대한 무언가의 일부임을 인식했음을 보여주는 시각적 근거다.

그리고 마지막으로 경외심 걷기를 통해 긍정적 정서가 생겨난 참가자들은 시간이 갈수록 불안과 우울이 줄어들고 전보다 더 기쁨을 느끼며 활짝 미소 짓게 되었다.

불안과 두려움에 대한 글로 잘 알려진 음울한 덴마크 철학자 키르케고르도 공공공간에서 걸으며 크나큰 평온을 찾았다. 걷기는 그에게 "거리와 골목에서 우연한 만남의 기회"를 선물함으로써 "참으로 경이롭게도 삶 속 우연과 사소한 것들이야말로 진정 중요한 의미가 있는 것들"임을 깨닫게 해주었다.[30] 여기에서도 역시 일상 속 경외심이 돋보인다. 더불어 다른 사람들과 함께 걷는 동안 일상에서 심적인 아름다움을 알아차릴 가능성도 높다. 제인 제이컵스Jane Jacobs가 쓴 《미국 대도시의 죽음과 삶》도 걷기를 통해 주기적으로 이웃과 접촉하는 경험이 범죄율을 낮추고 안녕감을 증진한다는 논지를 펼친다는 점에서 이와 결을 같이한다.[31] 우리는 다른 사람들과 일상적으로 발을 맞추어 걷고 그 과정에서 만날 수 있는 경이를 통해 공동체의식을 찾는다.

스포츠에서 선수들끼리 하나 되고
선수와 팬이 하나 되는 순간

저는 농구계의 포레스트 검프인가 봐요.

코로나19로 2020년 NBA 정규 시즌이 잠정 중단되었던 당시 수화기 너머로 스티브 커Steve Kerr는 자신의 농구 인생을 이렇게 요약했다. 이 말은 곧 교수 집안에서 태어나 삐삐 마른 체형에 키만 190센티미터로 큰 그가 마이클 조던과 한 경기에서 뛰고, '선 수행의 대가' 필 잭슨Phil Jackson과 전설적인 그레그 포퍼비치Gregg Popovich의 지도를 받았으며, 이제는 골든 스테이트 워리어스 감독으로서 NBA 역사상 가장 경이로운 점수로 챔피언십 우승을 세 차례나 거머쥐는 등 경이로 가득한 커리어를 쌓은 것을 가리켰다.[32]

스티브와 통화할 수 있었던 것은 현재 워리어스 운영단장이자 스티브의 특별보좌역으로 일했던 닉 유렌Nick U'Ren 덕분이었다. 내가 경외심의 과학을 연구한다는 소식을 들은 닉은 가끔 워리어스 팀 연습 때 들르라고 권했다. 챔피언십 시즌 중에는 경기 티켓을 건네주었고, 그곳에서 나는 워리어스가 득점할 때마다 팬 1만 5000명이 한 몸처럼 춤을 추고 파도타기 하는 모습을 볼 수 있었다. 어느 날 밤 함께 맥주잔을 기울이며 나는 닉에게 팀이 승승장구하는 비결이 뭐냐고 물었다. 잠시 생각하더니 닉은 답했다. 바로 움직임이라고.

이 움직임의 수수께끼를 풀기 위해 나는 먼저 스티브에게 어린 시절 경외심을 느꼈던 경험에 대해 물었다. 그는 곧장 어릴 때 캘리포니아대학교 로스앤젤레스UCLA 팀 경기를 보았던 순간을 떠올렸다. UCLA 정치학 교수였던 그의 아버지는 시즌 티켓을 세 장 구해 왔는데, 스티브와 그의 형에게는 더없이 소중한 보물이었으며, 어린 마음에 남자들끼리 경기를 보러 가고 싶었던 형제는 별로 달가워하지 않았지만 누가 이기고 졌는지도 잘 모르면서 경기장에 가는 것은 좋아하던 어머니도 이따금 합류했다. 스티브는 1973년에 있었던 UCLA의 어느 경기를 마치 역사학자처럼 정확하게 기억해내서는 내게 이야기해주었다. 당시 1위였던 UCLA 대 2위 메릴랜드의 경기였다. 존 우든John Wooden 감독의 지휘를 따르던 UCLA는 88연승 가도를 달렸고, 이는 스포츠 역사에서 최다 연승 기록이었다(스포츠 기록 분석이 주는 경외심이란!). 그날 밤, UCLA는 1점 차로 승리를 거머쥐었다.

스티브는 그날 경기장에서 느꼈던 깊은 경외심을 떠올렸다. 심장이 쿵쿵 울리던 관악대 연주. 관중의 응원 물결을 이끌던 치어리더들의 하나 된 동작들. UCLA 선수들의 믿어지지 않을 만큼 큰 덩치와 우아한 움직임. 경기 흐름과 조화를 이루어 울리는 학생과 팬들의 응원가, 구호, 박수, 환호 소리. 그리고 이렇게 하나 된 움직임, 집단 정서, 공유된 시선 속에서 스티브는 UCLA 관악대의 튜바, 트럼펫, 트롬본을 가로지르는 금빛 물결을 보았다.

나는 경기 전략이라든지 새로운 스포츠 기록 분석 결과라든지 훈련 방향성과 관련된 감독의 철학을 들을 수 있으리라 기대하며 스티브에게 움직임에 대한 그의 생각을 물었다. 하지만 그가 떠올린 것은 중동에서 살 당시 아르메니아 집단학살에서 살아남은 아이들을 위해 고아원을 설립한 그의 조부모 엘사와 스탠리 커였다. 스티브가 세계 곳곳으로 원정을 갈 때면 팬들의 물결을 뚫고 아르메니아인들이 다가와 감사를 표했던 것이다.

이렇게 얘기를 하면서도 오싹해지네요…. 스티브가 말했다.

그러더니 덧붙였다. 저의 조상과 제가 만난 아르메니아인들의 조상이 100년도 더 전에 맺은 인연으로 이 사람들의 인생이 달라졌다는 걸 생각하면 굉장히 겸허한 마음이 들어요.

움직임에 대한 스티브 커의 철학, 다시 말해 덩치 크고 빠르게 이동하는 다섯 명 각각의 몸을 마치 하나의 몸과 같은 협동 동작 패턴들로 조직화해내는 그만의 비법은 결국 과거에 그에게 감동을 주었던 믿음, 즉 심적인 아름다움과 다양한 문화 배경과 고유 기질을 지닌 서로 다른 사람들이 한데 뭉쳐 좋은 결과물을 만들어낼 수 있다는 믿음에서 비롯된 것이었다. 그리고 그 경기는 다시 하나 된 움직임에 감탄한 관객들을 하나로 뭉치게 하는 결과를 낳는다.

스포츠 경기는 종교와 마찬가지로 일상 속 하나 된 움직임들을 의식화하고 인간으로서 우리가 가진 능력, 용기, 기개를 돌아보게 할 뿐만 아니라 경기에 참여하고, 이를 관람하거나 응원하고, 결과에 울고 웃는 열광의 도가니 속에서 공동체의 결속력을 다지게 한다. 역사학 연구에 따르면 올림픽은 기원전 776년 그리스 올림피아에서 놀이 삼아 누가 가장 빠른지 가리기 위해 남녀 참가자들이 정기적으로 경주를 하던 것이 시초였다. 신화에서는 풍요의 신인 다섯 형제가 헤라 여신을 경배하는 달리기 경기를 연 것이 올림픽의 기원이라고 전한다. 이렇게 열린 경주들은 놀이처럼 서로 경쟁하고 이를 관람하는 즐거움을 통해 공동체 구성원들을 하나로 묶어주었으며, 시간이 흐르면서 점차 장례식, 찬가, 기도, 춤 같은 요소와 다양한 신체 능력을 겨루는 대회들이 더해진 결과 오늘날 우리가 경외심을 느끼곤 하는 올림픽의 형태가 되었다.

올림픽보다 약 1000년 앞서 메소아메리카의 올메크, 마야, 아즈텍 사람들은 멕시코, 과테말라, 벨리즈, 니카라과 등지 경기장에서 울라말리츠틀리ullamalizdi라는 인류 최초의 구기 스포츠 경기를 열었다. 경기 당일에는 성직자들이 기도와 성가, 찬양, 의식을 통해 경기장을 성화했다. 경기가 시작되면 나우아족 전사들, 원숭이 신 그리고 날개 달린 뱀 형상의 신 케찰코아틀 그림들로 둘러싸인 좁은 경기장에서 이웃 마을 사람 두세 명이 팀을 이뤄 엉덩이와 팔꿈치로 공을 쳐내 고리 사이로 통과시키는 방식으로 승패를 겨뤘다. 경기가 끝나면 마을 사람들은 모두 모여 춤추고 음악을 연주하고 노래 부르고 웃으며 흥겨운 연회를 즐겼다. 이렇듯 하나 된 움직임을 의식화하는 문화들은 삶의 여러 경이들을 하나로 잇는 형태로 이루어진다.

이런 움직임에는 큰 의미가 있다. 새나 물고기 떼, 야생동물 무리는 한 몸처럼 조화롭게 움직일 때 천적들에 대항해 살아남을 가능성이 높아진다.[33] 인간도 마찬가지다.[34] 가령 웃고 즐기는 분위기가 가득한 크리켓팀 선수들은 이어지는 이닝들에서 공을 더 잘 치는 경향을 보인다.[35] 한 연구에서는 심지어 선수 개개인의 기술보다도 해낼 수 있다는 공유된 감정이 크리켓, 축구, 야구, 온라인게임에서 팀이 승리할 가능성과 더 관련이 깊다는 결과를 발견했다.[36] 나아가 스포츠 선수뿐만 아니라 현악 4중주 연주자들에게서도 리듬을 타는 몸동작이 하나 된 움직임을 보일수록 연주 질이 향상되는 현상이 관찰되었다.[37]

스티브 커가 이끄는 워리어스가 전례 없는 득점 행진으로 승리하면서 전문가들은 이를 설명할 가설을 내놓았다. 그들은 특정한 패스 또는 여기저기에서 조금씩 개그 소재를 따오는 개그맨처럼 스티브가 습득한 아이오와 스테이트 사이클론스Iowa State Cyclones 농구팀의 '사이클론 플레이' 같은 트릭 플레이가 승리 비결이라고 지적했다. 내가 이러한 가설들을 언급하자 스티브는 웃었다.

> 농구는 음악과 같아요. (중략) 한 밴드에 드러머나 기타리스트가 다섯 명씩 필요하지는 않죠. (중략) 문제는 다섯 선수들이 모두 제자리를 찾아 서로 조화를 이루는 거예요.

구성원들이 하나 되어 움직이며 각자 서로 다른 재능들을 매끄럽게 발휘하는 하나의 동기화된 전체로서 통합하는 집단이 살아남는다는 것은 고도로 사회적인 생명체로 진화하면서 뿌리 깊게 자리 잡은 원칙이다. 지구에서 가장 성공적으로 진화한 종 중 하나인 가위개미도 각 구성원의 다양한 능력을 잘 조직된 전체로 활용하는 기술이 탁월한데, 이 개미 무리에는 잎을 자르는 개미, 운반하는 개미, 집을 짓는 개미가 다 따로 존재하며, 모두가 자기 일을 수행함으로써 여왕을 돌본다는 하나의 목적을 수행한다. 진화에서는 몸이 가는 대로 자연스럽게 움직이는 종이 유리하다. 우리가 느끼는 경외심은 우리 움직임이 이처럼 조직화된 패턴으로 다른 사람들의 움직임과 통합되었을 때 이를 알려주는 신호인 셈이다.

나는 스티브에게 이런 집단 움직임을 가능케 하는 비밀이 무엇일지 물었다. 그는 팬이라고 답했다. 우리가 최선을 다해 경기할 때면 팬들은 즐거워하죠. 흥에 겨워 자리에서 일어나 응원하고 춤을 추는 거예요.

분명 좋아하는 팀의 경기를 보면서 우리는 경외심을 느낀다. 뒤르켐의 이론에 영감을 받은 한 사회학자는 미식축구팀인 피츠버그 스틸러스Pittsburgh Steelers 열혈 팬의 삶을 밀착 탐구했다.[38] 경기가 열리는 일요일이면 팬들은 대체로 맥주와 바비큐 요리를 곁들인 경기 전 의식을 즐기기 위해 하나 된 발걸음으로 경기장과 주차장을 향해 걸었다. 서로 끌어안고 울고 소리치고 허공에 팔을 내지르는 데 더해 일부는 '거룩하고 고결한 기질'로 물리적인 희생을 감수하는 헌신적인 행동까지 하는 것으로 보아 이들의 집단 정서는 명백히 열광에 차 있었다.

내 앞에 있던 20대 후반에서 30대 초반으로 보이는 남자가 단호한 표정으로 옷을 한 겹씩 벗기 시작했어요. 결국 마지막엔 걸치고 있던 셔츠까지 머리 위로 끌어올리더니 벌떡 일어나 영하 9도에 맨몸으로 소리치며 응원했어요. 스틸러스 선수들이 두 번째로 환상적인 플레이를 보여주자 그

남자 옆에 있던 남자도 잔뜩 껴입었던 외투며 셔츠들을 벗
어 던졌고, 두 남자는 손을 맞잡고 함께 소리쳤답니다.[39]

스틸러스 팬들은 유니폼, 외투, 접이식 의자 같은 팀 기획 상품들과
경기 중 멋진 플레이에 환호하며 70만 팬들이 한 몸처럼 흔들던 검은
색과 금색 스포츠 타월, 일명 테러블 타월 Terrible Towel처럼 그들의 공
유 정체감을 나타내는 성물에 주의를 집중한다. 열혈 팬들은 자신들
을 '가족'이라고 칭하며 '스틸러스 민족'이라고 표현한다. 그야말로
기본 상태의 자기가 사라지고 더 거대한 무언가가 그 자리를 대체한
모습이다.

우리 대화가 거의 마무리될 무렵, 스티브는 한때 팀 동료였던 마이
클 조던을 떠올렸다. 조던은 팀원들에게 이렇게 말하며 마음을 다잡
게 했다고 한다. "어쩌면 이 경기가 인생 유일한 NBA 경기 관람일지
도 모를 어린 팬들이 우리 경기를 보러 객석에 와 있어."

스티브에게 스포츠인으로서의 삶이란 어떤 의미였는지 묻자 그는
이런 명언으로 통화를 끝냈다.

사람들에게 기쁨을 주는 건 시민의 의무죠.

몸으로 경외심을 표현하고 기록하는 수단, 춤

유럽 식민지 개척자들은 아프리카 지역을 처음 찾았을 때 그곳에서 만난 사람들이 추는 춤에 대체로 섬뜩한 경외심을 느꼈다.[40] 어딜 가든 모든 사람이 열광적으로 춤을 추는 모습과 그로부터 느껴지는 강력한 힘은 부를 향한 이 서양인들의 열망을 꺼뜨리고 '영혼을 구원'해주었다. 아프리카 공동체에서는 출산, 성인식, 결혼 그리고 죽음을 기념하며 춤을 춤으로써 생명의 순환에 대한 공통된 이해에 이르렀다. 전쟁이 임박했거나 사냥을 나설 때면 전투적인 소리로 흥분을 끌어올리는 노래와 힘을 북돋는 춤을 시작했고, 임무를 성공적으로 마치고 귀환하면 이를 축하하는 춤을 추며 음식을 나누어 먹는 분위기를 조성했다. 식물을 심고 땅을 파고 수확하는 등 농업 활동을 표현하는 춤으로 노동을 상징화하기도 했다. 몸이 가는 대로 자연스럽게 움직인 것이다.

아프리카를 비롯해 세계 곳곳에 존재하는 원주민 문화 공동체 다수에서 춤이란 그때나 지금이나 경외심을 나타내는 신체적, 상징적 언어다. 그들은 신과 조우한 경험을 상징화하기 위해 춤을 추었으며 신과 여신, 생명의 기원과 사후 세계, 선과 악의 전투에 대한 이야기를 전하고자 특정 춤을 이용하기도 했다. 사람들은 또한 천둥 번개와 폭우, 거센 바람을 향한 경외심을 표현하는 수단으로 춤을 추었으며, 이는 침팬지 폭포 춤의 시조로 볼 수 있다.

춤이 삶의 경이를 포함해 우리가 살아가는 사회 속 주요 주제들을 상징화했다는 개념은 현대의 시선으로는 다소 생소할 수 있다. 서구 사회에서는 일찍이 종교 권력자 및 유럽 사회 상류층이 사회 활동과 춤을 완전히 분리해버렸기 때문이다. 춤이 열정, 자유, 욕망 등을 표현하는 수단이 될 수 있으며 지배계층에 대항하는 시위의 물결로 이어지는 일도 드물지 않다는 사실을 알고는 춤의 상징적 힘을 제한하고 지배하기 용이하게 만든 것이다. 오늘날 라다 아그라왈 같은 춤 혁명가들은 춤이라는 형태의 삶의 경이를 되찾고 우리가 몸이 가는 대로 자연스럽게 움직일 수 있게 돕는다.

춤은 어떻게 경외심을 표현할 수 있게 해줄까? 힌두교 현인 바라타가 기원전 2세기경에 쓴 것으로 추정되는, 무려 2300년 된 고서 나티야샤스트라에서 이 문제에 대한 교양 있는 답을 찾을 수 있다.[41] 나티야샤스트라는 춤을 통해 라사, 즉 정서를 표현하려면 손과 발, 손가락, 팔, 몸통, 머리, 얼굴 근육, 무릎, 엉덩이를 어떻게 움직여야 하는지 마치 이케아 선반 조립 설명서처럼 꼼꼼하게 묘사한다.

그러니까 나티야샤스트라에는 화가 나고 분노가 치미는 정서를 춤으로 표현할 때면 몸을 웅크리고 금방이라도 덤벼들 것 같은 자세를 취하며, 팔에 힘을 주어 주먹을 꽉 쥐고, 입을 앙다물고 어금니를 깨문 채 시선을 한 점에 고정한다(샌퀜틴 주립교도소 재소자 우푸가 시범을 보였던 전투무용 하카와 비슷하다)는 등의 특징이 세세하게 설명되어 있다.

사랑을 표현할 때에는 몸에 긴장을 풀고 머리를 한쪽으로 기울이며 두 팔과 손을 활짝 펴고 미소 지으며 사랑에 빠진 눈빛을 띠라고 조언한다(진 켈리 Gene Kelly의 그 유명한 〈사랑은 비를 타고〉에서의 춤을 떠올려보자).

경외심을 묘사할 땐 눈과 입을 크게 벌리고 시선을 위로 향하며 팔과 어깨, 가슴 그리고 손을 활짝 펴라고 묘사하는데, 앞서 연구를 통해 세계 곳곳 다양한 문화권에서 경외심을 표현하는 행동으로 밝혀졌던 바로 그 몸짓이다. 이처럼 경외심으로 가득 찬 춤은 성령에 감명받은 오순절파 신자들이나 광란의 파티를 흥청망청 즐기는 사람들에게서도 볼 수 있다.

춤은 경외심과 동일한 방식으로 우리를 변화시킨다. 브라질에서 진행된 한 연구에서는 고등학생들을 두 집단으로 나누어 한 집단은 메트로놈 박자에 따라 다른 사람들과 동작을 맞추어 춤을 추도록 하고 다른 집단은 주변 사람들과 맞추지 않고 마음대로 움직이도록 했다.[42] 그러자 다른 사람들과 함께 '춤을 추었던' 집단은 특히 격렬한 움직임을 취할 때 마음대로 움직였던 집단보다 훨씬 서로가 연결되었다고 느꼈다. 또한 다른 사람들과 어우러지는 느낌과 더불어 통증을 더 잘 견뎌낼 수 있게 해주는 체내 천연 오피오이드 농도가 상승했다는 징후를 보이기도 했다. 심지어 12개월 아기도 음악에 맞추어 연구자와 같은 리듬으로 몸을 흔들고 나면 연구자가 바닥에 떨어뜨린 펜을 줍는 일을 도우려고 한다.[43]

수천 년 동안 진화를 거치면서 춤은 스포츠, 음악, 예술, 종교와 마찬가지로 경외심을 기록으로 남기기 위한 수단이 되었다. 춤을 통해 우리는 상징적 언어로써 삶의 어떤 측면이 경이로운지(또 공포스러운지) 깨닫는다. 관련 연구에서는 힌두교 전통 무용가가 나티야샤스트라의 묘사에 따라 열 가지 정서, 다시 말해 라사를 춤으로 표현한 뒤 각각 4초에서 10초 분량의 영상에 담았다. 서유럽 사람들은 이 짧은 영상 속 동작들에서 경외심을 비롯한 다양한 정서를 아무런 어려움 없이 구별했다.[44] 춤을 통해 하나 된 움직임을 경험할 때 우리는 다른 사람들과 숭엄미를 나눈다.

나티야샤스트라는 또한 라사를 표현하는 춤을 볼 때 관객 입장에서 우리가 유有(인도철학 용어로는 '브하바'라고 하며 '존재'를 뜻한다 – 옮긴이)라는 미적 정서를 느낀다고 전한다. 이러한 미적 정서는 우리가 일상에서 경험하는 정서들과 달리 상상의 영역에서 일어나며, 일상 속 걱정과 근심으로부터 잠깐이나마 벗어나 기분 좋은 자유를 만끽할 수 있게 해준다.

어떻게 이런 일이 가능할까? 현재 유력한 가설에 따르면 우리는 다른 사람이 춤을 추는 모습을 볼 때 발을 까딱거리고 몸을 흔들며 본능적으로 그 몸짓을 따라 하는데 이러한 신체 움직임이 몸과 마음의 연결, 즉 체화된 마음으로 인해 그 춤동작과 관련된 의식적인 생각, 심상, 기억을 떠올리게 한다는 것이다. 예컨대 경외심을 표현한 춤을 보면 우리 자신도 몸을 아주 미세하게 펴고 시선을 위로 향한다. 그리고 삶의 경이와 마주했던 과거 기억을 회상하거나 누렸을 가능성이 있는 경이를 상상한다. 다시 한번 강조하지만 이 모든 심적 경험은 어떠한 가능성도 자유롭게 음미할 수 있는 상상의 영역에서 일어난다.

다른 사람들과 함께 춤출 때 우리는 몸을 움직이는 기쁨을 그들과 함께 나눈다. 다른 사람이 춤추는 모습을 볼 때 상상의 나래를 펼치는 경험을 한다. 이 모두가 수많은 사람들의 몸과 마음이 한데 뒤섞여 하나가 되는 집단 열광이라는 경험을 낳을 수 있다. 그러니 춤이 스포츠 경기장에서의 집단 열광만큼이나 우리에게 저세상 희열을 안겨주고 그토록 영적인 부분을 건드리는 것도 놀라운 일이 아니리라.

6장
대자연의 경이로움

대자연은 어떻게 영적인 존재가 되어
우리 몸과 마음을 치유하는가

이 땅의 아름다움과 수수께끼 속에서 살아가는 사람은 과학자든 과학을 전혀 모르는 사람이든 결코 외톨이가 되거나 삶에 싫증을 느끼지 않는다.[1]

– 레이철 카슨

연구 동료 제니퍼 스텔라, 네하 존-헨더슨Neha John-Henderson과 나는 경외심이 지금처럼 지나치게 과열되고 스트레스 수준이 높은 사회 분위기를 뒤바꿀 해결책일지 모른다고 직감했다. 특히 만성 위협, 거절, 외로움에 대한 반응으로 면역계에서 생성된 염증을 줄일 수 있지 않을까 추측했다. 어떻게? 무슨 근거로 삶의 경이가 이처럼 문제를 일으키는 염증 반응을 없앤다는 걸까? 바로 경외심이 여러 측면에서 염증성 사이토카인proinflammatory cytokine 분비를 일으키는 사회 위협들과 정반대이기 때문이다.

염증성 사이토카인은 우리 몸에 침입한 박테리아와 바이러스를 죽이기 위해 체내 전반에 걸친 면역세포에서 분비된다. 단기적으로는 병원체를 죽이려 체온을 높이며, 우리 몸이 병원체의 공격을 막아내고 다시 회복하는 데 자원들을 끌어다 쓰게 함으로써 느른하고 멍한 기분, 여기저기 쑤시고 머리가 맑지 않은 느낌을 경험하게 한다.[2] 문제는 인간 마음이 사회 위협 역시 병원체의 침입으로 인식한다는 점이다.[3] 즉 사회적 거절감, 수치심, 편견의 대상이 되는 상황, 만성 스트레스, 외로움, 소중한 사람들에게 가해지는 위협 또한 우리 몸 안 사이토카인 농도를 높인다.

반면 경외심은 공동체의 일부라는 인식을 높여주며 다른 사람들에게 포용되고 지지받는다고 느끼게 한다. 경외심을 느낄 때 우리는 생활 속 스트레스를 보다 넓은 시각으로 바라본다. 이에 제니퍼, 네하와 나는 어쩌면 일상 속 경외심이 낮은 염증 수치와 연관 있을지 모른다고 생각했다.

이러한 가설을 검증하기 위해 나와 동료들은 생체지표인 인터류킨6 Interleukin6, IL6 분석을 통해 연구 참가자들의 염증 수치를 측정했다. 이에 더해 일상 속 경외심 경험과 관련해 아래와 같은 질문들에 '전혀 그렇지 않다'를 뜻하는 1점부터 '매우 그렇다'를 의미하는 7점까지의 점수로 답하게 했다.

나는 종종 나를 둘러싼 것들에 경이로움을 느낀다.
나는 주기적으로 야외에서 경외심을 느낀다.

또한 자부심이나 재미 같은 긍정적 정서를 느끼는 경향성도 측정했다. 그 결과 이 연구에서 참가자들의 낮은 염증 수치를 예측한 요인으로는 경외심이 유일했다.[4] 그렇다면 일상 속 경외심은 만성 염증과 더불어 우울증, 만성 불안, 심장질환, 자가면역질환, 절망감 등 21세기 염증 관련 주요 질병들을 피할 하나의 경로가 되어줄 수 있는 셈이다. 이러한 결과는 염증과 트라우마에 일가견 있는 몹시 커다란 어떤 인물의 관심을 사로잡았다.

스테이시 베어 Stacy Bare는 203센티미터에 달하는 장신이다. 수염도 무성하고 가장 큰 비니마저 늘려서 착용할 만큼 머리도 크다. 목소리는 무스(북아메리카산 큰사슴 – 옮긴이) 울음처럼 나무를 뒤흔들 정도로 울림통이 크며 저음이다. 그런 그가 이라크 전쟁과 아프가니스탄 전쟁에 참전했던 당시 기억이 뇌리를 스칠 때면 시선을 옆으로 떨구고 입술을 깨물었다. 마치 금방이라도 울음을 터뜨릴 것만 같은 그 모습은 아마도 길가에 죽어 있던 전우들 혹은 죄 없는 이라크인들 생각에서 비롯한 정신적 고통 탓이었으리라. 참전 용사들에게는 온갖 약물로 정신을 마비시키는 것 이상의 도움이 필요하다는 이야기를 할 때나 전역 후 스스로 삶을 마감해버린 친구를 떠올릴 때에는, 인간 고통을 아주 가까이 목격한 데서 얻은 어떤 확고한 신념에 울컥한 나머지 쉽사리 말을 잇지 못했다.[5]

사우스다코타주에 살았던 어린 시절, 베어는 할아버지가 미 해군으로 제2차 세계대전에 참전해 느꼈던 경외심 이야기에 깊은 감명을 받았다. 그래서 열아홉 살이 되자 해군에 입대 신청을 넣었지만 거부당하고 말았다. 키가 너무 컸기 때문이다. 결국 차선책으로 육군에 들어가 이라크 전쟁과 아프가니스탄 전쟁에 참전했다. 복무 중 그는 만성 염증에 시달렸다. 하지만 그러한 현실도 그가 경외심을 느끼는 것을 막지는 못했다.

이라크 복무 기간 동안 전 거의 계속해서 가볍거나 심각한 공황 상태에 빠져 있었습니다. 끔찍하게 무서운 정책 결정에 따라 상황이 나쁘게 흘러가던 전투에 매일매일 억지로 임해야 했으니까요. 친구를 잃었고, 이라크인들이 죽는 장면을 지켜봤으며, 수없는 폭발과 소총탄과 박격포 포화와 한 달에 한 번은 꼭 바지에 똥을 지리게 만들던 음식도 참아내야 했죠. 저마다 '변화를 꾀한다'라며 오락가락하는 지도부 명령에 장단을 맞추면서 거의 매일을 보냈습니다.

돌연 시야에 들어오는 빛이 극적으로 변했습니다.

주위를 돌아보다 약동하는 거대한 주황빛 벽이 길을 따라 밀고 들어오며 그 앞에 존재하던 모든 것을 집어삼키는 장면을 보았습니다. 1초도 채 되지 않아 길 양옆에 늘어선 건물과 차가 사라졌죠. 저는 웃음을 터뜨리며 미소 띤 얼굴로 달음박질쳐 작은 벙커 역할을 해주던 길가 콘크리트 구조물 안으로 몸을 피했습니다. 바람을 등졌는데도 벙커 안이 온통 고운 모래 안개로 가득 찼습니다. 그 바람에 입과 목구멍이 막혀와도 웃음을 멈출 수 없었습니다.

세상은 몹시 넓고 저는 그저 그 안의 작은 티끌에 불과한 거였어요. 단지 숨 쉬기 위해 애쓰던 그 순간, 삶에 대한 도전과 걱정과 근심이 모두 지워졌습니다. 마냥 지독한 감옥 생활 같은 나날이었는데 그땐 놀랍도록 자유로운 기분이었죠. 모든 걸 집어삼킨 그 모래 폭풍은 또한 눈부시게 아름다웠습니다.

모래 폭풍이 맹렬한 기세로 지나간 뒤에도 주황빛 하늘은 한동안 그대로였습니다. 그해 이라크에서 주황빛 하늘을 올려다본 적이 몇 번 더 있었지만 저를 지나 질주하는 폭풍 속에 갇힌 건 그때가 유일했습니다. 우리가 이 땅에서 하고 싶은 대로 다 하며 살지라도 이 세상을 결코 이길 수 없다고 생각했던 기억이 납니다. 그러니 이곳에 머무르는 동안 할 수 있는 한 많은 기쁨을, 모두를 위한 진정한 기쁨을 쌓아야 한다고요.

너무나도 많은 경우, 우리는 거대한 주변 상황에 얽매인 채 살아간다. 감옥에서 평생을 살아야 하거나 죽어가는 사람을 돌봐야만 하는 의무, 인종차별적인 이민법, 전쟁 등 "결코 이길 수 없을" 것만 같은 그런 주변 상황 말이다. 하지만 이러한 운명의 거대함을, 우리가 그저 "몹시 넓은" 세상 속 "작은 티끌"에 불과하다는 사실을 깨닫고 나면 비로소 "자유로운 기분"을 느끼고 나아가 "모두를 위한 진정한 기쁨"을 쌓아야겠다는 욕구를 경험할 수 있다. 많은 경우, 우리는 주변 상황이 가장 힘들 때 자신을 변화시킬 경외심을 경험하곤 한다.

미국으로 돌아온 뒤 베어는 지독하게 깊은 구렁텅이에 빠졌다. 그는 원정에서 소중한 친구들을 잃었다. 여자 친구도 그를 떠나버렸다. 죽은 사람들의 모습이 시도 때도 없이 그의 머릿속에 난입했다. 미군 총알에 목숨을 잃은 어린 소녀, 쓰레기 더미 속에서 부풀어 오른 시신의 목덜미를 뜯어 먹는 개의 모습 등이 불쑥불쑥 떠올랐다. 걸프전 참전 용사 다섯 중 한 명은 주요 우울장애에 빠졌다. 베어처럼 젊은 참전 용사들의 자살률은 미국 내 어떤 집단보다도 높은 축에 속했다. 약 4분의 1은 습관적으로 폭음했다.[6] 베어도 독한 술과 코카인, 필로폰에 의존했다. 그리고 초조함에 충동적으로 파티를 찾아다녔다. 자살을 속삭이는 목소리가 그의 머릿속에서 점점 커져갔다.

베어가 하강 나선을 타고 하염없이 나락으로 떨어지자 한 친구가 이러다 총으로 자기 머리통을 날려버리기 전에 플랫아이언즈에 함께 가자고 그를 졸랐다. 플랫아이언즈는 콜로라도주 볼더 인근, 한쪽 면이 평평한 사암 봉우리 다섯 개가 나란히 이어진 2000미터 높이 산이다. 베어는 줄을 타고 높은 절벽들을 몇십 번이나 내려갔다. 그런데 그날, 그렇게 절벽에 매달려 수백 미터 아래를 내려다본 그는 얼어붙었다. 몸이 부들부들 떨렸다. 그는 흐느껴 울었다. 그의 참전은 대체 무엇을 위해서였을까? 군 경력은? 그가 죽음을 목격했던 사람들의 삶은? 그 자신의 삶은 또 무슨 의미일까? 그의 머릿속에 단 한마디가 떠올랐다.

야외로 나가라.

삶이란 경외심을 찾아가는 여정,
그러니 제발 야외로 나가라

오늘날 우리가 경험하는 모든 경외심은 자신의 과거 기억과 삶의 경이를 기록으로 남기기 위해 계속해서 진화를 거듭하는 문화 형태에서 다른 사람들이 느끼고 이해한 숭엄미와 우리를 하나로 이어준다. 스테이시 베어가 대자연 속에서 경험한 경외심은 오래전 장 자크 루소가 느꼈던 통찰에까지 닿는다.

1749년, 루소는 당시 파리 변두리 교도소에 수감된 철학자 친구 드니 디드로를 면회하러 가고 있었다. 구불구불한 언덕길을 걸으며 루소는 "과학과 예술의 진보에 도덕성은 타락했는가 향상했는가?"라는 문제로 사색에 빠졌다. 오늘날 우리라면 이렇게 물으리라. "세계화와 자본주의는 삶의 질을 높였는가 종말로 향하는 길을 닦았는가?"

어쨌든 이 문제에 대한 고찰에 루소는 압도되었다. 초월 상태에서 그는 눈부신 1000가지 빛을 보았다. 그러고는 걷잡을 수 없는 울음을 터뜨렸다. 대대적으로 선전되던 계몽주의와 과학, 산업화, 정규교육, 시장 확장의 장래성이 모두 거짓이라는 통찰에 몹시 충격을 받은 것이다. 오히려 이들은 인간 영혼을 말살하고 있었다. 노예제도 및 식민지 사업의 동반자이며 경제 불평등의 원인이자 합리화였다. 유럽 숲을 초토화하고 하늘을 오염시키며 온 거리를 쓰레기로 채우고 있었다. 그리고 정서라는 지혜를 질식시켜 죽이고 있었다. 루소의 통찰은 자연 상태인 인간에게는 진실, 평등, 정의를 향해 나아가는 한편 고통을 피할 수 있도록 인도하는, 즉 도덕적 나침반이 되어주는 감성이라는 능력이 있다는 것이었다. 루소에 따르면 우리는 음악과 예술 그리고 무엇보다 대자연 속에서 이러한 감각을 경험한다. 교회와 의무교육 기관 같은 곳들은 우리가 품고 있는 숭고한 기질로부터 우리를 단절시키는 원흉이다. 파리 외곽 언덕길에서 이루어진 이 야외 사색에서 낭만주의가 탄생했다.[7]

낭만주의 철학자들은 문명화라는 족쇄에서 벗어나 자유를 찾는 것이 바로 삶의 의미라고 여겼다. 이들의 관점에서 인간은 자유와 탐험을 통해 진정한 자기 자신을 발견할 수 있다. 감성, 직관, 직접 지각direct perception, 경험에는 환원주의적인 이성에 없는 특별한 이점이 있다. 삶이란 낭만주의자들이 숭엄미라고 칭하는 경외심을 찾는 여정이다. 음악은 성스러운 영역이다. 천둥, 폭풍, 바람, 산, 구름, 하늘, 동식물의 생명 순환 같은 자연현상에는 영적인 의미가 있으며, 그 무엇보다 이들은 우리가 숭엄미를 느끼는 대상이다. 그러니 제발 야외로 나가라고, 루소는 유럽인들에게 촉구했다.

낭만주의정신은 메리 셸리에게 영감을 주었고, 그 영향으로 셸리는 폭풍우가 몰아치는 알프스에서 휴가를 보내던 중《프랑켄슈타인》을 집필했다. 내 어머니가 캘리포니아주립대학교 새크라멘토에서 영어 시간에 가르치던 새뮤얼 콜리지, 퍼시 셸리, 윌리엄 워즈워스의 시

196

에도 파문을 미쳤다. 이러한 정신은 과학에도 영향을 주어 환원주의자들이 부분 요소들로 해체해놓은 핵심 현상들과 더불어 심상, 은유, 예술, 통합적인 관념에서 진실을 찾겠다는 전체론적 관점을 불러일으켰다.[8] 제임스 쿡, 알렉산더 폰 훔볼트 그리고 마침내 찰스 다윈까지 장대한 항해를 마치고 자연계를 시적으로 묘사한 것 역시 이 영향에 따른 것이었다. 낭만주의는 인간이 한때 두려움과 미신의 대상으로 여겼던 대자연과 전혀 다른 관계를 형성하게 해주었다.

랠프 에머슨 또한 이 낭만주의정신에 깊은 감명을 받았다.[9] 부인 엘런이 스물두 살에 세상을 떠나 비탄에 빠졌던 에머슨은 유럽으로 가서 파리에 다다랐다. 에머슨은 1833년 7월에 파리식물원을 방문했다가 통찰을 경험했다.

2018년에 나는 파리식물원을 방문해봐야겠다는 생각이 들었고, 간김에 한편에 자리한 고생물학 및 비교해부학관 안까지 들어갔다. 그곳은 아담한 대학 실내체육관만 했다. 바깥에서 빛이 환하게 비추는 반투명한 미색 천장을 주철 골조가 에워싼 모습의 내부는 꼭 인상파 화가 클로드 모네의 작품 속 기차역 같은 분위기였다. 그 안에 들어서면 1758년에 제작된, 피부 없이 붉고 탄탄한 근육으로 이루어진 남자 조각상이 방문객을 반겨준다. 남자는 고릴라부터 일각돌고래, 하이에나, 침팬지까지 100여 점에 달하는 상상할 수 있는 모든 종의 동물 뼈대 전시 행렬 맨 앞에 서 있다. 이는 비교해부학관에서 펼쳐진 죽은 자들의 날 기념 경외심 걷기 행렬이다. 남자의 머리와 눈은 저 멀리 지평선 혹은 하늘을 향해 올라가 있으며 입은 벌어졌고 눈동자는 살

비교해부학관의 경외심 걷기 행렬을 이끄는 주인공. 1758년에 제작된 이 조각상은 프랑스 미술 교육기관인 아카데미 데 보자르 소묘 반에서 사용되었다.

아 있는 것만 같다. 그야말로 경외심의 화신이다.

이 뼈대 행렬 주위를 걸으며 감상하다 보니 돼지, 개, 코끼리 그리고 인간 뇌가 담긴 병들과 마주쳤다. 한 병에는 흰 새끼 고양이가 푸른 액체에 담긴 채 마치 먼 우주에서 지상으로 추락하는 것 같은 형상으로 얼어붙어 있었다. 진열장 안에는 다양한 동물들의 투박한 파피에마셰papier-mâché(종이 펄프 조형 – 옮긴이) 해부 모형들이 전시되어 있었다. 한쪽 구역에는 머리 없는 강아지, 머리 둘 달린 돼지, 턱 부분이 서로 붙어 있는 인간 쌍둥이 태아 등 유전적 기형들의 표본이 병 안에 담겨 있었다. 어린 관람객들은 유난히 부모 곁에 찰싹 붙어 몸을 기대고 서서는 입을 떡 벌리고 있었다. 부모는 어설프게 더듬거리며 설명할 말을 찾았다.

에머슨은 파리식물원에서 이처럼 체계적인 동식물 표본들을 통해 만난 대자연의 다채로움에 경외심이 일었다.

> 이곳에서 우리는 대자연의 무궁무진한 다채로움에 깊은 감명을 받는다. 이어지는 이 난해한 생물 형상들을 죽 따라가며 훑어보노라면 이 우주는 그 어느 때보다도 놀라운 수수께끼처럼 느껴진다. (중략) 이 형상은 그다지 기괴하지도, 잔인하지도, 아름답지도 않으며 다만 관람객인 우리 인간에게 내재한 어떤 속성을 표현하고 있다. 다름 아닌 전갈과 인간의 초자연적인 관계 말이다. 나는 내 안에서 지네의 존재를 느낀다. 카이만(중남미 열대지방에 많이 분포하는, 파충류 악어목 앨리게이터과 악어를 통칭하는 말 – 옮긴이), 잉어, 독수리, 여우의 존재도 느낀다. 이상한 공감에 감탄한다. 나는 거듭 말한다. "자연주의자가 되겠노라"고.[10]

에머슨이 "이상한 공감"에 감탄했다는 이 이야기에서 우리는 경외심의 패턴을 찾을 수 있다. 즉 거대함("무궁무진한"), 수수께끼("이 우주는 놀라운 수수께끼") 그리고 지각이 있는 다른 존재들과 자신의 경계가 사라지는 현상("초자연적인 관계", "나는 내 안에서 지네의 존재를 느낀다")이 모두 발견된다. 지네 같은 하등동물까지 포함해 수없이 다양한 종의 형태 속에서 그는 우리 모두를 하나로 엮어주는 생명력을 직관했다. 에머슨의 통찰은 다양한 종의 뼈대와 장기, 근육, 조직부터 우리가 경험하는 아름다움에 대한 감각과 마음속 계획에 이르기까지 모든 생물계는 자연선택에 따른 결과라는, 당시 감돌던 위대한 관념에 관한 것이었다. 그는 그 순간 "가장 아름답고 무수한 형태"라는 다윈의 말 뒤에 감추어진 어떤 성스러운 기하학 패턴을 감지했으며, 그날을 기점으로 대자연에서 느끼는 경외심 속에서 자신의 영적인 삶을 발견하는 "자연주의자가 되겠노라"고 결심했다.[11]

대자연 속 경외심을 느끼면 몸과 마음이 건강해진다

1984년, 하버드의 생물학자 에드워드 윌슨은 에머슨이 비교해부학관에서 느낀 "이상한 공감"을 가리켜 생명과 생물계를 향한 사랑이라는 뜻의 바이오필리아biophilia(우리말로 녹색갈증이라고 표현하기도 한다 – 옮긴이)라고 칭했다.[12] 바이오필리아는 자연과 관련해 우리가 느끼는 다채로운 정념을 모두 아우른다. 이 가운데에서 가장 널리 연구된 것이 미적인 감각으로, 우리는 구불구불한 언덕길, 우거진 나무들, 물줄기, 무성한 식물과 옹기종기 모인 동물, 고지대 등 익숙하고 기분 좋은 풍경을 볼 때 이러한 감각을 경험한다. 이런 미적인 감각은 자원의 풍족함(혹은 부족함)과 해당 지역의 안전성에 대한 신호를 줌으로써 우리가 (진화라는 맥락에서) 함께 움직이던 다른 개체들과 집이라고 부르는 곳에 정착하게 한다.

우리는 변화해가는 나뭇잎 색깔부터 달 위상에 이르기까지 자연에 존재하는 거의 모든 것에서 바이오필리아를 경험한다. 또 다른 형태의 일상 속 경외심인 셈이다. 구름, 바다, 파도, 우거진 나무들, 새 떼 등에 느끼는 경외심을 중심으로 생겨나 성공적으로 자리 잡은 공동체들도 있다.[13] 정원도 마찬가지다.[14] 정원에서 향기로운 꽃가루를 날리는 다채롭고 기하학적인 꽃을 보면 우리는 감각적 기쁨, 즉 미적인 감각을 느낄 가능성이 높으며, 어쩌면 경외심을 경험하고 남을 도우려는 마음이 커질 수도 있다.[15] 바질, 로즈메리, 동백꽃, 복숭아꽃, 소나무 등 정원의 향기는 우리 후각체계를 통해 체내에 들어와 정서 및 기억 관련 뇌 영역들을 거쳐 도덕적 행동과 정서적 공감에 관여하는 안와전두피질을 비롯한 전두엽에까지 신경화학물질을 전달한다.[16] 그렇기에 정원 향기를 맡으면 흔히 예전에 특별한 의미가 있는 향을 접했던 순간으로 되돌아가 경외심이 차오르는 여행을 즐기게 되는 것이다. 이러한 향기들은 우리에게 순수하고 생명력 넘치게 느껴지며 보상감을 줄 뿐만 아니라 긍정적인 신호를 준다.

그렇다면 우리에게 단백질 풍부한 음식, 체온조절, 수면, 산소, 물이 필요한 것과 같은 수준으로, 대자연에서 느끼는 경외심에 대한 생물학적인 욕구가 있다고 주장할 수 있을까?

아니면 그보다는 사랑과 보살핌을 받고, 피부를 통해 다른 사람들의 온기를 느끼고, 존경과 존중을 받고 싶어 하는 것과 같은 사회적인 욕구에 가깝다고 보아야 할까?[17]

진화를 통해 생겨난 기본욕구는 발달 과정에서 인간 대부분에게서 일관되게 드러나고, 구체적인 신경생리학적 근거가 있으며, 충족되지 않을 시에는 건강 악화 및 사회 기능장애로 이어진다.[18] 이러한 틀에서 보면 소속욕구는 생물학적 욕구임을 분명하게 알 수 있다.[19] 초기 아동기에 일관되게 나타나기 시작하고, 광범위한 신경화학물질(도파민, 옥시토신) 연결망과 체내 영역들(미주신경)의 작용과 연관 있으며, 독방에 감금되거나 내전으로 고아가 되는 상황처럼 소속욕구가 충족되지 않을 경우에는 뇌 성장 저해, 만성 질환, 우울증, 조기 사망 같은 심각한 기능장애로 이어지기 때문이다.

같은 맥락으로 대자연에서 경외심을 느끼고 싶어 하는 것도 생물학적 욕구라고 볼 수 있을까? 발달 단계 요건에서 시작해보자. 아이들은 기회만 되면 야외에서 탐험을 하며, 액체를 쏟고 양동이를 모래로 가득 채우며, 곤충과 잔가지와 나뭇잎을 채집하며, 나무를 타고 구멍을 파며, 물을 참방참방 튀기며, 비와 구름에 감탄하며 풍부한 경외심을 느낀다. 인간은 자연과 사회 환경을 학습하는 데 필요한 탐험과 놀이 시간을 확보하기 위해 이례적으로 긴 아동기를 거치도록 진화했다.[20] 전전두피질(그리고 기본 상태의 자기)로부터 비교적 통제를 덜 받는 아동기 뇌는 성인 뇌보다 뉴런들 사이에 훨씬 많은 시냅스를 형성하며 세상을 새로운 시각에서 이해하고 발견하려는 경향을 보인다. 자연계와 맺는 경외심 가득한 관계들은 아동에게 생존에 반드시 필요한 생명계를 깊이 있게 학습할 수 있는 실험 환경이 되어준다.

한편 신경생리학적인 측면을 살펴보면 자연에서 보고 듣고 냄새 맡고 맛보는 경험은 경외심과 관련된 미주신경 활동을 촉진하고 투쟁-도피 반응과 관련된 심혈관계 반응, 혈압, 코르티솔 분비량, 염증 수치를 감소시킨다.[21] 야외로 나가 대자연을 마주했을 때 우리 몸이 얼마나 안테나처럼 높은 감수성을 보이는지 실증적인 사례들을 몇 가지만 나열해보면 다음과 같다. 물소리는 미주신경을 활성화한다. 자연에서 접하는 특정 향기들은 스트레스 관련 생리 반응들을 진정시킨다. 많은 식물이 혈압을 낮추고 면역기능을 향상하는 화합물인 피톤치드를 내뿜는다. 자연이 선사하는 시각이미지는 뇌 내 도파민 회로를 활성화해 앞에서 확인했듯 탐험과 호기심을 왕성하게 한다.

그리고 다른 모든 생물학적 욕구와 마찬가지로 대자연에서 경외심을 느끼고자 하는 욕구가 충족되면 건강하고 올바르게 살고자 하지만, 좌절될 경우에는 신체·정신 문제로 괴로움을 겪는다.[22] 이 가설을 검증하기 위해 많은 연구자들이 잘 통제된 실험을 통해 참가자들을 자연 속에서 걷게 하거나 경탄할 만한 대자연 사진 또는 영상에 노출한 후 그 변화를 관찰했다. 또한 녹지 공간 가까이 사는 사람들의 몸과 마음이 얼마나 건강한지도 살펴보았다. 한국과 일본 과학자들은 숲속을 걷고 숲 향기를 들이마시고 손과 피부로 잎사귀와 나무껍질을 느끼고 잠시 시간을 들여 나무를 한 그루씩 살펴보며 그 놀라운 형태를 감상하는 등 숲에 에워싸여 경외심을 경험함으로써 발생하는 삼림욕 효과를 연구했다. 연구 결과, 대자연에서 경외심을 느끼고자 하는 욕구가 충족되면 집중력이 향상되고 스트레스에 보다 회복 탄력성 있게 대처하며, 다양한 인지 과제를 더 잘 수행하는 긍정적인 심적 효과를 경험한다는 사실이 밝혀졌다.[23]

대자연 속 경외심에 대한 과학 연구의 선구자인 프랜시스 쿠오 Frances

Kuo는 한 연구에서 주의력결핍과잉행동장애attention-deficit hyperactivity disorder, ADHD 진단을 받은 어린이들에게 공원 녹지, 조용한 동네 또는 시끄러운 시카고 시내에서 각각 비슷한 거리와 운동량으로 걷게 했다.[24] 그러자 공원에서 산책한 경우에만 집중력 측정치에서 향상된 결과가 관찰되었다. 야외로 나가 자연에 둘러싸이는 경험은 윌리엄 제임스가 "판단력, 품성, 의지력의 가장 근본"이라고 칭한 주의력과 더불어, 무엇이 중요하고 무엇이 그렇지 않은지 분별하는 능력, 정신 없이 바쁜 일상을 보다 넓은 시각으로 볼 수 있는 힘을 키워준다.[25] 아름다운 녹지 공간에 노출될 기회가 많은 지역 사람들에게서는 행복감과 타인을 향한 선의가 다른 지역 사람들보다 높게 나타나기도 했다.[26]

사실 야외로 나가 자연에서 경외심을 느끼는 것보다 우리 몸과 마음에 도움이 되는 것을 찾기가 오히려 더 어렵다.[27] 야외 활동을 하며 자연에서 경외심을 느끼면 심혈관계질환, 호흡기질환, 당뇨병, 우울증, 불안장애, 암 발병률이 감소한다. 아동 천식 위험도 줄어든다. 일상에서 경험하는 여기저기 쑤시고 아픈 증상들, 알레르기, 어지럼증, 습진까지 줄어든다. 이러한 효과는 신생아(녹지 공간 가까이에서 태어난 아기는 출생체중도 더 높다)부터 노인까지 전 연령대에서 관찰된다. 경외심을 불러일으키는 자연에 적절히 노출되었을 때 우리 몸은 맛있고 영양가 높은 음식, 숙면, 갈증을 해소해주는 물 한 잔, 친구나 가족과 함께하는 즐거운 시간을 대할 때와 같은 반응을 보인다. 즉 양분이 공급되고 몸과 마음이 튼튼해지며 힘이 나고 살아 있다는 느낌을 경험한다.

대자연 속 경외심에 대한 우리 욕구는 생각보다 강렬하다.

래프팅을 통한 대자연 속 경외심 실험 연구

그날 플랫아이언즈 등반을 마치고 땅에 내려선 후부터 스테이시 베어는 적극적으로 야외로 나가 암벽등반, 등산, 배낭여행, 스키, 래프팅을 했다. 그의 머릿속에는 불현듯 격한 전쟁 트라우마와 관련된 어떤 생각이 떠올랐다. 전쟁에 투입된 군인들은 복무 지역과 그곳에서 만나는 사람들, 가족애, 원정에서 겪는 초월적인 격렬함, 전투에서 빈번하게 목격하는 용기에서 경외심을 찾는다. 이러한 경외심은 대부분이 어둡고 위협감 가득한 정서이다 보니 대학살, 혼란, 폭력, 타인에게 해를 가하는 행동, 아직 어린 사람들이 죽는 모습 등을 목격하면 금세 공포로 변해버릴 수 있다. 하지만 어쨌든 그곳에는 경외심이 있었다. 그리고 그곳을 떠나 민간인이 된 참전 용사들은 경외심에 굶주리게 되었다.

깨달음을 얻은 베어는 대자연 속 경외심의 중요성을 많은 사람들에게 알리는 일에 자신의 삶을 바쳤다.[28] 시에라 클럽 Sierra Club(미국 대표 환경단체 – 옮긴이)과 연계해 매년 수십만 명과 함께 걷기, 등산, 배낭여행, 래프팅, 암벽등반을 통해 대자연 속 경외심을 찾는 프로그램을 진행했다. 전쟁에서 팔다리를 잃은 참전 용사들과 함께 깎아지른 듯한 암벽을 오르기도 했다. 또한 과거에 전투를 치렀던 곳을 참전 용사들과 다시 방문했다. 이번에는 레크리에이션 목적이었다. 그들은 이라크와 아프가니스탄의 아름다운 산에서 지역 주민과 함께 스키를 탔다. 이렇게 대자연 속 경외심을 알린 공로를 인정받아 그는 2014년 〈내셔널 지오그래픽〉 올해의 모험가로 선정되었다.

베어는 우리 연구에 대해 듣고는, 경외심이 어떻게 염증을 줄이는지 알아보기 위해 대자연 속 경외심을 주제로 공동연구를 해보자고 제안했다.[29] 실험 장소는 시에라네바다산맥에서 출발해 롤프와 내가 어린 시절 함께 탐험하던 언덕들을 지나 새크라멘토 산기슭 언덕까지 굽이쳐 흐르는 190킬로미터 길이 아메리칸강 래프팅 코스였다. 긴장을 늦춘 채 느긋하고 여유롭게 진행하는 구간과 미트그라인더 Meat Grinder(고기 분쇄기 - 옮긴이), 사탄스세스풀 Satan's Cesspool(사탄 소굴 - 옮긴이), 데드맨스드롭 Dead Man's Drop(망자의 낭떠러지 - 옮긴이), 호스피털바 Hospital Bar(병원 문턱 - 옮긴이)라고 불리는 짜릿하고 때로는 무섭기도 한 난도 2~3단계 이상의 급류 구간이 반복되는 이 코스에서는 자칫 조종을 잘못했다가는 래프트의 무덤으로 악명 높은 캐처스미트 Catcher's Mitt(포수의 미트 - 옮긴이)라는 큰 바위에 걸리기 십상이었다. 그래도 호스피털바를 지나면 리커버리룸 Recovery Room(회복실 - 옮긴이) 구간에서 그동안 이리저리 치여 지친 몸을 쉴 수 있었다. 내 어린 시절 기억에서 가장 좋았던 때도 바로 이 강에서 롤프, 우리 부모님, 부모님의 지인들과 함께 래프트와 타이어 이너튜브를 타고 햇빛 속을 둥둥 떠다니며 수면에 비치는 빛과 그 아래 무지개송어의 짙은 갈색 윤곽을 몇 시간이고 바라보고 우리 몸과 웃음과 대화 소리를 햇살 가득 머금은 반짝이는 하나의 덩어리로 실어 나르는 강물의 흐름과 성질을 느꼈던 순간이었다.

우리 연구에는 두 집단의 참가자들이 함께했다. 첫 번째는 흔히 녹지 공간과 유기농 텃밭을 보유한 사립학교나 부유한 교외 공립학교와 달리 이 같은 공간이 결핍된 캘리포니아주 오클랜드와 리치먼드 소재 저소득층 고등학교 학생들이었다. 이들 중 상당수는 평생 캠핑을 해본 경험도 없었다. 이들처럼 빈곤 속에서 성장하면 스트레스 지수가 높고 불안이나 우울, 만성 염증을 앓을 가능성이 높다.[30] 두 번째 집단은 참전 용사들로 구성되었다. 참전 용사들은 숙면을 취하지 못하고 침투적 사고에 시달리며 집중에 어려움을 겪고, 가까이에 위험이 도사린 것만 같아 늘 신경이 곤두서 있는 등 빈곤한 환경에서 자란 학생들과 동일한 외상성 스트레스 증상을 보일 수 있다.

래프팅 체험을 하기 전과 그로부터 일주일 후, 나는 공동연구자인 UC버클리의 크레이그 앤더슨Craig Anderson, 마리아 몬로이Maria Monroy와 함께 참가자들의 스트레스 지수와 안녕감, 외상후스트레스장애post-traumatic stress disorder, PTSD 정도를 측정했으며, 특히 마지막 측정치는 수면 질 저하, 침투적 사고, 플래시백, 벼랑 끝에 선 듯한 기분을 기반으로 했다. 더불어 실험 전과 후의 스트레스 관련 코르티솔 수치 변화를 분석하기 위해 작은 시험관에 참가자들의 타액을 채취했다. 래프팅 체험이 시작되자 우리는 래프트 선두에 고프로를 장착해 참가자들이 박자에 맞추어 노를 젓고, 동시에 환호하고 소리 지르고, 다

함께 웃음을 터뜨리고, 위험한 급류 구간을 무사히 빠져나간 뒤 서로 노를 부딪쳐 자축하고, 두려움에 비명을 지르고, 경외심에 이야, 오오, 아아, 우와 하며 정서적 소리를 내는 모습들을 가까이에서 촬영했다. 그리고 점심 식사 후 참가자들에게 강이라는 대자연에서 경험한 경외심이 어땠는지 적어보게 했다.

걷기, 스포츠 경기 참가 및 관람, 춤추기, 의례 및 의식 때와 마찬가지로 래프팅에서도 시간이 지날수록 실험 참가자들의 정서와 생리 리듬이 한 배에 올랐던 동료들과 동기화하는 현상이 나타났다. 처음에는 한 배에 오른 참가자들의 코르티솔 수치가 모두 제각각이었지만 한 몸처럼 움직이는 하루를 보낸 후에는 비슷한 수치로 수렴되었던 것이다. 정서 표현에서도 동기화가 관찰되었는데, 어떤 배의 참가자들은 동료들과 꺅꺅거리며 악을 쓰는 방식으로 과장된 표현을 했던 반면 또 어떤 배의 참가자들은 입을 맞추어 오오나 우와 하는 소리를 냈다. 동료들 사이 신체 경계가 무너지고 그렇게 그들은 하나가 되어갔다.

래프팅 체험으로부터 일주일 뒤, 청소년과 참전 용사들 모두 스트레스 수치가 전보다 낮아졌다. 안녕감 또한 향상되었다. 청소년들은 친구 및 가족 관계가 좋아졌다고 보고했다. 참전 용사들의 경우에는 PTSD 관련 심리, 신체 증상들이 32퍼센트 감소했다.

래프팅이 이토록 긍정적인 효과를 낼 수 있었던 이유는 다양하다. 땀 흘려 운동하고, 다른 사람들과 즐거운 시간을 보내고, 고된 일상으로부터 잠시 휴식을 취하고, 숲의 시각 이미지와 향, 강이 물결치는 소리를 느끼는 모든 경험에 체내 엔도르핀 농도가 상승했을 가능성이 있다. 이어 조금 더 세부적으로 분석해본 결과, 경외심이 바로 야외 활동에 따른 정신적, 신체적 효과의 핵심 요인으로 밝혀졌다. 청소년 참가자 한 명은 자신이 느낀 경외심을 이렇게 묘사했다.

오늘 한순간 문득 느꼈어요…. 모든 걸요. 언덕 위를 덮은 물안개가 보였고, 경외심을 느꼈어요. 기둥처럼 솟구쳐 올랐다가 배 위로 산산이 부서지는 물방울이 보였고, 경이를 느꼈지요. 평화로운 기분도 느꼈고요.

그리고 한 참전 용사는 경외심이 어떻게 균형 잡힌 시각을 갖게 함으로써 트라우마를 치유할 수 있는지 말했다.

별들이 점점이 박힌 하늘을 올려다보면서, 우주라는 공간과 그 무한함에 대해 생각했습니다. 제가 하고 있는 일이 덜 중요하게 느껴졌지만 앞으로 무언가를 해낼 수 있으리라는 기회와 가능성의 힘은 한층 더 강력하고 가뿐하게 느껴졌어요. 오늘 밤처럼 하늘에 별이 많은 걸 지금껏 본 적이 없습니다.

경외심은 우리 일상 속 과업이 기본 상태의 자기가 생각하는 것보다 덜 중요하다고 느끼게 함과 동시에 삶의 의미와 가능성에 대해서

❙ 대자연 속 경외심 연구에 참가한 청소년들

는 긍정적으로 여기게 해준다. 래프팅 체험 중에 자부심도 기쁨도 아닌 경외심을 느꼈다는 청소년과 참전 용사들의 감상은 이들이 어떻게 일주일 뒤에도 전보다 스트레스를 덜 느끼고 사회와 보다 긴밀하게 연결되었으며 가족에게 더욱 애정을 느끼고 행복감을 더 많이 경험할 수 있었는지 설명해준다.

천박한 자기중심성과 나르시시즘의 종말

맑고 몹시도 추웠던 어느 날, 매사추세츠주 콩코드에서 한 공원을 가로질러 걸어가던 랠프 에머슨은 대자연에 대한 경외심에 압도되었고, 그 경험을 1836년에 발표한 유명한 수필 〈자연〉에서 이렇게 묘사했다.

숲속에서 우리는 이성과 신앙을 되찾는다. 그곳에서는
자연이 바로잡을 수 없는 그 어떤 불명예나 재앙도(눈만 멀
지 않는다면) 내 인생에 닥쳐오지 못하리라는 느낌이 든다.
머리가 그 태평한 공기에 젖어 무한한 공간 속으로 충천하
는 가운데 맨땅을 딛고 섰노라면 모든 천박한 자기중심성
은 사라진다. 나는 투명한 눈알이 된다. 나는 아무것도 아닌
존재다. 나는 모든 것을 본다. 우주적 존재의 흐름이 내 안
을 순환한다. 나는 하느님의 일부요 그를 구성하는 티끌이
다. 그리고 나면 가장 가까운 친구의 이름도 낯설고 비본질
적인 것처럼 들린다. 누군가의 형제가 되고 지인이 되고 주
인 혹은 하인이 되는 것이 하찮고 거추장스러워진다. 나는
틀에 갇히지 않은 불멸의 아름다움을 사랑한다.[31]

여러 면에서 "천박한 자기중심성"은 이 시대 사회악을 규정하는 개
념으로 자리 잡았다.[32] 다양한 이유로 우리 사회는 점점 더, 자기 초점
적self-focused이고 오만하며 우월감 및 특권의식에 젖었다는 특성으로
정의되는 나르시시즘narcissism을 보인다(다행히 2009년부터는 나르시시즘
이 미세하게 감소하고 있다).[33] 나르시시즘은 우리 시야를 좁혀 타인에게
무신경해지게 만들며 공격성, 인종차별, 괴롭힘, 일상적인 무례한 언
행들을 촉발할 수 있다. 그뿐만 아니라 이러한 적개심은 자기를 향하

기도 해서 우울, 불안, 신체상 왜곡, 자해, 약물남용, 섭식장애 같은 문제를 부채질한다.

에머슨의 천박한 자기중심성 가설을 검증하기 위해 UC어바인의 폴 피프 교수와 나는 UC버클리 캠퍼스 내, 경외심이 절로 이는 블루검 유칼립투스 숲 부지로 학생들을 데려갔다.[34] 이 유칼립투스 숲은 티라노사우루스 뼈대 모형이 전시된 박물관과 아주 가까운 곳에 있었다. 앞서 학생 참가자들에게 "나는 ____다"라는 문장을 완성하게 함으로써 경외심이 어떻게 다른 사람들과 공유하는 속성들로 스스로를 규정하는 집단적 자기를 경험하게 하는지 보여준 연구의 실험 장소였던 곳이다. 숲속에서 두 집단 참가자들 중 한 집단은 2분간 나무껍질과 가지 그리고 나무 사이로 비치는 햇살을 올려다보며 나무에서 느낄 수 있는 경이를 만끽했다.[35] 나머지 참가자들은 같은 장소에 서 있되 과학관 건물을 올려다보았다(다음 페이지 참조).

그렇게 잠시 나무를 올려다본 참가자들은 이후 연구자들이 제시한 질문에 대한 답을 통해 측정한 특권의식과 나르시시즘 정도가 건물을 올려다본 참가자들보다 적게 나타났다. 이들은 연구에 참가한 대가로 보상을 얼마나 원하는지 물었을 때에도 "이제 더는 자본주의를 믿지 않아요" 같은 이유를 대면서 통제 조건 참가자들보다 적은 금액을 요구했다. 한편 모든 참가자가 이러한 질문들에 답하는 사이 연구진이 심어둔 연기자가 근처를 지나가며 책들과 펜들을 와르르 떨어뜨렸다. 그러자 대자연 속 경외심을 느낀 조건의 참가자들은 건물을 올려다본 참가자들보다 더 많은 펜을 주워주었다.[36]

| 경외심 조건　　　　　　　　　　　　　| 통제 조건

　　그렇다면 대자연에서 경외심을 느끼며 천박한 자기중심성이 사라지는 동안 우리는 정말로 "이성을 되찾는" 걸까? 정말 짧게 대자연 속경외심에 노출된 것만으로 우리 자신의 삶과 세상을 더욱 또렷하게볼 수 있을까? 보통은 그렇다. 경외심을 경험하면 우리는 자신의 지식이 부족하다는 사실을 인식하고 주장과 근거를 더욱 철저하게 검토해보려는 경향성이 커진다.[37] 오지 배낭여행자들을 대상으로 경외심과 이성 추론 능력을 살펴본 어느 연구를 보자. 연구진은 일부 배낭

여행자들에게는 알래스카, 콜로라도, 워싱턴, 메인 주에서 대자연을 마주하기 전에 추론 과제를 수행하게 한 반면 또 다른 여행자들에게는 여행 나흘째 되는 날 같은 과제를 주었다.[38] 추론 과제는 원격 연상 단어 검사Remote Associates Test 항목 중 열 문항을 선정해 사용했다. 원격 연상 단어 검사란 각 세 단어로 구성된 단어 묶음을 주고 세 단어 모두와 연관된 단어 하나를 찾는 과제다. 예를 들어 '토마토', '소리', '물'이라는 단어 묶음이 주어지면 '방울'이라고 답하는 식이다. 이를 해결하기 위해서는 단어의 여러 뜻을 두루 고려하고 복합어를 만들고 의미의 연관성을 따져보는 등 다양한 추론 능력을 기반으로 답을 찾아야 한다. 오지에서 나흘째 배낭여행을 하던 사람들은 이제 막 여행길에 오른 사람들보다 이 추론 과제에서 50퍼센트나 높은 점수를 획득했다.

인간이 기후위기를 초래한다는 사실에 대한 부정을 제외하면 오늘날 가장 위험한 비이성은 어쩌면 정치 양극화일 것이다. 이는 일종의 집단적인 천박한 자기중심성이다. 이데올로기와 도덕 문제를 선과 악의 문화전쟁으로 비화하는 양극화는 편향된 추론이 초래한 결과로서 지난 20년간 급격히 증가했다.[39] 우리는 스스로가 세상을 이성적으로 판단한다고 상정하고, 자신과 견해가 다른 사람을 만나면 그 사람 견해가 이데올로기적으로 편향되었다고 치부하며 그를 과격하고 광적인 극단주의자에 불과하다고 결론 내버린다.[40]

UC버클리에서 함께 연구하는 대니얼 스탄카토Daniel Stancato와 나는 대자연 속 경외심 경험이 이 같은 양극화를 완화할 수 있을지도 모르겠다고 생각했다.[41] 이에 우리는 실험 참가자들을 모집해 BBC 다큐멘터리 〈플래닛 어스〉 또는 경외심과 별다른 관련이 없는 영상을 보여주었다. 그러고는 당시 가장 뜨겁게 양극화로 치달았던 경찰 폭력이라는 사안에 대한 견해를 물었다. 이후 다른 미국 시민들은 어느 정도의 비율로 자신의 견해와 일치하거나 불일치하는지, 각각의 견해를 얼마나 강하게 지지한다고 생각하는지 점수로 나타내게 했다. 그러자 경외심을 경험한 참가자들은 제시된 사안의 양극화를 상대적으로 약하게 인식했는데, 이는 다시 말해 서로 반대 견해를 지지하는 사람들 사이 간극이 경외심을 경험하지 않은 사람들 생각만큼 크지 않다고 믿었음을 의미한다.

흐르는 강에서, 숲속에서, 거대한 산에서 찾아낸 신성함

낭만주의정신에 따라 야외로 나가면서 많은 사람들이 경험한 것은 기본 상태의 자기가 잠잠해지고 몸과 마음이 건강해지며 이성적인 추론을 할 수 있게 되는 변화뿐만이 아니었다. 심층 면담을 통해 밝혀진 바로는 미국인들은 흔히 대자연 속에서 신의 존재를 느꼈으며, 가장 중요하고 모든 것을 아우르며 선한 기운을 띠는 무언가와 가까이 있다는 느낌을 경험했다.[42] 강물 흐름을 바라보거나 새의 지저귐을 듣거나 구름을 올려다보거나 숲속에서 조용히 앉아 있을 때 사람들은 어떤 자비로운 힘이 자신을 둘러싼 생명계를 살아 움직이게 하며 자신 역시도 그 생명계의 일부라고 느낀다. 어떤 연구에서는 참가자들이 배낭여행, 조류 관찰, 암벽등반, 서핑을 하는 동안 영적인 경험을 했다고 보고하기도 했다.[43]

그런가 하면 또 다른 연구 결과들은 우리가 신성하다고 느낄 만한 공간들을 대자연이 무수히 제공함으로써 그 자체로 고유한 신전 역할을 할 가능성이 있음을 시사했다. 가령 어떤 연구에서는 사회학자들이 햇빛, 날씨, 물, 지형의 다채로움 등을 기준으로 미국 내 3100개 군의 자연미를 평가하고 군민들의 종교 행동 특성을 분석했다.[44] 그 결과, 자연이 주는 경이가 풍부할수록 해당 군 군민들이 교회에 나가는 빈도나 교리에 집착하는 정도가 낮았다. 야외에 나가 대자연을 접하는 것 그 자체가 일종의 종교인 것이다. 단지 예배당, 모임, 의식, 공식 교회의 교리와는 거리를 두게 만드는 독특한 종교일 뿐이다.

야외로 나가 대자연과 접하는 경험은 원주민 학자들이 말하는 전통 생태 지식traditional ecological knowledge을 되찾게 해준다.[45] 전통 생태 지식이란 전 세계 5000여 개에 달하는 원주민 문화에서 지역별로 독특하고 다양한 형태로 인간이 자연계와 맺는 관계에 대해 축적한 지식체계다. 셀 수 없이 오랜 시간 동안 동식물과 기상체계, 초목이 지닌 힘, 동물들의 대규모 이동 패턴, 생명 순환을 관찰하고, 그 방대한 자료를 한데 엮어 실증적인 근거와 연장자들에게서 얻은 교양, 지혜를 바탕으로 가설을 검증한 뒤, 구전과 종교, 그림을 통해 대대로 지식을 전달하는 과정을 거쳐 지식체계 혹은 과학이라고 일컬을 만한 문화적 신념체계로 발전한 것이다.

전통 생태 지식은 모든 종이 **상호 의존적**, 다시 말해 생태계 안에서 서로 연결되었으며 협력하는 관계라고 여긴다.

전통 생태 지식에 따르면 만물은 생명이 존재하기 위해 반드시 필요한 어떤 생명력, 정기 혹은 **공유 물질** 덕분에 살아 움직인다. 대자연 속에서 경외심을 경험하는 동안 우리는 어쩌면 다른 종들과 공유하는 의식 형태를 감지하는지도 모른다.[46] 이러한 의식 형태가 존재한다는 가설은 초목, 균류, 꽃, 나무가 서로 소통하며 심지어는 이들 역시 의도성을 지니고, 주변을 의식하며, 감히 단언하건대 다른 개체들에게 친절을 베푸는 모습을 보이기까지 한다는 연구 결과들을 통해 어느 정도 검증되었다.

전통 생태 지식은 또한 **비영구성**, 즉 모든 생명체는 태어나고 죽으며 유동성을 띠어서 삶이 시작하는 순간부터 끝나는 순간까지 끊임없이 변화한다는 원칙을 기본으로 상정한다. 우리는 낮과 밤, 계절, 식물의 성장과 쇠락, 삶과 죽음 그 자체의 순환 속에서 이 같은 원칙을 감지한다.

마지막으로 **자연계를 숭배** 대상으로 여긴다. 실제로 경외심이 자연을 숭배하는 마음과 행동을 촉진하기도 한다. 중국에서 진행된 한 연구에서는 잠시라도 경외심을 경험한 사람들이 자원을 적게 쓰고 재활용을 더 많이 하며 소비를 줄이고 육류 섭취를 줄였다는 결과를 발견했다[47](전 미국 에너지부 장관 스티븐 추Steven Chu는 전 세계 소가 배출하는 탄소량만 해도 중국과 미국 탄소 배출량 다음으로 많다고 말했다[48]).

대자연 속에서 느끼는 경외심은 인간과 자연환경의 관계에 대한 이런 고대 지식체계에 눈뜨게 한다. 그리고 이 자각을 통해 우리는 아이들의 과도한 스트레스부터 특정 쟁점들을 둘러싼 과열된 언쟁과 화석연료 사용 문제에 이르기까지 이 시대의 격앙된 사회 위기들을 해결할 방법을 찾을 수 있다. 대자연이 불러일으키는 경외심은 우리가 모두 자기보다 거대한 무언가의 일부이자 자연계에서 서로 의존하고 협력하는 수많은 종 가운데 하나일 뿐이라는 위대한 관념을 되찾게 해준다. 대자연 속 경외심의 이런 효과는 우리가 이성적인 사고를 회피함으로써 자연이라는 우리 삶의 가장 구석구석에까지 스민 경이를 파괴하지 않도록 오늘날 우리에게 닥친 기후위기를 직면하게 도울 것이다.

동생이 세상을 떠나고 맞이한 여름에 나는 어떤 식으로든 롤프가 곁에 있다고 느끼고 싶은 마음에 높은 산을 오를 계획을 여럿 세웠다. 그중 첫 번째는 1786년에 자크 발마Jacques Balmat가 열다섯 번 시도한 끝에 마침내 최초로 등정에 성공했던 몽블랑산 둘레길을 따라 오르는 160킬로미터 길이 코스였다. 발마의 뒤를 이어 몽블랑산을 등정한 등산가 오라스 베네딕트 드 소쉬르Horace Bénédict de Saussure는 그곳에서 대자연의 신성한 목소리를 들었다고 한다.

영혼이 높이 오를수록 마음의 시야가 확장되곤 하는데, 이 장엄한 고요 한가운데서 인간은 대자연의 목소리를 듣고 그 안에서 이루어지는 가장 비밀스러운 작용들을 확신하게 되는 듯하다.[49]

그의 등반에 감명받은 시인 윌리엄 워즈워스는 여동생 도러시 워즈워스Dorothy Wordsworth와 함께 몽블랑산을 보기 위해 잉글랜드 케임브리지에서 1130킬로미터나 되는 거리를 걸었다. 그의 자전적 서사시 《서곡》 6장은 이 여정에 대한 이야기다.[50] "절대적 존재"를 찾아 골짜기와 마을과 산등성이들을 헤매며 몽블랑산을 향해 나아가던 길에 워즈워스는 언덕 위로 비치는 "생명의 아침 햇살"과 "박애와 축복"을 발견했다. 그리고 "인생의 기만적인 허영"을 뒤로한 채 자기가 사라지는 감각을 경험했다.

시의 첫 번째 행은 내가 경외심을 찾아 여행하는 중에도 몇 번이나 마음속에서 되살아나곤 했다.

오 이 산들바람에는 축복이 깃들었구나.

슬픔 속에서 나는 동생이 이 산들바람을 타고 나를 쓰다듬고 말을 걸어오는 것처럼 느꼈다.

몇 행 뒤에 워즈워스는 이렇게 썼다.

아니면 잔가지 혹은 어떤 부유물이
강 위에서 내 갈 길을 일러주는가?

이 문장은 강물 위에 떠다니는 잔가지 같은 평범한 것을 보며 삶의 새로운 경이를 발견하고, 슬픈 가운데서도 이제는 동생 없는 내 인생이 새롭게 나아갈 방향을 깨닫는 등, 일상 속 경외심을 지향하도록 나를 인도해주었다.

제네바에 도착해 함께 산에 오를 사람들과 합류한 뒤, 우리는 프랑스 샤모니로 가는 버스에 탑승했다. 내 가방에는 《서곡》이 들어 있었는데, 어머니가 수십 년 동안 학생들에게 이 경외심 기록을 강의하며 쓰다 내게 준 것이었다.

알프스산맥에 오르는 길에 나는 사시나무 숲 사이로 바람이 이동하며 잎사귀를 팔락팔락 흔들어 한낮 태양 아래 명암이 교차하는 패턴을 만들어내는 장면을 보았다. 롤프의 한숨이 이파리를 흔드는 소리를 들었다. 그 전해 여름, 동생과 나는 시에라산맥 동쪽에서 우리가 함께한 마지막 연례 등산길을 오르고 있었다. 그때 이 풍경과 똑같이 나뭇잎 사이로 햇빛이 깜박이던 사시나무 숲속에 서서 그 상호 의존적이고 비영구적인 나무들의 쇼를 보며 웃었다. 몽블랑산에서 맞은 첫날 밤, 오리엔테이션이 끝난 후 총 열둘이었던 우리 등산 팀원 가운데 키 크고 말수가 적던 한 여성이 내게 다가와 명쾌하고 단순한 문장으로 말을 건넸다. 그 여성도 롤프처럼 캘리포니아 골드러시 시대에 개발된 시에라산맥 인근 지역에 살았던 모양이었다. 나를 보자마자 그녀는 이렇게 물었다. "롤프 켈트너 선생님 형님이세요?"

대화를 나누며 나는 그 여성이, 롤프가 언어치료사로 근무했던 학교에서 바로 맞은편 방을 쓰는 동료 교사였다는 사실을 알게 되었다. 그녀는 동생이 일하는 모습에서 경외심을 느꼈던 경험들을 들려주었다. 동생은 통제 불능 남학생들을 곰처럼 꽉 끌어안아 진정시킬 수 있었다고. 롤프가 죽은 다음 해 봄, 그녀가 심었던 덩굴식물이 몇 년 만에 처음으로 꽃을 피웠다고 했다. 그녀는 그 꽃에서 동생의 흔적을 느꼈다고 말했다.

매일 등산길에 우리는 시시각각으로 산을 온통 뒤덮었다 물러갔다 하는 구름과 빠르게 이동하는 안개 너머 몽블랑산을 매번 다른 각도에서 스쳐보는 한편, 녹색 골짜기를 거닐고 울퉁불퉁한 바위투성이 길을 오르며 워즈워스가 말한 "아침 햇살"을 목격하고 알프스산맥의 "끝없는 변천"에 경외심을 느꼈다. 몽블랑산은 한순간도 똑같지 않았다. 하루는 구름 장막이 짙게 드리웠다. 다음 날이면 밝은 빛을 받아 미색으로 빛났다. 대부분은 능선을 분간하기가 쉽지 않았다. 또 다른 때에는 거대하게 우뚝 서서 보는 이를 얼어붙게 하는 위용을 보였다. 나는 그 "전체" 앞에서 내가 투명해지는 느낌이 들었다. 산의 녹색이 내 몸 안으로 스며들어 산과 하나 되는 느낌을 경험했다. 그 태평한 공기가 정말로 내 자의식을 무한하고 투명한 공간 속으로 충천하게 했다. 롤프가 알프스산 골짜기들 사이로 퍼져 나가 봉우리들을 감싸는 공기에 섞여드는 것이 느껴졌다.

마지막 날, 나는 암벽등반가, 여행자, 스위스에서 온 가족, 잔뜩 신이 난 아이들로 가득 찬 곤돌라를 타고 몽블랑산 꼭대기로 향했다. 곤돌라가 산 정면을 향해 올라가자 다들 환호성을 질렀다. 돌아갈 때는 몽블랑산의 형세를 가까이에서 감상하며 내려갔고, 우리는 모두 스위스 공학 기술에 감사함을 느꼈다. 작고 짙은 무지개들이 산의 위풍당당한 얼음판에서 아롱아롱 반짝였다. 무지개는 초록색에서 푸른색으로, 다시 보라색에서 빨간색으로 고동치듯 변해갔다. 마지막 색에서는 롤프의 빨간 머리가 떠올랐다. 또한 그 색은 백색광도 특정 각도에서는 깜짝 놀랄 만큼 다채로울 수 있다는 사실을, 앞으로도 경이와 수수께끼가 무궁무진하게 펼쳐져 있을 거라는 사실을, 그리고 동생이 여전히 어떤 식으로든 그 모든 것의 일부로서 존재한다는 사실을 다시금 상기시켜주었다.

3부

문화가 꽃피운
경외심

7장
음악에서 얻는 경외심

음악이 주는 경외심은
어떻게 우리를 공동체로 아우르는가

음악을 듣는 것도 내 몸이요, 이 음악에 담긴 열정과 정념에 대한 반
응으로 욱신거리는 것도 내 몸이다.[1]

─ 수전 손태그

유미 켄들Yumi Kendall은 세상을 음악 형태로 감지한다. 혼다 차량의 경
적 소리가 들리자 켄들은 솔 샤프와 단삼도 간격의 시가 만들어내는
화음이라고 내게 말해주었다. 필라델피아 필리스 야구팀 경기에서
파울볼이 가까운 기둥을 때리는 소리는 켄들의 귀와 마음속에서는
깨끗한 시 음으로 인식되었다. 그리고 다장조는 세상으로 나아갈 기
분이 들게 하는 마음의 본부라고 했다.

　유미의 어머니는 쌀농사를 지어 생활을 꾸리던 전통적인 일본 농
촌에서 자랐다. 그러다 어느 날 부모님이 자신을 결혼시키려고 한다
는 사실을 알고는 젊은 혈기에 "싫다"라고 말한 뒤 미국 미주리주 세

인트루이스로 도망쳤다. 그곳에서 베이비시터로 새 삶을 시작한 그녀는 존 켄들John Kendall에게 바이올린을 배우던 아이들을 돌보았다. 존 켄들은 유미의 할아버지로, 미국에 스즈키 교육법(아이들이 언어를 습득하는 과정과 동일한 원리로 음악을 가르치는 교육법 – 옮긴이)을 도입했다. 유미의 어머니는 이 수업에서 유미의 아버지를 만나 결혼했고 지극히 음악적인 가정을 꾸렸다.

유미는 오빠가 바이올린 레슨을 받는 소리를 배경으로 어머니 품에 안겨 젖을 먹으며 자랐다. 다섯 살이 되자 유미는 첼로를 선택했다. 놀이 약속은 어린 시절 친구들과 함께 음악을 연주할 좋은 기회였다. 밤이면 언제나 아버지가 불러주는 자장가를 들으며 잠이 들었다. 내게 이 이야기를 들려주던 유미는 들릴락 말락 노래를 부르기 시작했다.

바다 넘어 이리 와 나와 함께 배를 타자
파도는 높이 부서지고
올라갔다 내려갔다 우리도 출렁출렁
여름 하늘 아래….

자장가는 나른한 경외심을 자아내 부모가 자녀를 잠과 꿈의 경이로 인도하는 소리 매체다. 기분 좋은 곡조를 부르고 부드럽게 쓰다듬으며 마음을 진정해주는 말을 건네는 의식이 어우러지면 아이들 신체 미주신경이 활성화되고 옥시토신이 활발하게 분비되는 등 소속감

226

및 유대감 관련 생리 특징들이 나타난다. 한 연구 결과에 따르면 이러한 변화는 영아에게서도 관찰되며, 다른 문화권 자장가를 들을 때도 마찬가지였다.[2] 자장가는 신체 접촉이 풍부하게 이루어지고 서로 동기화된 패턴을 보이는 공동체로 부모와 아이를 통합해줌과 더불어 자신이 공동체의 일원이라는 관념을 아이가 일찍이 체화할 수 있게 해준다.[3]

오늘날 유미는 필라델피아 관현악단에서 첼리스트 자리에 올라 많은 상까지 받았다. 쉽지 않은 일이었다. 1970년대부터 연주자들은 가리개 뒤에서 오디션을 보았지만 유미가 여자라는 사실을 지휘자들이 나중에라도 알면 아무리 최고점을 받았어도 불합격을 통보받는 일이 종종 벌어졌다. 그러다 그녀는 요요마(중국계 미국인 남성 첼리스트 - 옮긴이)의 바흐 무반주 첼로 모음곡 연주 장면을 보고 음악적인 경외심과 함께 심적인 아름다움을 느꼈다. 당시 만연한 성별 및 인종에 대한 편견에도 불구하고 한 인간이 이렇게나 복잡한 곡들을 한자리에서 연주할 수 있다는 사실을 그때 깨달았다.

유미에게 음악은 경외심을 전달하는 상징 매체다. 음악은 사람들이 함께 거대한 수수께끼들을 표현하고 이해하며 삶의 경이들을 각자 나름대로 소화할 수 있는 장을 만들어준다. 이러한 관념은 음악을 숭엄미가 깃든 예술 영역으로 보았던 낭만파 작가들의 글에서도 가득 드러난다. 가령 에른스트 호프만은 낭만주의 영웅 베토벤이 작곡한 곡들이 "경외심, 두려움, 공포, 고통의 조각들을 하나의 정교한 기계처럼 움직이게 하며 낭만주의의 본질인 무한한 열망을 깨운다"라

고 썼다.[4]

낭만주의 시대로부터 50여 년이 흐른 뒤, 찰스 다윈은 케임브리지 킹스칼리지 예배당에서 흘러나오는 음악을 듣기 위해 매일 시간 맞추어 가까운 정원을 산책했다. 그곳 동식물과 음악은 그가 진화에 대해 사색하며wonder 거니는wander 동안 그의 정신에 훌륭한 자양분이 되어주었다.[5] 이 경험에 그는 다음과 같은 궁금증을 품었다.

음악에 대한 애호심이 강해졌다. 평일이면 킹스칼리지 예배당 찬가를 듣기 위해 산책 시간을 조정하는 일이 몹시 잦아졌다. 이 쾌감이 어찌나 강렬한지 때로는 척추를 타고 떨림이 느껴졌다. 이런 애호심은 결코 꾸며내거나 단순히 다른 이를 흉내 낸 것이 아니다. (중략) 그럼에도 나는 참으로 듣는 귀가 없어서, 불협화음을 지각할 수도, 박자에 맞추어 정확한 음을 흥얼거리는 것도 하지 못한다. 이런 내가 어떻게 음악에서 쾌감을 얻을 수 있는지 수수께끼가 아닐 수 없다.[6]

분명 음악적 쾌감은 수수께끼다.

음악학자들은 오래전부터 인간이 경외심 같은 정서를 이해하기 위해 음악을 창작하고 즐긴다고 믿었다.[7] 그렇다면 의문이 남는다. 과연 어떻게? 그리고 어째서 이런 일이 가능한 걸까?

다윈의 숙고에 세 가지 단서가 있다. 첫 번째는 다윈이 음악을 들으며 느꼈던 "떨림"이다. 떨림이란 수수께끼와 미지에 맞서기 위해 다른 사람들과 하나로 뭉치는 것과 관련된 신체 징후다. 인간은 보편적으로 음악에 감동을 받으면 오싹함을 느끼고 눈물을 흘린다. 철학자 수전 손태그가 정확하게 짚었듯이 음악을 듣는 것이 우리 몸이기 때문이다. 마일스 데이비스가 디지 길레스피Dizzy Gillespie와 찰리 파커Charlie Parker의 위대한 재즈 연주를 처음 들었을 때 했던 말도 똑같은 맥락이다.

> "뭐지? 이게 뭐야?"[8] 아니, 그 망할 것은 정말이지 끔찍하
> 고 무서웠어요…. 아니, 그 망할 것이 내 몸에 가득 차버렸
> 다고요.

음악은 우리 몸을 신경생리학적으로 경외심을 느낄 때와 같은 상태로 변하게 함으로써 경외심을 불러일으킨다.

음악은 또한 "꾸며내거나" 단순히 "다른 이를 흉내 낸 것"을 넘어서는 숭엄미에 눈을 뜨게 한다. 앞서 26개 문화권을 대상으로 했던 연구에서도 음악을 통해 머릿속이 명료해지고 통찰을 얻고 진리를 깨닫고 삶의 위대한 체계 속에서 자기 위치를 진정으로 이해하는 순간을 경험했다는 이야기가 다수 발견되었다. 작가 레이철 카슨도 이처럼 마음이 활짝 열리는 기분을 느끼기 위해 자주 베토벤의 음악을 듣곤 했다.

베토벤의 음악을 들자면 기분 탓인지 몰라도 훨씬 창의
적일 수 있었고, 문집이란 무엇이며 마땅히 전해야 할 이야
기라든지 그 안에 담겨야 할 심오한 의미가 무엇인지 퍼뜩
이해했다. 말로는 도저히 설명할 수 없지만 꼭 말하지 않아
도 다들 이해할 수 있으리라 생각한다. 엄청난 고양감이 들
면서 나는 눈물을 흘렸다.'

음악은 "심오한 의미"를 담고 있으며 "삶의 패턴들"을 깨우쳐준다
고, 뒤에서 곧 소개할 철학자 수잔 랭어 Susanne Langer는 말했다. 음악은
사랑과 고통, 정의, 권력에 대해서뿐만 아니라 어디에서, 또 누구와의
관계에서 공동체의식을 느낄 수 있을지 가르쳐준다. 하지만 대체 어
떻게 소리 패턴이 경외심을 불러일으켜 삶의 거대한 수수께끼를 이
해할 수 있도록 인도하는 걸까? 소리에 담긴 상징적인 의미를 유심히
들어보면 그 답을 알 수 있을 것이다.

마지막으로 음악이 지닌 사회적인 힘이 얼마나 큰지 유념해야 한
다. 10만 년 혹은 그보다 오래 인류는 다른 이들과 함께 음악을 듣고
연주했다. 그렇게 소리로 하나 된 공동체의 일원으로서 우리는 다윈
이 "음악에 대한 애호심"이라고 말한 것과 같은 공유 정체감을 음악에서
발견한다.

소리라는 형태의 캐시미어 담요가 우리를 감싼다

2019년 가을, 나는 퓰리처상을 수상한 미국인 작곡가 존 애덤스John Adams가 지휘하는 유미의 연주를 듣기 위해 공연장을 찾았다. 공연 시작을 15분 앞두고 나는 객석에 앉아 붉은색 벨벳 좌석들의 휘어진 물결 위로 피어오르는 집단 열광 속에 웅성거리는 관객 2000명에 합류했다. 유미가 성큼성큼 무대로 올라 손을 흔들더니 오케스트라 단원 100여 명과 자리에 앉았고, 저마다 다른 음을 연주하기 시작했다. 시끄러운 소리였다. 고막 테러였다. 그렇지만 한순간 오보에 연주자 한 명이 라 음을 내자 모두가 그를 따랐다. 음악. 그곳에 관현악이 존재했다.

연주를 하는 동안 유미는 마치 첼로가 숨 쉬는 소리를 듣는 것처럼 바르게 앉아 몸을 곧게 세우고 팔을 절도 있게 움직였다. 눈썹을 치켜올리고 눈을 감은 얼굴 표정은 집중, 결단, 맹렬함, 몰두, 환희 사이를 오갔다.[10] 어쩐지 그녀를 둘러싼 보이지 않는 공간 속으로 빠져든 것 같았다. 나는 그 표정을 그날 공연장에 가기 전에 들렀던 로댕 미술관에서, 로댕이 단테에게 영향을 받아 조각한 〈지옥의 문〉에서 보았다. 사후 세계로 향하는 문 주변에서 부유하는 얽히고설킨 사람들의 모습을 조각한 작품으로, 경외심이 느껴졌다.

다음 날 유미와 나는 필라델피아 리튼하우스광장 인근 야외 카페에서 함께 차를 마셨다. 단풍잎이 붉게 물들고 도회인들이 신문을 옆구리에 낀 채 도시에 친화적인 개들을 데리고 산책하는 상쾌하고 청량한 가을날이었다. 나는 유미에게 오케스트라 단원으로서 2000여 명 앞에서 연주한다는 건 어떤 느낌인지 물었다. 유미는 애덤스의 곡이 얼마나 기술적으로 까다로운지 이야기하며 매일같이 해왔던 전완과 이두박근, 손목, 손가락 훈련을 떠올렸다.

그러더니 말투가 달라졌다. 그리고 음악을 연주하는 자신의 몸 안에서 느껴지는 감각에 대해 이야기하기 시작했다. 첼로의 진동을 느꼈다. 팔에 닿는 목재의 감촉을 느꼈다. 연주를 할 때면 생각은 새로운 공간으로 날아올라 어디로 향하는지도 모른 채 둥둥 떠돌았다. 이렇게 말하는 동안 유미의 양손은 바깥으로 빙빙 회전했고 손가락들이 불꽃놀이처럼 경쾌하게 춤추었다. 이어 그녀는 말했다.

연주해야 할 곡의 악보를 받으면 저는 음악을 이루는 수십 파트 중에서 제 파트를 확인해요. 그러면 수만 년 전에 음악을 만들던 역사 속 과거 인류와 연결된 느낌을 받아요. 또 현재와 미래하고도요. 굉장히 겸허해지는 느낌이에요. 우리는 연주를 통해 외부 공간으로 무언가를 내놓는 거예요…. 우리 악기로 연주한 음의 패턴들을요…. 저는 그 공연장에서 연주되었던 음들이 전부 여전히 그곳에 있다고 생각해요. 내 말은, 공연장 지붕을 들어내지 않은 이상 그 음들이 다 어디로 갔겠어요? 연주를 할 때 저는 그 진동을 심장에서 느껴요. 그 패턴들이 저 바깥 공간으로 가는 거예요. 그 패턴들이 사람들을 뒤덮는 거고요. 어떤 질감으로 감싸

232

는 거죠. 이건 언어 영역을 넘어서는 경험이에요. 생각 영역
도, 종교 영역도요. 마치 소리라는 형태의 캐시미어 담요 같
아요.

실제로 수만 년 전부터 이어져온 음악 창작 역사의 일환으로, 우리
는 다른 사람들과 함께 연주할 때 경외심을 느낀다. 음악이 주는 감동
을 통해 느끼는 경외심은 분명 형언할 수 없는 새로운 사고의 영역이
며, 많은 이에게 종교보다도 강력하다(한편 종교인들에게 음악은 신에게
다가가는 수단이기도 하다). 그렇지만 자신이 연주한 음들이 관객을 "소
리라는 형태의 캐시미어 담요"로 감쌌다는 유미의 비유는 어떻게 이
해하면 좋을까?

유미가 첼로 현들을 가로질러 활을 움직일 때나 공기가 지나가며
비욘세의 성대가 진동할 때 또는 감비아의 슈퍼스타 음유시인 소나
조바테Sona Jobarteh가 코라 현을 뜯을 때, 이 물리 충돌이 공기 입자를
움직여 공간 밖으로 퍼져 나가는 공기의 진동, 즉 음파를 만들어낸다.
이 음파가 우리 고막을 두드리면 그 리드미컬한 진동이 고막 너머 달
팽이관 기저막 위 섬모세포들을 움직여 우리 뇌 양측에 자리한 청각
피질에서 신경화학적 신호 전달이 일어나게 한다. 이후 음파는 신경
화학적 활동 패턴으로 변환되어 청각피질에서 심장, 폐, 미주신경, 생
식기관, 장과 직접 신호를 주고받는 전측뇌섬엽anterior insular cortex으로
전달된다. 뇌에서 음악의 의미를 해석하는 이 순간에야 비로소 우리
는 몸으로 음악을 듣고 감상을 시작한다.

이렇게 신체 필수 리듬들과 동기화를 마친 뒤 음악에 대한 이 신경적 표상은 해마라는 뇌 영역으로 이동하는데, 이곳에서 점점 커지는 소리의 의미에 기억이라는 요소가 추가된다.[11] 그 덕분에 음악은 우리가 현재에서 과거로, 또 현실에서 가능성의 세계로 순식간에 경외심을 느낄 수 있는 시공간 여행을 떠나게 해준다.

마침내 이 모든 신경화학적 신호들은 전전두피질로 전달되고, 언어로써 소리 패턴에 개인적이고 문화적인 의미를 부여할 수 있게 된다. 이로써 음악은 우리가 사회적인 삶, 정체성, 공동체, 이 세상이 새롭게 나아가야 할 길 같은 위대한 주제들을 이해할 수 있게 해준다.

최근 연구 결과, 음악을 들을 때면 경외심을 경험할 때와 동일한 신경생리적 변화가 발생한다는 사실이 밝혀졌다.[12] 선율이 아름답고 느린 음악은 심박수를 떨어뜨리고 혈압을 낮추는데, 이는 모두 미주신경이 활성화되었음을 나타내는 징후다.[13] 그런가 하면 한 연구에서는 스웨덴 팝 그룹 아바의 음악처럼 빠르고 시끄러운 노래는 혈압과 심박수를 증가시키는 한편 코르티솔 수치는 감소시킨다는 것을 발견했다.[14] 그보다 더 힘 있고 긴박감 넘치는 음악도 듣는 이를 각성하게는 하지만 코르티솔 수치 증가에 수반되는 위협감을 느끼게 하지는 않는다. 우리는 음악을 듣고 감동받을 때면 뇌의 도파민 회로가 활성화되면서 경이와 탐험을 지향한다.[15] 이처럼 우리 몸이 음악에서 비롯한 경외심을 느끼는 상태에서는 눈물이 차오르고 오싹함을 느끼는 등 수수께끼와 미지에 맞서기 위해 다른 사람들과 한데 뭉치고자 하는 욕구가 체화된 것과 같은 징후들이 나타난다.[16]

234

역사적으로 음악은 대개 다른 사람들과 함께 즐기는 것이었으며, 실제로 사람들이 같은 음악을 들을 때면 이들 사이에서 음악에 정서적인 의미를 부여하고(편도체) 즐거움을 느끼고(꼬리핵) 언어와 문화적인 의미를 붙이는(전전두피질) 데 관여하는 뇌 영역들이 동기화하는 현상이 일어난다.[17] 이와 관련해 어느 창의적인 연구에서는 참가자들에게 뇌파를 기록하는 장치를 머리에 쓰고 실험을 위해 통째로 대여한 클럽에서 다 함께 라이브 밴드 연주를 듣게 했다. 그러자 참가자들의 뇌 사이에서, 신체 움직임과 관련된 델타파 구간의 동기화가 일어나 다른 이들과 하나 되어 움직이려는 경향성이 높아졌다. 더욱 중요한 사실은 뇌 활동이 동기화한 정도에 따라 그 사람이 얼마만큼 음악에 감동하고 다른 관객들과 친밀감을 느끼는지 예측할 수 있었다는 점이다.[18] 음악은 이렇게 자기와 타인의 경계를 허물고 경외심 속에서 모두 하나가 되게 할 수 있다.

자신의 저서 《음악의 원리 How Music Works》에서 데이비드 번David Byrne은 이처럼 음악 소리가 경외심 경험을 타인과 공유하도록 신체 변화를 일으킨다는 관념이 역사에서 어떻게 이어져왔는지 설명한다. 2500여 년 전, 그리스 철학자 피타고라스는 태양계가 날씨, 계절, 자연계 순환, 생명체가 잠들고 깨어나는 주기, 사랑과 가족생활 주기, 호흡, 심장박동, 삶과 죽음 등 모든 생명계 리듬의 기원인 완벽하게 조화로운 소리를 발산한다고 주장했다.[19] 그리고 우리가 신성한 음악을 연주하고 들을 때 이 천체 소리가 우리 삶의 리듬들을 동기화해 다른 사람들과 어우러짐으로써 라틴어로 사회적인 조화를 뜻하는 코뮤

니타스communitas를 이룬다고 추론했다. 다른 사람들과 함께 음악을 들으면 처음에는 제각각이었던 심장박동, 호흡, 호르몬 분비, 생식 주기, 신체 움직임 등 우리 몸을 구성하는 주요 리듬들이 서로에게 맞추어지면서 동기화한 패턴으로 변한다. 그러면서 자신이 보다 거대한 무언가, 다시 말해 공동체, 어떤 힘의 패턴, 시간이라는 관념, 혹은 소위 말하는 신성한 존재의 일부라는 감각을 경험한다.

음악이 소리라는 형태의 캐시미어 담요로 우리를 감싼다는 것은 이런 의미다.

음악은 어떻게 경외심을 표현하는가

그날 밤 필라델피아에서 공연을 마친 뒤, 유미는 자신의 할아버지가 작고한 주에 모차르트의 〈레퀴엠〉을 연주하며 느꼈던 음악적인 경외심에 대한 이야기를 이메일로 보내주었다.

그건 할아버지 곡이었어요. 2011년 1월, 공교롭게도 할아버지가 돌아가신 주에 연주했던 모차르트의 〈레퀴엠〉 말이에요…. '사악한 자들이 혼란스러울 때Confutatis'를 연주하기 시작하자 정작 할아버지가 돌아가실 때는 나오지도 않았던 눈물이 왈칵 치솟았어요… 현악기 연주자 마흔 명이 한 몸처럼 날카롭게 연주하는 격정적이고 저돌적인 32분음표들…. 그 하나하나가 펀치처럼 느껴졌답니다. 그러다 갑자기 '나를 부르소서Voca me'가 시작되는 것과 동시에 천국 문이 열렸고, 눈이 멀 것만 같은 희고 밝은 빛이 내리비쳤어요. 태양 광선이 소리를 뚫고 내려오는 것 같았지요. 천사의 노랫소리가 들렸어요. 할아버지, 할머니가 제 곁에 계셨어요…. 그곳에서 저희를 비추고 계셨어요. 그러고는 옛날… 고등학교 합창 시간에 깁슨 선생님과 친구들과 음악실에서 이 곡을 함께 부르던 기억의 수문이 열렸죠. 그러더니 갑자기 현재로 되돌아와 포르티시모 구간에 재진입했고, 후회와 비탄과 격정이 다시 찾아왔어요. 더 이상 눈꺼풀에 붙들어둘 수 없는 지경이라 눈물이 얼굴을 타고 줄줄 흘러내리는 걸 느낄 수 있었어요. 퍼뜩 내가 공연 중이라는 사실이 떠올랐지만… 무대는 안전한 장소였으므로 그냥 내버려두었어요. 치밀어 올랐던 격정이 가라앉는 게 느껴졌고, 〈레퀴엠〉 연주를 '거룩한 성체Ave Verum'로 마무리 지을 즈음에 이르자… 눈물범벅이 되었지만 얼굴이 상기되는 느낌이 들면서도 차분하고 깊은 슬픔과 함께 평화로운 기분을 느꼈답니다. 꼭 할아버지가 제 연주를 들어주셨다는 느낌이었어요.

유미의 이야기는 이제는 익숙한 경외심의 전형적인 전개를 따른다. 이 과정은 할아버지의 죽음을 통해 인생의 어떤 거대함과 마주하는 데서부터 출발한다. 이어 돌아가신 할아버지의 존재를 느끼는 수수께끼 같은 경험이 닥친다. 유미 내면의 자기가 변하면서 고등학교 시절 노래를 부르던 기억처럼 현재 상황과 연합된 다양한 감각 경험이 혼합된 공감각synesthesia을 체험한다. 소리를 뚫고 갑자기 나타난 밝은 빛, 즉 통찰이 자신에게 와닿는 것을 느낀다.[20] 얼굴이 상기되고 이 모든 거대함을 깨달은 데 대한 반응으로 눈물이 치솟는 등 몸에서 변화가 일어나기 시작한다. 이 경험을 통해 할아버지와 대화를 나누는 것처럼 느낀다.

유미가 관찰한 음악의 의미는 이후 관련 분야에서 많은 영향력을 떨친 수잔 랭어의 예술철학적 고찰에서 처음 제기되었다. 저서《감정과 형식 Feeling and Form》과《마음: 인간 감정에 대한 소고 Mind: An Essay on Human Feeling》에서 랭어는 예술의 목적이 감정을 객관화하기 위한 것이라고 주장한다.[21] 랭어의 주장에 따르면 예술 작품 각각은 저마다 고유 형태로 나타나는 정서 표현이다. 한 문화권 및 역사적 시점에서 음악이나 시각예술을 창작할 때 우리는 랭어가 말하는 "삶의 패턴"에 대한 우리 나름의 신념을 그 안에 담는다.[22] 삶의 패턴은 사회적인 삶에서 빼놓을 수 없는 주요 주제이자 이를테면 고통을 어떤 의미로 받아들일 것이며 상실, 사랑, 불공정에 대한 항의, 자기보다 훨씬 강력한 힘에 의한 굴종, 신과의 관계, 수수께끼와의 만남, 삶과 죽음을 어떻게 이해할 것인지 등 우리의 정서 경험에서도 중심이 된다.

이어 랭어는 예술이 삶의 패턴에 대한 우리 경험을 언어와는 다른 상징 영역에서 표현한다고 주장했다. 언어는 일반적으로 사실 혹은 진실성이라는 기준을 따른다. 언어에서 주어, 목적어, 동사 등의 배열과 문법의 목표는 우리가 깨어 있는 동안 3차원 공간에서 경험하는 일상적인 사건들을 나타내는 것이다. 사건들은 선형적인 시간 감각 속에서 늘 앞으로 펼쳐진다. 인과관계는 선후가 명확한 단방향성으로 이루어진다.

하지만 랭어의 주장대로라면 음악은 이처럼 언어 구조에서 많은 부분을 차지하는 진실성이라는 제약으로부터 자유롭다. 그 결과 음악이나 시각예술 같은 작품을 통한 미적 정서 경험은 일반적인 시공간 및 인과관계의 법칙을 따르지 않는다.[23] 이러한 경험 영역에서는 삶의 패턴 혹은 삶의 진리임 직한 것들에 대한 빠르고 전체론적인 직관이 일어난다. 그러므로 예술의 의미라는 영역은 "대응하는 어떠한 단어도 존재하지 않는다"라고 랭어는 결론 내렸다.[24] 음악은 "소리로 표현한 정서 경험이다."

음악적인 경외심에 대한 유미의 해석은 랭어의 이 같은 생각과 결을 같이한다. 유미는 32분음표들에서 "격정적"이고 "저돌적"인 느낌을 받았다. 포르티시모 구간은 비탄을 표현했다. 마치 시적인 비유처럼 소리가 "펀치"처럼 다가오고, 눈물이 "줄줄 흘러"내렸으며, 격정이 "치밀어" 올랐다. 시간을 거슬러 내달려 돌아가신 조부모와 함께했던 공간으로 이동했다. 모차르트의 〈레퀴엠〉을 연주하며 느꼈던 경외심은 가장 사랑하는 존재들조차도 언젠가는 죽음을 맞이한다는, 삶의 가장 확고한 진리를 유미가 이해하게 해주었다.

그렇다면 음악은 어떤 방법으로 우리에게 삶의 패턴들을 전할까?

과연 경외심을 느낄 때 우리 마음은 어떤 식으로 이 삶의 거대한 수수께끼들과의 관계를 깨달을까? 가장 쉽게 떠올릴 수 있는 답은 '가사를 통해서'다. 실제로 26개 문화권 연구에서도 다양한 국가 사람들이 특정한 가사가 자신의 마음가짐을 변화시켰다고 보고했다. 경외심을 자아내고 삶의 패턴들을 깨닫게 한 노래 가사를 생각해보라고 하면 여러분도 하나쯤은 바로 떠올릴 것이다.

조금 더 복합적인 가능성을 따져보면 가사와는 무관하게 음악 소리 자체가 특정 정서를 불러일으킬 수도 있다. 스위스의 정서 연구자 클라우스 셰러 Klaus Scherer는 40년 연구 끝에 이 문제의 답을 찾았다.[25]

셰러의 논리는 이러하다. 우리가 어떤 정서 상태에 있을 때, 이를테면 분노, 자비, 무서움 혹은 경외심을 경험할 때 우리 내부에서는 도망치거나 움츠리거나 다른 사람을 달래거나 감싸안아주거나 환호하거나 탐험하는 것 같은 적응 행동을 뒷받침하기 위해 호흡, 심박, 혈압, 미주신경 활성화, 신체 전반 근육 움직임 등에서 신경생리적인 변화가 일어난다. 이러한 신체 변화들은 발성기관 역학에도 변화를 일으켜 목소리가 울리는 양상에 영향을 미친다.[26] 예를 들어 우리가 불안할 때에는 폐 주변 근육이 긴장하고 성대가 조여 목소리 높낮이 변동성이 줄어들며, 입안 침이 마르고 입술이 팽팽하게 당겨져, 결국 단조롭고 조급한 고음이 흘러나와 불안감을 전달한다.[27]

셰러는 음악가들이 이처럼 특정 정서 상태에서 우리 성대가 내는 것과 유사한 소리를 재현함으로써 정서를 표현한다고 설명을 이어갔다. 이 가설을 실증적으로 검증한 연구들을 보면 음악가들에게 자기 목소리나 악기 혹은 그저 드럼 비트만으로 다양한 정서를 전해보라고 했다. 그러자 이들이 만들고 연주한 음악은 음의 높낮이, 리듬, 음조곡선, 음량, 음색 측면에서 실제로 각 정서 상태에서 우리가 내는 소리와 유사하다는 사실이 밝혀졌다. 가령 분노를 표현할 때는 마치 시위대가 으르렁거리는 함성처럼 느린 박자에 비교적 낮은 음부터 차츰 높아지는 흐름으로 진행되었다. 반면 기쁨을 표현할 때는 친한 친구들끼리 킥킥거리거나 봄철에 냇물이 흐르는 소리처럼 비교적 높은 음들이 빠르게 변하며 점점 더 높아졌다.[28] 이렇게 연주된 소리들을 일반인에게 들려주자 심지어 드럼처럼 단순한 악기 소리에서도 서로 다른 열 가지 정서를 무리 없이 구별해냈다.

음악이 어떻게 경외심을 표현하는지 입증하고 싶었던 앨런 카우언과 나는 중국과 미국에서 실험 참가자들을 모집해 1분 길이로 가사 없는 음악들을 들려주었다. 그리고 이들이 경외심을 비롯한 다양한 정서가 담겼다고 느낀 샘플들을 추려냈다.[29] 특히 중국 참가자들을 대상으로는 미국 참가자들이 한 번도 들어본 적 없는 중국 전통 음악들로도 동일 과정을 진행했다. 이후 이렇게 선정한 짧은 음악 샘플들을 두 국가에서 새롭게 모집한 참가자들에게 들려주자 같은 문화권 사람들이 고른 것뿐만 아니라 다른 문화권에서 선정한 샘플에서도 일관성 있게 열세 가지 정서를 탐지해낼 수 있었으며, 중국 전통 음악을 들은 미국 참가자들 또한 마찬가지였다. 이들이 음악에서 지각한 감정들은 재미, 활기, 평온, 색정, 득의, 분노 또는 반항심, 두려움, 긴장감, 짜증, 몽환적인 느낌, 슬픔, 침착함 그리고 경외심이었다. 셰러의 이론처럼 이 실험에서 사람들이 경외심을 표현했다고 느낀 음악에는 우리가 경외심을 느낄 때 내는 우와, 이야, 아아 하는 정서적 소리와 비슷한 소리가 있었다.

지금까지는 음악에서 정서 범주가 구별되는지를 중점으로 살펴보았지만 최신 신경과학 연구 결과들은 실제로 우리가 음악을 들을 때 이보다 훨씬 더 많은 것을 지각한다는 점을 시사한다. 이를테면 우리는 음악가가 내는 소리에서 그 사람의 신체 상태 및 취했음 직한 행동을 추측함으로써 정서와 관련된 특정 움직임들을 상상한다.[30] 그 행동에 대한 심상은 곧 타인을 모방하려는 우리 본성을 자극해 내적으로 비슷한 움직임을 취하게 한다. 그 결과 각자가 살아오면서 축적된 해당 움직임의 체화된 심상과 기억이 마음속에 떠오른다. 다시 말해 경외심을 표현하는 음악을 들으면 우리 몸과 마음에 아주 미세한 변화가 일어나 경외심을 느꼈을 때처럼 경이와 거룩하고 고결한 기질을 지향하게 된다는 것이다.

이 같은 분석은 흔히 경외심을 표현하는 소리 특징이 많이 녹아 있는 신성한 음악의 힘에 관한 오랜 관념과도 일치한다.[31] 신성한 음악을 들을 때나 성가를 부르고 연주할 때 우리 마음은 경외심에 가까워진다. 그리고 이처럼 체화된 경험을 통해 자신이 그 음악의 기원인 영적 존재 혹은 힘과 관련 있으며 그를 구성하는 한 부분이라는 사실을 느낀다.[32] 힌두교에서는 옴이 우주 창조신 브라흐마와 직접적으로 이어주는 성스러운 소리라고 여겨진다. 이슬람 전통에서는 쿠란 암송을 통해 예언자 무함마드가 계시를 받은 순간과 흡사한 상태에 이른다. 많은 원주민 문화가 그렇듯 브라질 중부 지역 칼라팔로 부족도 의식의 일종으로 성가를 부르고 특정 춤을 추며 그를 통해 신과 가까운 상태에 이르는 경험을 했다.

오늘날 여러분도 주의 깊게 들어보면 연말 성가대 합창, 빨려들 것만 같은 인도 전통 음악, 일본 승려들이 경 외는 소리, 어리사 프랭클린Aretha Franklin이나 아일랜드 가수 보노의 숭고한 노랫소리에서 우와 나 아아 같은 정서적 소리의 흔적을 찾을 수 있을 것이다. 그리고 비록 그 음악이 연주되는 동안만이라도 몸과 마음의 움직임, 오싹함, 코뮤니타스의 느낌 같은 징후들을 통해 자신이 불후한 삶의 패턴과 마주했으며 거대한 무언가와 이어져 있다는 사실을 깨달을 것이다.

마음을 다해 진심으로 듣는다는 것

5만에서 6만 년 전 아프리카를 떠나 세계 곳곳으로 흩어지기 시작할 무렵, 인류는 소규모로 움직이며 그 구성원들이 한 몸처럼 음악을 향유하는 유랑단이었다.[33] 가장 기본인 부모와 자식, 친구, 연인, 함께 일하는 동료 사이의 사회적 상호작용은 음악적 패턴들을 바탕으로 구조화되었다.[34] 인류는 뼈로 피리를, 박과 식물들로 딸랑이를, 씨앗들로 셰이커를, 팽팽하게 당긴 동물 가죽으로 초기 드럼을 만들었다. 음악은 춤과 이야기와도 자연스럽게 어우러졌다. 그렇게 음악은 사람들을 하나로 모아주는 매개체가 되었다.[35]

음악은 또한 사람들의 움직임을 동기화한다. 한두 살 때부터 아이들은 음악 리듬에 맞추어 상당히 정확한 박자로 머리를 까닥거리고 발로 바닥을 톡톡 두드리며 손뼉을 치고 엉덩이를 흔드는 것 같은 움직임을 보이기 시작한다.[36] 이를 잘 보여준 한 연구에 따르면 서아프리카와 동아프리카 사람들은 다른 지역 음악보다 자신이 속한 문화권 음악에 박자를 더 잘 맞추며 이를 신호로 각자 자신과 동기화가 쉽게 이루어지는 사람을 찾아낼 수 있었다.[37]

더불어 또 다른 연구에서 실험 참가자들은 낯선 사람이 자신과 같은 박자로 리듬을 맞출 경우, 다른 박자로 리듬을 탈 때보다 그 사람에 대한 자비와 도와주고 싶은 마음이 커지는 현상을 경험했다.[38] 오싹함, 즉 경외심을 불러일으키는 음악을 듣고서 낯선 이를 신뢰하고 자기 것을 나누어주고자 하는 경향성이 증가했다는 결과를 발견한 연구도 있었다.[39]

지금까지 살펴보았듯 음악에는 전 세계에서 통용되는 뿌리 깊은 보편성이 있다. 음표의 시간 구조로 박자감을 만들어내고 음의 높낮이를 이용해 특별한 의미를 전달하며 가사를 붙여 노래를 부르고 하강하는 음조곡선을 즐겨 활용하며 타악기를 곁들이고 일정 구간을 반복하거나 음 사이 거리가 균등하지 않은 음계(다장조 등)를 사용하는 등의 특성은 문화권을 막론하고 공통적으로 발견된다. 동시에 각 문화는 고유한 리듬, 박자, 음의 높낮이, 음조, 음조곡선, 음색을 발달시켜 삶의 패턴, 사랑, 힘, 신에 대한 독자적인 해석을 음악이라는 기록으로 남긴다.[40] 이처럼 우리는 우리가 속한 문화권의 음악에 감동받는 한편 세상을 지각하고 느끼고 공존하는 고유한 방식에도 영향을 받음으로써 나 자신이 누구인지 통찰하고 경외심을 경험할 수 있다. 가령 청소년은 이제 막 발달하기 시작한 정체성을 표현할 수 있는 음악에 끌리는데, 한 연구 결과에 따르면 노동자계급 가정 학생들은 삶의 애환에 중점을 둔 랩이나 컨트리 음악을 선호한 반면 상류계급 학생들은 개인주의와 자유를 표현하는 얼터너티브 록이나 재즈에서 주로 자신의 정체성을 찾고 음악적인 경외심을 느꼈다.[41]

음악이 개인의 문화 정체성을 규정한다는 것은 한 문화권 음악이 다른 문화권 음악과 닮은 정도가 두 문화권의 유전적 유사도와 관련 있다는 사실을 통해서도 알 수 있다. 이러한 현상은 아프리카 39개 부족의 음악, 대만 원주민 9개 부족의 합창곡, 몽골부터 아일랜드, 나바호족, 그 외에도 다양한 유라시아 국가 내 31개 문화권 민요가 지닌 선율과 음의 높낮이 등의 특징을 분석한 연구들에서 지속적으로 발견되었다.[42]

음악가들은 삶의 패턴들에 대한 자기 감정을 표현하고 그로써 같은 문화권 내 다른 사람들과 연대 의식을 다지기 위해 음악을 창작한다. 디아나 가메로스Diana Gameros의 생각도 바로 이러했다.

가메로스는 멕시코 후아레스에서 활기 넘치는 가정의 5남매 중 하나로 자랐다. 시각과 청각이 예민했던 그녀는 어머니가 준 자그마한 장난감 오르간으로 음악을 연주하며 고요한 상상 속 자신만의 공간을 여행하기 시작했다. 이후 가메로스는 피아노를 배우고 뒤이어 기타도 치기 시작했지만 노래는 거의 부르지 않았다. 가족 중에서는 두

삼촌이 깊고 풍부한 흉성으로 멕시코 민요들을 부르곤 했다.

오늘날 여러 수상 경력을 자랑하는 가메로스의 음악은 자신만의 목소리를 찾아 미국에서 공부하던 당시 배운 기타 연주와 첼로 선율을 어린 시절 듣던 멕시코 음유시인과 란체라풍의 음악에 결합한 것이다. 가메로스의 노래들은 멕시코 이민자, 그리고 집을 떠나 노동력을 착취당하는 그 삶의 패턴에 대한 염려를 상징적으로 표현한다.

영주권을 취득한 뒤 가메로스는 16년 만에야 멕시코로 돌아가 고국에서 마음껏 공연할 수 있었다(이 사연은 다큐멘터리 〈친애하는 조국이여 Dear Homeland〉에 잘 담겼다). 아래 글은 그녀가 멕시코시티 소칼로광장에서 느낀 귀국에 대한 소회로, 음악적 감성이 드러난다. 가메로스는 사람들과 나란한 걸음, 그곳에서 만날 수 있는 얼굴들과 목소리와 색채, 음악, 할머니의 애창곡 등 광장에서 마주치는 무수한 대상에서 경외심을 느꼈다고 한다.

이제 느낄 수 있다. 에스토이 아키 Estoy aquí. 나는 이곳에 있다. 마침내 이곳 멕시코에 있다. 내가 할 일은 그저 스마트폰이며 생각을 모두 꺼버리고 깊게 숨을 쉬는 것이다. 깊게 느끼고 듣는 것이다. 마음을 다해 진심으로 듣는 것이다. 그리고 진정으로 보는 것이다. 익숙한 이 목소리, 사람들이 내 모국어로 말한다. 익숙한 이 색채, 이들이 나를 키워주었다. 익숙한 이 노래, 치와와주 토레온시에서 할머니가 즐겨 부르던 곡 중 하나였다. 익숙한 내 모습, 이 장소와 이 소리에 둘러싸여 저 벽을 등지고 이 얼굴들 속에서 저 깃발을 바라보곤 했다. 이 아오라 소이 우나 콘 에요스Y ahora soy una con ellos. 그리고 이제 나는 그들과 하나가 되었다. 비로소 이 모든 것이 실감난다. 나는 이곳, 그립고도 그리웠던 친애하는 내 조국, 멕시코에 있다. 이 메 시엔토 인멘사멘테 펠리즈Y me siento inmensamente feliz.

그리고 나는 굉장히 행복하다.[43]

우리는 자신이 속한 문화 특유의 음성을 듣고 소리를 느낄 때 음악적인 경외심을 경험한다. 집단 정체성, 장소, 사람들처럼 보다 거대한 존재 안에서 개인의 정체성을 깨닫고 이해한다. 흔히 멀게만 느껴지던 집이라는 존재를 발견한다. 이러한 과정을 거치며 우리는 굉장한 행복감을 찾는다. 이는 문화적인 뿌리가 깊거나 의미가 즉시 이해되지 않는 음악을 들을 때도 마찬가지일 수 있다.

이유는 알 수 없지만 음악 앞에서 말을 잃다

필라델피아에서 유미의 첼로 연주를 들었던 그날 밤, 오케스트라가 연주한 곡 중에는 존 애덤스가 작곡한 〈셰에라자드 2 Scheherazade 2〉도 있었다. 셰에라자드는 익히 알려졌다시피 민간전승 설화 및 전설, 지방 신에 대한 신화 모음집으로서 중동 문화의 중심이자 전 세계에서 영화나 책 소재로 훌륭하게 활용된 《아라비안 나이트》에 등장하는, 1001가지 이야기를 들려준 인물이다.

《아라비안 나이트》는 샤리아르 왕이 자기 아내와 동생의 아내가 모두 부정을 저지르고 있다는 사실을 아는 것으로 시작한다. 치욕을 느끼고 격분한 샤리아르 왕은 매일 새로운 처녀와 혼례를 올린 뒤 밤이면 강제로 범하고는 다음 날 아침에 목을 베어버리는 일을 반복한다. 그러던 어느 날 셰에라자드가 나타난다(고대 페르시아어로 '셰에라자드'는 '세상을 자유롭게 하는 자'라는 뜻이다). 책을 많이 읽고 민간전승 설화와 신화에 해박했던 그녀는 자진해 왕의 다음 부인이 된다.

첫날밤, 셰에라자드는 동이 틀 때까지 이야기(《아라비안 나이트》의 1001가지 이야기 가운데 첫 번째)를 들려주며 왕을 즐겁게 해준다. 이에 왕은 경외심을 느끼고 이야기 결말만을 간절히 원하게 된다. 다음 날 밤이 되자 그녀는 왕에게 또 다른 이야기를 들려준다. 경외심을 불러일으키는 이야기를 들려준 덕분에 셰에라자드는 목숨을 구한다. 그렇게 같은 패턴을 1001일 동안 반복하다 결국 왕과 셰에라자드는 사랑에 빠진다. 왕은 그녀를 왕비로 삼고 둘 사이에 자녀를 셋 둔다. 애덤스는 이 이야기가 탄압, 여성이 마주하는 남성의 폭력, 여성의 목소리가 지닌 힘에 대해 서술한다고 생각했다.

공연 날 밤, 애덤스는 〈셰에라자드 2〉를 작곡하던 당시 염두에 두었던 바이올리니스트 레일라 요세포비치Leila Josefowicz의 뒤를 이어 무대에 섰다. 요세포비치는 속이 비칠 만큼 얇은(이두박근이 두드러져 보이는) 의상을 길게 늘어뜨린 채 애덤스 가까이에 서서 연주했다. 교향곡

248

은 네 악장으로 구성되어 각각 셰에라자드가 첫 번째 이야기를 들려주는 장면, 사랑에 빠지는 장면, 남성이 가하는 위협에 맞서 싸우는 장면, 억압에서 벗어나 안식처를 찾는 장면을 섬세하게 묘사했다.

〈셰에라자드 2〉 연주를 듣는 거의 내내 나는 내가 느끼는 감정을 이해할 수 없었다. 많은 사람이 그렇듯이 나 역시 특정 음악을 좋아하면서도 그 이유를 딱히 설명하지는 못한다. 현대 작곡가들의 작품을 듣노라면 많은 경우 나는 말을 잃고 삶의 패턴들이 그 소리에서 어떻게 상징화되었는지 알아차릴 개념도 언어도 상실한 상태에 놓이곤 한다.

교향곡 연주가 시작될 때까지만 해도 내 안의 기본 상태의 자기는 큰 목소리로 끊임없이 잔소리를 해댔다. 왜 이렇게 나는 늘 자리에 맞는 옷을 갖춰 입지 못하는지 모르겠다는 둥, 이렇게 교양 있는 자리에서는 물 밖에 나온 물고기일 뿐이라는 둥, 내일 비행기 출발이 몇 시라는 둥, 음악에서 경외심을 찾으려고 부러 노력하는 자체가 그 가능성을 훼손하는 것이라는 둥.

곡은 커다란 드럼 소리로 시작됐다. 그 소리가 마치 부서지는 파도나 포효하는 천둥처럼 갑작스럽게 나를 강타했다. 그 새로운 소리에 귀를 기울이느라 반사적으로 심장도 박동을 늦추었다. 나는 꼼짝도 하지 못하고 그 자리에 얼어붙은 채 고요하고 얌전하게 내 옆 사람들과 나란히 앉아 있었다.[44] 그들과 신체 경계가 무너지고 모두 하나가 되어 공유된 시선을 무대에 고정했다.

여성이 가부장적인 억압과 벌이는 사투를 담아낸 '셰에라자드와 수염 난 남자들' 악장에서 요세포비치는 항의하듯 서서히 음조를 높여갔고, 이 고음은 간통을 했다고 비난하며 명예살인 위협을 가하는 남자들의 음성처럼 훨씬 낮지만 크고 지배적인 현악기 소리와 맞부딪쳤다. 이는 지배하려는 강자와 그 속에서 살아남으려 애쓰며 저항할 방법을 찾는 약자의 갈등이라는 보편적인 삶의 패턴을 나타낸 소리이기도 했다.

그 힘의 폭력성에 마음이 불편해지면서 마치 낭떠러지 끝에 선 것처럼 불안감이 요동쳤다. 심상들이 내 마음을 스치듯 지나갔다. 롤프가 암으로 거의 혼수상태에 빠지면서 시에라 기슭에서 예상치 못하게 응급실을 찾았던 기억이 떠올랐다. 롤프는 그날 작은 병원으로 실려가 간신히 회복하고 흐릿하게나마 의식을 되찾았다. 그곳에 머무는 동안 나는 정신착란 상태에서 휘청거리는 아들을 지켜보는 부모님 앞을 왔다 갔다 하며 형광등이 켜진 복도를 동생과 함께 걸었다. 당시 67킬로그램이었던 롤프는 푸른색 가운을 걸친 채 구부정한 자세로 멸균 붕대 빛깔 베이지색 복도를 느릿느릿 이동했다. 불안정한 걸음걸이로 병원에서 내준 얇은 흰색 슬리퍼를 질질 끌면서. 동생은 부러 가벼운 투로 말했다. "어째 몸이 예전 같지 않다, 그지? …나도 이제 한물갔나 봐."

교향곡 마지막 악장에 이르면 셰에라자드는 도망쳐 안식처를 찾는다. 요세포비치의 연주가 부드러워졌다. 군데군데 높이 치솟았다가도 종국에는 길게 늘어지는 차분하고 평화로운 음으로 돌아왔다. 경외심을 자아내는 이야기에 재능이 있었던 솔직하고 똑똑한 한 여성이 강력한 힘에 대항해 진실을 말하던 투쟁 기록은 그렇게 끝이 났다. 서서히 공간 너머로 사라지는 느리고 감동적인 소리를 통해 애덤스의 작품이 전한 투쟁과 지배의 결말은 평화였다. 연주 뒤의 정적을 뚫고 관객들이 환호했다. 나도 눈가가 촉촉해지고 온몸에 빠르게 소름이 돋는 것을 느꼈다.

연주회가 끝난 후 로비에서 유미를 힘껏 안아준 나는 양동이로 들이붓듯 쏟아지는 폭우 속으로 향했다. 꽉 막힌 도로 위 헤드라이트 불빛들이 지면을 비추며 저마다 제 갈 길을 재촉하다 아스팔트를 맞고 튀어 올라 사방으로 흩어져 사라지는 수많은 빗방울을 밝혔다. 사람들은 프로그램 책자며 외투를 머리에 뒤집어쓰고 우버와 택시로 뛰어갔다. 슬랙스와 드레스를 차려입고 하이힐을 신은 이들은 익숙한 소리로 외쳤다. 아아, 이야, 우와, 워후. 그러고는 차를 타고 떠나며 웃음을 터뜨렸다.

주변에는 모르는 사람들뿐이었다. 나는 호텔을 찾으려다 길을 잘못 들고 말았다. 방울방울 반짝이며 거리를 휘몰아치는 폭우에 휩싸여 몸은 흠뻑 젖었다. 그럼에도 나는 주위 사람들이 공통된 리듬으로 만들어내는 움직임과 저녁 시간의 소리라는 형태의 담요에 감싸안겨 내 집 같은 안락함을 느꼈다.

8장
성스러운 기하학 패턴

—

시각디자인에서 느끼는 경외심은
어떻게 삶의 경이와 공포를 이해하는 데 도움을 주는가

상당수, 아니, 어쩌면 예술 대부분은 사실상 자기 위로를 위한 판타지다. (중략) 지금부터 내가 말하는 '예술'이란 판타지 예술이 아닌 좋은 예술을 의미하는데, 이 예술은 훌륭한 것과는 별개로 우리에게 순수한 기쁨을 제공한다. 기원으로 보나 즐거움으로 보나 예술은 이기적인 집착과는 정반대 존재다. 우리 재능을 최대로 발휘하게 해주며, 플라톤 식으로 표현하면 가장 고차원적인 영혼의 사랑을 고취한다. 이것이 가능한 이유는 부분적으로는 자연과 공유하는 예술의 어떤 덕목 덕분이다. 형태가 완벽하되 어느 개인이 소유할 수 없는 사색을 자아내고 의식이 꿈꾸는 이기적인 삶으로 흡수되기를 거부하는 것 말이다.[1]

－아이리스 머독

영화 〈쥬라기 공원〉은 삶의 다양한 경이를 찬미한 일종의 시각적

찬가다. 영화는 열대 폭풍 같은 압도적인 대자연, 유전자 편집이나 카오스이론 같은 위대한 사상, 공룡 그리고 스필버그의 다른 많은 작품에서 그렇듯 아이들의 심적인 아름다움과 만나는 장면들 사이를 빠르게 오가며 박진감 넘치게 전개된다. 하지만 영화에서 이러한 경이들은 경외심을 상품화하려는 자본주의자 때문에 위태로워진다.[2]

열한 살 꼬마였던 마이클 프레더릭슨Michael Frederickson은 영화에서 브론토사우루스를 처음 보고 경외심에 휩싸였다. 컴퓨터 생성 이미지computer-generated imagery, CGI 업계에 몸담은 사람들에게 그 느릿느릿 움직이는 초식 공룡은 아이리스 머독이 말한 "좋은 예술"로서 "순수한 즐거움"을 제공하는 "훌륭한 것"이다. 세상을 새로운 시각으로 바라보았다는 점에서 CGI 예술가들에게는 마치 라스코동굴벽화, 조토의 프레스코화, 네덜란드 거장들이 가정생활과 빛을 묘사한 작품, 우키요에 화가 가쓰시카 호쿠사이葛飾北斎의 그림, 입체파의 영향을 받아 폴 세잔이 그린 사과와도 같은 대작이다. 그렇게 마법 같은 특수효과를 이용해 스필버그와 제작진은 관객 눈에 꼭 진짜처럼 느껴지는 티라노사우루스와 트리케라톱스, 스테고사우루스, 브론토사우루스를 만들어냈다.

마이클은 〈쥐라기 공원〉을 보고 얼마나 감동받았는지 부모에게 설명하기 위해 영화 사운드트랙을 구입해 저녁 식사 시간에 틀었다. 함께 앉아서 듣는 동안 마이클은 눈물을 펑펑 쏟았다. 마이클의 부모는 아들이 우울해서 그런가 보다 생각했다. 그로부터 1년이 지나 6학년이 된 마이클은 내가 경험할 수 있는 최고의 날은?이라는 주제로 글짓기를 해 오라는 숙제를 받았다. 이에 그는 "점심시간 이후, 픽사에서 컴퓨터 애니메이션 작품 만들기"라고 썼다. 훗날 코드의 패턴과 체계라는 디지털 환경에서 종종 경외심을 느끼며 컴퓨터공학 공부를 마친 뒤, 그는 정말로 픽사에 들어가 시각적인 경외심을 불러일으키는 일에 발을 들여놓았다.

현재 마이클은 픽사의 '무대 디자이너'다. 최첨단 컴퓨터그래픽과 빅데이터, 머신러닝 기술을 이용해 픽사 영화의 시각적 세상을 만들어낸다. 〈라따뚜이〉의 파리 시가지, 〈도리를 찾아서〉의 산호초, 〈인사이드 아웃〉에서 라일리의 마음 본부 인테리어 모두 그의 작품이다.

마이클은 〈인사이드 아웃〉이 관객에게 잃어버린 정체성을 상기하고 다시 찾아 나서는 계기가 되길 바랐다. 그 과정에서 그 역시도 자기 삶에 대한 통찰을 얻었지만 막상 극장에서 개봉하자 어쩐지 망망대해를 홀로 표류하는 기분을 느꼈다고 한다. 그는 허먼 멜빌의 《모비딕》을 인용해 이렇게 말했다. "오로지 땅이 없는 곳에 비로소 가장 고귀한 진리가 존재한다."[3] 경외심은 분명 기본 상태의 자기 및 사회 현황에 매였던 닻을 올리고 아무런 구속을 받지 않는 "땅이 없는" 장소로 우리를 데려간다. 이후 그는 픽사 사내 곳곳을 다니며 강연을 시작했고, 나와 커피 한 잔을 나누며 그 주요 내용들을 들려주었다. 사교적인 인사말을 몇 마디 주고받은 뒤 마이클은 노트북을 열어 '제6의 정서 The Sixth Emotion'라고 적힌 강연 자료의 첫 번째 슬라이드를 화면에 띄웠다. 그 정서가 바로 경외심이다.

마이클을 비롯한 많은 사람들은 시각예술의 목적이 경외심을 불러일으키기 위한 것이라고 여긴다. 머독의 표현에 따르면 예술은 우리가 "의식이 꿈꾸는 이기적인 삶"을 초월하게 해준다.[4] 이 책에서 우리가 줄곧 다져온 설명 체계에 맞추어 다시 말하자면 예술이 기본 상태의 자기를 억제해 조용히 시킬 수 있다는 뜻이며, 또한 "가장 고차원적인 영혼의 사랑", 즉 다른 사람들과 함께 삶에 의미와 생기를 불어넣는 것들의 존재를 알아차리는 느낌을 경험하게 해준다. 그의 강연 자료들은 그 자체로 경외심이 시각예술의 중심에 있음을 뒷받침하는 일종의 증거였다. 그는 영화에서 경외심이 표현된 장면들을 수십 장이나 담은 슬라이드를 보여주었다. 스필버그는 경외심이 잘 드러나는 표정 때문에 드루 배리모어를 〈이티〉에 캐스팅했다고 한다. 이어 마이클은 〈매트릭스〉의 키아누 리브스와 똑 닮은 이미지를 생성해 보여주며("맙소사, 이건 정말이지 최고예요") 〈매트릭스〉는 "완전히 IT의 산물"이라고 의기양양하게 말했다. 더불어 루크 스카이워커는 "은하계에 경외심을 퍼뜨린 사람"이라며 〈스타워즈〉의 모티프였던 신화 속 경외심에 이끌린 영웅들의 여정을 조지프 캠벨이 어떻게 다루었는지 설명했다. 영화 속 경외심 사례들을 아찔할 만큼 진하게 견학한 시간이었다.

고고학 기록에 따르면 인류는 약 10만 년 전부터 자기 몸을 진흙으로 치장하고 조개껍데기로 목걸이를 제작하고 죽은 자를 매장할 때 신성한 물건들을 함께 묻음으로써 시각예술을 창작하기 시작했으며, 마침내 6만 년 전부터는 주로 동굴 속 돌과 암벽에 물감을 칠하고 벽화를 새기기에 이르렀다.[5] 오늘날 우리가 시각예술을 보며 느끼는 감성은 미적인 정서부터 놀라움, 우스꽝스러운 부조리, 풍자까지 몹시 다양하다.[6] 예술의 의미에 의문을 품은 채 미술관을 힘겹게 돌아다닐 때 느끼는 지루함도 물론 빼놓을 수 없다. 그렇지만 여기서 우리가 중점적으로 다룰 문제는 이것이다. 과연 회화, 건축, 텍스타일디자인, 영화 등은 어떻게 우리에게 경외심을 불러일으키는 것일까?[7]

루브르박물관 837번 전시실에서 고차원적 영혼에 가닿다

1977년, 우리 가족은 안식년을 맞아 영국해협을 건너 잉글랜드 노팅엄으로 향하기 전 먼저 루브르박물관에 들렀다. 열네 살, 열다섯 살이었던 롤프와 나는 코닥 인스타매틱 필름 카메라로 〈모나리자〉를 찍으며 전시관 안을 마구 뛰어다녔다. 경비원이 우리에게 얌전히 하라는 뜻으로 "트랑킬Tranquille!"이라고 말했다. 솔직히 별달리 경외심을 느끼지는 못했다.

그러나 837번 전시실에 이르자 상황이 급변했다. 아버지는 우리에게 네덜란드 거장들, 특히 요하네스 페르메이르, 피터르 더 호흐, 얀스테인의 작품들 앞에 서서 잠시 감상해보라고 권했다. 아니나 다를까 페르메이르 작품 주변에는 관람객들이 잔뜩 모여 숭배하는 마음이 담뿍 묻어나는 어조로 속삭이듯 오오, 아아 하며 감탄하고 있었다. 그렇지만 그의 작품은 눈부시기는 했어도 내게는 너무 인위적이고 통제된 느낌이 강했다. 야생을 되찾는 데에 굶주린 10대의 눈에는 지

나치게 "형태가 완벽"했던 것이다. 나는 그보다는 페르메이르의 선배
격이자 미술사학자 피터 서턴Peter Sutton이 "조용하게 혁명적인" 작품
을 그린 화가라고 표현한 더 호흐의 작품에 감동을 받았다.[8]

17세기 네덜란드 델프트 시민들(대부분 여성들)이 요리나 빨래를 하
고 개를 쓰다듬고 비질을 하고 아기를 안고 아이들 머리 이를 잡아주
고 젖을 먹이고 에일 잔을 감탄하며 바라보는 모습을 그린 더 호흐의
작품들은 세상을 바라보는 내 시각을 바꿔주었다. 이와 관련해 미적
인 경외심의 선도자 수잔 랭어는 이런 가설을 제시했다.[9]

> 인간은 자신이 창조해낸 요소들의 조작을 통해 새로운
> 감정의 가능성, 이상한 기분, 혹은 어쩌면 본래 기질만으로
> 는 결코 불가능했거나 단지 아직 계발 기회를 얻지 못했던
> 엄청나게 농밀한 격정을 발견하는지도 모른다.

더 호흐의 작품을 감상함으로써 나는 "새로운 감정의 가능성"을 발
견했다. 어머니가 아이를 바라보는 그 시선에서 나는 수학적 황금비
율에 필적하는 심적인 아름다움을 감지했다. 그의 작품 속에서는 빨
래를 하거나 아침 햇살을 쬐며 조화롭게 움직이는 동안 우리를 하나
로 묶어주는 거대한 힘의 존재를 느낄 수 있었다. 열다섯이었던 나는
비록 거의 매시간 소외감을 느꼈지만 그런 나도 언젠가는 친구들과
맥주잔을 기울이며 숭고한 공동체의식을 경험할 수 있으리라는 기분
이 들었다. 이처럼 더 호흐는 내가 일상 속 경외심이라는 관념에 눈을

뜨게 해주었다.

2019년, 나는 파리를 다시 찾았다. 그리고 루브르를 방문해 〈모나리자〉 앞에서 인증 사진을 찍으려고 서 있는 관객들의 끝없는 줄을 지나 837번 전시실에 들어섰다. 다시 한번 경외심이 나를 덮쳤는데, 이번에는 더 호흐의 1658년 작품 〈술 마시는 여인〉 앞에서였다. 이 그림 속에서는 테이블 가까이 서 있는 남자가 젊은 여자에게 술을 따라준다. 여자는 편안하게 다리를 뻗고 느긋하게 몸을 한쪽으로 기울인 자세로 술을 받는다. 수줍은 듯한 미소를 가득 띤 표정으로 눈길은 자신 앞에 펼쳐질 가능성을 향한다. 반대편에 앉은 남자는 파이프 담배를 태우며 멍하니 먼 곳을 본다. 여자 근처에는 조금 나이 든 여자가 자기 가슴에 손을 얹고 있다.

이 그림을 보고 내가 어떻게 그리고 왜 경외심을 느꼈는지 설명할 방법이 있을까? 내가 어떤 개념과 언어로 설명하려 해도 시각예술이 경외심을 자아내는 그 직감적이고 총체적인 과정을 온전히 담아낼 수는 없을 것이다. 언어에 기반해 마음의 작동 원리를 묘사하는 이론 대부분이 우리 마음의 실제 작동 원리를 제대로 설명하지 못하는 이유는 마음을 구성하는 수많은 단계들이 언어로 구체화할 수 있는 이야기나 설명 이전 단계에 이루어지기 때문이다.[10] 이처럼 보다 잠재의식적인 과정들을 설명하는 데에는 신경과학이 유용하다. 다양한 뇌 연구 분야 가운데 우리 뇌가 예술에 어떻게 반응하는지 설명하고자 하는 신경미학neuroaesthetics에서는 경외심을 불러일으키는 시각예술의 네 가지 속성에 집중한다.[11]

여러분이 가장 최근에 시각예술 작품을 보고 경외심을 느꼈던 경험을 떠올려보기 바란다. 회화일 수도 있고 사진, 사찰 문양을 새긴 조각상, 대성당의 아치형 예배당과 스테인드글라스, 영화의 클라이맥스 장면이어도 좋다. 그렇게 여러분이 시각적인 경외심을 자아내는 대상을 바라보는 동안 망막에서 출발한 신경화학 신호들은 뇌 뒷부분에 자리한 시각피질로 이동하고 그곳에서 형태, 질감, 색깔의 초기 정보인 선의 각도, 명암 패턴 등을 바탕으로 심상 기초가 구축되기 시작한다. 이 시지각의 첫 번째 단계에서는 방랑하는 노숙자 얼굴에서 눈과 입이 만들어내는 기하학 형태들, 도시 건물 외벽에서 빛과 어둠이 교차하는 패턴, 또는 더 호흐의 그림 속 마을 사람들이 조화롭게 움직이며 겸허하게 일상적인 일들을 해내는 모습 등으로부터 아직 우리가 미처 인식하지 못하는 수준의 시각 패턴 visual pattern이 포착되는데, 이것이 경외심을 느끼는 시발점일 수 있다.

이러한 정보를 담은 신경화학 신호들은 이후 물체에 대한 관념이 저장된 뇌 영역들을 활성화한다. 이 덕분에 예술가들은 시각 기법을 이용해 보는 이에게 특정 개념과 생각, 이를테면 자신과 삶의 경이가 어떤 관계인지 등을 떠올리게 할 수 있다. 〈술 마시는 여인〉 속 네 사람에게 닿는 포근한 빛은 햇살의 따사로움이 지닌 힘 혹은 하루가 시작되고 또 저물며 빛이 변하는 동안 쉴 새 없이 흐르는 시간에 대한 생각을 촉발한다.

이렇게 형성된 시각예술에 대한 신경화학적 표상은 다음으로 우리 신체(심장, 폐, 근육군, 면역계 등)에 영향을 주는 전대상피질, 전측뇌섬엽 같은 신경망을 활성화한다. 이 시점에 이르면 대부분 수백 년 전에 제작된 2차원 그림 혹은 사진 앞에 서 있는 것만으로 경외심에 따른 직접 체화 경험direct embodied experience이 일어날 수 있다.

마침내 신경화학 신호들은 언어, 개념, 학습된 해석, 이야기, 사회적인 삶에 대한 문화이론을 바탕으로 예술 작품에 의미를 부여하는 전전두피질에 도달한다.[12] 이 단계에서 시각예술은 현실을 새로운 시각으로 바라보게 해줄 수 있다. 즉 성정체성을 비롯한 다양한 측면에서 자신이 어떤 사람이 될 수 있을지, 사회조직 같은 형태로 경험할 집단생활이 어떤 양상으로 전개될지에 대해 새로운 관념을 가지게 해줄 수 있다. 열다섯 살에 더 호흐의 작품을 보고 경외심을 느꼈던 나는 당시 상당히 급진적인 생각을 떠올렸다. 바로 일상에서도 얼마든지 경외심을 느낄 수가 있겠구나 하는 생각이었다.

좋은 예술은 이처럼 가장 고차원적인 영혼에 가닿을 기회를 무궁무진하게 제공한다.

성스러운 기하학 패턴들에서 발견하는 초월적 느낌

경외심을 주제로 강연을 할 때면 나는 이 책 도입부에 소개했던 경외심의 정의를 설명하는 것부터 시작한다. 우리는 세상에 대한 기존 이해를 뛰어넘는 거대한 무언가와 마주했을 때 경외심을 느낀다. 그러다 보면 매년 몇 명씩은 손을 들고 곧 이런 예리한 질문을 던진다. "그럼 아주아주 작은 것들을 보면서 느끼는 경외심은 뭔가요?" "가로 세로 각각 60센티미터 넓이 공간에 14세기부터 20세기 집 안 모습들을 재현하고 심지어 창을 통해 들어온 빛이 방 안을 채운 것 같은 효과까지 믿기 힘들 정도로 정교하게 묘사한 미니어처는요? 시카고 미술관에 전시된 손 Thorne의 작품 예순여덟 점 같은 것은요?" "현미경으로 봐야 할 정도로 붓질이 섬세한 얀 반 에이크의 작품들은요?" 이 '작은' 무언가로부터 느끼는 경외심의 대변자들은 나아가 윌리엄 블레이크가 말한 "모래 한 알에 담긴 세계"나 월트 휘트먼이 풀잎에 표한 영적인 경의를 들먹이며 반항적인 모습으로 팔짱을 끼고 턱을 치켜든다.[13] 이들은 미시적 경외심에 꽂힌 것이다.

사진작가 로즈-린 피셔 Rose-Lynn Fisher는 바로 이런 미시적 경외심을 기록하는 예술가다. 그녀는 벌 눈, 벌집 구조, 혈액세포, 뼈 조직 등을 촬영하는 데 다년간 노력을 기울였다. 내가 먼저 연락을 한 것도 그녀가 자기 눈물을 촬영한 사진을 보고 감명을 받았기 때문이다.

미국 미네소타주에서 자란 피셔는 어린 시절 눈송이 패턴, 버들강아지 잎을 풍성하게 덮은 보드라운 털, 학교 현장학습 시간에 방문한 과학산업박물관 그리고 퀼트와 모자이크 수업에서 경외심을 느꼈다. 패턴, 관계성, 심오하고 통일성 있는 구조를 느꼈다. 피셔는 "성스러운 기하학 패턴"이라는 말을 반복하며 이 세상을 이루는 심오한 기하학 구조를 볼 때 경험하는, 영적이라고까지 여겨질 정도로 초월적인 느낌에 대해 이야기했다. 음악의 상징적인 소리와 시각예술 작품에는 우리가 느낄 수 있는 삶의 기하학 패턴들이 존재한다.[14]

캘리포니아주 셔먼오크스에 있는 피셔의 집과 스튜디오에 가보니 성스러운 기하학 패턴을 향한 숭배의 증거가 곳곳에 묻어 있었다. 테이블 위에는 모양과 크기가 제각각인 돌들이 잔뜩 흩어져 있었는데, 피셔는 그중 몇 개를 집어 들어 시간이 흘러도 변함없이 아름다울 패턴들을 가리키며 지구가 거쳐온 지질학적 진화가 선사한 시각적 경외심에 대해 이야기했다. 복도에 자리한 서랍장 위에는 서로 이리저리 얽힌 평행사변형들이 피라미드 형태를 이루는 예술학교 재학 시절 작품이 놓여 있었다. 단순한 도형들이 모여 만들어낸 그 복잡성에 경외심이 절로 일었다.

침실 벽에 걸린 30대 때 그림들은 이를테면 대성당이나 궁전의 체커보드 바닥 선들이 한 점에서 수렴하도록 표현하는, 르네상스 회화에서 너무나도 두드러진 특징인 '소실점의 재해석'에 중점을 두었다. 피셔는 자기 그림 속 소실점은 끝도 내용도 없으며, 존재하지조차 않는 어떤 것을 상징한다고 말했다. 그 말을 듣자니 경외심을 통해 자기가 사라지는 단계를 넘어서면 다시 확장되고 무한해지는 단계로 나아간다는 위대한 깨달음을 예술의 시각 기법으로 이해할 수 있다는 사실에 감탄이 밀려왔다.

하루는 작업 준비를 하다 창턱에 죽어 있는 벌을 발견했다고 한다. 피셔는 벌 사체를 현미경 아래 두고 미세한 상을 포착할 수 있는 렌즈로 촬영했다. 이때 찍은 첫 사진들은 그녀의 사진집《벌Bee》에 수록되었다.[15] 그녀는 이 중 벌 눈을 촬영한 작품을 내게 보여주었다. 그러고는 벌집 구조를 구성하는 수많은 육각형이 선명하게 빛나는 사진 한

장을 가리켰다.

아아, 그 경외심이란!

피셔는 말했다. "자연계에는 물리적인 형태 너머에 존재하는 패턴들이 있는데, 그 깊은 울림에서 저는 우리에게 내재된 중용을 느껴요." 그러더니 육각형이 얼마나 성스러운 기하학 패턴인지 이야기하기 시작했다. 육각형은 다윗의 별에 포함된 도형이자 토성의 구름 형태이기도 하며, 북유럽 전통인 하갈 룬문자에서도, 우리 DNA에서도 육각형을 찾을 수 있다. 예술은 이처럼 삶 속 통일성 있는 기하학 패턴들을 바라보는 가운데 경외심을 느끼게 해준다.

어느 날 피셔는 1970년대에 학생 신분으로 유럽 이곳저곳을 다니다 알게 된 한 남성의 아들에게서 전화를 받았다. 파리에 있을 때 그녀는 여러 증상 가운데서도 특히 골관절이 약해지는 문제로 애를 먹곤 하던 고셰병이라는 유전병이 급작스럽게 재발했다(고셰병에 걸리면 효소 결핍으로 특정 세포들이 완전히 분해되지 못하고 비장, 간, 뼈에 축적되어 그에 따른 심각한 문제들이 발생한다). 당시 밤 기차를 타고 피렌체로 이동했는데, 도착할 무렵에는 걷기조차 힘들 지경이었다. 이에 일단 친구가 준 번호로 전화를 걸었고, 그렇게 만난 패트릭이 수프를 대접하고 그녀를 번쩍 들어 올린 채 광장을 가로질러 조토의 프레스코화와 미켈란젤로의 무덤만은 볼 수 있게 해준 데 더해 병원에까지 데려가준 것을 계기로 두 사람은 평생 친구가 되었다. 그랬던 패트릭의 아들이 전화해 그가 죽었다고 말하자 그녀는 한동안 눈물을 멈추지 못했다고 한다.

그러다 문득 피셔는 자신의 눈물을 슬라이드글라스에 올리고 촬영하기 시작했다. 1000장이 넘는 사진 중 100가지 경험을 대표하는 작품이 《눈물의 지형도 The Topography of Tears》에 수록되었다.[16] 처음 두 장은 〈영원한 재회의 눈물(넓어져가는 광야에서)〉과 〈비탄과 감사〉다. 정맥, 모세혈관, 세포 등 신체기관계가 만들어낸 이 추상적인 형태들은 마치 항공지도 같다(그녀의 표현대로라면 정서 지형을 담은 지도다). 다른 사진들에는 〈반박할 수 없는〉 〈결국은 어찌 되든 상관없었다〉 〈시간의 덧없음(무질서)〉 〈너를 잃는다는 것〉 〈한계의 순간 벅차오름에 흘린 눈물〉 같은 제목들이 붙어 있었다.

피셔는 눈물의 선과 형태, 패턴, 율동감이 감정에 담긴 성스러운 기하학 패턴을 드러내준다고 설명했다. 이 이미지들은 고통의 모습은 어떠한지, 또 감사와 비탄, 경외심의 모습은 어떠한지를 눈으로 볼 수 있게 해준다. 과학자들은 서른 가지가 넘는 기법을 동원해 우리 신체의 생리 상태를 측정하고도 겨우 스무 가지 정서의 특징을 모호하게 짚어냈을 따름이다.[17] 그에 반해 피셔의 사진들은 눈물의 형태를 통해 수백 가지 복합적인 감정의 서로 뚜렷하게 구별되는 신경화학적 특징을 눈으로 확인하게 해준다. 윌리엄 제임스가 이걸 봤다면 절로 우와 소리를 냈으리라.

인간 정서를 표현한 피셔의 눈물 사진들을 보던 중 나는 다음 페이지의 〈애착과 해방 사이의 끌어당김〉이라는 작품에 얼어붙고 말았다.

264

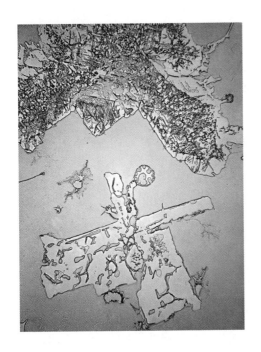

로즈−린 피셔, 〈애착과 해방
사이의 끌어당김〉

내 눈에는 가벼운 형태 쪽이 위쪽의 큰 덩어리로부터 떠내려가 멀어
지는 것처럼 보였다. 애착과 해방이 만들어낸 찰나의 물결을 타고 비
탄이 밀려들어왔다.

시각예술은 또한 우리의 사회적인 삶 속 기하학 패턴들도 담아낸
다. 라파엘로 산치오나 레오나르도 다빈치의 성모자상에서 묘사된
부모와 자식 간 사랑의 대칭성이라든지, 역시 루브르 837번 전시실에
서 볼 수 있는 네덜란드 거장 얀 스테인이 그린 술자리 집단 열광의
물결을 예로 들 수 있다. 그런가 하면 브라질 세라펠라다 금광에서 전
성기에는 5만 명에나 이르렀던 땀에 젖은 근육질 광부들이 한 덩어리

처럼 일사불란하게 일하는 장면을 담은 세바스치앙 살가두Sebastião Salgado의 사진들은 숭고하면서도 착취를 기반으로 한 자본주의 지옥 같은 공포와 그 때문에 몸과 마음이 그저 생산수단의 일부로 전락해 버린 인간 모습을 절묘하게 포착했다.

아울러 시각예술은 자연계의 심오한 구조, 즉 성스러운 기하학 패턴도 볼 수 있게 해준다. 19세기 중반, 에른스트 헤켈Ernst Haeckel은 4000종이 넘는 단세포 원생생물을 연구해 이들의 계통과 생태를 밝혀냈다. 이에 더해 자신이 연구한 종들을 직접 그려보면 과학적으로 중요한 사실들을 발견할 수 있으리라는 믿음을 바탕으로 100장에 달하는 일러스트를 완성해 1904년《자연의 예술적 형상》이라는 책 열 권으로 출간했다. 이 책에는 해파리, 말미잘, 조개, 연잎성게, 물고기, 이따금씩 곤충까지 100종 이상 생물을 세밀하게 묘사한 매력적인 그림들이 실렸다.[18] 그의 그림을 보자면 이상하고도 아름다운 통찰을 경험하는데, 각 종의 고유 특성들을 예술적으로 과장하여 묘사한 덕에 이들이 택해온 몹시 독특한 적응 및 생존 전략들을 상상해볼 수 있기 때문이다. 더불어 헤켈이 그린 생물들에게서 공통되게 나타나는 대칭성과 기하학 형태에 경탄하다 보면 서로 다른 종 사이에 존재하는 관련성을 알아차리고 다양한 생물 형태 또한 어떤 거대한 생명력 혹은 헤켈이 말하는 "예술적 추동artistic drive"에 의해 통일성을 띠게 되었음을 깨닫는다. 헤켈의 그림은 이처럼 생물의 초기 원시 형태를 통해 종의 진화에 대한 다윈의 생각을 엿보게 한다.

피셔는 조금 더 최근에 촬영한 사진들도 보여주었는데, 사진 속 유

266

령 같은 세포들의 출처는 그녀 자신의 뼛조각이라고 했다. 마치 무한을 상징하는 것 같기도 한 그 세포들의 모습은, 단순히 일부 세포에서 발생한 유전변이의 산물에 불과한 존재가 어떻게 한 인간 삶에 그토록 복합적인 고통과 공포, 통찰, 경이를 안겨줄 수 있는지 자각하지 못한 채 표류하는 것처럼 보였다. 우리 삶에 존재하는 모든 기하학 패턴들, 우리가 살면서 만났던 트라우마 혹은 아름다움, 집안 대대로 이어진 저주와 축복을 전부 우리가 보지 못했던 세포들의 형상과 무작위로 일어난 DNA 돌연변이들 속에서 찾을 수 있었던 것이다.

대화가 거의 마무리될 즈음, 나는 거실로 나와 돌들이 어지러이 흩어진 작은 테이블 근처에 앉았다. 피셔는 주방에서 차를 끓이며 이렇게 말했다. "'경탄할 만큼 멋지다awesome'와 '무섭도록 끔찍하다awful'. 이 둘이 양립한단 게 참 놀랍지 않나요."

우리는 '경외심'이라는 단어의 중세 시대 어원과 그 의미의 변천사에 대해 이야기를 나누었다.

그녀가 말을 이었다.

"'경탄할 만큼 멋지다'와 '무섭도록 끔찍하다'…. 둘이 모순되지 않게 만드는 게 제가 할 일이죠."

피셔에게 "예술은 섬광 같은 통찰을 통해 문제에 내재한 답을 드러내 보이는 언어"다. 예술 작품에서 우리는 삶과 죽음, 양측 모두의 패턴들을 발견한다. 그렇게 둘이 모순되지 않게 양립하는 순간, 삶과 죽음의 순환을 이해할 방법을 떠올리게 될지도 모른다.

아름다움과 숭고함에 대한 경험은 어떻게 다른가

기본 상태의 자기는 독립성과 경쟁 우위에 너무나도 치중된 나머지 거대한 무언가를 이해하는 데에는 적합하지 않다. 기존 지식과 확실성에 대한 욕구에 이끌려 삶의 수수께끼들을 회피하거나 간단한 설명만으로 일축해버리기 일쑤다. 시각예술은 바로 그 거대한 수수께끼에 다가서게끔 우리에게 암시를 제공한다.

이러한 관념을 가장 잘 설명한 인물이 1729년 아일랜드 더블린에서 태어난 철학자 에드먼드 버크였다.[19] 그가 1757년에 발표한 얇은 책《숭고와 아름다움의 관념의 기원에 대한 철학적 탐구》는 예술, 건축, 영화, 디자인 학교에서 필독서로 꼽힌다.

버크의 책은 18세기 독자들을 일상 속 경외심에 눈뜨게 했다. 그 안에는 천둥, 그림자, 길 위를 수놓은 빛의 패턴들, 심지어는 황소(훨씬 아름답고 정감 가는 젖소도 아니고!) 모습에 이르기까지 모든 지각 경험에서 경외심을 경험할 수 있는 상세한 설명이 담겼다. 물론 이 책에도 이상한 부분들이 있는데, 버크는 향기로는 경외심을 느낄 수 없다며(내가 산에서 만난 프랑스 어느 향수 공장 여직원은 이 생각에 당연히 불쾌해했다) 시각과 청각을 우선시했다.[20] 그렇지만 무엇보다 중요한 부분은 아름다움과 숭고함에 대한 경험이 서로 어떻게 다른가에 대한 설명이었다.

버크는 아름다움이라는 감정은 익숙하고 애정 어린 감각에서 피어나는 반면 경외심은 강력하고 이해하기 어려우며 무시무시하다는 인식에서 비롯한다고 보았다. 현재 과학적인 시각에서 미학을 연구한 결과도 이러한 구별 기준과 일치한다. 크기, 공간, 시간, 사물, 타인, 인과관계 등에 대한 우리의 기본적인 기대와 예측은 이 세상을 보다 능률적으로 헤쳐 나갈 수 있게 도와준다. 이렇듯 기본적인 기대에 부합하는 대상을 만났을 때 우리는 편안하고 좋은 느낌을 받는다.[21] 이러한 사실은 얼굴, 향기, 가구, 일상 속 풍경 대상 연구에서 일관되게 관찰되었다.[22]

시각예술에서도 우리는 기본 상태의 자기가 품은 시각적인 기대와 일치하는 장면, 즉 익숙하며 통계적 규칙성이 반영된 장면들을 선호한다.[23] 화면 가운데에 사물을 두는 것처럼 자신에게 익숙하게 느껴지는 배치를 좋아한다. 새처럼 하늘에 존재하는 대상은 땅 가까이 있는 것보다 저 높이 있는 모습을 더 편안하게 느낀다. 우리가 보통 세상을 볼 때의 높이에 있는 지평선을 선호하며, 유별나게 낮거나 높을 땐 불편하다. 요컨대 우리가 일반적으로 지각하는 세상의 모습을 포착한 시각예술은 우리에게 편안함을 주고, 미적 정서 영역에 속하는 아름답다는 감정을 수반한다.

한편 경외심을 불러일으키는 시각예술은 거대한 수수께끼를 암시해야 한다고 버크는 설명했다. 그러기 위한 방법 가운데 하나가 인과적인 거대한 힘에 대한 암시다. 교회 정문 조각 장식, 정원에 길게 줄지어 솟은 나무들, 국군 묘지에 세워진 묘비들처럼 무수히 많은 무언가가 존재한다는 인상을 주는 대상은 우리 사회 및 자연계 삶을 구성하는 심오한 힘을 어렴풋이나마 느끼게 한다. 일례로 카미유 피사로의 작품 〈몽마르트르 대로〉에서는 수없이 늘어선 보행자와 불빛과 카페들로 붐비는 거리 풍경으로부터 19세기 말 파리에서 느껴지던 변혁적인 문화의 힘을 엿볼 수 있다.

버크는 단순한 반복이 그 반복되는 형태에서 드러나는 인과적인 거대한 힘을 연상시킨다고 주장했다. 이를테면 파도와 산은 각각 바다의 물결과 지구의 지질학적 진화라는, 규모가 크고 통합적인 힘을 암시한다. 스웨덴 영화감독 미셸 시 칼손Mikel Cee Karlsson은 이를 닮거나 연인의 머리카락을 쓰다듬거나 다리를 움직이거나 신경성 틱 같은 일상 활동들을 오래 반복해서 보여줌으로써 우리 사회적인 삶 패턴들을 조직하는 관습들을 강조한다.

버크는 빛과 움직임의 패턴들에도 우리 시선을 하나로 모으는 효과가 있다고 보았다. 작품 속 풍경이 빛의 연출(렘브란트의 작품들), 율동감(모네의 〈깃발로 장식된 몽토르게이 거리〉 속 깃발들), 단일 색조(피카소의 '청색시대')로 통일감을 띨 때 우리는 그 화폭 안 모두를 하나로 묶어주는 거대한 무언가가 존재함을 추측하게 된다.

더불어 시각예술은 영화 속 슬로모션 기법(마틴 스코세이지 감독의 〈분노의 주먹Raging Bull〉을 떠올려보자) 등을 활용해 시간에 대한 우리의 기본적인 예상을 무너뜨림으로써 경외심을 불러일으킬 수 있다. 또 반 고흐의 〈꽃 피는 아몬드 나무〉처럼 지평선도 원근법도 없이 그저 가느다란 나뭇가지가 화폭 가장자리 너머로 끝없이 늘어진 듯 방향 감각을 잃고 아찔해지는 효과를 연출함으로써 공간에 대한 기본적인 예상을 박살 내기도 한다. 고흐는 이 그림을 세상에 갓 태어난 조카를 위해 그렸다. 이후 고흐의 제수였던 요아나는 그의 어린 조카가 그 그

270

림에 "완전히 반했다"라고 전했다.

아이리스 머독이 주장한 것처럼 과연 시각예술은 기본 상태의 자기를 통해 지각한 세상에 대한 평범한 시각과 기대를 초월하도록 돕는다. 그리고 거대한 수수께끼에 대한 암시를 통해 우리를 둘러싼 삶의 심오한 구조를 바라보며 이처럼 상호 연결된 패턴들 속에 단단히 자리 잡을 수 있게 해준다.

예술은 지각으로 이어지는 문이자 경외심을 비추는 눈

시각예술은 오래전부터 새로운 "감정의 가능성"을 북돋아줌으로써 정서를 통해 직접 세상을 지각하게 해준다고 여겨져왔다.[24] 20세기 독일 예술가 케테 콜비츠가 아직 어린 두 자녀를 잃은 아픔을 녹여 비탄을 표현한 작품을 바라보자면 상실을 경험할 때 세상이 어떻게 보이는지에 눈뜨게 된다. 짐 골드버그Jim Goldberg의 사진집《부유한 자와 가난한 자 Rich and Poor》에 수록된 작품들에선 가난한 삶의 위태로울 만큼 원초적인 감수성을 한눈에 볼 수 있다. 마크 로스코의 그림을 보면 그가 결국 예순여섯에 스스로 생을 마감할 수밖에 없었던 깊은 우울감의 사고 패턴이 떠오른다.

러시아 태생 화가 바실리 칸딘스키는 시각예술이 존재하는 이유가 '스티멍Stimmung'이라는 정서적 울림을 통해 신비한 감정을 불러일으킴으로써 "영혼을 지켜내기" 위해서라고 말했다.[25]

[위대한 예술을 접하면] 관람자 스스로도 그에 상응하는 전율을 느낀다. (중략) 실로 그림의 스티밍은 관람자의 정서를 보다 깊어지고 순결해지게 만들 수 있다. 이 같은 예술 작품은 적어도 조악함으로부터 영혼을 지켜내며, 말하자면 줄감개로 현악기 줄을 당겨 조율하듯 영혼을 특정 수준까지 "끌어올려준다."

시각예술은 우리의 경외심 경험을 세밀하게 조정한다. 가령 멕시코 이촐족이 실로 그린 작품을 가만히 들여다보면 마치 환각을 보는 것 같다. 영적인 경험을 담아낸 남아프리카 예술가 어니스트 만코바Ernest Mancoba의 그림들은 신비적 경외심을 자아내는 밝고 환상적인 빛과 다양하게 서로 연결된 형태로 가득 차 있다. 독일 베를린 곳곳에서 보이는 무아지경인 댄서나 몽환적인 존재들을 묘사한 길거리 벽화 또한 베를린이라는 도시를 경외심 어린 눈으로 바라보게 만든다. 알렉스 그레이Alex Grey 같은 환각 예술가들은 사이키델릭에 취한 신비로운 순간에 보는 세상이 어떤 모습일지 포착하려고 애쓴다.[26] 이처럼 예술은 지각으로 이어지는 문이자 경외심을 비추는 눈으로 기능한다.

시각예술이 경외심을 직접 지각하게 해준다는 사실에 영감을 받은 리베카 스톤Rebecca Stone은 40년 동안이나 메소아메리카 예술을 연구했다.[27] 그동안 그녀는 안데스 산지 텍스타일디자인, 멕시코 무덤 속 조각상들, 잉카 농기구에 새겨진 무늬들, 에콰도르의 암면 조각, 와리

| 베를린에서 경외심 걷기를 하며 보았던 길거리 벽화

제국(서기 600년에서 1100년까지 중앙 페루를 지배했던 제국)의 건축양식 등
에 대한 논문들을 발표했다. 그리고 이러한 연구 자료들을《그들 안
의 재규어 The Jaguar Within》(메소아메리카 전통에서 재규어는 신성한 동물이

다)라는 책으로 집대성했다.

　메소아메리카 문화권 상당수에서 시각예술은 소위 샤머니즘을 통해 구축한 경외심 경험을 보존하는 수단이었다.[28] 약용식물, 춤, 꿈, 의례를 통해 샤먼은 부족원들이 신비적 경외심을 경험하게 해주었다. 자기와 타인의 경계가 사라지고, 만물이 서로 의존하는 관계이며 이에 작용하는 생명력이 가까이 있음을 감지하고, 다른 종 및 초자연적 존재와 공유된 의식을 느끼는 상태에 이르는 경험이었다.

　이러한 경험들은 성가, 의례, 수많은 동식물 종이 지닌 힘에 대한 지식체계, 시각예술과 디자인으로 기록되었다. 그렇게 제작된 조각, 그림, 탈, 나무줄기나 섬유 등을 엮어 만든 바구니, 작은 조각상들은 공공 및 개인 공간을 장식하며, 그 고유 패턴은 경외심이 절로 이는 너울거리는 율동감, 나선구조, 보는 각도에 따라 다양한 빛을 내는 색깔, 일반적이지 않은 조명을 통해 새로운 눈으로 세상을 보게 해준다. 주로 인간과 인간이 아닌 생명체가 혼합된 형태처럼 서로 다른 범주의 융합을 시각적 모티프로 삼아 우리가 품고 있는 기본적인 기대에 도전한다.

　예술 작품을 보는 행위는 뇌의 도파민 회로를 활성화한다.[29] 공공건물이나 사무실 벽에 그림이 걸려 있으면 사람들 마음이 경이를 느끼기 쉬운 상태가 되어 창의력과 참신한 발상, 문제 해결 능력, 다른 사람들의 관점에 대한 사고의 개방성이 향상되는 모습을 보인다.[30] 예술은 또한 우리 내면의 거룩하고 고결한 기질이 발휘되게 돕는다. 영국에서 3만 명 이상을 대상으로 진행되었던 어느 인상적인 연구 결과에 따르면, 그림을 그리거나 춤을 추는 등 예술 활동을 많이 한 사람들, 또 박물관이나 음악 공연장을 방문해 예술을 많이 접한 사람들일수록 연구 종료 2년 뒤 추적조사에서 지역사회 봉사나 기부를 더 많이 하고 있었다.[31]

일상에서 더 많은 경외심을 느끼게 돕는 시각디자인은 공공 건강과 안녕감 또한 증진한다. 덴마크에서 최근 발표된 한 연구는 병원 벽에 걸린 그림이 환자들에게 보다 안전감을 느끼게 하고 회복 속도를 높이며 다른 사람들과 잘 어울리게 해줄 뿐만 아니라 생명 순환이라는 넓은 관점에서 자기 병을 이해할 수 있게 해준다는 결과를 발견했다.[32] 사진에서 풍기는 인상을 바탕으로 판단했을 때 시각적 경외심을 불러일으키기 좋은 환경이라고 여겨지는 도시의 사람들은 소득 및 오염 수준이 비슷한 다른 도시와 비교해도 월등히 건강했다.[33] 걷기 좋은 길, 같은 방향을 바라보며 서로 조화를 이루도록 설계된 주요 건물들, 광장, 도서관 같은 공공건물 등 사회적인 삶을 구성하는 기하학 패턴들 속에서 생활할 수 있는 여건의 도시 사람들은 마음이 너그러워지며, 몸과 마음이 건강하다고 느낀다.[34] 그저 대성당 근처나 예배당 안에 있기만 해도 사람들 마음속에서는 협동심이 증가한다.[35] 이처럼 경외심을 기반으로 한 시각디자인은 경외심을 통해 세상을 보도록 하며 자기 자신이 상호 의존적인 거대한 삶의 패턴 속에 있음을 깨닫게 해준다.

우리가 세상을 보는 방식을 바꿔놓는,
충격과 경외심의 문화 예술

오하이오주에서 살 때 어린 수전 크릴Susan Crile과 가족은 심해 잠수를 즐겨 했다. 수면 아래 펼쳐진 환상적인 물의 창공에서 크릴은 광대한 고요 속을 부유하는 숭고함을 발견했다. 시간이 팽창하는 것만 같았다. 생명체들의 흐릿한 윤곽선이 눈에 들어왔다. 그녀는 수수께끼 같은 신비로움을 느꼈고, 평온해졌다.

그 기억을 회상하던 그녀는 경외심을 느꼈던 또 다른 경험, 시리아 사막에서 야영하다 베두인족과 함께 식사했던 경험을 떠올렸다. 별, 심장을 쿵쿵 울리는 음악 소리, 이리저리 흔들리는 사람들의 몸, 기분 좋은 향 모두 지워지지 않는 강한 인상을 남겼고 현재 뉴욕시 아파트에서 내게 그 이야기를 들려주던 그녀의 눈가는 금세 촉촉해졌다.

1991년, 조지 H. W. 부시 대통령이 '사막의 폭풍' 작전을 개시했을 때 크릴은 울화가 치밀었다. '스마트 폭탄'이 야기한 참상에 속이 뒤집혔다. 크릴은 "그때 죽은 사람들은 애들이고 엄마들이었어요"라고 말했다. 역사적인 건축물들은 모조리 소멸했다. 언론에서 '부차적인 피해', '정밀한 타격' 따위의 무책임하게 떠드는 말을 들으며 그녀는 한동안 작업실을 서성거렸다.

사담 후세인이 쿠웨이트 유정에 불을 지르자 수전은 마침내 활동을 시작했다. 현장 진화 작업을 담당한 부츠앤드쿠츠Boots & Coots라는 회사에 연락한 그녀는 곧장 쿠웨이트로 향했다. 그리고 그곳에서 바로 얼마 전까지 전투가 벌어졌던 길을 지나가며 어지러이 흩어진 아이들의 장난감, 불에 탄 탱크, 새카맣게 재가 되어버린 전초기지, 빈 탄피들을 보았다. 이글이글 불타는 기름 호수의 열기에 쓰러질 것만 같았다. 하늘은 검은 연기로 뒤덮여 있었다. 제트기처럼 울리는 불길의 포효가 죽음의 소리처럼 들렸다. 나중에 그녀는 자신이 촬영한 사진들을 바탕으로 선명한 화염, 광대한 검은 연기, 기름 웅덩이에 비친 혼란스러운 장면들을 담아 종말이 닥친 듯한 광경을 그려냈다. 공포가 뒤섞인 경외심이었다.

그러다 2001년 9월 11일, 헌터칼리지에 미술 수업을 하러 가기 위해 뉴욕 센트럴파크를 가로질러 걷던 그녀는 재를 뒤집어쓰고 공포로 아연한 채 마치 귀신들의 순례 행렬처럼 터덜터덜 걸어가는 사람들을 지나쳤다. 이번에는 영상으로 작업했다. 그녀는 시간이 한없이 팽창해 늘어지는 장면을 포착해, 건물이 슬로모션으로 무너지는 모습, 엄청나게 많은 재, 사람들이 창밖으로 기어 나오는 맨해튼 빌딩들을 재현해냈다. 오늘날 많은 이가 경외심의 순간으로 기억하는 장면들이었다.

아부그라이브 교도소에서 고문당하는 수감자들의 사진이 공개되었을 때, 그녀는 이 참상을 공포, 잔혹성, 경외심, 자비가 뒤섞인 연작 그림으로 재탄생시켰는데, 이렇듯 복잡하게 혼합된 정서의 표현이 내가 처음 그녀를 만나봐야겠다고 생각한 계기였다. 맨해튼 어퍼웨스트사이드에 위치한 그녀의 아파트 내부는 벽면이 예술 서적들로 가득 메워져 있었다. 커다란 탁자 아래에는 그림 더미들이 잔뜩 쌓여 있었다. 연필과 파스텔과 목탄은 트레이 위에 크루디테(피망, 셀러리, 오이, 당근 등 생채소를 한 입 크기로 잘라 보기 좋게 담아둔 전채 요리 – 옮긴이)처럼 배열되어 있었다. 공기 중에는 어린 시절 아버지 작업실에 갔을 때를 생각나게 하는 먼지와 예술의 향기가 감돌았다.

아파트에 들어서자 너비 60센티미터, 높이 90센티미터 정도로 커다란 크리스마스 선물만 한 검은색 상자가 시야 한가운데 들어왔다. 수감자들을 몇 주 동안이고 가두어두는 관타나모베이 독방이 딱 그 크기였다.[36] 크릴의 검은 상자는 거대한 힘에 굴복당해 그 손아귀에서 벗어나지 못하는 삶의 패턴을 절실히 느끼게 해주었다. 나는 몸서리쳤다. 마음속에는 인간의 공포에 대한 궁금증이 피어났다. 나라면 그 공간 안에서 죽기까지 얼마나 걸릴까? 만약 죽지 않는다면 내 머릿속은 어떻게 되었을까?

크릴의 〈아부그라이브: 힘의 남용-Abu Ghraib: Abuse of Power〉 연작에는 생식기를 물어뜯으려 달려드는 개들, 의식을 잃은 채 잔뜩 부어오른 얼굴, 수조 안에서 공기를 들이마시기 위해 헐떡이는 수감자들, 벌거벗겨진 채 무더기로 쌓인 시신들을 묘사한 그림들이 포함되었다. 시신들은 단순한 윤곽선만으로 표현되었는데 투명했고 광채로 뒤덮여 있었다. 한 명은 검은 상자 안에 묶여 있었지만 체념한 것 같았고, 심지어 평온해 보이기까지 했다. 크릴은 사람들이 이 고통을 뼈저리게 알게 해주고 싶다고 말했다. 자비를 느끼게. 그러고는 자신에게 영감을 주었던 경외심과 공포의 기록들을 한 장 한 장 넘겨보기 시작했다. 나폴레옹 제국과 스페인이 전쟁을 벌이는 동안 발생한 고문, 살해, 강간,

기근과 종교재판을 묘사한 고야의 〈전쟁의 참화〉라는 판화 연작 여든
두 점이었다. 이 작품들을 한 장씩 넘기며 그녀는 공포 한가운데 존재
하는 자비의 순간들에 대해 이야기했다.

　예술은 안전한 공간에서 인간이 저지르는 공포스러운 행위들을 찬
찬히 바라볼 수 있도록 미적인 거리감을 만들어낸다. 관련 연구 결과,
사람들에게 할례나 성적 학대를 담은 이미지들을 보여준 뒤 예술 작
품이라고 설명하자 뇌와 신체의 스트레스 관련 영역들이 덜 민감하
게 반응했다.[37] 이 상상 속 안전 공간에서 우리는 특정 행위가 우리 공
동체를 규정하는 도덕체계에 얼마나 적합한지 얼마든지 자유롭게 궁
금해하고 보다 넓은 시각에서 열린 마음으로 고민해볼 수 있다. '대체
어떻게 한 인간을 크리스마스 선물만 한 상자에 욱여넣을 수 있단 말
인가?'라고 말이다. 그러다 보면 시, 희곡, 문학 전반이 경외심과 공포
를 어떻게 기록했는지 소개했던 로버트 하스의 이야기로 다시 돌아
가게 된다. 우리는 나티야샤스트라의 논리 안에서 움직인다. 요컨대
예술은 우리가 다른 사람들과 함께 공포에 대해 숙고하고, 경외심과
경이가 불러올 사회 변화를 상상하게 한다.

　바로 이것이 레다 라모스Leda Ramos가 노동계급 가정에서 자란 라
틴계 및 이민자 학생들에게 가르치는 내용이다. 예술은 삶의 패턴들
을 기록하고 다가올 사회 변화에 대해 궁금해하게 만든다. 라모스의
부모는 1957년에 엘살바도르에서 로스앤젤레스로 이민해 에코파크
에 터를 잡았고, 그녀는 그곳에서 브라질, 멕시코, 니카라과 출신들,
오클라호마주에서부터 코네스토가 마차(북아메리카에서 서부 이주 때 주

로 쓰였던 커다란 마차 - 옮긴이)를 타고 왔다는 노부인, 성인 여성도 브래
지어를 착용하지 않는 히피 가족과 함께 자랐다. 어린 시절 라모스는
인도의 보드게임 중 하나인 캐롬보드의 마력에 경외심을 느껴, 풀이
무성하게 자란 뒷마당 빈터에 직접 게임판을 만들었다. 뒷마당은 곧
웃음소리와 장난스러운 연애와 시끌벅적한 소동과 즐거운 경쟁 등
동네 꼬마들의 놀이가 빚어내는 성스러운 사회적 기하학 패턴이 가
득한 지역 내 명소가 되었다.

고답적인 박물관들에서 짧게 일해본 뒤, 라모스는 UCLA의 저임금
시간강사라는 진로를 택했다. 내가 로스앤젤레스 인근 실버레이크에
자리한 작업실에 구경 갔을 때 그녀는 자신의 이민 생활을 한 장으로
요약한 그래픽아트 작품을 가리켰다. 그림에는 엘살바도르에 있는
그녀의 아버지 '엘 이호 El Hijo', 선인장과 식물들의 관계를 도식화한
연결망과 더불어 우측 상단 귀퉁이에 비행기가 그려져 있었다. 그 옆
으로는 라모스가 중앙아메리카 자원센터 Central American Resource Center,
CARECEN 벽화팀 소속 학생 주디 바카 Judy Baca와 함께 작업한 디지털
회화 작품 〈황금빛 사람들의 이민 Migration of the Golden People〉이 있었는
데, 시민운동가 리고베르타 멘추 Rigoberta Menchú의 모습, 밭에서 일하
느라 얼굴이 쪼글쪼글해진 농장 일꾼들이 행진하는 광경, 작은 마을
흙길에서 경찰이 비폭력 시위자들을 제압하는 장면, 중앙아메리카의
푸르른 풍경이 묘사되어 있었다.

라모스는 중앙아메리카 및 멕시코계 미국인의 전통 정치미술 표현
방식을 따라 벽화, 회화, 포스터, 최근에는 티셔츠와 노트북, 도로 표

지판에 붙이는 스티커까지 다양한 공공미술을 통해 도덕적 해악을 보여주고 사람들을 각성시키는 작품 활동을 한다. 이 같은 전통에서 가장 유명한 인물은 디에고 리베라지만 라모스는 그보다는 멕시코에서 로스앤젤레스로 건너와 벽화운동을 이끌었고, 이민자들을 향한 자본주의의 무자비함을 꼬집은 작품 〈제국주의에 의해 탄압받고 말살당한 열대 아메리카 Tropical America: Oppressed and Destroyed by Imperialism〉를 그린 다비드 알파로 시케이로스David Alfaro Siqueiros에게 경외심을 느꼈다. 이 작품은 사실상 로스앤젤레스 시의회에 의해 화이트워싱(다양한 인종이나 문화적 배경을 무시하고 백인 위주로 노출하는 현상 – 옮긴이)되었다가 이후 게티 박물관에서 나서서 복원한 덕분에 마침내 본래 모습을 되찾았다.

라모스는 UCLA의 치카노(멕시코계 미국인) 및 라티노(라틴계 미국인) 연구학과 설립 50주년을 맞아 교내 도서관에서 주최한 '중앙아메리카의 가족들: 관계망과 문화적 저항Central American Families: Networks and Cultural Resistance' 전시회를 위해 준비한 자기 작품들을 한참 응시했다. 그녀의 작품에는 졸업식 모자와 가운을 걸친 라틴계 여성, 과테말라 독재자 에프라인 리오스 몬트Efraín Ríos Montt에 맞서는 시위에서 귀신처럼 천을 뒤집어쓴 사람들, 미국으로 이민 오던 그녀 자신의 가족, 음악과 이야기들을 방송함으로써 엘살바도르 사람들에게 미군 특수부대 암살단이 근방에 있다고 경고하는 숨풀 라디오 방송탑의 이미지들이 담겨 있었다. 세사르 차베스Cesar Chavez와 함께 1962년에 미국 농장 노동자 연합을 설립한 돌로레스 우에르타Dolores Huerta가 이날

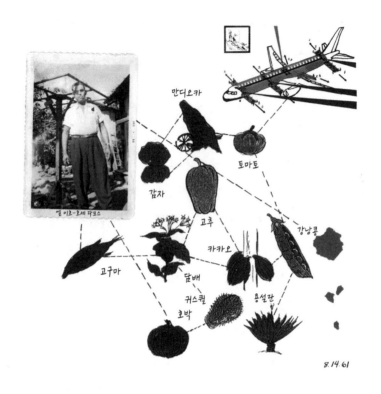

레다 라모스, 〈현대 마야–피필족의 이민Transmigración del moderno Maya–Pipil〉(1997) 청사진 용지 위 혼합 미디어. 레다 라모스 작품집, 중앙아메리카 역사적 기억 기록물, 스페셜 컬렉션 및 아카이브, UCLA 도서관

행사에서 기조연설을 맡았다. 라모스의 작품은 연단 가까운 벽에 전시되어 있었다. 우에르타는 연설을 이렇게 끝맺었다.

우리 역사라고 하면 미합중국의 역사를 의미하곤 합니다. (중략) 이제는 우리 정체성을 찾을 때이며, 지금이 바로 그 순간입니다. 그러니까 앞으로 우리만의 더 많은 역사를 써서 치카노 연구를 기립시다.

라모스는 그날 전시했던 자기 작품을 설명하며 내게 이렇게 말했다. "돌로레스 우에르타를 공경함으로써 난 엘살바도르 출신인 내 어머니와 그곳에서 평생을 살았던 조상들을 공경하는 마음을 표현하는 거예요."

시각예술이 우리 마음속에 경외심을 일으킬 때, 이에 따라 역사까지도 바뀔 수 있다. 연구 결과에 따르면 우리는 사실주의처럼 전통 표현 양식에서 한 걸음 더 나아간 작품과 당대 예술 관습에서 벗어나 신선한 충격을 안겨주는 작품을 보다 강렬하다고 느낀다.[38] 더 놀랍고 더 많은 경외심을 불러일으키는 문화 형태라면 그것이 시각예술이든, 〈뉴욕타임스〉에 실린 이야기든, 음악이든, 도시 전설이든, 디지털로 공유되어 우리가 세상을 지각하는 방식을 바꿀 가능성이 높다.[39] 수전 크릴의 작품은 공포와 고문을 기록으로 남긴다. 레다 라모스는 작품과 수업을 통해 학생들과 함께 식민주의 역사와 폭력, 시위, 변화라는 정치 서사 안에서 이민자들이 차지하는 위치를 기록으로 남긴다. 이 거대한 힘에 의한 굴복이라는 삶의 패턴에서 우리는 충격과 동시에 경외심을 느끼며, 이 같은 탄압을 끝내기 위해 우리가 할 수 있는 일은 무엇일지 고민해보게 된다.

어린 시절 스티븐 스필버그가 마주한 경외심의 순간

가장 문화적인 영장류로 진화한 인간은 벌써 수만 년 동안이나 시각예술을 통해 경외심을 느끼며 살아왔다. 예술을 창작하고 감상할 수 있는 미적 능력은 자연계와 우리 자신이 속한 사회에서 기하학 패턴들을 인식하고, 향상된 이해력을 바탕으로 세상을 헤쳐 나갈 수 있게 해주었다. 역사적으로 어느 시대에나 경외심을 일으키는 시각예술은 시시각각 변화하는 삶의 수수께끼들을 다른 사람들과 함께 이해할 수 있도록 단서를 찾게 해주었다. 또한 시각예술은 우리가 경외심을 직접 경험하고 그에 따른 개인적, 집단적 이득을 누리게 해주었다. 사람들의 마음과 역사를 변화시켜 문화 발전을 촉진하고, 그 과정에서 세상을 새로운 시각으로 바라보게 함으로써 충격과 경외심을 안겨주었다. 이 같은 주제는 시각적 경외심이 충만한 삶을 누렸던 스티븐 스필버그의 작품 세계를 관통한다.

스필버그와 그의 아내 케이트 캡쇼Kate Capshaw가 로스앤젤레스에서 기술과 사회 진보에 관해 이야기를 나누는 조촐한 자리를 마련한 적이 있는데, 나도 운 좋게 그 자리에 참석할 수 있었다. 발표 차례가 돌아왔을 때 나는 오싹함, 눈물, 미주신경 활성화, 목소리와 얼굴 표정, 디폴트 모드 네트워크를 기반으로 경외심을 측정하는 방법과 경외심이 어떻게 우리 마음을 경이와 거룩하고 고결한 기질로 이끄는지 이야기했다. 오싹함을 설명하는 대목에 이르렀을 때 스필버그가 손을 들었다. 나는 발표를 멈추고 조금 우스꽝스러운 몸짓으로 그를 지목했다. 그는 갓 태어난 손자를 보고 경외심에 사로잡혔던 경험을 들려주었고, 그동안 캡쇼는 바닥에 앉아 그의 다리에 기대어 있었다.

그날 저녁, 나는 우연히 식사 자리에서 스필버그와 캡쇼 옆에 앉았다. 둘은 영화인으로서, 또 화가로서 지나온 발자취에 대해 이야기했다. 스필버그가 갓 마무리한 〈웨스트 사이드 스토리〉, 스필버그의 어머니에게 작업을 걸기 위해 그녀가 로스앤젤레스에서 운영하던 식당에 뻔질나게 드나들었던 커크 더글러스Kirk Douglas의 장례식, 유대인 대학살의 공포를 경탄할 만큼 실감나게 재현한 명작 〈쉰들러 리스트〉 촬영장의 절규가 얼마나 처절했던지 한 여배우는 사흘 동안 심리치료를 받고서야 겨우 회복했던 일화들이 이어졌다.

나는 묻지 않을 수 없었다.

스티븐, 당신은 어릴 때 어떤 경외심을 경험했나요?

그는 조금도 머뭇거리지 않고, 다섯 살에 처음 영화를 보았던 순간을 떠올렸다. 컴퓨터 발명에 관여한 공학자였던 그의 아버지는 뉴저지주 캠던 집에서 필라델피아에 있는 극장까지 아들을 데려가주었다. 극장 벽돌담을 따라 늘어선 기나긴 줄에서 한 발자국씩 앞으로 나아가는 동안 어린 스필버그는 팔을 들어 아버지의 커다란 손을 꼭 잡고 서서 자신이 서커스를 보러 들어가는 것이라고만 생각했다. 그렇지만 그가 보러 간 것은 세실 B. 드밀Cecil B. DeMille 감독의 1952년 작품 〈지상 최대의 쇼The Greatest Show On Earth〉였다. 실망감이 한바탕 휩쓸고 지나간 뒤, 스필버그는 자글자글한 영화 화면에 집중하기 시작했다. 열차 두 대가 선로를 빠르게 내달렸다. 주인공이 그 곁을 따라 차를 몰며 차장에게 경고를 하려 애썼다. 하지만 헛수고였다. 열차는 충돌했고, 객차가 산산이 부서지며 시신들이 허공으로 튀어 올랐다. 어린 스필버그는 경이에 사로잡혀 시간이 멈춘 것처럼 느꼈다. 경외심이었다.

이후 집으로 돌아온 스필버그는 장난감 기차의 차량들을 맞부딪쳐 부수기 시작했다. 기차를 고치고 또 고치던 그의 아버지는 결국 장난감 기차 대신 가지고 놀라며 가정용 비디오카메라를 빌려다 주었고, 스필버그는 이를 사용해 장난감 기차 사고 장면을 100번 넘게 연출하고 촬영했다. 이 상상 영역 속에서는 현실에 그 어떤 피해도 끼치지 않았으며, 오직 파괴를 가장한 성스러운 기하학 패턴만이 존재했다.

어느 날 밤, 스필버그의 아버지는 아들을 재우쳐 차에 태웠다. 부자는 들판에 도착해 담요를 깔고 누웠다. 유성우가 하늘을 온통 휩쓸고 지나갔다.

스필버그는 그 빛, 수많은 별들, 광활한 밤하늘, 그리고 순식간에 사라져버리는 별빛이 만들어내는, 경외심을 자아내는 패턴들을 똑바로 응시하기도 하고 시야 가장자리로 스치듯 보기도 하며 다양하게 관찰했던 순간을 떠올렸다.

이것이 바로 〈이티〉와 〈미지와의 조우〉를 통해 그가 사람들에게 전하고자 했던 삶의 경이였다.

식사를 마치고 계산서를 가져다달라고 부탁하며, 그는 자신이 지금도 여전히 영화를 감상하고 또 다른 이들을 위해 만드는 이유를 한마디로 정리했다.

경외심 안에서 우리는 모두 평등하니까요.

286

9장
영혼의 울림이 주는 경외심

경외심은 어떻게 우리의 영혼을 성장시키는가

그곳에 누워 환영에 대해 생각하노라면 내 몸 안에서 빛나는 것 같은 이상한 힘을 통해 그 모든 것을 다시 보고 그 의미를 느낄 수도 있다. 하지만 언어를 담당하는 내 몸 일부가 그 의미를 말로 표현하려고 하면 이내 안개처럼 내게서 사라지고 만다.[1]

– 인디언 주술사 검은고라니Black Elk

그건 제가 아니었어요. 하느님이었어요. 전 늘 하느님께 말했어요. "믿습니다. 어디로 가야 할지 무엇을 해야 할지 모르나 아버지께서 절 인도해주시리라 믿습니다." 그리고 하느님은 언제나 그렇게 해주셨죠.[2]

– 노예해방운동을 실천한 인권운동가 해리엇 터브먼Harriet Tubman

오늘날 젠 목사라고 잘 알려진 제니퍼 베일리Jennifer Bailey는 오하이오주 한 백인 마을에서 자라며 다섯 살에 처음으로 인종차별의 압박을 경험했다. 당시 공원 미끄럼틀에서 뛰어내리는 그녀를 본 동급생 한 명이 물었다. 넌 왜 그렇게 얼굴이 더러워? 베일리는 베델 아프리카계 감리교 감독교회로 도망쳤고, 그 공간이 주는 고요함 속에서 누군가가 따스하게 감싸안아주는 듯한 기분을 느꼈다. 몇 년 뒤 같은 교회에서 그녀는 올리버 수녀의 오르간 연주를 듣고 그 성스러운 소리에서 캐시미어 담요 같은 포근함을 느꼈다. 이러한 경험 속에서 그녀는 마침내 깨달았다.

나는 하느님에게 사랑받는 존재구나.

10대 시절 베일리는 빈곤층과 노숙자들을 위해 봉사했다. 신학교 재학 중에는 라인홀트 니부어Reinhold Niebuhr 같은 신학자들에게서 많은 영감을 받았지만 기독교를 보다 포괄적이고 다양한 믿음을 수용하는 종교로 탈바꿈하는 것이 우선이라는 생각에 조바심을 느꼈다. 현재 그녀가 이끄는 단체 페이스 매터스 네트워크Faith Matters Network(중요한 것은 믿음 그 자체라는 뜻 – 옮긴이)에서는 수천 명이 함께 영성, 믿음, 영혼, 신에 대한 문제를 고민한다. 그녀는 성경 및 다른 종교 성서의 가르침을 설파하는 동시에 스키니진을 입고 비욘세를 인용하는 괴짜 성직자로서 맡은 임무를 다한다.

전 세계가 시름에 잠겼던 시기에 우리는 전화로 대화를 나누었다. 코로나19가 막 뉴욕을 함락해 유색인종에게 특히 치명적인 사회 분위기가 연출되던 무렵에 그녀는 임신 상태였다. 젠 목사는 오늘날 종교 추세에 대한 고찰로 운을 떼었다. 어느 종교에도 매이지 않는 인구가 증가하고 있는데, 그러한 경향성은 특히 그녀와 같은 30대에서 두

드러졌다.[3] 그들은 정기적으로 교회에 나가지도, 어떤 단일한 교리를 따르지도 않으며 특정 종교에 동질감을 느끼지도 않는다. 이른바 종교적 방랑자가 증가하는 시대인 셈이다. 그렇지만 동시에 이들의 마음가짐은 대단히 영적이다.[4] 사실 이러한 마음가짐은 인간이 인간으로서 생활하기 시작한 이래 줄곧 이어졌으며, 세상을 신적인 존재와 관련지어 생각하는 것은 인류의 뿌리 깊은 보편적 특성이다.[5] 젊은 미국인 가운데 3분의 2, 미국 인구 전체의 90퍼센트가 신이 있다고 믿는데, 이들은 어떤 영적인 존재 혹은 거대한 힘이 자기 인생에 영향을 미치며 육신의 생명을 뛰어넘어 영원히 사라지지 않는 영혼이 있다고 믿는다.

내가 젠 목사에게 어디에서 신비적 경외심을 찾는지 묻자 그녀는 쉽게 대답했다. 미국 흑인 여성들의 정신력과 용기라고 말이다. 그녀의 할머니는 테러와 린치, 짐 크로 법에 따른 인종 분리가 일상이었던 1950년대 남부에서 도망쳐 살아남았다. 시카고에서 자란 그녀의 어머니는 1960년대 최초로 인종이 통합된 고등학교 학급의 학생이었다. 이 위대한 여성들에 대해 생각하며 젠 목사는 한마디 한마디 천천히 이어갔다. 그러고는 인종차별에 따른 트라우마는 우리 몸 세포에 손상을 남기고 그 흔적이 한 세대에서 다음 세대로 전해진다는 이야기를 들려주었다.[6] 그녀는 과거와 현재의 흑인 여성들이 역경을 극복한 방식에 숭배를 표했다. 젠 목사의 말에 따르면 그들이 해낼 수 있었던 것은 영성 덕분이었다. 주방에서, 이야기를 전하고 웃고 노래하고 춤추는 시간을 통해, 그리고 교회에서 찾은 영성이었다. 그 안에서, 그 영성이 충만한 공동체 안에서 그들은 그들의 할머니가 입버릇처럼 말했듯 "막다른 길에서 새로운 길을 개척했다."

이 여성들을 지탱해준 것은 믿음이었다. 신에 대한 믿음. 사랑에 대한, 정의와 희망에 대한 믿음. 젠 목사는 오늘날 시 낭송 모임에서, 카페에서, 즉흥극 공연장에서, 음악에서, 또 저녁 식사 자리에서 이러한 영성을 느낀다. 가장 최근 경험은 경찰 폭력에 대한 경각심을 불러일으키기 위해 앞장섰던 다이-인die-in(시체처럼 바닥에 드러눕는 퍼포먼스성 시위 – 옮긴이) 시위 현장에서였다. 그곳에서 그녀는 해리엇 터브먼이 노예해방을 이끌었을 때처럼 영성이 자신을 인도하는 듯 느꼈다.

경외심에 대한 이야기 시점이 현재에 가까워지자 젠 목사는 잠시 말을 멈추었다. 짧은 침묵 후, 그녀는 결론을 말했다. "저는 지금 **종교의 퇴비화 작업**을 하는 것 같아요."

수천 년 동안 우리는 만물의 기본이자 진실되고 선하며 어디에나 존재한다고 여겨지는 신과 조우했다는 느낌에서 비롯한 신비적 경외심을 자연에 빗대어 전하곤 했다.[7] 일부 원주민 전통이나 힌두교, 도교를 예로 들면 해, 하늘, 빛, 불, 강, 바다, 산, 계곡 등의 이미지와 비유가 신을 설명하는 데 사용되었다. 노자는 도道, 다시 말해 생명이 존재하기 위해 반드시 필요한 생명력 혹은 '길'을 이렇게 묘사했다.[8]

최고선은 마치 물과 같다. 물은 다툼을 일으키지 않으면서도 무수히 많은 생명체를 이롭게 하는 데 탁월하며 모두가 꺼리는 곳에 기꺼이 터를 잡기에 도에 가까워진다.

젠 목사가 "종교의 퇴비화"라고 한 비유는 우리가 접하는 21세기 유기농 농장, 도시 정원, 채소 중심 식단, 동네 농산물 장터 등을 기준으로 생각하면 조금 생소하다. 하지만 퇴비화 역사는 수천 년이나 될 정도로 깊다.[9] 퇴비를 만들 때는 음식물 찌꺼기, 풀, 낙엽, 동물 분뇨 같은 원료들을 저장 공간에 모아두고 부식하게 내버려둔다. 시간이 지나면 박테리아, 곰팡이 같은 미생물, 지렁이가 그 원료들을 분해하고 독성물질을 제거하여, 식물과 동물과 미생물 유래 물질들이 뒤섞여 달콤한 향이 나는 비정질 젤리 같은 검은 혼합물인 부엽토로 정제한다. 이후 이 부엽토의 질소 성분이 식물 뿌리를 통해 흡수됨으로써 생명 성장 자양분이 된다.

젠 목사의 퇴비화 비유는 신비적 경외심도 이처럼 부식, 정제, 성장 패턴을 따름을 시사한다. 이는 성차별적이고 식민주의적인 기독교 악습을 타파하고 흑인 여성들의 믿음에서 발견한 영성을 정제해 그 신비한 느낌을 목사로서 다른 사람들과 함께 키워나가는 그녀 자신의 삶과도 겹쳐 보인다. 어쩌면 우리가 경험하는 신비적 경외심 혹은 영적 체험 역시 기본 상태의 자기가 세상을 인식하는 개념이 쇠퇴함으로써 영적인 믿음과 이를 행하는 방식에서 보다 성숙해질 수 있게 하는 어떤 핵심 감정들만이 정제되는 패턴을 따르는지도 모른다. 어쩌면 오늘날 활동 중인 4200여 개 종교 모두 문화와 인간 진화에 발맞추어 같은 부식과 정제, 성장 과정을 거치며 변화하는지도 모른다.

신비적 경외심에서 비롯한 전지전능한 신이라는 감각

맬컴 클레멘스 영Malcolm Clemens Young은 6학년 때 셰익스피어 공연에 참석하기 위해 반 친구들과 오리건주 애슐랜드로 떠났다. 밤에는 야영을 했다. 그러다 하루는 새벽 4시에 잠이 깨 텐트 밖을 거닐었다. 그리고 고요함 속에서 인근 호수에 비친 달빛 패턴을 본 순간 경외심을 느꼈다. 그 기억을 떠올리던 영은 대자연의 경외심에 사로잡혔던 순간 머릿속에 이런 생각이 스쳤다고 말했다. "무엇이 이런 아름다움을 만들어낼 수 있을까?" 그건 "언제 어느 때라도" 느낄 수 있는 그런 아름다움이었다. 마치 "신이 내린 특별한 선물" 같았다.

10대 시절 영은 바가바드기타(힌두교 주요 경전 중 하나 – 옮긴이), 불교 경전, 소로와 에머슨의 책들 그리고 성경을 몇 번이나 읽었다. 대학을 졸업한 뒤에는 재무설계사로 잠시 일했지만 그다지 성취감을 느끼지 못했고, 결국 하버드대학교 신학부에 입학했다. 매사추세츠주 케임브리지, 1838년 7월 15일 랠프 에머슨의 역사적인 하버드대학교 신학부 연설이 이루어졌던 장소에서 불과 몇 집 떨어진 곳에서 그는 살았다고 한다. 소수 교직원만이 모인 그 자리에서 에머슨은 종교 교리가 자연히 쇠퇴하도록 내버려두고 자신만의 정제된 신비적 경외심을 찾아나서라고 촉구했다.

이 법칙들의 법칙에 대한 지각[에머슨의 경우에는 어떤 자애로운 생명력이 모든 생명체를 하나로 묶어준다는 지각]은 마음속에 종교적 정조라고 하는, 우리에게 최고의 행복을 가져다주는 감정을 일깨웁니다. 경이로운 것은 이 지각이 지닌, 사람을 매료하고 지배하는 힘입니다. 이는 흡사 산 공기와 같습니다. 이 세상을 지키고 보존하는 존재입니다. 몰약이자 소합향이요, 염소鹽素이자 로즈메리입니다. 하늘과 언덕을 숭고하게 만들며 별들의 고요한 노래도 그러합니다. 바로 이 덕분에 우주가 안전하고 살 만한 곳이 되었지, 과학이나 힘 때문이 아닙니다. 이성은 차갑고 세상에 변화를 일으키지 않으며 그 어떤 궁극이나 통합에도 도달하지 못할지 모릅니다. 하지만 심장에서 우러나오는 선이라는 정조의 출현은 이 법칙이 모든 대자연을 지배한다는 확신을 주는 동시에 그 자체로 분명한 증거이며, 실제로 이 세계와 시간, 공간, 영원이 기쁨에 사로잡히는 것처럼 보입니다.[10]

에머슨은 신비적 경외심이 산 공기, 로즈메리 향기, 언덕, 별의 노래 등 자연과 밀접하게 관련되었다고 여겼다. 또 소합향(향이나 약으로 쓰이는 소합향나무의 수지)처럼 치유력이 있다고, 차가운 이성이나 과학보다 훨씬 선의 기원에 가깝다고, 자기보다 거대한 뭔가의 일부로서 통합되는 느낌을 통해 최고의 행복으로 향하는 길이라고 믿었다.

영은 샌프란시스코 러시안힐 꼭대기에 당당하게 솟은 그레이스 대성당의 주임사제가 되었다.[11] 영과 함께 점심 식사를 하며 나는 영적인 감화를 받은 아이의 삶은 어떠했는지 엿보고, 어린 신비주의자가 겪었을지 모를 종교적인 환시나 부름, 예지몽 같은 것에 대한 이야기를 들을 수 있으리라 기대하며 그에게 어린 시절 경외심을 경험했을 때에 대해 더 들려달라고 청했다. 호숫가 경험을 묘사한 뒤 그는 활짝 미소 짓더니… 처음으로 길거리 농구 경기에서 덩크슛을 성공했던 일을 들려주었다.

그러고는 봇물 터지듯 이야기가 흘러나왔다. 고향인 캘리포니아주 데이비스의 전원 지대를 걷던 시간, 한밤중 광활한 하늘 아래 펼쳐진 도로, 센트럴밸리 너른 농지 위로 덮쳐오던 폭풍 전선, 에머슨의 하버드대학교 신학부 연설, 그리고 나와 만났던 그날, 기도하며, 서핑하며, 그레이스 대성당까지 자전거를 타며, 성경 속 구절들을 읽으며, 계속해서 형태를 바꾸며 샌프란시스코를 에워싸는 안개를 보며 마주했던 경외심에 대한 묘사가 이어졌다.

나는 영에게 신비적 경외심을 궁극적인 목표로 삼는 직업인으로서 일한다는 것이 그에게 어떤 의미인지 물었다. 그러자 그는 "신은 정말 있을까?", "영혼이란 게 정말 있는 걸까?", "죄란 무엇일까?", "사후세계란 무엇일까?" 따위 어떤 입증이나 교리, 정의, 용어들의 의미를 둘러싼 갑론을박 등에 자신은 전혀 관심이 없다고 답했다. 그는 우리 주변 공간을 찌르듯 손가락으로 바깥쪽을 가리켰다.

저는 사람들의 가장 사적인 순간을 함께하곤 합니다. 죽음을 맞는 순간. 아기가 태어나는 순간. 아니면 제단 위에서 두 사람 곁에 서 있죠. 저는 이렇게 말합니다, 이분이 하느님이십니다, 바로 여기, 우리 곁에 계시는….

제가 지난번에 했던 설교 주제는 케냐 소설가 응구기 와 티옹오에 대한 경의가 담긴, 마음의 비식민지화였습니다. 우리 역사에는 식민지주의와 노예제가 있잖아요. 이 역사는 모두 우리 마음에서 비롯했지요. 동성애자들은 수십 년 동안 이런 자책감을 느끼며 살았어요. 이런 수치심을요. 하지만 이 세상에는 절대 선인도 악인도 없답니다. 그것이 역사가 우리에게 준 교훈이에요.

이번 일요일에는 설교가 끝나고 나니 80세 노신사께서 제 앞에 와서 우시더군요. 그러고는 절 안아주셨죠.

그게 바로 경외심입니다.

목사 영의 삶 속 이 같은 순간들에는 부식(식민지주의의 유산과 동성애 혐오 타파), 정제(노신사가 눈물을 터뜨리게 만든 농축된 감정), 성장(상호연결성을 확장하는 가장 단순한 수단, 즉 포용) 과정이 잘 드러난다.

고등학교와 대학교 재학 시절, 영은 윌리엄 제임스의《종교적 경험의 다양성The Varieties of Religious Experience》을 늘 옆구리에 끼고 다녔는데, 이 때문에 (좋은 의미에서) 친구들에게 놀림을 당하기도 했다. 맬컴 클레멘스 영은 윌리엄 제임스가 120년 전 겪었던 신비적 경외심을 퇴비화했던 셈이다.

제임스는 19세기, 마음껏 탐험하고 경이를 추구할 수단과 자유로운 영혼을 지닌 뉴욕 가정에서 자랐다.[12] 어린 시절 그는 실험학교에

다녔다. 유럽에서 유년기를 보냈고 열여덟 살에는 예술을 공부했다. 하지만 이러한 특권들을 누리는 동시에 온갖 불안장애에 시달렸다. 공황장애. 자기 회의. 범불안장애. 또한 폐소공포증 때문에 덧창이 정확한 각도로 열려 있지 않으면 몹시 불편해했다. 20대에는 극심한 우울증에 사로잡힌 나머지 자살을 생각하기도 했다.

제임스는 이후 평생에 걸쳐 그가 근본적이고 우주적인 '그것'이라고 칭했던 신비적 경외심을 찾는 여정을 시작했다.

하지만 이는 진정한 싸움처럼 느껴졌다. 마치 이 우주에는 우리가 모든 관념과 신앙심을 총동원해 되찾아야만 할 굉장히 야생적인 무언가가 있는 것만 같았다.[13]

제임스는 우리가 마땅히 경험해야 할, 기본 상태의 자기 및 현 사회가 기대하는 관념을 뛰어넘는 야생적이고 신비적인 경외심이 존재한다고 믿었다.

이 같은 '우주의 야생적인 무언가'를 찾기 위해 제임스는 떠돌이 강령술사들의 강연을 들으러 다녔다.[14] 교령회에도 참석했다. 당시 풋내기 철학자였던 벤저민 폴 블러드Benjamin Paul Blood에게 영감을 얻어 아산화질소(웃음가스로도 알려진 환각성 흡입 마취제 – 옮긴이)를 가지고 실험을 하기도 했다. 이 약물은 다른 사람들과 융합되는 듯한 기분을 만들어내는 체내 오피오이드 체계와 부정적인 사고를 가라앉히는 감마아미노낙산GABA이라는 신경전달물질 분비를 활성화한다. 아산화질소에 취한 제임스는 소리쳤다. 오 하느님, 오 하느님, 오 하느님! 기본 상태의 자기가 일으켰던 불안이 사그라들고 있었다. 그는 '산산이 조각난' 단어들로 머릿속에 정제된 '말보다 깊은 사고'를 묘사했다. 오늘날 치과에서 흔히 사용하는 약물을 통해 신비적 경외심을 발견한 것이다.

이러한 경험들이 바로 제임스가 경외심 일화를 수집하고 정리하게 된 계기였다. 그는 목사, 레프 톨스토이나 휘트먼 같은 작가, 지인, 평범한 시민이 신과 조우한, 대체로 설명할 수 없으며 때로는 기이하기까지 한 체험담들을 모아 한데 엮었다. 1901년과 1902년에는 스코틀랜드 에든버러에서 개최된 기포드 강연에서 자신의 생각을 발표했으며, 이를 바탕으로 20세기 가장 혁신적인 종교 서적이자 오늘날 종교를 공부하는 이들에게 기준을 제시하는《종교적 경험의 다양성》을 출간했다.[15]

이 책에서 제임스는 종교를 "인간이 고독 속에서 겪는 감정, 행동, 경험이자 자신이 신이라고 여기는 대상과의 관계를 이해하게 해주는 것"이라고 정의한다. 그러니까 종교란 제임스가 거대하고 근본적이며 이 세상을 뒤덮고 있다고 묘사한 신과 관련한 우리 경험이다.[16] 이러한 환희, 바다 같은 사랑, 은혜로움, 무서움, 절망, 의구심, 혼란, 신비적 경외심 같은 감정을 우리는 사실 모든 상황에서 느낄 수 있다.[17] 힌두교, 불교, 유대교, 자이나교, 수많은 기독교 종파, 이슬람교, 수피교 등 모든 종교에서, 대자연에서, 음악에서, 번뜩이는 통찰에서, 심지어 우리 몸속에 들어오는 화학물질을 통해서도 느낄 수 있다. 그의 이론은 신비적 경외심으로 향하는 길이 사실상 무궁무진하다는 급진적인 다원주의의 일종이다. 그야말로 일상 속 신비적 경외심이다.

그로부터 100년이 조금 더 지난 뒤, 새롭게 등장한 종교 과학이 신앙, 의례와 의식, 교리와 해석, 종교 발달사 등을 중심으로 이 가장 복합적인 문화 형태에 관여하기 시작했다. 물론 윌리엄 제임스의 주 관심사이자 우리가 여기서 다루는 신비적 경외심도 그 대상이었다.

신비적 경외심은 대체로 기본 상태의 자기가 품었던 예상을 초월하는 불가해한 경험에서 비롯한다. 제임스가 아산화질소를 흡입했을 때나 젠 목사가 처음으로 성스러운 예배당에 들어섰을 때 같은 경험 말이다. 혹은 마크 트웨인이 2주 전 꾼 꿈에서와 똑같이 그의 남동생이 정말로 강에서 보트 사고로 목숨을 잃고 형의 예복 차림으로 땅에 묻힌 일이라든지,[18] 19세기 프랑스 루르드 인근에 살았던 지독하게 가난한 베르나데트Bernadette라는 소녀가 어두운 동굴 속에 있는 성모마리아의 환시를 열여덟 번이나 본 뒤 치유력이 있는 우물을 발견했다는 이야기에서처럼 말로 설명할 수 없는 환시를 보는 경험(오늘날 매년 성지순례자 500만 명이 이 우물물로 몸을 낫게 하기 위해 루르드를 찾는다)을 예로 들 수도 있을 것이다. 연구 결과에 따르면 사람들 대부분이 이처럼 불가해하고 범상치 않은 경험을 한 적이 있었는데, 응답자들은 신 또는 영혼의 존재를 감지했거나 신의 음성을 들었거나 놀라운 운명의 부침들이 신의 힘으로 인도되었다는 느낌을 받았다고 보고했다.[19] 롤프를 잃은 슬픔에 깊이 잠겼던 처음 몇 달 동안 나 역시 롤프의 큰 손이 내 등에 닿은 듯한 감각을 두 번이나 분명히 느꼈다.

이 같은 신비로운 경험을 한 우리는 설명할 방법을 찾으려 애쓴다.

우리 마음은 설명되지 않는 현상을 참아내는 인내심이 부족하기 때문이다. 이렇게 어떻게든 설명하려는 경향 때문에 다양한 문화권에서 질병, 신체감각, 환시와 환청, 꿈이나 환각 상태처럼 신비로운 의식 형태들에 대한 영적인 신념체계가 발달했다. 무수히 많은 예시 가운데 하나를 꼽자면 일본에서 통칭 요괴라고 하는 유령, 악귀, 도깨비, 정령 등과 관련된 다채로운 전설은 달리 설명하기 힘든 소리, 빛, 자연현상, 신체 상태, 어둠 속에서 누군가가 지켜보는 것 같은 기분처럼 초자연적인 현상에 지속적으로 살을 붙이고 몹시 지역적인 특색을 담아낸 결과물이다.[20]

이처럼 우리가 고대 인지체계에 의존해 기이한 경험을 신에 대한 신념, 심상, 묘사, 이야기로 탈바꿈한다는 이론은 종교와 영성을 과학적으로 연구하는 근간이 되었다.[21] 우리는 일상적이지 않은 특이한 경험을 어떤 비범한 행위자, 즉 신의 의도와 행동이 작용한 탓으로 여긴다.[22] 지진은 신이 땅을 흔들었기 때문이요, 암이 나은 것 역시 신의 개입 덕분이라고 믿는 것이다. 대자연의 경외심에 깊이 감동했던 열 살 꼬마 맬컴 클레멘스 영도 신이 그에게 호수를 비추는 달빛의 아름다움을 선물했다고 느꼈다.

우리 감각체계는 설명할 수 없는 기이한 현상을 지각 가능한 초자연적인 형태로 구체화한다. 가령 어둠 속에 있거나 구름을 바라보거나 나무껍질 선이 그리는 소용돌이에 집중하거나 지질학적인 바위 패턴을 감상할 때, 우리 뇌의 특정 영역들은 실제로는 존재하지 않는데도 사람 얼굴 형상을 지각하게 만들곤 하는데, 이것을 우리는 신의 모습이라고 받아들인다. 인간의 목소리를 들으려는 뿌리 깊은 우리 기질은 유난히 강하게 부는 바람이나 경탄할 만큼 강렬한 뇌우에서 신의 목소리를 듣게 한다. 괜히 으스스하고 낯선 장소에서 특히 땅거미가 지거나 캄캄할 때 혼자 있으면 신적인 존재가 자신을 지켜보거나, 접촉해오거나, 어떨 때는 심지어 감싸안아주는 것처럼 느끼기도 하는데, 이는 인류의 오랜 애착 관련 촉각체계가 활성화된 영향이다.[23] 이렇게 신비로운 경험으로부터 우리 마음은 우리를 지켜보고 우리 목소리를 듣고 말을 건네며 감싸안아주는 전지전능한 신이라는 감각을 만들어낸다.

신비적 경외심이 일어나면 기본 상태의 자기는 녹아 사라지며 윌리엄 제임스가 "투항"이라고 표현한 것과 같은 자의식 변화가 일어난다. 이러한 현상은 여러 연구에서 다양한 상황을 통해 신비적 경외심을 경험하게 한 참가자들에게 일관되게 나타났으며, 뇌 반응 측정 결과 디폴트 모드 네트워크의 활동 감소가 관찰되었다. 요컨데 카르멜회 수녀들이 신비체험을 회상할 때, 독실한 사람들이 기도할 때, 종교를 믿는 사람들이 묵상할 때, 명상가들이 명상 수행을 할 때 디폴트 모드 네트워크 활동이 잠잠해지는 현상이 발견되었다.[24] 신비체험은 디폴트 모드 네트워크만 비활성화하는 것이 아니다. 기쁨과 환희에 관여하는 피질 영역을 활성화하기도 한다. 신비적 경외심에 사로잡히면 소름이 돋고 눈물이 나고 몸이 으슬으슬 떨리는 느낌을 경험한다. 또 절하듯 허리를 굽히거나 위를 바라보며 포용을 갈구하듯 팔을 높이 치켜드는 자세를 취하게 된다. 탄성을 내지르거나 속으로 조용히 성스러운 소리 옴과 유사한 이야나 우와 같은 정서적 소리를 내기도 한다.

이 같은 신비적 경외심의 경험이자 영적인 부엽토는 많은 부분 문화, 역사, 장소, 시대 관념들에 의해 형성된다.[25] 지리적 풍경과 그 지역에 자생하는 동식물 또한 신비적 경외심을 표상할 비유, 심상, 신념에 영향을 미친다. 후지산의 장엄함은 이 영산을 경배하고 그를 중심으로 수행과 신앙심을 쌓아나가는 불교 종파를 탄생시켰다. 이글루리크섬 이누이트족의 아우아Aua가 겪었다는 신비체험도 널리 알려졌는데, 여기에는 꽁꽁 얼어붙은 척박한 환경과 식량이 부족한 혹독한 생활 때문에 다른 동물들에게 품게 된 일종의 경의가 반영되었다.

성 프란체스코 다시시가 경험한 신비체험도 예수 그리스도가 십자가에 매달렸을 때 몸에 났던 것과 유사한 상처들이 나타나는 성흔 현상에 매료된 13세기 사회 분위기에서 일어났다. 단식 수행 중이던 성 프란체스코는 손과 발에 성흔이 있는 천사를 보았고, 그의 손과 발에도 비슷한 핏자국이 나타났다. 이 범상치 않은 환시에 그는 십자가의 예수와 한 몸이 되는 듯한 신비적 경외심을 경험했다(그렇지만 한편에서는 당시 이탈리아에서 유행하던 말라리아 증상 가운데 혈액이 피부 위로 도드라져 보이는 점상출혈 흔적이 성흔의 원인이었을 가능성을 제기했다). 이처럼 신비적 경외심은 자기, 사회, 신체에 대한 당대 개념에 많은 영향을 받는다.

그런가 하면 과학기술 발달 또한 다양한 문화에서 신비적 경외심이 진화하는 데 한몫한다. 오늘날에는 에너지, 전자기장, 얽힘, 진동 패턴 등 아인슈타인과 양자물리학이 일깨운 개념을 통해 자기 영혼을 이해하는 사람들이 많다.[26] 어쩌면 우리 영혼은 우리 몸을 구성하는 세포들이 내뿜은 에너지 진동 패턴에 불과한 '양자 자기quantum self'이며, 빅뱅에서 기원한 이 에너지가 우리 사후에도 계속해서 그 자리에 남는 것인지 모른다. 특정한 방식으로 진행되는 기독교 주일 예배, 마음챙김 운동, 이윤이 목적인 환각 요법을 통해 우리는 신비적 경외심과 관련된 자유시장, 선택, 쾌락적 즐거움 같은 경제학적 관념을 접할 수 있다. 신비적 경외심은 언제나 원래 알던 것들이 쇠퇴하고 새로운 것이 성장하는 퇴비화 과정에서 일어난다.

오늘날 신은 다양한 형태로 우리를 찾아온다

비범한 경험 그리고 우리가 그 경험을 정제하는 방식은 새로운 영적 신념과 수행법이 생겨나는 밑거름이 된다.[27] 신비적 경외심으로부터 신에 대한 표상, 심상, 상징, 음악, 이야기 등이 발달하는 것이다.[28]

유리아 셀리드웬Yuria Celidwen은 이를 직접 체감했다. 멕시코 원주민 나와족 출신인 셀리드웬은 멕시코 치아파스주에서 멕시코 국민 시인이었던 아버지와 임상심리학 교수였던 어머니 밑에서 자랐다. 셀리드웬이 여덟 살이었을 때, 10대 운전자가 몰던 차에 어머니를 잃고 온 가족이 깊은 슬픔에 빠졌다. 할머니 셀리나는 셀리드웬을 전 세계에서 가장 다양한 생물이 서식하는 곳 중 하나인 치아파스 숲으로 데려갔다. 재규어가 어슬렁거리며 신성한 동물의 지위를 만끽하는 무성한 숲이었다. 셀리드웬은 할머니 덕분에 신비적 경외심에, 숲속 '성장'의 노래와 '숨결'에 눈떴다고 말했다.

10대와 20대 시절 셀리드웬은 멕시코시티의 예술적인 풍경, 음악, 심야 시간대의 매력, 자연에서의 소모임 그리고 약물에 빠졌다. 어느 날 밤 그녀는 거의 죽다 살아났다. 임사체험에 관한 연구들은 이 또한 신비적 경외심, 다시 말해 부식과 정제와 성장 패턴을 따른다는 것을 발견했다.[29] 셀리드웬이 기록한 그날의 경외심 체험담을 거대함과 수수께끼("칠흑 같은 어둠", "하늘이 열리고"), 오싹함("번갯불이 내 몸에 불을 지핀다"), 위협감("맹렬한 개미 떼"), 자기가 사라지는 느낌("나는 물이 된다")을 언급한 부분들에 유념해 주의 깊게 읽어보기 바란다.

나는 정신을 잃었다….

발밑에서 땅이 갈라지고 칠흑 같은 어둠이 드러난다.

머리 위로 하늘이 열리고 티끌 하나 없는 순수함이 펼쳐진다.

내 몸이 원치 않는 육중한 움직임에 의해 흔들린다.

번갯불이 내 몸에 불을 지핀다.

맹렬한 개미 떼, 노래기, 지렁이, 작은 바퀴벌레들….

지하 생물들이 내 몸 위로 기어오른다.

눈꺼풀 뒤에서 빛이 춤을 춘다.

이 모두가 흘러간다…. 결코 멈추지 않는다.

내 몸은 또한 형태를 잃는다.

나는 물이 된다.

내 팔다리는 땅속으로 흡수되었다.

내 몸을 느낄 수가 없다.

귀를 찢을 듯한 고음이 내 귓속을 채운다.

물이 증발한다.

갈증이 내 혀의 물기를 앗아 간다.

나는 추위를, 타들어가는 것처럼 살을 에는 추위를 느낀다.

셀리드웬은 의식을 되찾았지만 다리를 움직일 수가 없었다. 친구들은 그녀가 내는 소리를 알아듣지 못한 채 서둘러 그녀를 병원으로 데려갔다. 그곳에서 그녀는 다시 의식을 잃었고, 공간과 시간과 인과관계에 다른 법칙이 작용하는 영역으로 흘러갔다.

내 두 눈이 연기 속으로 흩어진다.

나는 짙고 빽빽한 안개 속으로 빠져든다.

나는 공간이 된다….

응급실에 도착한 시점에서 내 몸은 반응이 없다.

여느 개발도상국, 일손이 부족한 의료센터 안 광경이 신기루처럼 비친다.

어느 누구도 내 정신이 깨어 있다는 것을 눈치채지 못한 듯하다.

내 몸 위에서 눈 하나가 번쩍 뜨인다.

눈은 간호사, 의사 그리고 유령들을 본다.

또 머나먼 곳에 있는 부모님과 몇몇 친척들과 친구들을 본다.

그중 누구도 내가 여기 있다는 걸 알지 못한다.

누구도 내 말을 듣지 못한다.

삶의 몇몇 기억들이 다가와

가장 깊은 내면에 드리운 빛의 장막에 그 편린들을 비춘다.

간호사들이 내 옷을 벗긴다.

그걸 아무 이름도 쓰이지 않은 수술용 팔찌와 맞바꾼다.

그들이 말을 하기도 전에 그들의 생각이 들리는 것 같다.

"안 돼." 그들이 말한다. "바이탈이 안 잡혀. 사망했어."

그치만 아니야!

난 여기 있다고….

내가 여기 있나?

모든 것이 희미해지는 듯하다.

놓지 못해 붙잡고 있던 것들도, 분노도, 비탄도 희미해진다.

그 대신 마음을 편안하게 해주는 평온한 달빛만이

떠다닌다…

황혼 속으로 녹아든다….

공간의 경계선 언저리에

벌거벗은 영혼이 머문다….

나는 이 느낌을 너무나도 오랫동안 바랐고,

이제야 마침내 도달했다.

명료함

동트기 전 하늘

눈이 부시도록, 휘황찬란하게 빛나는, 밝은

…사랑….

이 비범한 경험 막바지에 셀리드웬은 할머니를 만났다.

할머니가 내 혀 아래 씨앗 하나를 넣어준다.

"슬픔과 절망에 듣는 약이란다." 할머니가 말한다. "싹이

트게 두렴."

죽음의 세계에서 온 나의 할머니….

태고의 알이 갈라지고 물이 흐른다. 차크 님과 볼론 차카

브(마야의 날씨를 관장하는 신과 그의 도끼에 깃들어 직접적으로 뇌

우를 일으키는 신 – 옮긴이)가 요란하게 웃는다.

그의 번개와 함께 해와 바람이 나를 강타한다.

나는 첫 숨을 들이마신다.

제세동기가 내 몸에 번개를 내린다. 내 심장이 뛴다.

나는 깨어났다.

부식과 정제 과정을 거친 셀리드웬은 성장의 힘으로 다시 태어났

다. 이후 그녀는 원주민 여성의 몸으로 대부분 혼자서 전 세계 성지를 순례했다. 그리고 박사과정을 밟으며 장례의식을 연구 주제로 삼아 멕시코 죽은 자들의 날 의례, 티베트불교에서 물잔을 건네는 의식 등 망자가 남기고 간 것들을 쓰다듬고 보관하는 의식에 깔린 심오한 패턴을 세밀하게 정리했다. 현재는 국제연합UN에서 원주민 권리 신장을 위해 일한다. 그러고도 남는 시간에는 치아파스 운무림 보호에 힘쓴다.

내가 셸리드웬의 신비체험에 대해 물었을 때 그녀는 호메로스의 《오디세이》11권(저승세계 방문 일화가 담긴 책 - 옮긴이)에 대한 경의가 담긴 여행 이야기를 가리키는 '네키야nekyia'라는 용어로 당시 일화를 설명했다(nékys는 고대 그리스어로 시체를 뜻한다). 고대 그리스 신화의 하데스, 아브라함계 종교에서 전해지는 스올Sheol 또는 황천, 북유럽 신화의 발할라Valhalla, 티베트불교의 중유中有, 나와족의 믹틀란Mictlán, 마야 원주민의 시발바Xibalbá처럼 종교에는 대개 이야기, 전설, 시, 설화 같은 형태로 사후세계 여행에 관한 표상이 존재한다. 임사체험을 비롯한 네키야 여행은 자기가 녹아 사라지는 부식, 투항과 혼돈과 죽음을 통해 고조되는 듯한 거룩한 느낌만이 남는 정제, 의식을 되찾고 본래 깨어 있는 상태로 돌아온 뒤의 성장을 수반한다. 그러니까 신비적 경외심의 과학에서 이해한 바에 따르면 네키야는 죽음에 가까워진 의식에 일어나는 변화라는 불가해한 문제를 제 나름대로 설명하기 위해 전해지는 이야기다. 셸리드웬은 다양한 의식부터 도상학에 이르기까지 수많은 종교와 영적 전통은 모두 삶의 수수께끼들을 이해하려는 집단 노력이 낳은 결과물이라고 말했다.

이러한 관념을 바탕으로 앞서 우리가 살펴본 것과 같은 방식을 그대로 적용하면, 경외심 경험에서 비롯한 종교 및 영적 수행이 어떻게 현재 모습에 이르렀는지도 생각해볼 수 있다. 경외심 관련 음성 표현들은 성스러운 소리로서 성가와 음악 형태로 발전해 신에 대한 감정을 상징적으로 나타내고 다른 사람들과 나눌 수 있게 해주었다. 무수히 많은 메소아메리카 전통에서 볼 수 있는 것과 같은 시각예술을 통해서는 신비적 경외심을 경험하는 동안 지각한 성스러운 기하학 패턴들을 표상하게 되었다. 경외심을 불러일으키는 춤으로 신에 대한 상징적인 이야기들을 전하기도 한다. 요가에는 경외심을 느낄 때의 신체를 표현하는 자세들이 있으며, 이러한 자세들을 통해 20세기 요가 수행자이자 신비주의자였던 고피 크리슈나Gopi Krishna의 경외심 경험담에서처럼 신적인 존재에 대한 신체감각들을 느끼기도 한다.[30]

빛이 점점 더 밝아지고 으르렁거리는 소리가 커지는 가운데 나는 흔들리는 듯한 감각을 경험했고, 곧이어 나 자신이 육신에서 스르르 빠져나가 후광으로 완전히 감싸지는 것을 느꼈다. (중략) 빛의 파도에 둘러싸여 나 자신이 점점 확장되는 의식 단계에 이른 것이 느껴졌다. (중략) 이제 의식만이 남은 나는 외형, 육신이라는 유형의 부속물에 대한 관념, 감각기관을 통해 들어오는 느낌이나 감각은 일절 배제한 채 빛의 바다에 깊이 빠져들었다. (중략) 빛에 잠겨 형용할 수 없는 고양감과 행복 상태를 만끽했다.

하나 된 움직임 또한 종교의례의 일부가 되었다. 경외심과 관련된 절하기, 신체 흔들기, 엎드리기, 하늘 바라보기 같은 행동은 숭배를 표현하는 의례 행위가 되었다. 이러한 의식은 구성원들 간 생리적, 감정적 공유를 야기하고 자기보다 거대한 무언가의 일부가 되는 것에 다 함께 집중하게 하는 효과를 발휘한다.[31] 살라(하루에 다섯 번 행하는 예배)를 실천하는 이슬람교도들에게서는 자기보다 거대한 신적 존재와 연결되었다는 느낌을 반영하듯 수용과 연관된 뇌 영역 활동이 증가하는 현상이 관찰되기도 했다.[32]

이처럼 신비적 경외심을 나타내는 다양한 방식들은 대체로 경외심에 기반한 지적 설계(신 혹은 어떤 지적인 존재의 의도적인 설계로 발생했다고 여겨질 정도로 불가해한 현상 및 능력들 - 옮긴이), 다시 말해 집단 경외심 경험을 가능케 하는 표상, 상징, 의식이 존재하는 공동체 공간에서 하나가 된다. 미국 인구 약 60퍼센트에 해당하는 특정 종교를 믿는 사람들은 교회에서, 기도를 하며, 성서를 읽으며, 성스러운 음악을 들으며, 삶과 죽음에 대해 묵상하며 신비적 경외심을 느낀다. 반면 스스로를 공식 종교인으로 규정하지 않는 사람들은 자신만의 '신전'을 만들어 대자연을 접한다든지 합창단에서 노래를 하거나 라다 아그라왈처럼 단체로 춤을 추는 등 집단 활동을 함으로써 신비적 경외심을 찾는다. 또는 명상이나 요가를 하며,[33] 혹은 유미 켄들처럼 음악을 통해 경외심을 느낀다. 오늘날 신은 이렇듯 다양한 형태로 우리를 찾아온다.

다른 사람들과 신비적 경외심 경험을 공유할 때 우리의 개인적인 자기는 집단 결속력을 더욱 강하게 만드는 방향으로 변화한다. 예를 들어 참가자 수천 명을 대상으로 한 실증적 연구 결과들을 살펴보면 영적 몰입spiritual engagement 감각을 느끼는 것이 안녕감 향상, 우울감 감소, 기대수명 증가와 연관 있음이 밝혀졌다.[34] 아울러 겸허한 마음가짐, 협동심, 희생정신, 상냥함이 증대되는 경향이 집단 내에 번져갔다.[35] 새로운 이론에 따르면 종교의 다양한 형태를 통해 이러한 기질을 구축한 집단들은 진화 과정에서 줄곧 이렇게 하지 못한 다른 부족들에 비해 뛰어난 경쟁력을 보여 지금까지 살아남았다.[36] 또 다른 지적 설계의 예인 셈이다.[37]

신비적 경외심 위주로만 돌아가는 공동체의 위험성 또한 역사에 명백히 기록되었는데, 전 세계에 부족주의가 만연하며 역사적으로 여성, 유색인종, 90개국 이상에 분포한 원주민 부족 등을 대상으로 정복 및 대학살을 저지르는 만행이 벌어진 것도 이 때문으로 여겨진다.[38] 착취적이고 권위적인 권력자들 그리고 카리스마 있는 소시오패스들은 흔히 신비적 경외심을 따르는 공동체에서 숭배 대상이 되는 방법을 택하곤 한다. 이는 젠 베일리 목사, 맬컴 클레멘스 영, 유리아 셀리드웬 모두가 직접 겪은 인생 과정과 문화 배경을 통해 너무나도 잘 아는 사실이기도 하다. 그렇기에 우리는 이 같은 경향성을 약화하고, 분열이 아닌 화합을 이룰 수 있도록 신념과 수행 성장에 힘을 싣기 위해 반드시 필요한 정수만을 정제하는 종교의 퇴비화에 더더욱 힘쓰는 것이다.

사이키델릭은 정말로 경외심을 불러일으키고
우리를 변화시키는가

밥 제시Bob Jesse는 한때 미국 소프트웨어 회사 오라클의 엔지니어였다. UC버클리에 임용되고 얼마 지나지 않아 나는 점심 식사 자리에서, 밥이 엔테오겐 복용 경험을 통해 완전히 다른 사람이 되었다는 이야기를 들었다. 엔테오겐은 일반적으로 식물에서 추출한 화학물질로서 원주민 문화권에서는 역사가 깊은 실로시빈, 아야와스카, 페요테와 더불어 LSD, MDMA, DMT 같은 합성 약물을 아우른다.[39] 내가 경외심에 관심이 있다는 사실을 안 밥은 2004년, 사이키델릭 과학 연구에 초점을 맞춘 환각 요법 모임에 나를 초대했다.

내가 체험한 환각은 윌리엄 제임스가 말한 "굉장히 야생적인 무언가"를 되찾기 위한 신비적 경외심의 여정을 초고속으로 다녀온 느낌이었다. 에머슨의 하버드대학교 신학부 연설에서 영감을 받은 듯, 롤프와 나는 사이키델릭에 취해 있던 순간, 이기 팝Iggy Pop 공연장 모시핏에서 관객들과 한 몸처럼 약동하며, 태평양 바다 파도 소리가 포효하는 가운데 모래 알갱이들을 보고 경탄하며, 유칼립투스 향과 그 사이로 스미는 빛이 어우러진 숲속에서 모차르트를 들으며, 골든게이트 공원에 전시된 유치원생들의 작품 사이를 거닐며, 미생물 감염으로 바닷새가 죽음의 춤을 추듯 꿈틀거리면서 죽어가는 모습을 목격하며 다양한 삶의 경이에 우리 자신을 내맡겼다.

사이키델릭이 가져다주었던 경외심 중 기억나는 것 하나는 오늘날

까지도 내 몸 세포 하나하나에 깊이 남아 있는데, 바로 20대 초반에 롤프와 내가 멕시코 지와타네호에서 환각 여행을 했던 때였다. 티머시 리리 Timothy Leary(LSD로 다양한 심리 실험을 진행해 사이키델릭이 정서와 정신 치료를 돕는다고 주장했으나 1970년 마리화나 소지 혐의로 수감되었다 - 옮긴이)가 법망을 피해 망명한 곳이기도 했다. 환각 상태에 빠진 채 나와 동생은 엘파로 등대로 향했다. 어머니가 수업 시간에 버지니아 울프의 영향력 있는 작품 《등대로》를 가르쳤음을 생각하면 우리에게 꼭 맞는 장소였다. 작은 배를 타고 끄트머리에 엘파로가 자리한 지협으로 이동한 뒤에는 붉은 게 수십 마리가 저마다 자기 영역을 표시하기 위해 커다란 집게발로 우스꽝스럽게 사방팔방 모래 뭉치들을 던져대며 구멍을 파는 곁을 걸으면서 그 이상하고도 아름다운 광경에 매료되었다.[40] 모래 위로 쓰러져 이제는 비틀어진 채 해변을 표류하는 만자니타처럼 보이는 유목 하나가 반질반질해진 가지들을 기울여 쓰다듬는 손길을 갈구하며 뚜렷한 목적과 의식을 품고 우리 곁으로 다가왔다.

우리는 왼편으로 깎아지른 듯한 절벽 아래 바다를 내려다보며 등대까지 이어진 수 킬로미터 흙길을 걸었다. 태평양이 환하게 빛났다. 자홍색 부겐빌레아가 생동감 넘치게 흔들렸다. 등대에 도착했을 땐 몸이 햇살에 달구어졌고 땀에 흠뻑 젖었다. 우리는 창문이 두 개 난 작은 원형 공간에 섰다. 굴절된 깨끗한 빛 속으로 수평선이 사라졌다. 흰 내부 벽이 멕시코의 찬란한 햇빛을 받아 빛났다. 그곳에서 부유하는 바람과 파도의 포효가 우리를 에워싸고 메아리치며 이곳저곳에서 되풀이되었다. 창턱에는 분홍색 비누 한 조각과 녹슨 못 몇 개가 놓여 있었다.

그날 내 안에서 부식한 것은 '육신을 지배하기 위해 애쓰는 참견쟁이 신경증 환자'였다. 바람, 포근하게 감싸안아주는 강렬한 햇빛, 롤프와 나 사이의 서서히 흐려지는 경계선, 동기화되어가는 두 사람의 호흡, 나란한 걸음, 바스락거리며 규칙적으로 울리는 발소리까지, 나는 불가해하고도 이따금씩 비범하게 느껴지는 감각을 경험했다. 인생의 부조리들을 향한 숭고한 웃음소리가 조각조각 흩어져 바람 속으로 사라졌다. 형제애라는 초월적인 느낌만이 정제되고 있었다.

그로부터 15년여가 지난 뒤 캘리포니아주 밀밸리에서 나는 한 무리 과학자들과 둘러앉아 사이키델릭에서 비롯한 경외심을 어떻게 연구하면 좋을지 궁리했다. 가장 먼저 떠오른 문제 가운데 하나는 '신비적 경외심을 어떻게 측정하면 좋을까?'였다. 다행히 우리에겐 랠프 후드Ralph Hood가 있었다. 후드는 월트 휘트먼과 놀랄 만큼 닮았다고밖에 말할 수 없었다. 후드는 윌리엄 제임스와 그를 추종했던 신비주의 연구자들의 글을 다른 무엇도 아닌 질문지 형태로 옮겼고, 그렇게 개발된 이름하여 '후드 신비주의 검사Hood's Mysticism Scale'는 사이키델릭을 과학적으로 연구하는 새로운 학문에서 몹시 중요한 도구로 쓰였다.[41]

그렇다면 다음 문제는 이것이다. '사이키델릭은 정말로 사람을 변화시키는가?' 다른 다양한 경외심을 경험한 이들과 마찬가지로 사이키델릭을 경험한 사람들은 이 때문에 자신이 완전히 달라졌다고 말하곤 한다. 그렇지만 또 다른 가설을 생각해볼 수도 있는데, 사람들이 스스로는 완전히 새롭게 바뀌었다고 생각하지만 사실은 본래 뿌리 깊었던 사고 및 감정 습관으로 되돌아간 것에 불과할 가능성이다. 윌리엄 제임스가 바로 이러한 가능성을 시사했다. 그는 어떤 사람의 신비한 경험은 낙관적(월트 휘트먼의 경우처럼)인 데 반해 누군가에게는 훨씬 비관적(레프 톨스토이처럼)이라는 사실을 발견하고 신비적 경외심이 우리 개인 기질을 드러낸다고 주장했다. 오늘날 유력한 이론에 따르면 변화가 일어나는 동안에는 그 순간을 표상하는 경험을 만들어내기 위해 우리 정체성이 더욱 강하게 부각된다.[42] 이러한 논리대로라면 역설적인 가설이 발생한다. 즉 환각 경험은 어떤 영구한 변화를 일으키기보다는 우리를 더욱더 우리 자신답게 만들어준다는 것이다. 가설이 맞다면 소위 말하는 신비한 변화는 모두 환상이다. 이 신기한 경험이 사그라들면 정제되어 남는 것은 단순히 진정한 자신의 모습이다.

그 자리에는 UC버클리의 동료 교수이자 정체성 변화 연구자인 올리버 존Oliver John도 참석했다. 그는 사이키델릭이 경험에 대한 우리 개방성을 훨씬 높여준다고 생각했다. 이러한 경향성은 '새로운 아이디어가 떠올랐어', '난 예술, 음악, 문학에 푹 빠졌어', '난 독창적이야' 같은 말에서 포착된다. 연구 결과들에 따르면 경험에 개방적인 사람은 새로운 발상이나 정보를 흔쾌히 받아들이고, 혁신적이고 창의적이며, 예술과 음악에 감동받아 오싹함을 느끼거나 눈물을 흘리는 일이 잦은 데다 타인에게 공감하고 관용을 베푸는 성향을 보인다.[43] 이같은 개방성을 가장 잘 보여주는 정서가 여러분도 예상했다시피 경외심이다.[44] 어쩌면 사이키델릭은 사용자를 개방성에 열린 상태로 만들어주는지도 모른다.

신경과학자 롤런드 그리피스Roland Griffiths는 이 모든 이야기를 주의 깊게 들었다. 그리피스는 다년간 밥 제시의 묵묵한 도움을 받아 최초로 실제 환각 상황을 조성한 실험을 진행하며, 원주민 전통에서 수천 년 전부터 전해온 사이키델릭 경험에서 중심을 차지한 신비적 경외심이 과연 연구 참가자들의 성장을 촉진하는지 살펴보았다.[45] 이중맹검(연구자와 참가자 모두 어느 참가자가 어떤 처치를 받았는지 알지 못하는 실험 설계) 환경에서 그의 연구팀은 참가자에게 실로시빈 또는 플라세보 약을 주었다. 참가자는 심리치료사와 안내자가 곁을 지키는 가운데 소파에 편안하게 기대어 눈가리개를 하고 음악을 들으며 여덟 시간 동안 환각 여행을 했다. 이 과정은 참가자들이 편안한 환경에서 환각을 경험할 수 있도록 '내적 준비도와 외적 조건set and setting'을 세심하게 설정해 진행했다.

이 연구에서 실로시빈을 복용한 참가자 중 13퍼센트는 환각 상태에서 극심한 두려움을 느꼈다고 보고했다. 반면 61퍼센트는 신비로운 경험을 했다고 보고했다. 다시 말해 이들은 후드 신비주의 검사에서 다음과 같은 문항에 '그렇다'라고 답했다.

- 자기보다 거대한 어떤 힘과 하나가 되었다.
- 삶의 근본 진리와 마주했다.
- 성스러운 것에 대한 숭배심을 느꼈다.
- 강렬한 기쁨과 경외심을 경험했다.

- 시간 감각이 사라지고 자신과 주변 세계의 경계가 사라지는 것을 경험했다.

이 결과는 후속 연구들에서도 반복 검증되었다. 전반적으로 참가자 가운데 50~70퍼센트가 사이키델릭을 통해 인생에서 가장 뜻깊은 신비적 경외심을 경험했다고 응답했다.

그리고 실제로 참가자들은 성장했다. 연구 전 측정한 자기평가 결과와 비교했을 때 이들은 세로토닌에 변화를 일으키는 이 작은 화학물질을 삼키고부터 2개월 후, 경험에 훨씬 개방적으로 변했으며 위대한 발상, 음악, 예술, 아름다움, 수수께끼 그리고 다른 사람들에게 열린 마음을 품었다. 이토록 높은 신뢰도로 신비적 경외심을 일으키는 경험은 아마도 아이가 태어나는 모습을 보거나 죽었다 살아나거나 달라이라마와 춤추는 것 말고는 없을 것이다.

그리피스의 획기적인 실험 이후로 우울, 불안, 섭식장애, 강박장애, PTSD 등 인류가 직면한 가장 복잡한 문제에 대한 새로운 접근법으로 사이키델릭을 연구하는 학문 분야가 생겨났다. 이어진 연구 결과 사이키델릭은 불치병 환자들이 느끼는 두려움뿐만 아니라 우울과 불안 수준도 낮추는 것으로 나타났다. 흡연자 가운데 80퍼센트가 체계적인 안내에 따라 사이키델릭을 경험한 뒤로 흡연량이 현저히 감소했다. 알코올중독으로 씨름하던 사람들은 음주량이 줄었다. 사이키델릭 경험은 범죄를 저지를 확률까지도 감소했다.[46]

사이키델릭은 어떻게 우리가 삶의 경이에 마음을 열게 만드는 걸까? 앨라배마대학교 버밍햄캠퍼스 소속 과학자 피터 헨드릭스Peter Hendricks와 존스홉킨스대학교의 데이비드 예이든David Yaden이 주장한 간단한 가설은 경외심이 바로 그 마법 재료라는 것이다.[47] 이러한 생각에 따라 연구를 이어간 UCSF 신경과학자 로빈 카하트-해리스Robin Carhart-Harris는 사이키델릭이 지속적으로 디폴트 모드 네트워크를 비활성화한다는 사실을 발견함으로써 현상학 차원에서 사이키델릭 경험의 핵심인 자아 죽음 및 자기가 사라지는 느낌이 뇌 활동 변화와 상관 있음을 밝혀냈다.[48] 사이키델릭은 경외심과 마찬가지로 위협 관련 뇌 영역인 편도체의 활동을 약화해 트라우마로 인한 위협에 대한 과민성, 강박, 중독, 심지어 자신이 곧 죽으리라는 자각에서 비롯한 두려움으로부터 우리를 해방한다. 그뿐만 아니라 자신과 타인이 공유하는 보편적 인간성은 더 잘 느끼는 반면 타인과의 차이는 덜 지각하게 한다.[49] 안내에 따른 환각 여행을 경험하고 최대 1년 뒤까지도 전보다 이타적인 성향, 다른 사람들에 대한 관심, 열린 마음을 유지한다.[50] 수천 년 동안 이 식물 유래 성분에서 신비적 경외심을 찾아내 퇴비화한 원주민 문화 덕분에 우리는 그토록 바라던 "최고의 행복"에 몹시 가까운 "굉장히 야생적인 무언가"를 되찾은 것이다.

말로는 표현할 수 없는 초월적인 무언가와 연결된 감각

2010년, 니푼 메타Nipun Mehta와 구리 메타Guri Mehta는 실리콘밸리에서 평생 일군 모든 것을 팔아버리고 하루에 1달러만으로 버티며 섭씨 50도의 열기와 몬순 폭우 속에서 인도 마을들을 가로질러 970킬로미터쯤 걸었다. 이들 부부는 1882년에 제정된 영국 소금법에 불복해 수만 시위대와 함께 바닷가까지 390킬로미터를 행진해 소금 알갱이들을 손에 쥐었던 마하트마 간디의 소금 행진과 같은 방식으로 걷기를 택했다. 하나 된 움직임과 심적인 아름다움을 원동력 삼아 진행되었던 간디의 시위는 결국 영국 식민 정권을 몰아내는 계기가 되었다. 그야말로 정치 분야에서 나타난 집단 열광이다.

어느 날 점심 식사 자리에서 니푼은 이 순례에서 느꼈던 신비적 경외심에 대해 상세하게 들려주었다.[51] 가난한 마을 사람들은 언제나 그에게 먹을 것을 나누어주었다. 가장 먼저 인류의 심적인 아름다움을 느낄 수 있는 행동이었다. 펜실베이니아대학교 졸업식 연설에서 니푼은 이 경외심 걷기를 통해 배운 진리를 목격하고Witness, 수용하고Accept, 사랑하고Love, '너 자신을 알라Know thyself'는 네 가지로 정제하고 그 머리글자를 따서 만든 WALK라는 용어를 소개했다. 시속 3킬로미터로 걷는 동안 접하는 거대하고 수수께끼 같은 삶의 면면과 키르케고르가 말한 낯선 이들과의 "우연한 만남의 기회"를 통해 우리는 신비적 경외심을 발견한다.

2020년, 니푼은 인도 아메다바드에서 개최된 간디 3.0이라는 수련 모임에 나를 초대했다. 초대받은 손님들 중에는 과학자, 공무원, 기술 개발 담당자, 비영리단체 직원 등이 있었다. 어쨌든 그래서 나는 스무 살 딸 세라피나와 함께 마하트마 간디의 수행처인 아스람에서 몇 킬로미터 정도 떨어진 환경위생 연구소에서 열리는 간디 3.0에 참석하기 위해 열여섯 시간을 날아갔다. 이 수수한 연구소 건물은 본래 전 국민의 변기 사용을 위해 목소리를 높였던 간디의 숙원을 기리며 인도에 변기를 도입할 목적으로 세워졌다[52](그가 살았던 시대에는 소위 불가촉천민들은 카스트 계급상 자신보다 위에 있는 사람들의 분뇨를 치우고 퇴비화하는 일을 도맡았다). 연구소 입구는 주해를 단 사진, 모형, 변기와 하수도의 역사를 담은 도표 등으로 꾸며져 마치 변기박물관 같았다. 포스터에는 퇴비화 과정 속 생명 순환의 교훈이 담겨 있었다. 우리 집에 있는 변기들도 배설물을 퇴비화해 환경위생 연구소의 초목이 우거진 땅을 비옥하게 하는 것이다.

하루는 간디의 아스람으로 이동해 간디가 매일 명상을 했던 사바르마티강 근처 모래로 가득한 광장에 조용히 앉아보았다. 그가 작은 책상에 앉아 글을 쓰고 양털로 실을 잣고 뜰 풍경을 내다보던 방에서 다들 사색에 잠겼다. 이렇게 수수한 방에서 그토록 위대한 사상이 생겨나 마틴 루서 킹에게 용기 있게 행동할 영감을 불어넣어주었고, 그것이 1964년에는 단결해 자유언론 운동을 하도록 버클리 학생들을 자극했으며, 이어 학생 반전운동의 밑거름이 되었고, 종국에는 역사의 추를 흔들어 로널드 레이건이 집권하게 하기에 이르렀다니.[53] 그러고 보면 역사는 참으로 자주 경외심의 부침을 따라 흘러간다.

모임 진행 중 어느 날은 인도를 상징하는 바니안나무들에 아늑하게 둘러싸인 아래서 두 자매와 이야기를 나누었다. 동생인 트루프티 판디아 Trupti Pandya는 니푼과 구리의 순례담을 읽고 자신도 직접 해보기로 결심했다고 한다. 언니인 스와라 판디아Swara Pandya는 동생이 무슨 짓을 할지 걱정되어 마지못해 따라나섰다. 트루프티와 스와라는 인도의 많은 강이 그렇듯 '어머니'라고 불리는 나르마다강을 따라 2600킬로미터를 걸었다. 그 과정에서 자매는 낯선 사람들이 나누어주는 음식을 먹고 잠자리를 신세졌다. 트루프티는 일반적으로 사람들이 생각하는, 결핍형 마음가짐이 현대사회에 만연하다는 크나큰 착각이 자신 안에서 무너지기 시작하는 것을 느꼈다.[54] 비범한 경험들이 그렇게 하루하루 정제되었다. 강물의 흐름, 그 위에서 반사되고 빙빙 소용돌이치는 빛, 쏴아 흔들리는 골풀 등 강의 소리는 마치 삶이란 "걸음걸음마다 온화하고 상냥한 힘"에 의해 인도된다고 말해주는 신의 음성처럼 들렸다. 자매는 자신들만의 의식을 만들었다. 자신이 가진 것을 기꺼이 자매에게 내주고 베풀었던 가족들에게 감사를 표현하며 매일 강에 인사를 올렸다. 신전을 방문했을 때 트루프티는 순례자들의 발길이 닿았던 자갈들을 손에 쥐었다. 그러자 감동이 일고 힘이 샘솟으며 두려움이 사라지고 진정 살아 있는 느낌이 들었다. 현재그녀는 구타당하고 버림받은 젊은 여성들을 위한 쉼터를 운영한다. 그녀가 경험한 부식과 정제와 성장이다.

간디 3.0 모임 마지막 날, 우리는 세계 곳곳에서 가져온 신념과 행동을 퇴비화하고자 경외심 걷기를 진행했다. 낙엽으로 뒤덮이고 빗물이 모인 컴컴한 웅덩이 주변을 걸었다. 불교 전통에 따라 4보를 걸을 때마다 이마를 바닥에 대고 1배를 올렸다. 일행 가운데 다수가 나무들을 손으로 느끼며 지나갔다. 30분 동안 고요함 속에 하나 되어 걸었던 산책이 끝날 무렵 봉사자들은 옳은 일을 위해 간디가 보여주었던 용감한 행동을 모방해 거대한 소금 무더기에서 한 줌씩을 쥐어보고자 했다. 바닥에 이마를 대고 절을 하며 옆으로 시선을 향한 나는 설립자인 아버지의 뒤를 이어 환경위생 연구소 책임을 맡은 자예시 파텔Jayesh Patel과 눈이 마주쳤다. 그의 아버지는 간디가 암살되던 당시 그를 안고 있던 두 여성의 손에 자랐다고 한다.

이후 우리는 다 함께 빈터로 이동해 조용히 앉았다. 오른쪽 뺨과 이마에 햇살이 닿는 감촉이 느껴졌다. 퇴비화된 나의 배설물로부터 무성히 성장한 주변 풀과 나무 사이에서 새들이 재잘거리는 소리가 어지러이 뒤섞였다. 새들의 노래에서 워후, 우와 하는 소리가 들리는 것만 같았다. 나무 위에서 불어온 부드러운 바람이 바닥으로 내려앉았다. 나 자신이 밝은 하늘 속으로 녹아들며 포근하게 감싸안기는 것을 느낄 수 있었다. 롤프가 미소 지으며 하늘 위로 흩어져 빛으로 널리 퍼지는 것을 느꼈다. 말로는 표현할 수 없는 초월적인 무언가와 연결된 감각이었다. 그렇게 나는 우주의 야생적인 무언가를 되찾고 있었다. 그리고 상냥함도.

4부

경외심의 삶을
산다는 것

10장
삶과 죽음

___

경외심은 어떻게 삶과 죽음의 순환에 대한 이해를 돕는가

___

그대는 그 젊은이와 늙은이가 어떻게 되었다고 생각하는가?

여자들과 아이들이 어떻게 되었다고 생각하는가?

그들은 어딘가에 살아 있고 잘 지내고 있다.

저 작디작은 싹들이 진정 죽음이란 없음을 보여준다.

그리고 혹여 있었다 한들 이는 생명을 나아가게 하는 것이지, 생명을 붙잡기 위해 그 끝에서 기다리고 있지는 않는다.

그리고 생명이 나타나는 순간에 그치고 만다.

모든 것은 전진하고 밖을 향해 나아간다⋯. 그 무엇도 사멸되지 않는다.

그리고 죽는다는 것은 사람들이 상상하는 것과 다르며, 그보다는 다행스러운 일이다.[1]

－월트 휘트먼

___

26개국에서 진행된 경외심 체험담 연구 결과, 사람들은 종교나 정

치, 문화, 의료 수준, 기대수명을 불문하고 생명이 시작되어 막 피어나기 시작하는 모습에 경외심을 느꼈고 생명이 끝나는 모습을 보면서 초월적으로 느껴지는 감동을 받았다고 말했다.

생명이 시작되어 피어나기 시작하는 모습에서 얻는 경외심

우리 생애주기는 다른 영장류와 비교했을 때 특히나 우리가 거쳐온 진화 과정을 잘 보여주는 본질적인 특징이다. 여성 골반 폭이 좁아진 영향으로 인류는 직립보행을 하도록 변화했으며, 언어라는 특수한 능력을 가능케 하는 유난히 부피가 큰 뇌를 수용하기 위해 다른 신체 부위 대비 지나치게 커진 머리 때문에 아기들은 미성숙한 채로 태어나게 되었다. 솔직히 어찌나 미성숙한지, 태어나고 10년에서 52년은 지나야 그나마 어느 정도 독립적으로 기능하는 수준에 이를 지경이다. 이처럼 극도로 취약한 인간 아기들은 생존을 위해 몇 년이고 얼굴을 마주 보고 피부를 맞댄 채 이루어지는 집중적인 보살핌, 서로 긴밀하게 연계된 보호자들, 안전한 보금자리, 문화화 과정을 필요로 한다.

출산은 대단히 위대하고 용기 있는 행동임에도 인류 역사에서 가장 저평가되었다.[2] 26개국에서 진행된 경외심 체험담 연구 결과를 보면 새로운 생명 탄생이 얼마나 특별하며 수많은 통찰을 일으키는 경험인지 알 수 있다. 사람들은 정자와 난자가 생명을 창조해 어머니 자궁에서 태어나게 했다는 사실 자체에 깊은 감명을 받았다. 어느 러시아 참가자가 들려준 이 이야기처럼 말이다.

제 딸이 태어났을 때예요. 한 인간이 또 다른 인간의 힘으
로 세상에 태어난 거죠. 그건 기적이었어요! 제가 낳은 생명
이 눈앞에 있었고, 새로운 인간 탄생 앞에 고통은 다 사라져
버렸죠. 그 첫 울음소리. 새 생명을 마주 본 그 느낌이라니.
전 그냥 얼어붙어서 말을 잃고 말았어요. 그 순간 느꼈던 감
정을 전하기가 참 어렵네요.

그런가 하면 어떤 이들은 자기 아기의 숭고한 아름다움에 놀란 마
음을 전하기도 했다. 멕시코에 사는 이 귀여운 팔불출이 들려준 이야
기를 한번 보자.

둘째 딸이 태어났어요. 다른 아기들은 모두 태어나자마
자는 별로 예쁘지 않던데, 그런 애들과 달리 우리 애는 갓
태어났을 때부터 너무 예쁘더라고요.

아기들 신체에는 눈을 떼지 못하게 하는 특징이 있다. 빨려 들 것만
같은 커다란 이마와 만화 주인공 같은 눈, 자그마한 입술과 턱은 경외
심 같은 마력으로 보는 이를 사로잡는다. 이에 홀린 상태에서 보호자
들은 새 블라우스에 묻는 침도, 몇 년씩이나 지속되는 수면 부족도,
비자발적인 금욕 생활도, 외식을 하거나 친구와 만날 저녁 시간이 사

라지는 것도 모두 잊는다.³ 나 역시 몰리의 배에서 막 태어난 우리 딸 내털리의 얼굴을 처음 보았던 순간을, 눈이며 입이며 광대며 이마 생 김새까지 유전자 예순 개가 빚어낸 얼굴의 형태학적 체계에서 그 같 은 얼굴 특징과 윤곽을 만들어낸 할머니, 할아버지, 이모, 삼촌, 어머 니까지 대를 이은 기하학적 신비를 발견하고 느꼈던 경외심을 지금 도 생생하게 떠올릴 수 있다.

사람들은 새 생명 탄생을 선물 같다고 말한다. 이 인도네시아인 참 가자도 마찬가지다.

> 첫아이 탄생을 목격했던 순간이요. 밤 11시부터 아침 7시 까지 약 여덟 시간에 달하는 긴 기다림이었어요. 아내가 그 고통스러운 진통과 싸우는 내내 난 곁을 지켰지요. 그러다 마침내 아들이 태어났을 때, 신이 아내와 내게 얼마나 아름 답고 멋진 선물을 내려주셨는지 믿을 수가 없었답니다. 웃 음이 절로 나고 경외심이 느껴지며 우리에게 아들을 선물 하신 신에 대한 감사를 멈출 길이 없었어요.

또 어떤 경우에는 한국 참가자가 들려준 이 이야기에서처럼 아이 탄생이 시간에 대한 통찰을 가져다주기도 했다.

> 임신했을 때 느꼈던 어렴풋한 경이가 아기를 낳았을 때 는 생명에 대한 경이와 경외심으로 변했어요. 다음 세대를

향한 기대와 기쁨도 느꼈는데, 그게 자연법칙이니까요. 생
명이 얼마나 소중한지 깨닫는 기회이기도 했어요.

어느 일본 참가자처럼 새로운 생명을 보호해야 한다는 책임감을
느끼기도 했다.

처음으로 아이를 낳았을 때 전 생명의 소중함뿐만 아니
라 부모가 된다는 깨달음과 책임감에 깊은 감동을 받았답
니다. 지금부터는 오직 이 생명을 보호하기 위해 열심히 살
아야겠다고 느꼈죠.

많은 사람이 경외심에 따른 눈물, 오싹함, 팅글 같은 신체 반응과
더불어 아기를 안아보고 만져보고 그 온기를 피부로 직접 느껴보고
싶다는 간절한 마음에 대해 이야기했다. 이들 이야기에서 공통된 묘
사는 초월적인 감각과 서로 경계가 무너진 듯 가깝게 연결되었다는
느낌이었는데, 이제는 연구들을 통해 그 기저에 깔린 신경생리학도
어느 정도 윤곽이 잡히고 있다.[4] 최신 연구 결과, 첫아이 출산 6개월
후 부모 모두에게서 타인과 경계를 허물고 개방성 및 연결성을 증진
하는 신경펩타이드인 옥시토신의 체내 농도가 높아진 것이 관찰되었
다. 또한 이성애자든 동성애자든 관계없이 여성과 남성 모두에게서
시상하부의 내측시삭전야medial preoptic area가 육아 관련 활동 패턴을
보인다는 사실이 밝혀졌다. 내측시삭전야는 아기 피부, 옹알이, 폭 안

긴 모습, 감촉, 눈 맞춤, 정수리에서 나는 포근한 향과 부드러운 느낌 등 갓난아기 관련 감각 자극에 예민하게 반응한다. 게다가 이 영역은 도파민 분비를 활성화하고 위협에 대한 편도체의 과민성을 떨어뜨린다. 이렇게 부모와 아기의 신경생리적 상태가 서로 동기화한 결과가, 삶의 다양한 경이들을 접할 때 경험하는 경외심에서 그토록 흔하게 나타나는 공유된 시선과 상호주체성의 밑바탕이 되는 것이다.

또 많은 이야기에서 사람들은 아이 탄생을 통해 자신의 심적인 아름다움을 발견하기도 했다. 아래 러시아와 중국 참가자들이 들려준 이야기처럼 말이다.

우리 아들을 출산했을 때요. 9년 전이었어요. 산부인과 병동조차 만족스러웠어요. 온 세상을 껴안아주고 싶을 정도였죠.

아이가 태어났을 때 진정으로 경외심을 느꼈답니다. 생명의 기적을 내 눈으로 보았고, 그 경험 덕분에 주변 사람들을 대할 때 전보다 강인하면서도 관대해졌죠.

어떤 사람들은 아기 탄생으로, 출산이 가까워진 부모가 보이기 시작하는 둥지 본능nesting instinct이 본격적으로 촉발되었다고 이야기한다. 무엇보다도 새 가구를 사고 서류들을 작성하는 행동에서 이를 실감했다는 브라질의 한 아빠처럼 말이다!

첫아들 출생. 1992년이었습니다. 저는 리오그란데도노르테주 나탈에 있었습니다. 제 곁에는 첫 번째 부인이 있었고요. 그 전에 저는 아들을 맞이하기 위해 새 가구를 사두었답니다! 바로 그 뒤에는 아들을 건강보험에 가입하는 절차를 처리했죠.

조류를 제외하면 우리처럼 '둥지'를 꾸리는 종은 한정된다. 다른 동물들이 만드는 둥지는 새끼가 태어나는 곳이자 무리 구성원들이 식량을 찾으러 나갔다가 돌아와 다 함께 안전하게 먹기 위한 장소다. 반면 우리가 꾸리는 '둥지'는 음악, 자장가, 책, 심적인 아름다움을 보여준 인물들의 사진이나 그림, 아름다운 기하학 구조 모빌, 삶의 패턴을 묘사한 벽지 등 경외심의 문화 기록을 담은 경우가 많다. 이 둥지가 곧 집이 되어 경외심의 문화로 나아가는 입구 역할을 한다.

그리고 부모가 겪는 이 변화는 조부모에게도 그대로 나타나, 아래 프랑스인 사례처럼 조부모 역시 손주 탄생에 부모 못지않은 경외심을 느끼곤 한다.

손주가 태어났던 때가 내게는 경외심과 온갖 감정이 북받치던 순간이었답니다. 초음파검사를 받을 때 나도 그 자리에서 그 경이로운 작은 인간이 꼬물거리는 걸 보았지요. 나도 6남매의 엄마지만 그 순간에는 정말 경외심에 사로잡혔어요. 너무나도 감동적이고 기쁨에 벅차 내가 아이를 낳기라도 한 것처럼 울어버렸지 뭐예요. 너무 흥분해서 분만실을 나서는데, 온 세상에 내가 얼마나 기쁜지 소리치고 싶은 마음과 압도되는 듯한 기분이 동시에 들었어요. 정말 오만 기분이 다 드는 순간이었답니다.

인간 여성은 폐경 이후의 생존 기간이 유의미하게 긴 유일한 영장류다. 기대수명 증가 덕분에 인간은 수렵채집 시대부터 비교적 최근에 이르기까지 아이를 낳고 기르는 데 전문인 할머니들이 평균 19세에 자녀를 낳는 젊은 엄마들에게 육아의 지혜와 기술들을 전수해줄 수 있을 만큼 오래 살게 되었다.[5] 아직 몹시 취약한 우리 아기들은 나이 든 조부모를 비롯해 많은 사람에게 집중 보살핌을 받아야 하는데, 이처럼 다음 세대 아이들을 애정으로 돌보면서 조부모 역시 새로운 경외심을 찾을 수 있다.

낸시 바다크Nancy Bardacke는 출산의 경이와 공포를 겪은 것을 계기로 훨씬 더 경외심 가득한 분만법을 고안해 널리 알리는 놀라운 업적을 이루었다. 낸시가 기존 사고 틀에서 벗어나 이처럼 새로운 생각을 떠올리는 데 결정적인 영향을 미친 것은 1960년대 말 페르낭 라마즈Fernand Lamaze의 자연분만법이었다. 당시 미국 문화에서는 출산 과정을 의학 처치에 지나치게 의존한 나머지 산모들이 약물에 절어 완전히 정신을 잃은 상태에서 아기를 낳는 일이 흔했다. 그러다 보니 아기를 처음 보았을 때 알아보지 못하는 경우도 잦았다. 이에 조산사로 일하던 바다크는 이후 마음챙김 출산 프로그램을 개발해 수천 아기가 이 세상에 태어나는 길에 도움을 주었다.[6] 얼마 살지 못할 것으로 보이는 신생아를 부모 품에 안겨준 순간부터 미주신경 활성화와 옥시토신 분비를 넘치게 한 수천 번의 출산까지, 그녀는 모든 것을 지켜보았다. 나와 이야기를 나누며 그녀는 자신의 일을 이렇게 묘사했다.

> 탄생이란…
> 정수리가 보이고, 이내 눈과 얼굴이 서서히 모습을 드러내는 거예요. **이야.** 매번 저는 아기가 태어날 거란 사실이 믿기지 않아요. 그리고 매번 아기는 태어나죠. 이건 기적이에요. 그렇게 생명이 태어나는 순간을 목격한다는 건 크나큰 영광이에요.
> 제 일은 마치 아이와 같아요…. 원래부터 제 것이 아니죠…. 제게 와준 거예요….
> 탄생과 죽음은 모든 것을 상징해요.
> 들숨에, 저는 여기 존재하고.
> 날숨에, 저는 세상을 떠나죠.
> **경이롭지 않나요!**

상황이 적절하게만 맞아떨어진다면 탄생은 삶의 여덟 가지 경이에 대한 탐험이 시작되는 순간이다.[7] 하나 되어 추는 춤, 캠핑, 음악, 야생형태들을 옮겨 그리는 그림, 성스러운 기하학 패턴 발견 등 놀이 방식에 따라 우리는 아이들에게 다양한 경이를 만나게 해준다. 어린 시절 풍부한 경외심을 경험하는 것은 아동에게 이롭다. 이를 분명히 보여준 한 연구에 따르면, 경외심을 불러일으키는 대자연 영상을 본 5세 아동들은 통제 조건 아동들에 비해 새로운 장난감을 훨씬 창의적으로 가지고 놀았으며, 자기 자신을 묘사할 때 상대적으로 작은 원을 고름으로써 '작은 자기' 경향성을 나타냈다.[8] 함께 연구를 진행한 미시간주립대학교의 단테 딕슨Dante Dixson, UC버클리의 크레이그 앤더슨과 나는 아동이 발달 과정에서 정기적으로 경외심을 느낀 경우 학교에서 왕성한 호기심을 보인다는 것과 이를 통해 열악한 동네에서 자란 학생들의 학업 성취도를 예측할 수 있다는 사실을 발견했다.[9] 오늘날 아이들의 생활에서 가장 염려스러운 점은 경외심이 사라지는 추세다. 어른들은 아이들에게 삶의 경이를 발견하고 체험할 충분한 기회를 주지 않는다. 예술과 음악 수업 예산이 줄어든다. 쉬는 시간과 점심시간은 자유로운 놀이 활동 대신 아이가 학교생활을 얼마나 잘할 것인지와는 그다지 관계도 없는 시험 점수만을 올리기 위한 문제 풀이 반복 훈련으로 채워진다. 교사는 학생들에게 개방형 질문을 던지고 새로운 것들을 발견하며 그 중심에 있는 미지에 대한 교훈을 얻을 기회를 주기보다 시험에 나올 내용들을 가르쳐야 한다. 1분 1초가 미리 짜인 일정대로만 움직인다. 게다가 아이들이 경험하는 자연계에서는 이미 대멸종이 진행 중이다. 젊은 층에서 스트레스, 불안, 우울, 수치심, 섭식장애, 자해 행동이 점점 증가하는 것도 당연하다.[10] 이들은 경외심이 결핍된 상태다.

레이철 카슨은 일찍이 1950년대부터 이러한 상황을 인식했다.[11] 그녀는 경외심의 중요성을 잘 알았기에, 평생을 바쳐 제약회사, 과학 및 언론계의 성 편견과 싸웠고, 언니가 요절한 아픔과 암에 걸린 고통도 초월했으며, 거의 늘 경제적 어려움에 시달리면서도 자신이 가장 사랑하는 자연계에 대한 글을 써서 DDT 같은 살충제의 위험성을 세상에 알리고 오늘날 지구를 지키기 위한 미국의 노력에 다방면으로 선구적인 영향을 미쳤다.

젊은 사람들에게 경외심이 결핍되었음을 깨달은 그녀는 〈우먼스 홈 컴패니언 Woman's Home Companion〉(1873년부터 1957년까지 발행된 미국 여성 월간지 - 옮긴이)의 감자 마요네즈 샐러드 조리법과 베스트푸드(미국 식품 회사 - 옮긴이) 광고 사이 지면에 놀라운 글을 게재해 대안적인 접근법을 제시했다.[12] '당신의 자녀가 경이를 느낄 수 있게 도우라'라는 글에서 카슨은 경외심을 기반으로 한 양육법을 소개했다.[13]

카슨의 글은 언니가 일찍 세상을 떠나는 바람에 언니 대신 맡아 키운 생후 20개월 조카 로저에게 경외심을 느꼈던 일화로 시작된다. 둘은 거센 폭풍우가 몰아치는 어느 밤, 대서양 바닷가를 헤매고 다녔다. 잔뜩 젖어 감기에 걸릴 수도 있었지만 거품이 이는 파도를 보고 "거대하고 포효하는 듯한 바다와 주변으로 광풍이 몰아치는 그 밤에 대한 반응으로 등줄기를 타고 흐르는 팅글"을 느끼며 두 사람은 소리 내어 웃었다. 이후 비에 흠뻑 젖은 메인숲 속을 걸어가다 로저는 돌 위에 스펀지처럼 핀 이끼를 보고 아주 기뻐했다. "그 감촉을 느끼려 통통한 무릎을 바닥에 대더니 이쪽 이끼 뭉치에서 저쪽 뭉치로 뛰어다니며 (중략) 꺅꺅 소리를 지르면서 즐거워했다." 분명 입을 활짝 벌리고 눈을 크게 뜬 채 오래도록 침묵에 잠겨 있다 터뜨린 위이이나 이야 같은 소리였으리라.

카슨은 "아름답고 경외심이 이는 대상에 대한 진짜 본능은 우리가 어른이 되기 전에 서서히 약해지며 심지어는 아예 상실되기도 한다"라고 말했다. 그녀는 모든 아이가 "말년의 지루함과 환멸감, 거짓된 것들을 향한 무익한 집착, 정신력의 원천으로부터의 소외에 대한 확실한 해독제로서 우리가 살아가는 내내 지속해서 영향을 미치는 몹시도 견고한 경이감"을 느끼며 살아가길 바란다.

어떻게 하면 아이들이 경외심을 느끼는 삶을 누릴 수 있을까? 우리 자신은 어떻게 그렇게 살 수 있을까? 첫째로 우리 오감을 통해 경외심과 경이를 느끼라고 카슨은 조언한다. 단순하고 자유로운 시선으로 여유롭게 구름과 하늘을 바라보고, 바람 같은 자연계 소리에 귀 기울이며. 그러면 카슨이 말한 "살아 있는 음악"을, "곤충 관현악단"의 "곤충들이 연주하는 악기 소리"를 들을 수 있을 것이다.

카슨은 에드먼드 버크와 마찬가지로 거대함에 마음을 활짝 열라고 말한다. 그러기 위한 한 가지 요령을 소개한다. 바로 곤충 소리가 어디에서 들려오는지 쫓아가보는 것이다. 자연계 다른 대상들에도 같은 방식으로 접근할 수 있다. 천둥, 파도, 비, 바람, 구름, 바닥에 흩뿌려져 반짝이는 솔잎들, 새소리, 언덕이나 산 윤곽선 등이 어디에서 비롯하는지 찬찬히 살펴보자.

매사에 이름을 붙이고 유형화하는 행위에 의구심을 품자. 이는 기본 상태의 자기가 하는 일이다. 자연현상을 언어의 틀에 가두는 것도

피하자. 그 대신 수수께끼를 순수하게 마주하는 것부터 시작하자. 곤충 소리는 어디로 가는 걸까? 씨앗에 담긴 수수께끼는 무엇일까? 그리고 이런 질문으로 자연계(그리고 삶)에 접근해보자. 만약 내가 이걸 태어나 처음 본다면 어떤 느낌일까?

수수께끼는 자연계를 아우르는 시스템에 눈뜨게 한다. 하늘을 올려다보고 새들이 이동하는 소리에 귀 기울여보자. 또 조수의 오르내림을 따라가보자. 작은 묘목이 자라며 이 땅과 어떤 관계를 형성하는지 관찰해보자.[14] 우리도 이제 알다시피 협력 관계인 종들끼리 서로 밀접하게 연결된 생태계를 이루며 완만한 신경화학 신호를 통해 상호 작용하는 숲속 부엽토, 이끼, 나무뿌리를 유심히 살펴보자.

경이로 가득한 이 모든 탐험 과정에서 우리는 "이 땅의 아름다움과 수수께끼 속에서 살아가는 사람은 (중략) 결코 외톨이가 되거나 삶에 싫증을 느끼지 않는다"라는 통찰을 만난다. 카슨은 암과 싸우며 써내려간 이 놀라운 글 마지막에 자신이 심적인 아름다움을 느꼈던 인물인 해양학자 오토 페테르손Otto Pettersson의 말을 인용한다. 페테르손은 어류 생물학, 조수, 대양의 심도, 해저 파도의 크기 같은 연구 분야에서 혁신적인 발견을 해냈다. 92세에 죽음이 가까웠을 무렵 페테르손은 이렇게 말했다. "마지막 순간 나를 지탱할 것은 앞으로 무슨 일이 펼쳐질 것인가에 대한 무한한 궁금증이다."

생명이 끝나가는 모습을 보면서 느껴지는 경외심

조앤 핼리팩스 선사는 20세기와 21세기 경외심 연구의 영웅이다. 그녀는 20대 때 흑인민권운동에 참가했다. 박사과정에서는 먼저 말리 원주민 도곤족을, 이후에는 멕시코 이촐족을 연구하며 신비적 경외심이 수천 년 동안 원주민 전통에서 이야기, 의식과 의례, 음악, 시각 디자인 형태로 어떻게 기록되었는지 직접 확인했다. 그렇지만 대학원 생활에 만족하지 못했던 그녀는 1960년대에 박사과정에 적응하지 못한 학생 대부분이 오로지 생각만 하던 일을 실행에 옮겼다. 폭스바겐 버스를 구입해 여객선에 싣고 북아프리카로 가서는 그곳 마을들과 전원 지대 사이로 직접 차를 몰고 다니며 현지 공동체의식을 찾아나섰던 것이다. 그러고는 그곳에서 그들과 경외심 걷기에 대한 이야기를 나누었다.

핼리팩스는 1970년대 스타니슬라프 그로프 Stanislav Grof와 짧은 결혼 생활 중 처음으로 LSD 요법 관련 실험들을 진행했다. 조지프 캠벨과 함께 신화학 연구를 하기도 했다. 그러다 베트남 승려 틱낫한에게 영감을 받아 수년간 수행한 끝에 여성으로서는 극히 드물게 선사, 즉 승려가 되었다. 오늘날 핼리팩스 선사는 명상을 통해 죽음에 슬기롭게 대처하도록 사람들을 훈련하는 뉴멕시코주 우파야 선 센터 원장을 맡고 있다.

핼리팩스 선사의 책《죽음을 명상하다: 삶과 죽음에 관한 마인드풀니스와 컴패션》은 40년 넘게 이 프로젝트를 진행하는 동안 특히 에이즈로 죽어가는 젊은 남성들을 가까이에서 지켜보며 얻은 교훈들을 들려준다.[15] 또한 우리 사회에서 과도하게 의학 처치에만 의존되는 죽음, 온갖 기계와 모니터와 반쯤 먹고 남긴 '음식' 쟁반이 주변에 널린, 삭막한 형광등 불빛만이 비추는 병실로 옮겨져 맞이하는 최후에 대한 상세한 묘사도 담겼다. 이런 병실에는 죽어가는 이와 그가 사랑하는 이들이 이 죽음의 과정을 헤쳐 나갈 수 있게 북돋는 의식, 의례, 이야기, 음악, 노래, 따뜻한 손길, 명상 수행이 존재하지 않으므로 경외심에 기반한 지적 설계가 제 힘을 발휘하지 못한다. 핼리팩스 선사는 다른 이가 죽는 모습을 바라보는 데서 느끼는 경이를 되찾는 일을 필생의 과업으로 삼았다.

죽어가는 이와 함께하는 첫 번째 원칙은 무지다. 먼저 기본 상태의 자기가 떠들어대는 소리를 잠재워야 한다. 죽어간다는 것이 진정 어떤 것인지 우리는 제대로 알지 못한다. 그 뒤에 무슨 일이 일어나는지 또한 마찬가지다. 그러니 열린 마음으로 관찰하고 경이를 마주해야 한다.

두 번째는 입회인이 되는 것이다. 죽음이 이끄는 대로, 있는 그대로를 경험하자. 죽음이라는 것이 주는 불확실성, 두려움, 공포를 직면하면 우리는 대개 희망찬 해석을 제시하거나 상황을 다른 방식으로 바라보려 하거나 외면하는 등 무언가 행동을 취하려고 한다. 그러나 핼리팩스 선사는 그저 그 자리에 있으라고 말한다. 조용히 앉아서 귀 기울이라고, 죽어가는 이의 팔에 손을 얹고 호흡하라고, 그리고 죽음이 이끄는 대로 따르라고 조언한다.

마지막은 연민 어린 **행동**을 취하는 것이다. 고통과 그 동반자인 다정함에 마음을 열자.[16] 연구 결과에 따르면 우리가 타인의 고통에 반응하는 방식은 둘 중 하나라고 한다. 하나는 정신적 괴로움으로, 이 경우에는 코르티솔이 과도하게 분비되어 도피 반응이 나타나고 결국 눈앞에서 벌어지는 일을 외면하게 된다. 하지만 다른 하나인 연민은 고통을 겪는 사람과 이를 지켜보는 사람 모두에게 훨씬 도움이 된다. 핼리팩스 선사의 가르침을 훈련할 때에는 상대의 고통을 들이마시고 이를 변화시켜 내뱉는 과정을 반복한다. 마치 호흡처럼, 삶과 죽음의 순환은 그저 이 세상에 존재하는 수많은 순환 중 하나일 뿐이다.

롤프 생애주기의 마지막 날 밤 그가 떠나는 모습을 지켜보며, 고동치는 빛의 장場이 무언가 거대한 존재 속으로 그를 끌어당기는 와중에 나는 이전에 핼리팩스 선사의 책을 읽고 그녀와 함께 대화를 나누었던 덕분에 그 지혜가 이끄는 대로 따를 수 있었다. 이 생명 순환의 일부를 지켜보던 나는 거부감 없이 있는 그대로를 받아들이는 듯한 기분이 들었다. 버지니아 울프가 "내면 가장 깊은 곳에서 뇌를 통해 무수한 메시지를 보내는 불꽃의 깜빡임"이라고 칭했던, 동생의 살아 있는 뇌와 몸이 마지막으로 품었을 생각과 감정에 대한 궁금증이 일었다.[17]

그 "깜빡임"을 이해하기 위해 오늘날 과학자들은 죽음 직후 뇌의 신경 활동을 연구한다.[18] 그런가 하면 샤를로트 코르데Charlotte Corday처럼 참수된 뒤 의식이 남아 있었던 사례들을 수집한 역사학자들도 있었다. 코르데는 1793년 단두대에서 목이 잘린 다음에도 처형 집행인이 뺨을 때리자 얼굴을 붉히며 분개하는 표정을 지었다고 한다.[19] 나는 내가 정확히 알지 못하는 세계를 탐구하고자 여러 문헌을 조사했고, 임사체험에 대한 새로운 과학 연구 결과에서 위안을 얻었다.

이 분야 연구들은 유리아 셀리드웬처럼 죽음의 문턱에서 돌아온 사람들의 이야기를 기반으로 한다. 이는 심장마비, 뇌졸중, 자동차 사고로 입은 심각한 외상, 암벽등반 도중 낙하해 뼈가 부서진 채 화강암 바닥에 쓰러져 있는 등 거의 목숨을 잃을 뻔했던 순간에 다시 살아난 사람들의 생생한 경험담들이다.[20] 임사체험담은 경외심 경험담과도 닮았는데, 26개 문화권에서 수집한 경외심 경험담 중 아래 호주 참가자가 들려준 이야기에서도 확인할 수 있다.

분만 중 저는 사망 판정을 받았어요. 변성의식상태인 동안 저는 믿기 어려울 만큼 최고로 평화롭고 차분한 감각을 느꼈답니다. 저를 되살리기 위해 제 몸에 가해지는 조치들을 지켜보며 '왜 멈추지 않는 거야…. 난 나 자신 그리고 세상과 함께 이렇게 평화로움에 이르렀는데'라고 생각했던 기억이 나요. 당시 남편이었던 사람이 뛰어 들어왔고, 아직 어린 두 딸이 저를 필요로 할 테니 아직은 때가 아니라는 걸 저도 알았죠. 저는 즉시 제 몸으로 돌아왔어요. 그로부터 일곱 시간 정도 걸려 아들 카일을 낳았어요.

이 이야기에서처럼 임사체험에 대한 과학 연구에서 사람들은 기본 상태의 자기가 사라지는 현상을 보고한다. 이들은 보다 거대한 힘과 융합되거나 무한하고 순결하고 근본적이며 자애로운 의식 상태가 형성되는 듯한 느낌을 경험한다. 이러한 경험은 우리 기본 상태의 자기를 지배하는 시공간의 법칙을 따르지 않는 것만 같다. 이들은 연민, 사랑, 환희 그리고 경외심 같은 초월적인 정서가 물밀듯 밀려오는 것을 느낀다. 동생이 살아 있던 마지막 밤, 나 역시 동생 얼굴에서 이를 감지했다.

롤프가 세상을 떠나고 몇 개월이 지났을 때 나는 몰리와 일본으로 여행을 갔다. 교토에서 맞이한 첫날 황혼 무렵, 기록적인 태풍에 뒤이어 찾아온 폭우를 뚫고 시 외곽 언덕에 자리한 묘지로 향했다. 일본인들은 가족 합장을 해 망자들을 기리는데,[21] 묘터에 나란히 세워진 묘비들은 시간이 흐르면서 이끼에 뒤덮이고 서서히 서로에게 기댄 채 바닥으로 쓰러져간다. 이것이 바로 자연물부터 '인공물'에 이르기까지 만물은 발생, 탄생, 성장, 쇠퇴, 죽음이라는 순환을 따라 전개된다는 일본의 와비사비ゎびさび 원칙이다. 나는 풀이 길게 자라 어지러이 얽힌 흙무덤들 옆에 총 세 열로 늘어선, 열다섯 개쯤 되어 보이는 묘비 앞에 섰다. 높이는 60센티미터 정도에 일부에는 일본어가 새겨졌고 형태와 패턴은 제각각이었다. 작은 표식이 새겨진 민무늬 묘비 하나가 옆으로 기울어 바로 곁 조금 더 큰 묘비에 기대어 있었다. 둘은 빗속에서 그렇게 나란히 평온하게 잠들어 있었다.

동생의 생애주기가 끝나가는 것을 본 그날 밤은 내게 강렬한 경외심을 안겨주었지만 나는 곧이어 깊은 경외심 결핍을 느꼈다. 나는 다시 살아갈 방법을 알아내고자 경외심을 찾아 나섰다. 삶의 여덟 가지 경이를 통해 경외심을 경험하면서 나는 우리 존재에는 육신의 마지막 숨과 함께 끝나는 것 이상의 무언가가 있다는 사실을 배웠다. 산들바람과 강렬하고 따스한 햇살에 안겨 롤프의 존재를 느끼고 들을 수 있다는 사실을, 동생과 내가 일반적으로 보고 듣는 것을 뛰어넘는 어떤 감정의 공간을 함께 인식한다는 사실을, 우리가 사랑하는 사람들, 살아가며 함께 경외심을 느끼던 동반자들은 세상을 떠난 뒤 오히려 더욱 수수께끼 같은 방식으로 우리 곁에 남아 새로운 삶의 경이에 눈 뜨게 해준다는 사실을, 그리고 이 모든 깨달음을 경외심을 찾는 과정에서 얻을 수 있다는 사실을 배웠다. 이제 그 깨달음을 찾으러 이 책 마지막 장으로 넘어가보자.

11장
반짝이는 통찰의 기쁨

―

경외심을 낳는 위대한 관념:
우리는 자기보다 거대한 시스템의 일부다

이 행성이 확고한 중력 법칙에 따라 회전하는 동안 아주 단순한 발단에서 가장 아름답고 경이로운 무수한 형태가 진화해왔으며, 지금도 진화하고 있다.[1]

―찰스 다윈

찰스 다윈의 위대한 생각들 중 많은 부분은 그의 정서 경험에서 탄생했는데, 경외심에 대한 이야기가 한 장을 차지한 정서과학 이론도 그중 하나였다.[2] 그뿐만 아니라 자신의 딸 애니가 열 살에 죽을 때까지 곁에서 돌보았던 경험으로, 그는 자비의 진화론적인 이점에 대해 생각하게 되었다.[3] 다윈은 혜택받은 환경에서 성장했지만 다른 인간들을 향한 겸허한 호기심으로 노동자계급이었던 비둘기 사육사들과 대화를 나누며 각 종을 특징에 따라 번식시키거나 적응시키는 그들만의 과학에 눈뜰 기회를 얻었다. 그의 쾌활한 정서는 비글호의 로버트

피츠로이 Robert FitzRoy 선장이 신경쇠약으로 고생하는 사이 선원들을 단결시켜 5년 반 동안 무엇과도 비할 수 없는 불가해한 경이를 탐험하며 항해를 무사히 해낼 수 있도록 도와주었다.

경외심이 진화에 대한 다윈의 생각에 영향을 미쳤을까?

1871년에 발표한 《인간의 유래》와 1872년에 쓴 《인간과 동물의 감정 표현》에서 다윈은 오늘날 우리가 경험하는 정서의 기원을 포유류가 거쳐온 광대한 진화의 역사에서 찾는다.[4] 마흔 가지가 넘는 정서 표현을 서술한 그의 글을 읽노라면 일본 화가 고바야시 기요치카 小林清親의 1883년도 판화 연작 〈100개의 얼굴 百面相〉 정도를 제외하면 그 어떤 것보다도 풍부한 정서 표현 묘사에 크나큰 통찰을 경험한다.[5] 하지만 다윈은 이 글들에서 '경외심'이라는 단어를 단 한 번도 쓰지 않았다.

어쩌면 흔히 종교적인 정서로 여겨지던 탓에 경외심이 그에게는 심적인 충돌 지대처럼 느껴졌는지도 모른다. 경외심을 포유류 진화라는 관점에서 이야기한다는 것은 그의 독실한 아내 에마가 믿고 따르던 그 시대 창조론자들의 교리에 도전한다는 의미였다. 그들의 교리에서는 환희, 기쁨, 연민, 감사, 경외심 같은 자기 초월적인 우리 정서들이 일종의 지적 설계에 의해 인간 몸과 사회적인 삶에 배치된 신의 작품이라고 여겼다. 어쩌면 다윈은 집안 평화를 지키기 위해 경외심 언급을 피했는지도 모른다.

프랭크 설로웨이 Frank Sulloway는 다윈의 일생과 연구에 관해 현존하는 어떤 학자보다도 잘 아는 인물이므로 나는 수수께끼를, 다윈이 경외심을 어떻게 생각했는가라는 문제를 풀기 위해 그의 연구실에 들렀다. 설로웨이의 연구실은 그의 마음 그대로를 외부로 표출한 것 같았다.[6] 벽에는 그가 갈라파고스에 열여덟 번째로 방문했을 때 찍었던 매력적인 거북, 분홍빛 홍학, 선인장이 점점이 박힌 화산 지대 풍경 사진이 액자로 장식된 채 걸려 있었다. 통계 수식들을 휘갈겨 쓴 노란 포스트잇이 컴퓨터에 붙어 있었다. 무엇보다 눈에 띄는 것은 설로웨이의 새 어린이 책《다윈과 그의 곰들: 다윈 곰과 그의 갈라파고스제도 친구들은 어떻게 과학혁명에 영감을 주었을까Darwin and His Bears: How Darwin Bear and His Galápagos Islands Friends Inspired a Scientific Revolution》가 1미터 높이로 쌓인 더미였다. 주인공 곰이 어떻게 다윈을 이끌어 그 같은 발견들을 하도록 했는지 들려주는 이야기였다.

하버드 학부 졸업 논문을 쓰기 위해 그는 1968년 여름에 직접 여덟 명으로 구성된 촬영 원정대를 꾸려, HMS 비글호를 타고 남아메리카를 항해하던 다윈의 발자취를 추적했다. 그리고 이듬해, 다윈이 과학적으로 성장하고 발상을 진화론으로 전환하는 데 비글호 항해가 어떤 역할을 했는지에 초점을 맞추어 글을 썼다. 이 논문에는 다윈이 항해 중 가족과 스승이었던 존 스티븐스 헨슬로John Stevens Henslow에게 쓴 모든 편지를 분석한 내용도 포함되어 있었다.

설로웨이는 프로이트에 대한 논문으로 하버드에서 과학사 박사학위를 받았는데, 이 논문은 이후《마음의 생물학자 프로이트 Freud, Biologist of the Mind》라는 제목으로 출간되어 그에게 맥아더 지니어스상을 안겨주었다.[7] 하지만 프로이트의 사고가 폐쇄적이고 오만하게도 반증이 불가능해 보였던 탓에 그에게 느꼈던 매력은 곧 시들해졌다고 한다.

설로웨이는 다시 다윈에 대한 연구로 돌아갔다. 다윈의 새로운 지식을 대범하게 수용하는 태도, 겸손, 다정함이 설로웨이라는 학자를 그의 삶으로 이끈 것이다. 대학원 과정과 그 뒤로 이어진 연구 생활 40여 년에서 설로웨이는 비글호 항해일지와 다윈의 스케치들을 바탕으로 갈라파고스에서 다윈이 남긴 발자취를 좇았다. 6남매 중 다섯 번째 아이라는 가족 내 위치가 다윈의 개방성과 박식함, 모험 성향, 경외심 가득하며 혁명적인 삶과 사고방식에 어떤 영향을 미쳤는지 정리한 베스트셀러《타고난 반항아》를 발표하기도 했다.[8] 이제 그는 새로운 과학 연구 결과 수만 건을 통합해 다윈의《종의 기원》을 다시 다듬고 있다. 시간 여유가 있을 때면 앞장서서 갈라파고스제도 생태계를 교란하는 침입종인 염소의 개체수를 제한해야 한다는 좌담회를 진행한다. 다른 사람들이 보여준 심적인 아름다움은 우리 내면의 도덕적 나침반이 될 수 있는데, 설로웨이의 삶을 송두리째 바꾸어놓은 것은 다윈의 심적인 아름다움이었다.

나와 함께 인도 음식점에 갔을 때 설로웨이는 과거 하버드에서 쟁쟁한 육상부 달리기 선수였던 시절처럼 소식했다. 다윈에게 경외심이란 무엇이었을지 나는 물었다.

"프랭크, 다윈은 어째서 '놀라움', '존경심', '헌신과 숭배'에 대한 글은 썼으면서 '경외심'에 대해서는 쓰지 않았을까요? 종교적인 정서에 대해 쓰는 것에 부담을 느꼈을까요? 아니면 에마와 다툴까 봐서요?"

설로웨이는 고개를 저었다.

"바보 같은 소리예요···. 그보다는 19세기 중반에 '경외심'이라는 단어 자체가 없었을 가능성이 더 높아요. 구글 트렌드를 검색해보면 알 거예요···."

아니나 다를까 구글 트렌드를 보면 '경외심'이라는 단어 사용 빈도가 1990년대 이후로 급증한 것을 알 수 있다. 그러니까 다윈이 '존경심', '숭배', '헌신'이라는 단어를 쓴 것은 그저 그 당시 언어 관습을 따른 것이었다. 그런데 이 사소한 조사 결과 덕분에 설로웨이는 다른 생각을 떠올렸다. 그가 말을 이었다.

"그렇지만 다윈이 오싹함을 경험한 건 맞아요. 케임브리지 킹스칼리지에서 오르간 연주를 들었을 때였죠."

그날 밤 설로웨이는 다윈이 음악에서 오싹함을 느꼈던 이야기를 들려주었다. 앞서 7장에서 음악적인 경외심을 살펴볼 때 논리 전개의 출발점으로 삼았던 바로 그 경험이다. 그리고 다윈이 회화 작품을 보고 느꼈던 "숭고한 감각", 즉 경외심에 대한 문단을 그의 자서전에서 발췌해 덧붙였다.

나는 피츠윌리엄 미술관에 자주 갔다. 가장 뛰어난 그림들에 감탄했는데 나이 지긋한 큐레이터와 이에 대해 논한바 내 취향이 제법 괜찮았음이 틀림없다. (중략) 이 같은 취향은 내게는 자연스럽지 않았음에도 몇 년간 지속되었고, 런던 내셔널갤러리에 전시된 많은 작품이 내게 큰 즐거움을 주었으며, 세바스티아노 델 피옴보 Sebastiano del Piombo의 작품은 내 안에 숭고한 감각을 불러일으켰다.[9]

설로웨이의 연구실에서 대화는 계속되었다.

"그리고 물론 아마존 우림에서 '대자연의 신전'에 대해 이야기했을 때도 그랬죠." 설로웨이는 말을 이었다.

"그리고 이제 와서 생각해보면 그가 꿈에 칠레 칠로에에서 겪은 일화를 일기에 기록한 부분에서도요. 꿈에서 깨어났을 때 다윈은 그곳에서 보았던 강둑 위로 뒤엉킨 나무 덩굴들에 경외심을 느꼈어요. 이 이야기는 《종의 기원》 마지막 문단에도 언급되었는데, 제가 다윈의 글 중에서 가장 좋아하는 대목이기도 해요."

그는 잠시 말을 멈추었다가 1940년대 라디오 진행자만큼이나 숭배하는 마음이 가득 묻어나는 어조로 《종의 기원》 마지막 문단을 인용했다.

수많은 식물 종들, 덤불 위에서 노래하는 새들, 빨빨거리는 다양한 곤충들, 축축한 흙 사이를 기어다니는 지렁이들로 뒤덮여 뒤엉킨 강둑을 곰곰이 생각해보고, 이처럼 정교하게 구성된, 저마다 몹시도 다르지만 대단히 복잡한 방식으로 서로에게 의존하는 형태들이 모두 우리 주변에서 작용하는 법칙들에 의해 생겨났다는 것을 떠올리면 흥미롭기 그지없다. 이 법칙들이란 크게 '생식'을 수반한 '성장', 생식에 함축되다시피 한 '유전', 살아가는 환경에 대한 직간접적인 행동 및 용불용에서 비롯한 '변이성', 필연적으로 '생존 투쟁'을 낳고 '자연선택' 결과에 따라 '형질 분기'가 이루어져 상대적으로 덜 개량된 형태는 '절멸'하는 사태를 수반하는 높은 '증가율'을 말한다. 그러므로 자연의 투쟁으로부터, 기아와 죽음으로부터 우리가 상상할 수 있는 가장 고귀한 일, 이른바 고등동물의 탄생이 곧장 뒤따른 것이다. 이처럼 생명이 몇 가지 힘과 함께 본래 창조주의 숨결이 불어넣어진 소수 또는 하나의 형태에서 시작되었다는 관점에는 장엄함이 깃들어 있다. 그리고 이 행성이 확고한 중력 법칙에 따라 회전하는 동안 아주 단순한 발단에서 가장 아름답고 경이로운 무수한 형태가 진화해왔으며, 지금도 진화하고 있다.[10]

생명이 진화해왔고 지금도 계속해서 진화하고 있다는 다윈의 통찰이 이 한 문단 안에 담겼다. 나는 다윈의 삶 속 이 순간과 글이 경외심을 이야기한다고 생각한다. 이 단락은 어떤 핵심적인 세상 진리를 새로운 시각에서 바라본 경험에 기반한다. 또한 경이("흥미롭기 그지없다"), 거대함("수많은 식물 종들", "무수한 형태"), 수수께끼("복잡한 방식"), 다정함("가장 아름답고")이라는 경외심이 전개될 때의 보편 특징을 따른다. 우리가 지금까지 읽었던 다른 사람들의 경외심 체험담이 그러했듯이 다윈도 수많은 식물들로 "뒤덮여 뒤엉킨"이라든지 창조주가 "숨결"을 불어넣어 생명을 존재하게 했다고 비유했다. 전통 생태 지식과 마찬가지로 다윈도 종들 사이에서 깊은 상호 의존성을 발견했다. 이에 우리는 "자연의 투쟁"이 "가장 아름답고 무수한 형태"를 탄생시켰다는 데서 '경탄할 만큼 멋지다'와 '무섭도록 끔찍하다'가 양립하는 것을 보게 되었다. 새들이 노래하고 곤충들이 빨빨거리고 지렁이들이 축축한 흙에서 열심히 퇴비화 작업을 해내는 뒤엉킨 강둑을 바라보며 다윈은 진화, 성장, 생식, 유전, 변이 그리고 절멸의 법칙을 발견했다. 경외심을 통해 다윈은 "이 같은 생명의 관점에 깃들어 있는 장엄함"을 발견한 것이다.

시스템 관점에서 관계로서의 세상, 과정으로서의 현상을 인식하라

경외심은 근본 진리를 알고 느끼고 발견하고 이해하는 것과 관련된 정서로서, 삶의 여덟 가지 경이를 통해 통찰을 경험하게 하여 이 세상의 핵심 특성을 바라보는 시각 전체에 걸쳐 변화를 가져온다. 윌리엄 제임스는 이를 신비적 경외심의 "순수이성적noetic" 특성이라고 지칭했다. 그런가 하면 에머슨이 자연에서 했던 영적 경험들은 그가 삶의 의미를 이해할 때 가장 심오한 진리로 여겼던 "법칙들의 법칙"을 일깨워주었다. 젠 목사가 교회에서 느꼈던 통찰은 그녀에게 자신이 신에게 사랑받는다는 깨달음을 주었다. 버지니아 울프의《등대로》나 스티븐 디덜러스Stephen Dedalus가 주인공인 제임스 조이스의《젊은 예술가의 초상》같은 문학 작품들은 사회에 존재하던 기존 의미들이 벗겨져 사라지고 우리 사회적인 삶에 대한 핵심 진리만이 조명되는 통찰의 순간에 대해 이야기한다.[11] 토니 모리슨은 선이 스스로 목소리를 내게 함으로써 얻은 통찰로 우리 자신을 이해하게 된다고 여겼다.

경외심을 주는 통찰의 실체와 구조는 무엇일까? 그 안에 담긴 위대한 관념이란 뭘까? 경외심을 경험함으로써 우리는 어떤 형태의 자기이해를 얻는 걸까? 지금까지 우리가 만나본 연구 결과와 경외심 이야기에서 사람들은 대부분 이런 말을 했다. "나는 나 자신보다 거대한 무언가의 일부"라고. 벨린다 캄포스에게는 박사학위를 얻게 도와준 조상들의 엄청난 연쇄 희생이 바로 그 거대한 무언가였다. 스테이시 베어의 경우에는 부적절한 지휘에 따라 군사 작전에서 작은 톱니가 되었던 경험이 그 같은 깨달음을 주었다. 루이스 스콧은 나라의 '건국이념'과도 같았던 인종차별 역사에 의해 종신형을 선고받았을 때 이를 느꼈다. 유미 켄들에게는 자신이 음악 역사의 일부라는 느낌이 그것이었다. 이처럼 경외심은 우리 자신보다 거대한 힘 안에 우리가 위치했음을 일깨워준다.

영어는 워낙 개인주의적 문화의 산물인 탓에 이처럼 자기보다 거대한 대상과 연결되었다는 감각을 포착할 만큼 풍부한 의미가 함축된 단어가 없다(일본에서는 '생활공간 공유'라는 뜻의 '지분じぶん, 自分'을 '자기'를 표현하는 단어 중 하나로 사용하는 덕분에 일본인들은 이를 표현하기가 훨씬 쉬울 것이다). 그 결과 영어권 사람들은 추상적인 표현, 비유, 신조어,

신비한 용어에 기대어 경외심의 이 같은 위대한 관념을 묘사한다. 윌리엄 제임스는 이를 "근본적인 **그것** the fundamental IT"이라고 칭했다. 마거릿 풀러는 "전체 the all"라고 표현했다. 월트 휘트먼과 헨리 데이비드 소로는 "구성 the scheme"이라고 묘사했다. 랠프 에머슨은 "투명한 눈알 transparent eyeball"이라고 지칭했다. 유미 켄들의 경우에는 소리라는 형태의 캐시미어 담요였다. 로즈-린 피셔에게는 성스러운 기하학 패턴이었다. 젠 목사에게는 종교적인 퇴비화의 끝없는 순환이었다. 그리고 클레어 톨런, 로버트 하스, 스티브 커, 유리아 셀리드웬, 맬컴 클레멘스 영처럼 일상어로 마음과 영혼에 대한 생각을 표현하고 묘사하는 데에 숙련되어 우리에게 경외심 체험담을 들려주었던 사람들 중 다수는 그저 경외심이 피부에 와닿고 자신을 에워싸며 감싸안아 일부로서 수용하는 듯한 공간을 손가락으로 가리켰다.

경외심 덕분에 우리가 연결되었다고 느끼는, 자기보다 거대한 그것은 과연 무엇일까? 처음에는 보이지 않지만 경외심을 경험함으로써 보이는 걸까? 말로는 어떠한 묘사나 표현도 하기 어렵지만 기본 상태의 자기가 붙잡고 있던 지각이 느슨해지고 녹아 사라지며 마치 다윈이 잠에서 깨어날 무렵 꿈결처럼 보았던 뒤엉킨 생명의 둑 풍경처럼 심상이나 어떤 전체론적인 패턴으로서 모습을 드러내는 걸까?

내가 내린 답은 이것이 하나의 체계, 즉 시스템이라는 것이다. 물론 "시스템"이라는 말은 "소리라는 형태의 캐시미어 담요"처럼 시적인 아름다움이나 "종교의 퇴비화"처럼 비유적인 깊이가 느껴지기는커녕 "신령함"처럼 신비롭거나 "투명한 눈알"처럼 지나치다 싶을 만큼 과격한 면을 내포하지도 않는다는 것을 나도 안다. 그렇지만 세포 연구부터 춤, 음악, 의식, 예술 형식 분석, 종교, 수감 제도, 정치, 지적 운동연구, 나아가 이 모든 것을 이해하도록 하는 우리 뇌 연구에 이르기까지 사실상 모든 탐구 영역에서 사람들은 삶의 경이들이 지닌 심오한 구조를 이해하기 위해 이 시스템이라는 관념을 사용한다.[12] 시스템사고systems thinking가 수천 년 역사를 지닌 원주민 과학의 핵심이라는 사실도 주목할 만하다. 그만큼 역사가 깊고 위대한 관념이다. 어쩌면 우리 인류가 찾은 가장 큰 통찰인지도 모른다.

시스템은 어떤 목표를 성취하기 위해 함께 작용하는 상호 관련 요소들의 집합체다. 이 시스템이라는 관점에서 삶을 바라보면 구분된 각 대상이 아닌 관계로서 세상을 지각하게 된다. 가령 정치 행진 진행 중 고무된 우리는 시위 구호를 외치고 허공에 주먹을 내지르고 이 행동이 다른 참가자들의 행동과 연결되었으며 연사의 외침과 동기화되어 울려 퍼짐을 알아차린다. 노래를 들으며 느껴지는 오싹한 감각을 통해 음들이 서로 역동적으로 관계되었으며 특정한 패턴을 드러낸다는 것을 감지한다.

이 같은 방식으로 생각함으로써 우리는 상호 의존 관계의 패턴을 지각한다. 다윈의 말을 빌리자면 "이처럼 정교하게 구성된, 서로 몹시도 다르지만 대단히 복잡한 방식으로 서로에게 의존하는 형태들"인 것이다. 그렇게 세포 DNA부터 공동체 내 개인들에 이르기까지 삶의 다양한 형태들은 끊임없이 서로에게 영향을 미치는 상호 의존 협력 관계를 형성한다.[13] 또 길을 건너는 사람들의 물결, 농구 경기에서 다섯 팀원이 한 몸처럼 움직이는 모습, 회화 작품을 구성하는 색채, 선, 형태, 질감의 상호작용, 혹은 생태계 생명체들을 감탄하며 바라보노라면 어떤 결과를 이루어내기 위해 전체 속 각 부분이 어떻게 서로 조화하는지를 전체론적인 관점에서 지각하게 된다.

시스템사고에 따라 우리는 현상들이란 계속해서 진화하고 전개되는 과정임을 인식한다. 삶은 변화다. 우리 공동체는 언제나 진화를 거듭한다. 자연은 성장, 변화, 죽음, 쇠퇴를 중심으로 굴러간다. 음악과 예술은 감상하는 이의 정신과 육체에 파문을 일으키는 방향으로 끊임없이 변화한다. 영적 신념과 수행은 끊임없이 부식하고 정제되고 성장한다.

기본 상태의 우리 마음은 확실하고 예측 가능한 것들, 다시 말해 언제나 고정되어 신뢰할 만한 이 세상의 본질에 끌린다. 경외심은 우리가 이 대상의 변화를 지각했을 때 일어난다. 석양이 지며 하늘이 주황색에서 짙은 보랏빛 파란색으로 변하는 장면을 보았을 때, 지평선 너머로 흘러가며 형태가 달라지는 구름을 볼 때, 불과 얼마 전까지만 해도 옹알이를 하고 키가 무릎 높이만 했던 두 살 꼬맹이가 어느 날 완벽한 문장을 구사하며 말을 건네올 때, 비폭력 소금 행진이 역사를 바꿀 수 있다는 것을 목격했을 때, 태어나고 성장하는 것이 동시에 나이 들고 죽어간다는 것을 깨달았을 때 말이다.

마지막으로 시스템 관점에서 보면 자연현상이든 인간이 만들어낸 현상이든 경외심을 불러일으키는 현상은 이질적인 요소들을 하나의 목적에 따라 통합하는 어떤 **특질** 때문에 발생한다. 이 특질이란 듣는 이를 눈물 짓게 하는 누군가의 삶에서 엿보이는 심적인 아름다움일 수도, 다른 사람들과 동기화된 춤을 추게 하는 음악 리듬일 수도, 인간 영혼에 대한 신념일 수도, 오늘날 전 세계 다양한 종들이 존재하게 한, 가장 아름답고 무수한 형태들을 낳은 자연의 생존 투쟁일 수도, 예술 작품에 표현된 경외심일 수도 있다.

우리는 직관, 심상, 비유를 통해 전체론적으로 시스템이 지닌 이런 특질을 감지한다. 스티브 커의 금빛 물결이라는 표현, 유미 켄들이 말한 소리라는 형태의 캐시미어 담요, 젠 목사가 비유한 종교의 퇴비화, 유리아 셸리드웬의 임사체험에 대한 시적인 묘사가 바로 그 예다. 마찬가지로 찰스 다윈은 자신이 관찰한 것들을 하나로 통합한 '살아 있는 형태들의 진화'라는 통찰을 설명하기 위해 나무와 뒤엉킨 강둑을 핵심 비유로 사용했다. 경외심은 이처럼 우리가 삶의 경이들 기저에 자리한 시스템을 발견하고 그 시스템과 자신의 관계성을 인식하게 해준다.

경외심을 통해 비로소 깨닫는 삶의 본질

삶의 여덟 가지 경이는 그 자체로 시스템이다. 심적인 아름다움이 반영된 행동들은 우리 도덕 시스템을 잘 보여주는 구체적인 예다. 춤, 일상 의식들, 농구 경기 등에서 하나 되어 움직이는 형태들은 관념으로 생명을 얻은 동작 시스템으로서 사람들을 집단 열광 속에 결속하게 만든다. 자연계는 우리 몸 세포들부터 정원, 숲, 바다, 산에 이르기까지 서로 긴밀하게 맞물린 시스템들로 구성된다. 그런가 하면 음악, 예술, 영화, 건축은 상징과 표상 방식들을 효율적으로 사용해 정체성과 문화에 대한 위대한 관념을 표현하는 창작 시스템이다. 종교는 사람들을 공동체로 뭉치게 하는 신념, 의식, 상징, 심상, 음악, 이야기, 의례 시스템이다. 삶 또한 성장과 쇠퇴의 역동을 따라 작동하는 특질을 띠는 시스템이다. 시스템이라는 관념도 관찰한 내용과 그에 대한 설명을 일관성 있는 전체로 조직하는 명제들의 추상적인 집합이라는 의미에서 시스템으로 볼 수 있다.

우리는 지금처럼 고도로 사회화된 종으로 진화하는 과정에서 만난 주요 도전들에 적응하고 대처하기 위해 삶에 대한 시스템적 관점을 발달시켰다.[14] 요컨대 시스템사고는 취약한 어린 개체들을 양육하기 위한 공동 노력, 친구 관계의 본질인 연합체 네트워크, 전보다 훨씬 유동적으로 변화한 사회계층 구조, 음식을 나누고 협업하고 힘을 합쳐 공동체를 지키고 함께 축하하는 등 일상생활을 구성하는 모든 집단 활동을 따를 수 있게 해주었다. 시스템사고는 우리가 대자연과 형성하는 관계에서 발생하며, 전통 생태 지식의 근간이기도 하다. 우리 생존은 우리 자신이 속한 사회체계, 즉 공동체와 더불어 생태계와의 관계성을 얼마나 잘 이해하는지에 달려 있었으므로 사회적으로 진화한 뇌에서 새롭게 발달한 신경 구조물들에 기반해 시스템적으로 세상을 이해하는 능력을 키워냈다.[15] 원주민 부족 가운데 상당수는 수천 년 전부터 삶의 장엄함에 대한 이 같은 시각을 발전시켜왔다.[16]

안드레아 울프Andrea Wulf가 경이로운 작품《자연의 발명: 잊혀진 영웅 알렉산더 폰 훔볼트》에서 말했듯이 19세기 과학자 알레산더 폰 훔볼트의 삶에는 경외심, 과학, 예술에 대한 시스템사고의 핵심이 뚜렷하게 드러난다.[17] 훔볼트는 안데스산맥의 경이에 이끌려 각 생명 형태가 "힘과 상관성의 망" 안에 존재한다며 대자연을 생물 망으로 묘사하는 글을 썼다. 그가 해발 6000미터에 달하는 에콰도르 침보라소산의 동식물, 기후, 지질학 정보를 담아 그린 지도는 서구 사회에서 생태계라는 관념이 생겨나는 계기를 만들어주었다. 훔볼트의 위대한 관념은 훔볼트의 책을 들고 HMS 비글호로 항해한 다윈, 자연에 대한 글을 쓴 소로와 에머슨, 사그라다 파밀리아 성당 같은 경이로운 유기 건축을 실현한 가우디, 시몬 볼리바르Simón Bolívar 같은 환경주의자와 혁명가들(훔볼트는 노예체제를 혐오했다), 콜리지와 워즈워스 같은 시인들에게 한 시스템으로서 지대한 영향을 미쳤다. 시스템사고는 지금도 계속해서 퇴비화하고 있다.

우리 기본 상태의 마음은 사회, 자연, 신체, 문화 세계가 모두 서로 맞물린 시스템이라는 이 근본 진리를 보지 못하게 우리를 방해한다. 경외심을 경험함으로써 우리는 비로소 이 위대한 관념에 눈뜬다.[18] 경외심이 삶을 시스템적으로 바라보도록 우리 관점을 변화시켜주는 것이다.

현재 새로운 연구들은 어떻게 그러한 변화가 일어나는지 밝히고 있다. 연구 결과들에서 공통으로 관찰되는 패턴은 경외심이 매사를 서로 분리되고 독립적인 것으로만 바라보는 환원적인 시각을 서로 연결 및 의존된 현상으로 바라보게 해준다는 점이다. 이를테면 경외심을 짧게 경험하는 것만으로도 우리는 20세기와 21세기에 만연한 착각, 즉 우리가 저마다 분리된 존재라는 생각에서 벗어나 상호 의존적인 개인들의 복잡한 사회 연결망에 속했다는 사실을 깨닫게 된다.[19] 경외심은 우리가 자연계의 일부이자 수많은 종 가운데 하나이며 생존을 위해 서로에게 의존하는 이 종들의 생태계에 속했다고 느끼게 한다. 또한 상호 의존적인 적응기제의 복잡한 시스템이 이 생물계를 구성하는 생명체 수백만 종을 탄생시켰다는 관념에 눈뜨게 한다.[20] 나아가 무작위로 나열한 수 배열에서도 이를 조직화한 어떤 주체적인 시스템 같은 패턴을 발견하게 하기도 한다.[21]

경외심은 그렇게 삶이란, 가장 아름답고 무수한 형태들이 모두 서로 깊이 연결되었으며 계속해서 변화와 변형을 거듭하되 영원하지 않아 언젠가는 죽음을 맞이하는 하나의 과정임을 알게 해준다.

우리는 결국, 나보다 훨씬 거대한 수많은 것들의 일부

폴 에크만이 그의 집 앞 덱에서 나를 경외심의 길로 인도했던 그날 이후로 나는 경외심이라는 시스템이 지닌 과학적인 면을 이야기하기 위해 연구를 계속했다.

경외심은 기적처럼 신비로운 우리 눈과 귀, 코, 혀, 피부가 삶의 여덟 가지 경이의 상像, 소리, 향, 맛, 촉감에 대해 보이는 반응에서 시작된다. 이러한 만남을 표상한 감각 시스템의 신경화학 패턴은 언어와 문화라는 상징 시스템에 근거해 삶의 경이를 해석하는 전전두피질로 전해진다. 경외심을 느끼고 감동을 받으면 스트레스 관련 생리 반응을 진정시키는 옥시토신과 도파민이 분비되며, 우리가 세상과 관계를 맺고 열린 마음으로 이 세상을 탐험하게 해주는 수백만 세포로 이루어진 시스템인 미주신경 활동이 촉진된다. 얼굴과 몸과 성대 근육의 복잡한 시스템은 우리가 경이롭다고 느낀 것들을 다른 이들에게도 전할 수 있게 해준다. 눈물과 오싹함은 그 자체로 눈과 피부 기저에 자리한 시스템들의 최종 결과물인 동시에 우리 의식이 다른 사람들과 힘을 모아 적응하고 이해해야 할 거대한 힘의 존재를 깨닫게 하는 신호다. 문화적인 동물로서 우리는 다른 사람들과 삶의 경이에 대한 공통 이해에 이르기 위해 성가와 노래와 음악, 회화와 소조와 조각과 디자인, 시와 소설과 희곡, 초자연적인 설명과 영적 수행 등 끊임없이 진화하는 문화 시스템에 의존해 경외심을 기록으로 남긴다.[22]

그렇다면 경외심이 우리 모두를 통합함으로써 추구하는 하나의 목적은 과연 무엇일까? 나는 이렇게 답한다. 공동체, 집단, 자연환경, 음악이나 예술 또는 종교 같은 문화 형태, 그리고 이 모든 관념의 관계성을 이해하기 위한 노력 등 다양한 면에서 생명계의 일부로 우리를 통합하는 것이라고. 경외심이 주는 통찰은 결국 이 경험이 우리 개개인을 삶의 거대한 힘과 연결해준다는 것이다. 경외심을 통해 우리는 우리가 자기보다 훨씬 거대한 수많은 것들의 일부라는 이해에 이른다.

이렇듯 과학적인 경외심 이야기의 일부가 되어봄으로써 나는 인류 진화가 삶에 대한 위대한 질문들을 함께 고민할 수 있는 인간만의 감성이자 정서를 우리 뇌와 몸에 심어주었다는 사실을 배웠다. 삶이란 무엇일까? 나는 왜 살아 있는가? 어째서 우리는 모두 죽는 걸까? 이 모든 것의 목적은 무엇일까? 사랑하는 사람이 곁을 떠날 때 우리는 어떻게 경외심을 찾아야 할까? 경외심 경험은 영원히 반복될 바로 이러한 문제들에 어렴풋한 단서를 제공함과 동시에 오늘도 우리가 삶의 수수께끼와 경이를 향해 나아가게 해준다.

감사의 말

크레이그 앤더슨, 바이양, 벨린다 캄포스, 세레나 첸, 대니얼 코르다로, 레베카 코로나, 앨런 카우언, 단테 딕슨, 에이미 고든, 사라 고틀리프, 크리스토프 그린, 존 하이트, 올리버 존, 네하 존-헨더슨, 마이클 크라우스, 대니얼 로, 로라 마루스킨, 갤런 맥닐, 마리아 몬로이, 조지프 오캄포, 크리스 오베이스, 폴 피프, 디샤 사우터르, 라니 시오타, 에밀리아나 사이먼-토머스, 에프티히아 스탐카우, 대니얼 스탠카토, 제니퍼 스텔라, 토드 스래시, 제시카 트레이시, 오즈게 우구루, 에버렛 웨츨러, 데이비드 예이든, 펠리시아 제르와스, 장지아웨이까지, 나와 경외심의 과학을 함께 연구하는 동료들의 거대한 네트워크를 생각하면 마음이 참으로 푸근해진다. 이 분야 연구는 크리스토퍼 스타프스키와 존 템플턴 재단의 든든한 지원이 있었기에 가능했다. 귀한 시간을 내어 나에게 경외심 이야기를 들려주었던 경외심 선구자들에게도 이 자리를 빌려 고개 숙여 감사를 표한다. 내 글을 꼼꼼하게 읽어준 배리 보이스, 유리아 셀리드웬, 내털리 켈트너-맥닐, 몰리 맥닐, 마이클 폴런, 앤드루 틱스에게도 고마움을 전한다. 크리스 보아스, 네이선 브로스트롬, 대니엘 크레텍 코브, 칩 콘리, 클레어 페라리, 조앤 핼리팩스 선사, 제프 하마위, 세라피나 켈트너-맥닐, 캐스퍼 터 카일, 마이클 루이스, 에번 샤프, 댄 시겔, 제이슨 실바, 마티아스 타르노폴스키, 존 타이거, 닉 유렌과 경외심에 관해 나눈 대화들도 몹시 즐거웠다. 제이슨 마시, 대의과학센터에서 경외심을 주제로 많은 대화를 함께 해주어서 고맙습니다. 이 책을 쓰기까지 많이 망설였고, 막상 집필을 시작하고서도 어떻게 전개해야 할지 전혀 감을 잡지 못했다. 그런 나를 에이전트인 티나 베넷이 이끌어주어 책 구조를 세우고 핵심을 잡을 수 있었다. 나와 자주 서신을 주고받으며 역사, 문학, 문화 속 경외심의 흐름을 짚어주었고, 원고의 허점을 날카롭게 지적해주었다. 지금도 이때를 떠올리면 전율하고 소름이 돋는다. 편집자 앤 고도프와 이 책을 작업하는 동안에는 그저 우와를 연발할 수밖에 없었다. 얼마나 겸허하고 시야가 확장되는 경험이었던지. 고마워요, 앤, 초월 정서에 보여주었던 관심도, 이 수수께끼 같은 정서에 대한 번뜩이는 통찰로 글의 길잡이가 되어주었던 것도, 내가 데이터와 그림과 가설을 넘어 경외심의 정수를 이해할 수 있게 격려해주었던 것도요.

그림 출처

57쪽: 영상 감상에 따른 정서 경험 지도, copyright © Alan S. Cowen, 2017.

75쪽: 자기가 사라지는 감각 연구에서 사용된 자료 사진과 결과 데이터, 바이양 제공.

175쪽: '경외심 걷기' 연구 참가자들이 스스로를 촬영한 사진들, 버지니아 E. 스텀 제공.

198쪽: 파리식물원 비교해부학관에 전시된 피부 없는 남자 조각상, 저자 개인 소장 사진.

210쪽: 대자연 속 경외심 연구 참가자들, 크레이그 앤더슨과 마리아 몬로이 제공.

213쪽: 유칼립투스 숲 또는 과학관을 바라보는 참가자들, 폴 피프 제공.

265쪽: 《눈물의 지형도》에 수록된 〈애착과 해방 사이의 끌어당김〉 © Rose-Lynn Fisher, published by Bellevue Literary Press 2017, blpress.org.

273쪽: 베를린 길거리 벽화, 저자 개인 소장 사진.

282쪽: 레다 라모스, 〈현대 마야-피필족의 이민〉(1997) 청사진 용지 위 혼합 미디어. 레다 라모스 작품집, 중앙아메리카 역사적 기억 기록물, 스페셜 컬렉션 및 아카이브, UCLA 도서관.

주

1. Tzu, Lao. *Tao Te Ching*. Translated by Witter Bynner. New York: Perigee, 1944.

머리말

1. 상실의 고통이 신경계의 각 갈래들을 어떻게 활성화하는가에 대한 설명은 다음을 참조. Naomi I., and Matthew D. Lieberman. "Why Rejection Hurts: A Common Neural Alarm System for Physical and Social Pain." *Trends in Cognitive Sciences* 8 (2004): 294 – 300.

2. 비탄이 어떻게 해서 환각에 가까운 경험을 할 만큼 사고와 지각 패턴의 변화를 야기할 수 있는지에 대한 설득력 있는 설명은 다음을 참조. Didion, Joan. *The Year of Magical Thinking*. New York: Vintage Books, 2007; 조앤 디디온, 홍한별 옮김, 《상실》(책읽는수요일, 2023).

3. Andersen, Susan, and Serena Chen. "The Relational Self: An Interpersonal Social-Cognitive Theory." *Psychological Review* 109 (2002): 619 – 45.

4. 《죽음의 짧은 역사A Brief History of Death》에서 역사학자 W. M. 스펠먼W. M. Spellman은 죽음이 어떻게 위대한 생각과 문화 형태들을 불러일으키는지 상세히 설명한다. 역사적으로 문화는 세 가지 일반적인 신념체계 가운데 하나에 기대어 죽음을 이해해왔다고 스펠먼은 주장한다. 먼저 철저한 환원론자의 입장에서 육체의 죽음은 그 사람의 끝을 의미한다. 한편에서는 이에 반대해 육체의 생명을 넘어서는 무언가가 있을 가능성을 염두에 두기는 하지만 그것이 무엇인지 명확하게 밝히지는 않는다. 마지막은 가장

인도적인 신념체계로, 다양한 종교에서 말하듯 사후세계가 실존한다는 믿음이다. Spellman, W. M. *A Brief History of Death*. London: Reaktion Books, 2014. 인류가 죽음에 어떻게 접근해왔는지 그 문화사를 조금 더 자세히 살펴보고 싶다면 다음을 참조. Kerrigan, Michael. *The History of Death*. London: Amber Books, 2017.

1장

1. Woolf, Virginia. *Jacob's Room*. London: Hogarth Press, 1922, 105.

2. 나는 당시 이 인지혁명의 중심이었던 스탠퍼드대학교의 대학원생이었다. 동기였던 리치 곤잘레스Rich Gonzalez, 데일 그리핀Dale Griffin과 나는 막 출간된 우리 지도교수의 판단과 의사결정에 대한 책들을 들고 다녔다. 언젠가는 합리적 선택이론의 경제학적 측면을 논한 이 어려운 연구의 성과가 노벨상을 받으리란 기대감에 부풀어 있었는데, 결국 대니얼 카너먼과 리처드 탈러가 그 생각이 옳았음을 증명해주었다. 이 같은 연구 성과는 마침내 30여 년이 흐른 뒤 다음 유명한 책들로 발표되었다. Kahneman's *Thinking, Fast and Slow*(2016); 대니얼 카너먼, 이창신 옮김, 《생각에 관한 생각: 우리의 행동을 지배하는 생각의 반란!》(김영사, 2018), Michael Lewis's *The Undoing Project*(2016); 마이클 루이스, 이창신 옮김, 《생각에 관한 생각 프로젝트》(김영사, 2018). 1980년대 중반 우리에게 성경과도 같았던 책은 다음과 같다. Kahneman, Daniel, Paul Slovic, and Amos Tversky. *Heuristics and Biases: Judgments under Uncertainty*. Cambridge, UK: Cambridge University Press, 1982; 대니얼 카너먼, 이영애 옮김, 《불확실한 상황에서의 판단》(아카넷, 2010). Nisbett, Richard, and Lee Ross. *Human Inference: Strategies and Shortcomings*. Englewood Cliffs, NJ: Prentice Hall, 1980.

3. Kahneman, Daniel. *Thinking, Fast and Slow*. New York: Farrar, Strauss and Giroux, 2011.

4. 정서과학 연구가 막 시작되었을 무렵 폴 에크만과 대서양 건너 스위스의 클라우스 셰러Klaus Scherer는 정서 경험의 질, 표현 방식, 사고와 행동에 미치는 영향, 신경생리학적 패턴 같은 요소들에 집중해야 한다고 주장했다. 이는 경외심이 두려움, 흥미, 아름답다는 느낌, 놀라움 등의 상태와 어떻게 다른지 살펴본 연구 기저 다수에도 깔려 있다. Ekman, Paul. "An Argument for Basic Emotions." *Cognition and Emotion* 6, no. 3 – 4 (1992): 169 – 200. https://doi.org/10.1080/02699939208411068. Scherer, Klaus R. "The Dynamic Architecture of Emotion: Evidence for the Component Process Model." *Cognition & Emotion* 23, no. 7 (2009): 1307 – 51. https://doi.org/10.1080/02699930902928969.

5. 에크만이 연구자들의 주의를 한데 모은 여섯 가지 정서 상태의 과학적인 연구를 훌륭하게 개괄한 논문으로는 다음을 참조. Lench, Heather C., Sarah A. Flores, and Shane W. Bench. "Discrete Emotions Predict Changes in Cognition, Judgment, Experience, Behavior, and Physiology: A Meta-analysis of Experimental Emotion Elicitations." *Psychological Bulletin* 137 (2011): 834 – 55.

6. Tangney, June P., Rowland S. Miller, Laura Flicker, and Deborah H. Barlow. "Are Shame, Guilt, and Embarrassment Distinct Emotions?" *Journal of Personality and Social Psychology* 70 (1996): 1256 – 64.

7. 정서과학이 분노, 혐오, 두려움 등 투쟁-도피 상태에 편중되어 긍정적인 정서는 등한시하는 편향에 빠졌음을 처음으로 지적한 인물은 바버라 프레드릭슨Barbara Fredrickson이었다. Fredrickson, Barbara L. "The Value of Positive Emotions." *American Scientist* 91 (2003): 330 – 35.

8. LeDoux, Joseph E. *The Emotional Brain*. New York: Simon & Schuster, 1996; 조지프 르두, 최준식 옮김,《느끼는 뇌: 뇌가 들려주는 신비로운 정서이야기》(학지사, 2006).

9. Gottman, John M. *Why Marriages Succeed or Fail*. New York: Simon &

Schuster, 1993.

10. Haidt, Jonathan. *The Righteous Mind: Why Good People Are Divided by Politics and Religion*. New York: Vintage Books, 2012; 조너선 하이트, 왕수민 옮김,《바른 마음: 나의 옳음과 그들의 옳음은 왜 다른가》(웅진지식하우스, 2014). Haidt, Jonathan. "The Moral Emotions." In *Handbook of Affective Sciences*, edited by Richard J. Davidson, Klaus R. Scherer, and H. H. Goldsmith, 852 – 70. London: Oxford University Press, 2003.

11. Mayer, John D., and Peter Salovey. "The Intelligence of Emotional Intelligence." *Intelligence* 17, no. 4 (1993): 433 – 42.

12. Dukes, Daniel, et al. "The Rise of Affectivism." *Nature Human Behaviour* 5 (2021): 816 – 20.

13. 20세기 말, 진화에 관한 생각과 정서과학은 리처드 도킨스의 이기적 유전자 가설에 깊은 영향을 받아, 인간이 경쟁적이고 자기 안위만을 위하는 특성을 발달시켜 이 같은 이기적 유전자를 만들어냈다는 가정과, 분석 단위로서 유전자를 중시하는 관점을 그대로 따랐다. 이는 곧 정서가 개인의 생존을 위한 것이라는 자기보호 편향을 낳았다. 21세기 들어서는 진화론적 연구의 분석 단위가 집단과 문화로 옮겨 갔다. 이로 인해 어린아이들의 협력하려는 경향, 남들과 나누고 싶어 하는 인류 보편 성향, 애착 관계를 형성하고 집단에 소속되고 무리를 꾸리고 싶어 하는 본능, 공감, 정서 전염, 모방, 타인과의 관계, 자비, 탐구심에 대한 신경생리학 등이 발견됨에 따라 인간은 고도로 사회적인 종으로서 협력적이고 이타적인 집단 속에서 취약한 어린 자녀를 키우는 일부터 식량 조달까지 사실상 생존과 관련된 모든 일을 해낸다는, 인간 본성에 대한 새로운 관점이 드러났다. 나아가 구성원들이 서로 잘 협력하고 정체성을 공유하는 집단들이 생존과 번영에 상대적으로 더 유리하다. 또한 개개인을 하나의 집단으로 묶어주는 신념과 수행 체계인 문화는 끊임없이 발전

을 거듭하는 공유 지식과 경험의 보고이자 자연 및 사회 환경 속에서 우리가 마주하는 도전과 기회에 함께 적응할 수 있게 해주는 집단 사고방식이다.

14. Keltner, Dacher, and Jonathan Haidt. "Approaching Awe, a Moral, Aesthetic, and Spiritual Emotion." *Cognition & Emotion* 17 (2003): 297–314.

15. Kaufman, Scott B. *Transcend: The New Science of Self-Actualization*. New York: TarcherPerigee, 2020; 스콧 배리 카우프만, 김완균 옮김, 《트랜센드: 최고의 마음은 어떻게 만들어지는가》(책세상, 2021).

16. Weber, Max. *Economy and Society: An Outline of Interpretive Sociology*.(Based on 4th German ed., various translators.) Edited by Guenther Roth and Claus Wittich. Berkeley: University of California Press, 1978.

17. 부분적으로 신경과학에 기반을 둔 생각이었다. 위협을 감지하면, 작은 아몬드처럼 생긴 편도체라는 뇌 영역이 신체의 투쟁-도피 반응을 활성화하는데, 만약 이 활성화가 경외심을 경험하는 동안 일어난다면 경외심에 두려움이 섞일 터였다. 생리학에 있어서 이 투쟁-도피 반응에 대한 명쾌한 개괄은 다음을 참조. Rodrigues, Sarina M., Joseph E. LeDoux, and Robert M. Sapolsky. "The Influence of Stress Hormones on Fear Circuitry." *Annual Review of Neuroscience* 32 (2009): 289–313. 편도체에 관한 최신 관점은 다음 논문에서 확인. FeldmanHall, Oriel, Paul Glimcher, Augustus L. Baker, NYU PROSPEC Collaboration, and Elizabeth A. Phelps. "The Functional Roles of the Amygdala and Prefrontal Cortex in Processing Uncertainty." *Journal of Cognitive Neuroscience* 11 (2019): 1742–54. 위협에 기반한 경외심과 관련해 에이미 고든은 실제로 경외심에 위협감이 섞이면 기분이 덜 유쾌하고 심박수가 증가하며 안녕감이 떨어진다는 사실을 발견했다. 이 연구를 포함한 다수의 연구 결과, 위협에 기반한 경외심은 전체 경외심 경험의 약 4분의 1을 차지하는 것으로 밝혀졌다.

Gordon, Amie M., Jennifer E. Stellar, Craig L. Anderson, Galen D. McNeil, Daniel Loew, and Dacher Keltner. "The Dark Side of the Sublime: Distinguishing a Threat-Based Variant of Awe." *Journal of Personality and Social Psychology* 113, no. 2 (2016): 310 – 28.

18. Nakayama, Masataka, Yuki Nozaki, Pamela Taylor, Dacher Keltner, and Yukiko Uchida. "Individual and Cultural Differences in Predispositions to Feel Positive and Negative Aspects of Awe." *Journal of Cross-Cultural Psychology* 51, no. 10 (2020): 771 – 93. 일본에서 진행된, 존경을 바탕으로 하되 두려움의 색채가 가미된 경외심을 탐구한 훌륭한 연구는 다음을 참조. Muto, Sera. "The Concept Structure of Respect-Related Emotions in Japanese University Students." *Shinrigaku Kenkyu* 85, no. 2 (2014): 157 – 67. https://doi.org/10.4992/jjpsy.85.13021. PMID: 25016836.

19. 이러한 발상은 전적으로 키스 오틀리Keith Oatley의 영향이다. 오틀리는 세계적인 인지과학자이자 선구적인 정서과학 이론가일 뿐만 아니라 수상 경력이 있는 소설가이기도 하다. 문학과 정서 연구에 대한 이런 애정 덕분에 그는 정서에 이야기 같은 구조가 있다는 생각을 해낼 수 있었다. Oatley, Keith. *Emotions: A Brief History*. Malden, MA: Blackwell, 2004.

20. 디지털 시대다운 경외심 경험담이 궁금하다면 제이슨 실바Jason Silva의 '경외심 한 잔Shots of Awe'을 방문하라. https://www.thisisjasonsilva.com/.

21. James, William. *The Varieties of Religious Experience: A Study in Human Nature: Being the Gifford Lectures on Natural Religion Delivered at Edinburgh in 1901 – 1902*. New York; London: Longmans, Green, 1902.

22. Bai, Yang, and Dacher Keltner. "Universals and Variations in Awe"(manuscript under review).

23. 위어드 표본들로만 구성된 연구 결과는 위어드에 속하지 않는 사람들, 다시 말해 인류 대부분으로 일반화할 수 없다. Henrich, Joseph, Steve Hei-

ne, and Ara Norenzayan. "The Weirdest People in the World?" *Behavioral and Brain Sciences* 33, no. 2 – 3 (2010): 61 – 83.

24. Edmundson, Mark. *Self and Soul: A Defense of Ideals*. Cambridge, MA: Harvard University Press, 2015.

25. Durkheim, Émile. *The Elementary Forms of the Religious Life*. Translated by J. W. Swain. New York: Free Press, 1912.

26. Marchant, Jo. *Human Cosmos: Civilization and the Stars*. New York: Dutton Press, 2020.

27. Drake, Nadia. "Our Nights Are Getting Brighter, and Earth Is Paying the Price." *National Geographic*, April 3, 2019. https://www.nationalgeo graphic.com/science/2019/04/nights-are-getting-brighter-earth-paying-the-price-light-pollution-dark-skies/.

28. Pollan, Michael. "The Intelligent Plant: Scientists Debate a New Way of Understanding." *New Yorker*, December 16, 2013.

29. 다양한 문화 및 종교 속 성가의 유형, 의식, 의례의 역할을 체계적으로 정리한 책은 다음을 참조. Gass, Robert. *Chanting: Discovering Spirit in Sound*. New York: Broadway Books, 1999. 성가는 예나 지금이나 전 세계 사람들이 신비로운 힘과의 조우를 남들에게 전하기 위해 사용하는 수단 중 하나다. 자비나 경외심 같은 정서를 전달하는 데 사용되는 소리들 가운데 얼마나 많은 수가 성가에 접목되었는지 살펴보면 꽤나 흥미롭다. 성가는 대체로 말소리 및 정서적 소리를 동반하는 특정한 호흡 방식을 통해 심박수를 떨어뜨리고 미주신경을 활성화하며 혈압을 낮추고 신체를 개방된 경이로운 상태에 이르게 만들 수 있다.

30. Huxley, Aldous. *The Doors of Perception: And Heaven and Hell*. New York: Harper & Row, 1963; 올더스 헉슬리, 권정기 옮김, 《지각의 문, 천국과 지옥》(김영사, 2017).

31. 일반적으로 우리가 스마트폰을 사용하거나 페이스북 및 기타 디지털 플랫폼에서 머무르는 시간이 길수록 안녕감이 약간 감소되는 경향이 있다는 사실을 고려하면 별로 놀라운 결과도 아니다. Tangmunkongvorakul, Arunrat, Patou M. Musumari, Kulvadee Thongpibul, Kriengkrai Srithanaviboonchai, Teeranee Techasrivichien, S. P. Suguimoto, Masako Ono-Kihara, and Masahiro Kihara. "Association of Excessive Smartphone Use with Psychological Well-Being among University Students in Chiang Mai, Thailand." *PloS ONE* 14, no. 1 (2019): e0210294. https://doi.org/10.1371/journal.pone.0210294.

32. 많은 학자들이 신성한 것과 일상적이고 세속적인 것을 구분한다. 메리 더글러스Mary Douglas는 이러한 구분이 깨끗하고 순수한 것(신성한 것)과 지저분하고 더러운 것을 구분하는 데 중심이 된다고 보았다. Douglas, Mary. *Purity and Danger: An Analysis of Concepts of Pollution and Taboo*. New York: Routledge, 2004. 루돌프 오토Rudolf Otto는 당장 물리적인 세계에서 벌어지고 있는 것에 대한 감각 경험을 뜻하는 현상과 우리 감각을 뛰어넘는 신비를 구분하기도 했다. Otto, Rudolf. *The Idea of the Holy*. Translated by J. W. Harvey. 2nd ed. New York: Oxford University Press, 1950. 한편 필립 테트록Philip Tetlock과 제니퍼 러너Jennifer Lerner 그리고 그 동료들은 흥미로운 연구를 통해 사람들이 자신의 삶에서 신성하다고 여기는 것에 대해 누군가가 금전적인 대가를 제시할 경우 도덕적으로 격분한다는 것을 보여주었다. Tetlock, Philip E., Orie Kristel, Beth Elson, Melanie C. Green, and Jennifer S. Lerner. "The Psychology of the Unthinkable: Taboo Trade-Offs, Forbidden Base Rates and Heretical Counterfactuals." *Journal of Personality and Social Psychology* 78, no. 5 (2000): 853-70.

33. 이처럼 한정적인 정서과학 연구의 기원과 이 때문에 발생할 수 있는 통계와 추론 문제들에 대해서는 다음을 참조. Cowen, Alan, Disa Sauter,

Jessica Tracy, and Dacher Keltner. "Mapping the Passions: Toward a High-Dimensional Taxonomy of Emotional Experience and Expression." *Psychological Science in the Public Interest* 20, no. 1 (2019): 69 – 90. https://doi.org/10.1177/1529100619850176.

34. Watson, David, Lee A. Clark, and Auke Tellegen. "Development and Validation of Brief Measures of Positive and Negative Affect: The PANAS Scales." *Journal of Personality and Social Psychology* 54, no. 6 (1988): 1063 – 70.

35. Cowen, Alan S., and Dacher Keltner. "Self-Report Captures 27 Distinct Categories of Emotion with Gradients between Them." *Proceedings of the National Academy of Science* 114, no. 38 (2017): E7900-E7909.

36. Cowen, Alan, and Dacher Keltner. "Emotional Experience, Expression, and Brain Activity Are High-Dimensional, Categorical, and Blended." *Trends in Cognitive Science* 25, no. 2 (2021): 124 – 36.

37. Bai, Yang, Laura A. Maruskin, Serena Chen, Amie M. Gordon, Jennifer E. Stellar, Galen D. McNeil, Kaiping Peng, and Dacher Keltner. "Awe, the Diminished Self, and Collective Engagement: Universals and Cultural Variations in the Small Self." *Journal of Personality and Social Psychology* 113, no. 2 (2017): 185 – 209. Gordon, A. M., J. E. Stellar, C. L. Anderson, G. D. McNeil, D. Loew, and D. Keltner. "The Dark Side of the Sublime: Distinguishing a Threat-Based Variant of Awe." *Journal of Personality and Social Psychology* 113, no. 2 (2016): 310 – 28.

38. Stellar, Jennifer E., Amie M. Gordon, Paul K. Piff, Craig L. Anderson, Daniel Cordaro, Yang Bai, Laura Maruskin, and Dacher Keltner. "Self-Transcendent Emotions and Their Social Functions: Compassion, Gratitude, and Awe Bind Us to Others through Prosociality." *Emotion Review* 9, no.3 (2017): 200 – 7.

2장

1. Einstein, Albert. *Ideas and Opinions, Based on Mein Weltbild*. Edited by Carl Seelig. New York: Bonzana Books, 1954, 11.

2. Carson, Rachel. "Help Your Child to Wonder." *Woman's Home Companion*, July 1956, 46.

3. 정서과학이 〈인사이드 아웃〉에서 어떻게 표현되었는지에 관한 보다 폭넓은 논의에 관해서는 다음을 참조. Keltner, Dacher, and Paul Ekman. "The Science of Inside Out." *New York Times*, July 6, 2015.

4. 정서과학에 대한 개관은 다음을 참조. Keltner, Dacher, Keith Oatley, and Jennifer Jenkins. *Understanding Emotions*. 4th ed. Hoboken, NJ: Wiley & Sons, 2018; 대커 켈트너, 키스 오틀리, 제니퍼 젠킨스, 김현택 옮김,《정서의 이해》(학지사, 2021).

5. 정서가 의사결정의 요소들에 어떤 영향을 미치는가에 대한 개관은 다음을 참조. Lerner, Jennifer S., Ye Li, Piercarlo Valdesolo, and Kassam S. Karim. "Emotion and Decision Making." *Annual Review of Psychology* 66 (2015): 799–823.

6. 또한 순간적인 두려움은 이민과 테러 정책에서도 보수적인 입장을 지지하는 결과를 낳는다. 사회문제에 보수적인 사람들은 일반적으로 두려움을 더 많이 느끼며, 악몽을 더 많이 꾸고, 깜짝 놀랐을 때 반사 반응(눈 깜박임 등)이 더 강하게 나타났다. Oxley, Douglas R., Kevin B. Smith, John R. Alford, Matthew V. Hibbing, Jennifer L. Miller, Mario Scalora, Peter K. Hatemi, and John R. Hibbing. "Political Attitudes Vary with Physiological Traits." *Science* 321, no. 5896 (2008): 1667–70. https://doi.org/10.1126/science.1157627. PMID:18801995.

7. 이러한 통찰은 찰스 다윈이 정서 표현에 대해 쓴 글에도 깔려 있다. 그는 오늘날 우리가 보는 화가 나서 입술을 당기고 어금니를 앙다무는 표정이

과거 포유류가 이빨로 물어뜯어 공격하던 행동의 흔적이라고 보았다. Darwin, Charles. *The Expression of Emotions in Man and Animals*. 3rd ed. New York: Oxford University Press, 1872/1998; 찰스 다윈, 김홍표 옮김,《인간과 동물의 감정 표현》(지만지, 2014).

8. 이 아이디어는 내가 피트, 로니와 작품 속 슬픔의 역할에 대해 대화를 나누던 중 나왔다. 어린 시절의 안락함과 즐거움이 사라지고 놀랄 만큼 슬픔이 덮쳐오는 사춘기에 접어들면서 슬퍼하는 딸의 모습을 곁에서 지켜보며 피트는 이 작품을 구상했다고 한다. 피트와 로니는 '슬픔' 캐릭터를 주인공으로 삼고 싶어 했지만 슬픔은 너무 우울하고 흥행에 도움이 되지 않으리라 판단한 경영진의 반대에 가로막혔다. 그 회의에서 우리는 슬픔과 우울의 차이에 대해서도 이야기를 나누었는데, 나는 슬픔과 달리 우울은 대체로 기복 없이 가라앉은 느낌이라 특별한 색깔이 없으며 아무런 열정도 걱정도 없는 상태라고 설명해주었다. 슬픔의 '내면'에 대해, 슬픔이 삶의 속도를 늦춰주고, 자신을 돌이켜보면서 깊이 생각하게 하며, 눈앞의 상실을 마주하여 삶의 진정한 의미와 가치에 다시 초점을 맞추게 해준다는 이야기를 나누었다. 또 '외면'에 대해서는 눈물이 어떻게 다른 사람들을 곁으로 불러 모으는 역할을 하는지 설명했다. 결국 피트와 로니는 경영진을 꺾고 '슬픔'을 〈인사이드 아웃〉의 중심에 내세웠다.

9. 정서에 대한 이러한 관점은 인류학과 사회학적 분석에 뿌리를 두고 있다. 사회적인 삶 속 극적인 사건들에 정서가 어떤 식으로 표출되는지에 대한 풍부한 관찰 결과에 기반한 이 관점은 정서가 단지 마음속에서 스쳐 가는 상태에 그치는 것이 아니라 사회관계를 수행하는 동안 행해지는 사람들 간 일련의 행동들에도 관여한다는 것을 보여준다. Lutz, Catherine, and Geoffrey M. White. "The Anthropology of Emotions." *Annual Review of Anthropology* 15 (1986): 405 – 36. Clark, Candace. "Emotions and the Micropolitics in Everyday Life: Some Patterns and Paradoxes of 'Place.'" In *Research*

Agendas in the Sociology of Emotions, edited by Theodore D. Kemper, 305 – 34. Albany: State University of New York Press, 1990. Shields, Stephanie A. "The Politics of Emotion in Everyday Life: 'Appropriate' Emotion and Claims on Identity." *Review of General Psychology* 9 (2005): 3 – 15. Parkinson, Brian, Agneta H. Fischer, and Anthony S. R. Manstead. *Emotion in Social Relations: Cultural, Group, and Interpersonal Processes*. Philadelphia: Psychology Press, 2004.

10. 사이키델릭 경험을 1인칭 시점에서 기록한 글을 읽어보고 싶다면 다음 사이트를 방문. https://www.erowid.org/.

11. Norwich, Julian. *The Revelations of Divine Love of Julian of Norwich*. Translated by John Skinner. New York: Doubleday, 1996. 노리치의 율리아나의 생애와 연구, 세상에 끼친 영향에 대한 훌륭한 이야기를 읽고 싶다면 다음을 참조. Turner, Denys. *Julian of Norwich, Theologian*. New Haven, CT: Yale University Press, 2011.

12. Popova, Maria. *Figuring*. New York: Pantheon Press, 2019; 마리아 포포바, 지여울 옮김, 《진리의 발견: 앞서 나간 자들》(다른, 2020).

13. Fuller, Margaret. Edited by Michael Croland. *The Essential Margaret Fuller*. Mineola, NY: Dover Thrift Edition, 2019, 11.

14. Pollan, Michael. *How to Change Your Mind: What the New Science of Psychedelics Teaches Us about Consciousness, Dying, Addiction, Depression, and Transcendence*. New York: Penguin Books, 2019, 263; 마이클 폴런, 김지원 옮김, 《마음을 바꾸는 방법: 금지된 약물이 우울증, 중독을 치료할 수 있을까》(소우주, 2021).

15. Huxley, Aldous. *The Doors of Perception: And Heaven and Hell*. New York: Harper Perennial Classics, 2009, 53.

16. Vohs, Katherine D., and Roy R. Baumeister, eds. *The Self and Identity, Volumes*

I – V. Thousand Oaks, CA: Sage, 2012.

17. Twenge, Jean M. *iGen: Why Today's Super-Connected Kids Are Growing Up Less Rebellious, More Tolerant, Less Happy – and Completely Unprepared for Adulthood*. New York: Atria Books, 2017; 진 트웽이, 김현정 옮김, 《#i세대: 스마트폰을 손에 쥐고 자란 요즘 세대 이야기》(매일경제신문사, 2018).

18. Keltner, Dacher, Aleksandr Kogan, Paul K. Piff, and Sarina R. Saturn. "The Sociocultural Appraisal, Values, and Emotions (SAVE) Model of Prosociality: Core Processes from Gene to Meme." *Annual Review of Psychology* 65 (2014): 425 – 60.

19. Bai, Yang, Laura A. Maruskin, Serena Chen, Amie M. Gordon, Jennifer E. Stellar, Galen D. McNeil, Kaiping Peng, and Dacher Keltner. "Awe, the Diminished Self, and Collective Engagement: Universals and Cultural Variations in the Small Self." *Journal of Personality and Social Psychology* 113, no. 2 (2017): 185 – 209.

20. "Theodore Roosevelt and Conservation." National Parks Service, U.S. Department of the Interior, April 10, 2015, https://nps.gov/thro/learn/ historyculture/theodore-roosevelt-and-conservation.htm.

21. Shiota, Michelle N., Dacher Keltner, and Amanda Mossman. "The Nature of Awe: Elicitors, Appraisals, and Effects on Self-Concept." *Cognition & Emotion* 21 (2007): 944 – 63.

22. Fiske, Alan. P. *Structures of Social Life*. New York: Free Press, 1991.

23. Stellar, Jennifer E., Amie M. Gordon, Craig L. Anderson, Paul K. Piff, Galen D. McNeil, and Dacher Keltner. "Awe and Humility." *Journal of Personality and Social Psychology* 114, no. 2 (2018): 258 – 69.

24. Holmes, Richard. *The Age of Wonder: The Romantic Generation and the Discovery of the Beauty and Terror of Science*. New York: Vintage Books, 2008.

25. Yaden, David B., Jonathan Iwry, Kelley J. Slack, Johannes C. Eichstaedt, Yukun Zhao, George E. Vaillant, and Andrew B. Newberg. "The Overview Effect: Awe and Self-Transcendent Experience in Space Flight." *Psychology of Consciousness: Theory, Research, and Practice* 3, no. 1 (2016): 1–11.

26. White, Frank. *The Overview Effect: Space Exploration and Human Evolution*. 2nd ed. Reston, VA: American Institute for Aeronautics and Astronautics, 1998, 41.

27. Hamilton, J. P., Madison Farmer, Phoebe Fogelman, and Ian H. Gotlib. "Depressive Rumination, the Default-Mode Network, and the Dark Matter of Clinical Neuroscience." *Biological Psychiatry* 78, no. 4 (2016): 224–30. https://doi.org/10.1016/j.biopsych.2015.02.020. Epub February 24, 2015. PMID: 25861700; PMCID: PMC4524294. 구체적으로, 디폴트 모드 네트워크에는 사람들이 자기 목표에 얼마만큼 가까워졌는지 평가할 때 관여하는 영역인 복내측전전두피질과 과거 기억이나 자신의 관점에서 공간을 이동해 어떤 지점을 향해 나아가는 방법을 떠올릴 때 활성화되는 후측대상피질이 포함된다.

28. Takano, Ryota, and Michio Nomura. "Neural Representations of Awe: Distinguishing Common and Distinct Neural Mechanisms." *Emotion*. Advance online publication. https://doi.org/10.1037/emo0000771.

29. 같은 맥락에서 팡 구안Fang Guan과 동료들은 중국에서 연구를 진행한 결과, 일상에서 경외심을 많이 느끼며 개방적이고 삶에 대한 경이로 가득한 사람들이 디폴트 모드 네트워크에서 중요한 영역 중 하나인 후측대상피질의 활동 수준이 낮다는 사실을 발견했다. Guan, Fang, Yanhui Xiang, Chen Outong, Weixin Wang, and Jun Chen. "Neural Basis of Dispositional Awe." *Frontiers of Behavioral Neuroscience* 12 (2018): 209. https://doi.org/10.3389/fnbeh.2018.00209.

30. 이 같은 뇌 연구 결과와 일관되게 에이미 고든은 손의 땀샘에서 분비되는 땀 양과 심박수 증가를 지표로 위협 기반 경외심이 신체의 투쟁-도피 반응을 촉발한다는 사실을 발견했다. Gordon, Amie M., Jennifer E. Stellar, Craig L. Anderson, Galen D. McNeil, Daniel Loew, and Dacher Keltner. "The Dark Side of the Sublime: Distinguishing a Threat-Based Variant of Awe." *Journal of Personality and Social Psychology* 113, no. 2 (2016): 310 – 28.

31. Barrett, Frederick S., and Roland R. Griffiths. "Classic Hallucinogens and Mystical Experiences: Phenomenology and Neural Correlates." *Current Topics in Behavioral Neurosciences* 36 (2018): 393 – 430. https://doi.org/10.1007/7854.

32. Bai, Yang, Laura A. Maruskin, Serena Chen, Amie M. Gordon, Jennifer E. Stellar, Galen D. McNeil, Kaiping Peng, and Dacher Keltner. "Awe, the Diminished Self, and Collective Engagement: Universals and Cultural Variations in the Small Self." *Journal of Personality and Social Psychology* 113, no. 2 (2017): 185 – 209.

33. Whitman, Walt. *Song of Myself: 1892 Edition*. Glenshaw, PA: S4N Books, 2017, 1.

34. Holmes, Richard. *Age of Wonder: The Romantic Generation and the Discovery of the Beauty and Terror of Science*. New York: Vintage Books, 2008.

35. Holmes, Richard. *Age of Wonder: The Romantic Generation and the Discovery of the Beauty and Terror of Science*. New York: Vintage Books, 2008, 106.

36. 철학자 제시 프린츠Jesse Prinz는 경이의 진화 및 문화적 역사를 통찰력 있게 설명했다. Prinz, Jesse. "How Wonder Works." Aeon, June 21, 2013. https://aeon.co/essays/why-wonder-is-the-most-human-of-all-emotions. 이 이전의 역사적 고찰은 다음을 참조. Keen, Sam. *Apology for Wonder*. New York: HarperCollins, 1969.

37. Shiota, Michelle N., Dacher Keltner, and Oliver P. John. "Positive Emotion

Dispositions Differentially Associated with Big Five Personality and Attachment Style." *Journal of Positive Psychology* 1, no. 2 (2006): 61 – 71.

38. Stellar, Jennifer E., Amie M. Gordon, Craig L. Anderson, Paul K. Piff, Galen D. McNeil, and Dacher Keltner. "Awe and Humility." *Journal of Personality and Social Psychology* 114, no. 2 (2018): 258 – 69.

39. 스티브 파머 Steve Palmer는 색깔의 정서적 의미를 체계적으로 정리하는 데 혁혁한 업적을 달성했다. Palmer, Steve E., and Karen B. Schloss. "An Ecological Valence Theory of Color Preferences." *Proceedings of the National Academy of Sciences* 107, no. 19 (2010): 8877 – 82. https://doi.org/10.1073/pnas.0906172107.

40. Griskevicius, Vlad, Michelle N. Shiota, and Samantha L. Neufeld. "Influence of Different Positive Emotions on Persuasion Processing: A Functional Evolutionary Approach." *Emotion* 10 (2010): 190 – 206.

41. Gottlieb, Sara, Dacher Keltner, and Tania Lombrozo. "Awe as a Scientific Emotion." *Cognitive Science* 42, no. 6 (2018): 2081 – 94. https://doi.org/10.1111/cogs.12648. 이 연구는 일상에서 경외심을 많이 느끼는 사람들은 어떤 현상을 볼 때 그 현상의 한정된 목적만을 따지는 목적론적 추론을 덜 하는 경향을 보인다는 사실을 발견했다. 가령 목적론적 추론을 하는 사람은 단지 '벌은 식물의 수분을 촉진하기 위해 존재한다'라거나 '번개는 이동하기 위해 전기를 방출한다'라고 생각하며, 나무의 수액이 매혹적인 이유는 인간이 나무를 보호하게 하기 위해서라고 여긴다. Valdesolo, Piercarlo, Jun Park, and Sara Gottlieb. "Awe and Scientific Explanation." *Emotion* 16, no. 7 (2016): 937 – 40. 철학자 대니얼 데닛은 자신의 뛰어난 저서에서 이러한 통찰이 다윈의 가장 혁명적인 발상의 핵심이라고 주장했다. 그 발상이란 바로 이 세상이 어떤 초월적인 존재나 신의 목적에 따라 진화한 것이 아니라 진화적인 힘의 복잡한 체계가 작용한 결과라

는 것이다. Dennett, Daniel. *Darwin's Dangerous Idea: Evolution and the Meanings of Life*. New York: Simon & Schuster, 1995.

42. Singer, Peter. *The Expanding Circle: Ethics and Sociobiology*. Oxford: Clarendon Press, 1981; 피터 싱어, 김성한 옮김, 《사회생물학과 윤리》(연암서가, 2012).

43. Piff, Paul K., Pia Dietze, Matthew Feinberg, Daniel M. Stancato, and Dacher Keltner. "Awe, the Small Self, and Prosocial Behavior." *Journal of Personality and Social Psychology* 108, no. 6 (2015): 883 – 99.

44. Zhang, Jia W., Paul K. Piff, Ravi Iyer, Spassena Koleva, and Dacher Keltner. "An Occasion for Unselfing: Beautiful Nature Leads to Prosociality." *Journal of Environmental Psychology* 37 (2014): 61 – 72.

45. 인간이 지닌 친절 능력과 사회성에 대한 내 생각에 많은 영향을 주었으며 이 영상으로 나를 인도해준 훌륭한 영장류학자 프란스 드 발에게 감사함을 전하고 싶다. "Waterfall Displays." *Jane Goodall's Good for All News*, http://bit.ly/ 2r2iZ3t, accessed February 15, 2022.

3장

1. Whitman, Walt. "I Sing the Body Electric." In *Walt Whitman: Selected Poems*. New York: Dover, 1991, 12.

2. 우리가 삶 또는 특정 성자들에게서 성스러운 힘을 인식하고 눈물을 흘리는 현상을 잘 보여준 감동적인 영상이 있는데, 여러분도 꼭 한번 보기를 추천한다. 9개월 아기가 청각 보조장치의 도움으로 태어나서 처음으로 어머니 목소리를 들었을 때 모습이 담긴 1분짜리 영상이다. 영상 속에서 어머니는 모성어(아기말이라고도 하며, 아기가 알아듣기 쉽고 편안함을 느끼도록 혀 짧은 소리로 건네는 단순한 말 – 옮긴이)로 "안녕", "울 거니?", "사랑해"라고 말을 건넨다. 그러자 아기는 처음에는 반짝이는 눈으로 미소를 지었다가

이내 눈물을 글썽이더니 높은 톤으로 몇 번 "아아" 하는 소리를 내며 분명 처음으로 어머니의 목소리를 들었다는 데 압도된 모습을 보인다. Christy Keane Can. "My baby hears me for the first time and is almost moved to tears!" YouTube video, 1:05, October 14, 2017. https://www.youtube.com/watch?v=-_Q5kO4YXFs.

3. 다윈의 생애, 생각, 세상에 미친 영향을 정리한 놀라운 전기로는 꼭 다음 책들을 읽어보기 바란다. Browne, Janet. *Charles Darwin*. Vol. 1, *Voyaging*. New York: Alfred Knopf; London: Jonathan Cape, 1995. Browne, Janet. *Charles Darwin*. Vol. 2, *The Power of Place*. New York: Alfred Knopf, 2002.

4. Wineapple, Brenda, ed. *Walt Whitman Speaks: His Final Thoughts on Life, Writing, Spirituality, and the Promise of America as Told to Horace Traubel*. New York: Random House, 2019.

5. Lutz, Tom. *Crying: The Natural and Cultural History of Tears*. New York: W. W. Norton, 1999. 생물학 및 문화적 역사를 통해 정서 행동의 기원을 추적한 훌륭한 연구물이다.

6. Fiske, Alan P. *Structures of Social Life*. New York: Free Press, 1991. 피스크는 우리가 공동체적 공유, 시장에 기반한 교환, 군대나 종교 단체의 위계 서열, 우정 같은 동등성 등 총 네 가지 기본 방식 가운데 하나(그리고 이들의 조합)를 통해 관계를 맺는다고 주장한다. 이러한 생각은 정서 연구에도 깊은 영향을 미쳤다. 이 때문에 우리는, 정서가 누군가와 관계를 맺기 시작하거나 놀리거나 의례를 치르는 것 같은 사회 상호작용을 형성함으로써 인간관계의 기본적인 의사소통 수단이 되었다는 생각에 이르렀다.

7. 이 연구들은 피스크가 다른 사람들과 연결되었다는 느낌을 받거나 사람들이 서로 친밀한 관계를 형성하는 모습을 목격함으로써 경험하는 감동, 일명 카마 무타꼬꼬를 이해하기 위한 과정의 일환이었다. Seibt, Beate, Thomas W. Schubert, Janis H. Zickfeld, and Alan P. Fiske. "Touching the Base:

Heart-Warming Ads from the 2016 U.S. Election Moved Viewers to Partisan Tears." *Cognition and Emotion* 33(2019): 197 – 212. https://doi.org/ 10.1080/ 02699931.2018.1441128. Zickfeld, Janis H., Patricia Arriaga, Sara V. Santos, Thomas W. Schubert, and Beate Seibt. "Tears of Joy, Aesthetic Chills and Heartwarming Feelings: Physiological Correlates of Kama Muta." *Psychophysiology* 57, no. 12 (2020): e13662. https://doi.org/10.1111/psyp.13662. Blomster Lyshol, Johanna K., Lotte Thomsen, and Beate Seibt. "Moved by Observing the Love of Others: Kama Muta Evoked through Media Fosters Humanization of Out-Groups." *Frontiers in Psychology* (June 24, 2020). https://doi.org/10.3389/fpsyg.2020.01240.

8. Vingerhoets, Ad. *Why Only Humans Weep: Unravelling the Mysteries of Tears*. New York: Oxford University Press, 2013.

9. Parsons, Christine E., Katherine S. Young, Morten Joensson, Elvira Brattico, Jonathan A. Hyam, Alan Stein, Alexander Green, Tipu Aziz, and Morten L. Kringelbach. "Ready for Action: A Role for the Human Midbrain in Responding to Infant Vocalizations." *Social Cognitive and Affective Neuroscience* 9(2014): 977 – 84. http://dx.doi.org/10.1093/scan/nst076.

10. 미 연방 공공 보건서비스 부대 의무총감 비벡 머시Vivek Murthy는 외로움을 '사회적 불황social recession'이라고 칭하며 국가 보건에 미치는 영향을 고려해 경제적 불황에 준하는 위기로 대했다. Murthy, Vivek. *Together: The Healing Power of Connection in a Sometimes Lonely World* . New York: HarperCollins, 2020; 비벡 머시, 이주영 옮김,《우리는 다시 연결되어야 한다: 외로움은 삶을 무너뜨리는 질병》(한국경제신문, 2020).

11. 수면이 우리 삶에서 차지하는 중요성과 수면 부족에 시달리는 이유 및 이에 대한 대처법은 다음을 참조. Walker, Matthew. *Why We Sleep*. New York: Scribner, 2017; 매슈 워커, 이한음 옮김,《우리는 왜 잠을 자야 할까》

(사람의집, 2019).

12. 대학원을 졸업하고 1년이 지난 1990년에 〈뉴요커〉에 실린 존 업다이크의 짧은 이야기 '트리스탄과 이졸데'를 읽은 것이 내가 ASMR에 대한 문학적 묘사를 처음으로 접한 경험이었다. 이야기에서 화자는 "수년간 생각 없이 엉망진창으로 소모해온 결과 썩고 망가져 겨우 붙어만 있던" 어금니를 에이즈가 창궐하던 시대에 걸맞게 장갑을 긴 치위생사에게 세척 관리를 받는다. 치위생사의 부드러운 손길이 닿고 겨우 몇 센티미터 거리에서 세밀하게 관찰되고 눈앞에 어른거리며 뚫어지듯 응시당하는 감각을 통해 화자는 자신의 내면이 다 들킨 것 같은 마음과 함께 용서와 이해를 받은 느낌, 심지어 영적인 느낌마저 경험한다. 치과 치료를 받는 동안 공통적으로 경험하는 친밀감은 "마치 슈퍼마켓에 진열된 타블로이드 잡지나 연애소설에서 느끼는 감정과 유사"하다며 그는 "그녀와 그의 영혼이 뒤얽혔다"라고 표현했다. Updike, John. "Tristan and Iseult." *New Yorker*, December 3, 1990.

13. 정서의 신체 지도에 관한 훌륭한 연구는 다음을 참조. Nummenmaa, Lauri, Enrico Glerean, Riitta Hari, and Jari K. Hietanen. "Bodily Maps of Emotions." *Proceedings of the National Academy of Sciences* 111, no. 2 (2014): 646–51. 버드 크레이그Bud Craig는 어떻게 신체감각에서 우리의 주관적인 정서 경험이 발생하는지 이해하기 위해 평생을 연구해 이 같은 체화에 전측뇌섬엽이 관여함을 밝혀냈다. Craig, A. D. *How Do You Feel?: An Interoceptive Moment with Your Neurobiological Self*. Princeton, NJ: Princeton University Press, 2015. 체화에 관해 최초로 언급한 학자 중 한 명으로서 지금까지 영향을 떨치는 인물로는 버클리의 언어학 및 철학 교수 조지 레이코프George Lakoff가 있다. 그는 우리가 세상을 이해하기 위해 행하는 가장 두드러지는 특징인, 문제 대상을 무엇인가에 비유하려는 경향성은 대부분 우리 신체 경험을 바탕으로 한다고 주장했다. 가령 우리는 정서

를 '물결', '파도', '밀물과 썰물' 등으로 표현하는데 이는 정서와 관련해 변화하는 심혈관계 생리와 체내 혈류 분포에 따른 감각에 빗댄 비유적 묘사다. Lakoff, George, and Mark Johnson. *Metaphors We Live By*. Chicago: Chicago University Press, 1980; 조지 레이코프, 마크 존슨, 노양진, 나익주 옮김, 《삶으로서의 은유》(박이정, 2006).

14. James, William. "What Is an Emotion?" *Mind* 9 (1884): 188 – 205.

15. Winkielman, Piotr, Paula Niedenthal, Joseph Wielgosz, Jiska Wielgosz, and Liam C. Kavanagh. "Embodiment of Cognition and Emotion." In *APA Handbook of Personality and Social Psychology*. Vol. 1, *Attitudes and Social Cognition*, edited by Mario Mikulincer, Philip R. Shaver, Eugene E. Borgida, and John A. Bargh, 151 – 75. Washington, DC: American Psychological Association, 2015.

16. 이는 수축기 및 확장기 혈압과 위험 평가 같은 인지 활동을 밀리초 단위로 정밀하게 측정해 심장 수축과 혈액 분포(수축기 혈압)가 위협 지각에 어떤 영향을 미치는지 끈질기게 탐구한 세라 가핑클Sarah Garfinkel과 휴고 크리츨리Hugo Critchley의 세심한 연구 결과다. Garfinkel, Sarah N., and Hugo D. Critchley. "Threat and the Body: How the Heart Supports Fear Processing." *Trends in Cognitive Sciences* 20, no. 1(2016): 34 – 46. Garfinkel, Sarah N., Miranda F. Manassei, Giles Hamilton-Fletcher, Yvo In den Bosch, Hugo D. Critchley, and Miriam Engels. "Interoceptive Dimensions across Cardiac and Respiratory Axes." *Philosophical Transactions of the Royal Society B* 371, no. 1708 (2016): 20160014. Garfinkel, Sarah N., Claire Tiley, Stephanie O'Keeffe, Neil A. Harrison, Anil K. Seth, and Hugo D. Critchley. "Discrepancies between Dimensions of Interoception in Autism: Implications for Emotion and Anxiety." *Biological Psychology* 114(2016): 117 – 26.

17. Niedenthal, Paula M., Piotr Winkielman, Laurie Mondillon, and Nicolas Vermeulen. "Embodiment of Emotional Concepts: Evidence from EMG

Measures." *Journal of Personality and Social Psychology* 96 (2009): 1120 – 36.

18. Keltner, Dacher, Phoebe C. Ellsworth, and Kari Ellsworth. "Beyond Simple Pessimism: Effects of Sadness and Anger on Social Perception." *Journal of Personality and Social Psychology* 64(1993): 740 – 52.

19. 이 같은 육감이 얼마나 놀랍도록 정확한지에 대한 개관은 다음을 참조. Hertenstein, Matthew. *The Tell: The Little Clues That Reveal Big Truths about Who We Are*. New York: Basic Books, 2013; 매슈 헤르텐슈타인, 강혜정 옮김, 《스냅: 상대의 미래를 간파하는 힘》(비즈니스북스, 2014).

20. Konečni, Vladimir J. "The Aesthetic Trinity: Awe, Being Moved, Thrills." *Bulletin of Psychology and the Arts* 5 (2005): 27 – 44.

21. Nabokov, Vladimir. *Lectures on Literature*. Boston, MA: Houghton Mifflin Harcourt, 2017, 64; 블라디미르 나보코프, 김승욱 옮김, 《나보코프 문학 강의》(문학동네, 2019).

22. Vignola, Michael, and Stuart Gwynedd. "If Carl Bernstein Has Chills About the Trump Impeachment, He's Not Saying So." *Los Angeles Magazine*, October 29, 2019, https://www.lamag.com/citythinkblog/carl-bernstein-trump/.

23. Job 4: 12 – 17. King James Version(KJV).

24. Vasu, S. C., trans. *The Gheranda Samhita: A Treatise on Hatha Yoga*. Bombay: Theosophical, 1895.

25. Maruskin, Laura A., Todd M. Thrash, and Andrew J. Elliot. "The Chills as a Psychological Construct: Content Universe, Factor Structure, Affective Composition, Elicitors, Trait Antecedents, and Consequences." *Journal of Personality and Social Psychology* 103, no. 1 (2012): 135.

26. Ehrman, Bart D. *Heaven and Hell: A History of the Afterlife*. New York: Simon & Schuster, 2020; 바트 어만, 허형은 옮김, 《두렵고 황홀한 역사: 죽음의 심판, 천국과 지옥은 어떻게 만들어졌나》(갈라파고스, 2020).

27. 이상하고 으스스한 감각에 대한 훌륭한 논의는 다음을 참조. Fisher, Mark. *The Weird and the Eerie*. London: Sheperton House, 2016; 마크 피셔, 안현주 옮김, 《기이한 것과 으스스한 것》(구픽, 2023). 이 책에서 피셔는 기이한 것(이상한 존재 때문에 비롯된 감각)과 으스스한 것(텅 빈 감각에 기반한 느낌)의 차이를 자세히 설명한다. 이 구분법을 바탕으로 피셔는 허버트 조지 웰스, 마거릿 애트우드, 데이비드 린치, 스탠리 큐브릭, 브라이언 이노, 필립 K. 딕(경이로운 영화 〈블레이드 러너〉 원작인 《안드로이드는 전기양의 꿈을 꾸는가》의 저자이자 어슐러 르 귄과 동시대에 버클리고등학교를 다닌 버클리 지역 사람들의 자랑) 같은 인물들의 작품에서 이 두 상태가 차지하는 중요성을 상술한다.

28. Hans IJzerman, James A. Coan, Fieke M. A. Wagemans, Marjolein A. Missler, Ilja van Beest, Siegwart Lindenberg, and Mattie Tops. "A Theory of Social Thermoregulation in Human Primates." *Frontiers in Psychology* 6 (2015): 464. https://doi.org/10.3389/fpsyg.2015.00464.

29. 사회적인 포유류들은 일반적으로 주변 다른 개체들과 뭉침으로써 위협과 위험 상황에 대응한다. 이 이론을 처음 제시한 인물은 셸리 E. 테일러 Shelley E. Taylor와 동료들로, 인간의 정서적인 삶을 이해하는 데 지대한 영향을 미쳤다. 테일러는 위협과 위험 상황에 대한 우리 반응은 그때까지 연구자들의 모든 관심이 집중되었던 투쟁-도피가 전부가 아니라고 주장했다. 그녀의 주장에 따르면 인간, 특히 여성은 위험 상황이 닥치면 다른 사람들과 협력하고 서로를 돌보며 위험에 맞서기 위해 뭉치는 등 '친구를 만드는 경향성'을 보인다. Taylor, Shelley E., Laura C. Klein, Brian P. Lewis, Tara L. Gruenewal, Regan A. R. Gurung, and John A. Updegraff. "Biobehavioral Responses to Stress in Females: Tend-and-Befriend, not Fight-or-Flight." *Psychological Review* 107(2000): 411–29.

30. 옥시토신 분비량이 얼마만큼 맥락에 의존하며 개인 성격에 따라 달라

질 수 있는가에 관한 문헌 개관은 다음을 참조. Bartz, Jennifer. A. "Oxytocin and the Pharmacological Dissection of Affiliation." *Current Directions in Psychological Science* 25 (2016): 104 – 10. Bartz, Jennifer. A., Jamil Zaki, Nial Bolger, and Kevin N. Ochsner. "Social Effects of Oxytocin in Humans: Context and Person Matter." *Trends in Cognitive Sciences* 15 (2011): 301 – 9.

31. Gordon, Amie M., Jennifer. E. Stellar, Craig. L. Anderson, Galen D. McNeil, Daniel Loew, and Dacher Keltner. "The Dark Side of the Sublime: Distinguishing a Threat-Based Variant of Awe." *Journal of Personality and Social Psychology* 113, no. 2(2016): 310 – 28. 미주신경과 자비에 관한 연구 결과는 다음을 참조. Stellar, Jennifer E., Adam Cowen, Christopher Oveis, and Dacher Keltner. "Affective and Physiological Responses to the Suffering of Others: Compassion and Vagal Activity." *Journal of Personality and Social Psychology* 108(2015): 572 – 85.

32. Sartre, Jean-Paul. *Nausea*. Norfolk, CT: New Directions, 1949.

33. Wrobel, Arthur. "Whitman and the Phrenologists: The Divine Body and the Sensuous Soul." *PMLA* 89, no. 1(1974): 24.

34. Fisher, Philip. *Wonder, the Rainbow, and the Aesthetics of Rare Experiences*. Cambridge, MA: Harvard University Press, 1998.

35. Yosemitebear62. "Yosemitebear Mountain Double Rainbow 1-8-10." YouTube video, 3:29, January 8, 2010. https://www.youtube.com/watch?v=OQSNhk5ICTI.

36. 표정, 목소리, 신체를 통한 정서 표현은 단순히 다른 사람들에게 정서를 전달하는 데 그치지 않는 사회적 상호작용의 수단이다. 정서 표현은 개인의 감정, 의도, 태도에 관해 중요한 정보를 제공한다. 또한 타인에게서 반응을 불러일으킨다. 예를 들어 울음은 주변 사람들로부터 연민 어린 반응을 이끌어낸다. 정서 관련 표정과 소리는 또한 어떤 환경이 위협적

인지, 탐험할 가치가 있는지에 대한 정보를 제공하기도 한다. Keltner, Dacher, and Ann M. Kring. "Emotion, Social Function, and Psychopathology." *Review of General Psychology* 2(1998): 320‒42.

37. Darwin, Charles. *The Expression of the Emotions in Man and Animals*. Chicago: University of Chicago Press, 1965.

38. Cordaro, Daniel T., Rui Sun, Dacher Keltner, Shanmukh Kamble, Niranjan Huddar, and Galen McNeil. "Universals and Cultural Variations in 22 Emotional Expressions across Five Cultures." *Emotion* 18, no. 1(2018): 75‒93.

39. 인간의 정서와 인간이 아닌 동물의 표현 행동 사이의 비교는 다음을 참조. Cowen, Alan, and Dacher Keltner. "Emotional Experience, Expression, and Brain Activity Are High-Dimensional, Categorical, and Blended." *Trends in Cognitive Science* 25, no. 2 (2021): 124‒36.

40. Cordaro, Daniel T., Dacher Keltner, Sumjay Tshering, Dorji Wangchuk, and Lisa M. Flynn. "The Voice Conveys Emotion in Ten Globalized Cultures and One Remote Village in Bhutan." *Emotion* 1(2016): 117‒28.

41. 스탠리 큐브릭의 〈2001 스페이스 오디세이〉에서 '인류의 여명' 장면은 이러한 생각을 예술로 표현한 작품이다. 제인 구달의 연구에서 영감을 받은 이 장면에서 아프리카 사바나에 살던 초기 인류는 물가에서 또 다른 집단을 만난다. 이에 이들은 일종의 폭포 춤으로 반응한다. 털을 곤두세우고 하나가 된 듯 움직이며 다 함께 날카로운 괴성과 포효를 지르며 위협감을 표현한다. 이후 동굴 속에서 한데 옹송그린 채 잠에서 깨어난 이들은 문화 혹은 종교 개념을 상징화한 부드러운 회색빛 오벨리스크를 발견하고, 숭배하는 마음을 담아 이리저리 만지고 살핀다. 다음 장면에서 부족 구성원 하나가 뼈를 발견하는데, 그 파괴력을 깨닫고는 물가에서 이웃 부족을 다시 만났을 때 살상무기로 사용한다. 이후 허공에 던져진 그 뼈는 우주정거장의 모습으로 변한다. 우리는 이처럼 경외심

의 순간을 이로움과 폭력성을 동시에 지닌 문화로 탈바꿈한다.

42. Pagel, Mark. *Wired for Culture: Origins of the Human Social Mind*. New York: W. W. Norton, 2012.

43. Dutton, Dennis. *The Art Instinct: Beauty, Pleasure, and Human Evolution*. London: Bloomsbury, 2009.

44. Matsuo, Basho–, and Makoto Ueda. *Basho–and His Interpreters: Selected Hokku with Commentary*. Stanford, CA: Stanford University Press, 1995, 102.

45. Matsuo, Basho–, and Makoto Ueda. *Basho–and His Interpreters*, 411. 많은 사람들이 그렇듯 나 역시 알프레드 히치콕의 〈이창〉을 내 인생 영화 열 편 가운데 하나로 꼽는데, 아마도 다른 사람들의 삶을 궁금해하고 상상하는 데서 경험하는 경외심을 잘 표현했다는 점이 큰 이유일 것이다. 제임스 스튜어트가 연기한 주인공은 다리 부상 탓에 집 안에서만 생활하며 자신의 뉴욕 아파트 창문을 통해 볼 수 있는 다양한 인물들에 대한 상상으로 하루를 보낸다. 이처럼 우리는 다른 사람의 삶과 생각들을 궁금해하는 과정에서 일상 속 경외심을 찾을 수 있다.

46. Dickinson, Emily. *Final Harvest: Emily Dickinson's Poems*. Selections and introduction by Thomas H. Johnson. New York: Little Brown, 1961.

47. Dickinson, Emily. *The Poems of Emily Dickinson: Reading Edition*. Cambridge, MA: Harvard University Press, 2005, 142.

48. Ashfield, Andrew, and Peter de Bolla. *Sublime: A Reader in British Eighteenth-Century Aesthetic Theory*. Cambridge, UK: Cambridge University Press, 1996. Kim, Sharon. *Literary Epiphany in the Novel, 1850 – 1950: Constellations of the Soul*. New York: Palgrave Macmillan, 2012.

49. Thrash, Todd M., Laura A. Maruskin, Emil G. Moldovan, Victoria C. Oleynick, and William C. Belzak. "Writer-Reader Contagion of Inspiration and Related States: Conditional Process Analyses within a Cross-Classified Writer × Reader

Framework." *Journal of Personality and Social Psychology*. Advance online publication. http://dx.doi.org/10.1037/pspp0000094.

50. 요약을 보려면 다음을 참조. Walter Stace's excellent surveys of mysticism across religions. Stace, Walter T. *Mysticism and Philosophy*. New York: St. Martin's Press, 1960. Stace, Walter T. *The Teachings of the Mystics*. New York: Mentor, 1960.

51. Armstrong, Karen. *The Great Transformation: The Beginning of Our Religious Traditions*. New York: Alfred Knopf, 2006; 카렌 암스트롱, 정영목 옮김,《축의 시대: 종교의 탄생과 철학의 시작》(교양인, 2010).

52. Platt, Peter. *Reason Diminished: Shakespeare and the Marvelous*. Lincoln: University of Nebraska Press, 1997.

53. 19세기 문화와 초월주의 운동에 마거릿 풀러가 공헌한 바를 깊이 있게 살펴보고자 한다면 다음을 참조. Popova, Maria. *Figuring*. New York: Pantheon Press, 2019.

4장

1. Morrison, Toni. "Toni Morrison: 'Goodness: Altruism and the Literary Imagination,'" *New York Times*, August 7, 2019, https://www.nytimes.com/2019/08/07/books/toni-morrison-goodness-altruism-literary-imagination.html.

2. 회복적 정의를 적용한 전 세계 교도소 사례들을 정리한 글은 다음을 참조. Johnstone, Gerry. "Restorative Justice in Prisons: Methods, Approaches and Effectiveness." Report to the European Committee on Crime Problems, September 29, 2014. https://rm.coe.int/16806f9905. 회복적 정의 프로그램이 피해자들의 분노와 가해자들의 재범률을 낮추는 데 얼마나 효과적인가에 관한 증거는 다음 글에서 확인. McCullough, Michael E. *Beyond Revenge:*

The Evolution of the Forgiveness Instinct. San Francisco: Jossey-Bass, 2008; 마이
클 맥컬러프, 김정희 옮김,《복수의 심리학》(살림, 2009).

3. 2Pac. "Changes." *Greatest Hits*. Amaru, Death Row, and Interscope Records,
1998.

4. 태어나서 18년을 사는 동안 ① 부모 또는 어른이 욕을 하거나 굴욕감을
주었는가? ② 부모 또는 어른이 멱살을 잡거나 때렸는가? ③ 5세 이상의
누군가가 성적으로 만졌는가? ④ 가족 구성원들이 나를 사랑하지 않거나
서로 지지해주지 않는 분위기라고 느꼈는가? ⑤ 먹을 것이 충분치 않거
나 더러운 옷을 입어야만 했거나 부모가 대체로 지나치게 흥분 상태 혹
은 술에 취한 상태여서 제때 병원에 데려가주지 않았는가? ⑥ 부모가 별
거 또는 이혼을 했는가? ⑦ 어머니 혹은 의붓어머니가 주먹질하거나 멱
살을 잡거나 바닥에 내팽개치거나 총 또는 칼로 위협했는가? ⑧ 성인인
가족 구성원이 술이나 중독성 강한 약물에 중독되었는가? ⑨ 성인인 가
족 구성원이 우울증이나 그 외 중증 정신질환을 앓고 있었는가? ⑩ 성인
인 가족 구성원이 감옥에 갔는가?

5. 이를 훌륭하게 개관한 글은 다음을 참조. Miller, Gregory E., Edith Chen,
and Karen J. Parker. "Psychological Stress in Childhood and Susceptibility to the
Chronic Diseases of Aging: Moving toward a Model of Behavioral and Biological
Mechanisms." *Psychological Bulletin* 137 (2011): 959 – 97. 나 또한 내 저서에
서 이 같은 실증적 연구 결과들을 일부 다루었다. Keltner, Dacher. *The
Power Paradox: How We Gain and Lose Influence*. New York: Penguin Press,
2016; 대커 켈트너, 장석훈 옮김,《선한 권력의 탄생》(한국경제신문, 2018).

6. Piff, Paul K., and Jake P. Moskowitz. "Wealth, Poverty, and Happiness: Social
Class Is Differentially Associated with Positive Emotions." *Emotion* 18, no. 6
(2018): 902 – 5. 전국적인 표본을 대상으로 진행된 이 연구 결과, 저소득층
참가자들이 일상에서 사랑, 자비, 경외심을 더 빈번하게 느끼는 경향을

보였으며, 상대적으로 고소득층은 자부심과 재미를 더 많이 느꼈다.

7. Bai, Yang, Laura A. Maruskin, Serena Chen, Amie M. Gordon, Jennifer E. Stellar, Galen D. McNeil, Kaiping Peng, and Dacher Keltner. "Awe, the Diminished Self, and Collective Engagement: Universals and Cultural Variations in the Small Self." *Journal of Personality and Social Psychology* 113, no. 2 (2017): 185–209.

8. Shakespeare, William. *Julius Caesar*. Edited by Roma Gill. 4th edition. Oxford School Shakespeare. London: Oxford University Press, 2001. 명예의 가치와 그 것이 한 개인의 윤리관과 행동에 미치는 영향에 관한 훌륭한 논의는 다음을 참조. Nisbett, Richard E., and Dov Cohen. *Culture of Honor: The Psychology of Violence in the South* (New Directions in Social Psychology). Boulder, CO: Westview Press, 1996.

9. MacFarquhar, Larissa. "Building a Prison-to-School Pipeline." *New Yorker*, December 4, 2016. https://www.newyorker.com/magazine/2016/12/12/the-ex-con-scholars-of-berkeley.

10. 미국의 약 200만 재소자 가운데 40퍼센트는 고등학교 과정을 마치지 못한다. 약 8분의 1이 대학 생활에 도전하는데, 이는 미국 전체 인구의 대학 진학률과 비교하면 4분의 1 수준이다.

11. 조너선 하이트는 우리의 도덕 판단이 자비나 경외심 같은 정서에 기반한다는 사실과 이러한 도덕적 감성을 남들과 어떻게 나누는지 조명함으로써 도덕성 연구에 큰 변화를 불러일으켰다. Haidt, Jonathan. "The Emotional Dog and Its Rational Tail: A Social Intuitionist Approach to Moral Judgment." *Psychological Review* 108 (2001) 814–34. Haidt, Jonathan. "The Moral Emotions." In *Handbook of Affective Sciences*, edited by Richard J. Davidson, Klaus R. Scherer, and H. H. Goldsmith, 852–70. London: Oxford University Press, 2003. Haidt, Jonathan. "The New Synthesis in Moral Psychology." *Science* 316 (2007): 998–1002. Greene, Joshua, and Jonathan

Haidt. "How (and Where) Does Moral Judgment Work?" *Trends in Cognitive Science* 6 (2002): 517 – 23. Haidt, Jonathan, and Jesse Graham. "When Morality Opposes Justice: Conservatives Have Moral Intuitions That Liberals May Not Recognize." *Social Justice Research* 20 (2007): 98 – 116.

12. Kant, Immanuel, and John H. Bernard. *Kant's Critique of Judgement*. London: Macmillan, 1914.

13. Berg, Sara. "Physician Burnout: Which Medical Specialties Feel the Most Stress." American Medical Association, January 21, 2020. https://www.ama-assn.org/practice-management/physician-health/physician-burnout-which-medical-specialties-feel-most-stress. 조사에 참가한 의사 가운데 50퍼센트 이상이 업무에서 번아웃을 느낀다고 보고했다.

14. Kim, Sharon. *Literary Epiphany in the Novel, 1850 – 1950: Constellations of the Soul*. New York: Palgrave Macmillan, 2012.

15. Thomson, Andrew L., and Jason T. Siegel. "Elevation: A Review of Scholarship on a Moral and Other-Praising Emotion." *Journal of Positive Psychology* 12, no. 6 (2017): 628 – 38. https://doi.org/10.1080/17439760.2016.1269184.

16. Aquino, Karl, Dan Freeman, Americus Reed II, Vivien K. G. Lim, and Will Felps. "Testing a Social Cognitive Model of Moral Behavior: The Interaction of Situational Factors and Moral Identity Centrality." *Journal of Personality and Social Psychology* 97 (2009): 123 – 41. Johnson, Sara K., et al. "Adolescents' Character Role Models: Exploring Who Young People Look Up To as Examples of How to Be a Good Person." *Research in Human Development* 13(2016): 126 – 41. https://doi.org/10.1080/15427609.2016.1164552.

17. 이에 대한 철학적 주장은 제시 프린츠의 글에서 찾을 수 있다. Prinz, Jesse J. "Imitation and Moral Development." In *Perspectives on Imitation: From Neuroscience to Social Science*. Vol. 2, *Imitation, Human Development, and*

Culture, edited by Susan E. Hurley and Nick E. Chater, 267 – 82. Cambridge, MA: MIT Press, 2005. 전 세계 참가자 총 2만 5000명을 대상으로 진행된 연구 결과 여든여덟 편을 개관한 최신 논문은 자기 것을 나누고 협력하 며 도움이 필요한 사람들을 돕는 등 친사회적인 행동들을 모방하려는 경향성이 얼마나 뚜렷하게 관찰되는지 잘 보여준다. Jung, Haesung, Eunjin Seo, Eunjoo Han, Marlone D. Henderson, and Erika A. Patall. "Prosocial Modeling: A Meta-analytic Review and Synthesis." *Psychological Bulletin* 146, no. 8 (2020): 635 – 63. https://doi.org/10.1037/bul0000235.

18. Song, Hyunjin, Homero G. de Zúñiga, and Hajo G. Boomgaarden. "Social Media News Use and Political Cynicism: Differential Pathways through 'News Finds Me.'" *Perception, Mass Communication and Society* 23, no. 1 (2020): 47 – 70. https://doi.org/10.1080/15205436.2019.1651867.

19. Freeman, Dan, Karl Aquino, and Brent McFerran. "Overcoming Beneficiary Race as an Impediment to Charitable Donations: Social Dominance Orientation, the Experience of Moral Elevation, and Donation Behavior." *Personality and Social Psychology Bulletin* 35 (2009):72 – 84. 이 연구에서는 에이미 비엘의 이야기를 심적인 아름다움, 즉 경외심을 불러일으키는 도구로 활용했 다.

20. Pratto, Felicia, Jim Sidanius, and Shana Levin. "Social Dominance Theory and the Dynamics of Intergroup Relations: Taking Stock and Looking Forward." *European Review of Social Psychology* 17 (2006): 271 – 320.

21. Wang, Tingting, Lei Mo, Ci M. Li, Hai Tan, Jonathan S. Cant, Luojin Zhong, and Gerald Cupchik. "Is Moral Beauty Different from Facial Beauty? Evidence from an fMRI Study." *Social Cognitive and Affective Neuroscience* 10, no. 6(2015): 814 – 23. https://doi.org/10.1093/scan/nsu123.

22. Piper, Walter T., Laura R. Saslow, and Sarina R. Saturn. "Autonomic and

Prefrontal Events during Moral Elevation." *Biological Psychology* 108 (2015): 51–55. https://doi.org/10.1016/j.biopsycho.2015.03.004. Epub March 23, 2015. PMID: 25813121.

23. Morales, Yuyi. *Dreamers*. New York: Neal Porter Books, 2019; 유이 모랄레스, 김경미 옮김,《꿈을 찾는 도서관》(비룡소, 2019).

24. 유이가 쓴 것과 같은 감사 편지는 행복의 과학에서 매우 강력한 실천 방법이다. Brown, Joshua, and Joel Wong. "How Gratitude Changes You and Your Brain." *Greater Good*, June 6, 2017. "A Thank-You to Librarians Who Make Everyone Feel Welcome." Gratefulness.org. Greater Good Science Center. Accessed March 4, 2022. https://gratefulness.org/resource/a-thank-you-to-librarians-who-make-everyone-feel-welcome/.

25. Woodruff, Paul. *Reverence: Renewing a Forgotten Virtue*. New York: Oxford University Press, 2002.

26. Brown, Penelope, and Steven J. Levinson. *Politeness: Some Universals in Language Usage*. Cambridge, UK: Cambridge University Press, 1987.

27. Keltner, Dacher, Randall C. Young, and Brenda N. Buswell. "Appeasement in Human Emotion, Personality, and Social Practice." *Aggressive Behavior* 23 (1997): 359–74. Gordon, Amie M., Emily A. Impett, Aleksandr Kogan, Christopher Oveis, and Dacher Keltner. "To Have and to Hold: Gratitude Promotes Relationship Maintenance in Intimate Bonds." *Journal of Personality and Social Psychology* 103 (2012): 257–74.

28. Gordon, Amie M., Emily A. Impett, Aleksandr Kogan, Christopher Oveis, and Dacher Keltner. "To Have and to Hold: Gratitude Promotes Relationship Maintenance in Intimate Bonds." *Journal of Personality and Social Psychology* 103 (2012): 257–74.

29. Algoe, Sara B., Patrick C. Dwyer, Ayana Younge, and Christopher Oveis. "A

New Perspective on the Social Functions of Emotions: Gratitude and the Witnessing Effect." *Journal of Personality and Social Psychology* 119, no. 1 (2019): 40 – 74. https://doi.org/10.1037/pspi0000202.

30. 이처럼 비슷하게 행동하고 모방하려는 경향성에 대한 설명은 다음을 참조. Preston, Stephanie, and Frans de Waal. "Empathy: Its Ultimate and Proximate Bases." *Behavioral and Brain Sciences* 25 (2002): 1 – 20. https://doi.org/10.1017/S0140525X02000018.

31. Mendoza-Denton, Rodolfo, Geraldine Downey, Valerie J. Purdie, Angelina Davis, and Janina Pietrzak. "Sensitivity to Status-Based Rejection: Implications for African American Students' College Experience." *Journal of Personality and Social Psychology* 83 (2002): 896 – 918. https://doi.org/10.1037/002 23514.83.4.896. Rheinschmidt-Same, Michelle, Neha A. John-Henderson, and Rodolfo Mendoza-Denton. "Ethnically-Based Theme House Residency and Expected Discrimination Predict Downstream Markers of Inflammation among College Students." *Social Psychological and Personality Science* 8 (2017): 102 – 11.

32. 스콧의 웹사이트는 http://www.louisavilscott.com/.

33. Hand, Carol A., Judith Hankes, and Toni House. "Restorative Justice: The Indigenous Justice System." *Contemporary Justice Review* 15, no. 4 (2012): 449 – 67. https://doi.org/10.1080/10282580.2012.734576. De Waal, Frans. *Peacemaking among Primates*. Cambridge, MA: Harvard University Press, 1989; 프란스 드 발, 김희정 옮김, 《영장류의 평화 만들기》(새물결, 2007).

34. 스콧이 진행한 크리스와의 인터뷰: "When Loyalty Is Misguided." San Quentin Public Radio, June 3, 2015. https://www.kalw.org/post/sqpr-when-loyalty-misguided#stream/0.

35. Keltner, Dacher. "The Signs of Appeasement: Evidence for the Distinct Displays

of Embarrassment, Amusement, and Shame." *Journal of Personality and Social Psychology* 68 (1995): 441 – 54.

36. "Ashker v. Governor of California." Center for Constitutional Rights. Updated February 3, 2022. https://ccrjustice.org/home/what-we-do/our-cases/ashker-v-brown. Center for Constitutional Rights. "The United States Tortures before It Kills: An Examination of the Death Row Experience from a Human Rights Perspective." Position paper, October 10, 2011, https://ccrjustice.org/sites/default/files/assets/files/deathrow_ torture_postition_paper.pdf.

37. Haney, Craig. "Mental Health Issues in Long-Term Solitary and 'Supermax' Confinement." *Crime & Delinquency* 49 (2003):124 – 56. Haney, Craig. "The Psychological Effects of Solitary Confinement: A Systematic Critique." In *Crime and Justice: A Review of Research*, edited by Michael Tonry, 365 – 16. Vol. 47. Chicago: University of Chicago Press, 2018.

38. 애슈커가 독방과 단식투쟁에 관해 이야기하는 모습은 이 영상에서 확인할 수 있다. Thee L.A. Timez. "ALLEGED A.B. MEMBER TODD ASHKER INTERVIEW ON PELICAN BAY SOLITARY EFFECTS, HUNGER STRIKE AND SHU." YouTube video, 36:47, February 25, 2020. https://www.youtube.com/watch?v=GuFwEKr5XOs.

5장

1. Alexander, Jeffrey C., and Philip Smith, eds. *The Cambridge Companion to Durkheim*. Cambridge, UK: Cambridge University Press, 2005, 183.

2. Ehrenreich, Barbara. *Dancing in the Streets: A History of Collective Joy*. New York: Holt, 2007.

3. 이 같은 통계를 종합적으로 확인하고 싶다면 다음을 참조. Murthy, Vivek H. *Together: The Healing Power of Human Connection in a Sometimes Lonely*

World. New York: HarperCollins, 2020.

4. Eisenberger, Naomi I., and Matthew D. Lieberman. "Why Rejection Hurts: A Common Neural Alarm System for Physical and Social Pain." *Trends in Cognitive Sciences* 8 (2004): 294 – 300.

5. Durkheim, Émile. *The Elementary Forms of the Religious Life: A Study in Religious Sociology*. London; New York: G. Allen & Unwin; Macmillan, 1915; 에밀 뒤르켐, 민혜숙, 노차준 옮김, 《종교생활의 원초적 형태》(한길사, 2020).

6. Zimbardo, Philip G. "The Human Choice: Individuation, Reason, and Order versus Deindividuation, Impulse, and Chaos." In *1969 Nebraska Symposium on Motivation*, edited by W. J. Arnold and D. Levine, 237 – 307. Lincoln: University of Nebraska Press, 1970.

7. Fisher, Len. *The Perfect Swarm: The Science of Complexity in Everyday Life*. New York: Basic Books, 2007; 렌 피셔, 김명철 옮김, 《보이지 않는 지능: 최상의 해답은 대중 속에 있다》(위즈덤하우스, 2012). 하나 된 움직임 또는 떼를 지어 활동하는 행동 양상에 대한 새로운 과학적 발견 중 놀라운 사실 하나는 이것이 수학적으로 대단히 단순하다는 점이다. 예를 들어 비행하는 새들이나 이동 중인 야생동물 무리나 퍼레이드 혹은 정치 행진에서 함께 걷는 사람들처럼 집단 움직임 형태 가운데 다수는 자신의 앞 그리고 양옆과 거리를 일정하게 유지하고 앞에 있는 사람이 향하는 방향을 따르는 등 몇 가지 단순한 원칙으로 설명된다.

8. Silverberg, Jesse L., Matthew Bierbaum, James P. Sethna, and Itai Cohen. "Collective Motion of Humans in Mosh and Circle Pits at Heavy Metal Concerts." *Physical Review Letters* 110 (May 31, 2013): 228701.

9. Bernieri, Frank, and Rachel Rosenthal. "Coordinated Movement in Human Interaction." In *Fundamentals of Nonverbal Behavior*, edited by R. S. Feldman and B. Rime, 401 – 32. New York: Cambridge University Press, 1991.

10. Lakin, Jessica, Valerie Jefferis, Clara Cheng, and Tanya Chartrand. "The Chameleon Effect as Social Glue: Evidence for the Evolutionary Significance of Nonconscious Mimicry." *Journal of Nonverbal Behavior* 27 (2003): 145 – 62. https://doi.org/10.1023/A:1025389814290.

11. Gay, Ross. *The Book of Delights*. Chapel Hill, NC: Algonquin Books, 2019, 56.

12. McClintock, Martha K. "Synchronizing Ovarian and Birth Cycles by Female Pheromones." In *Chemical Signals in Vertebrates* 3, edited by D. Muller-Schwarze and R. M. Silverstein, 159 – 78. New York: Plenum Press, 1983.

13. Maughan, Ronald, and Michael Gleeson. "Heart Rate and Salivary Cortisol Responses in Armchair Football Supporters." *Medicina Sportiva* 12, no. 1 (2008): 20 – 24. https://doi.org/10.2478/v10036-008-0004-z.

14. Konvalinka, Ivana, Dimitris Xygalatas, Joseph Bulbulia, Uffe Schjødt, Else-Marie Jegindø, Sebastian Wallot, Guy Van Orden, and Andreas Roepstorff. "Synchronized Arousal between Performers and Related Spectators in a Fire-Walking Ritual." *Proceedings of the National Academy of Sciences* 108, no. 20 (May 2011): 8514 – 19. https://doi.org/10.1073/pnas.1016955108.

15. Anderson, Cameron, Dacher Keltner, and Oliver P. John. "Emotional Convergence between People over Time." *Journal of Personality and Social Psychology* 84 (2003): 1054 – 68.

16. Tomasello, Michael. *Becoming Human. A Theory of Ontogeny*. Cambridge, MA: Belknap Press of Harvard University Press, 2019.

17. Paul, Annie M. *The Extended Mind: The Power of Thinking outside of the Brain*. New York: Houghton Mifflin Harcourt, 2021; 애니 머피 폴, 이정미 옮김, 《익스텐드 마인드: 창조성은 어떻게 뇌 바깥에서 탄생하는가》 (RHK, 2022). 이 책은 우리 마음의 작용이 단순히 뇌에만 머무르지 않고

맥락과 주변 환경에까지 확장된다는 관념과 관련된 철학 및 새로운 과학 논의를 훌륭하게 다룬다.

18. Rimé, Bernard, Dario Páez, Nekane Basabe, and Francisco Martínez. "Social Sharing of Emotion, Post-traumatic Growth, and Emotional Climate: Follow-Up of Spanish Citizen's Response to the Collective Trauma of March 11th Terrorist Attacks in Madrid." *European Journal of Social Psychology* 40 (2010): 1029–45. https://doi.org/10.1002/ejsp.700.

19. Solnit, Rebecca. *Wanderlust: A History of Walking*. New York: Penguin, 2001; 리베카 솔닛, 김정아 옮김, 《걷기의 인문학: 가장 철학적이고 예술적이고 혁명적인 인간의 행위에 대하여》(반비, 2017).

20. Hill, Michael R. *Walking, Crossing Streets and Choosing Pedestrian Routes: A Survey of Recent Insights from the Social/Behavioral Sciences* (University of Nebraska Studies, no. 66). Lincoln: University of Nebraska, 1984.

21. Jackson, Joshua C., Jonathan Jong, David Bilkey, Harvey Whitehouse, Stefanie Zollmann, Craig McNaughton, and Jamin Halberstadt. "Synchrony and Physiological Arousal Increase Cohesion and Cooperation in Large Naturalistic Groups." *Science Reports* 8 (2018): 127. https://doi.org/10.1038/s41598-017-18023-4.

22. 집단 움직임은 특정 조건에서는 보다 수준 높은 순응을 야기하지만 창의적인 사고 능력은 떨어뜨릴 수 있다는 사실을 염두에 둘 필요가 있다. Gelfand, Michele J., Nava Caluori, Joshua C. Jackson, and Morgan K. Taylor. "The Cultural Evolutionary Trade-Off of Ritualistic Synchrony." *Philosophical Transactions of the Royal Society B* 375 (2020): 20190432. http://dx.doi.org/10.1098/rstb.2019.0432.

23. Khan, Sammy S., Nick Hopkins, Stephen Reicher, Shruti Tewari, Narayanan Srinivasan, and Clifford Stevenson. "How Collective Participation Impacts Social

Identity: A Longitudinal Study from India." *Political Psychology* 37 (2016):
309–25. https://doi.org/10.1111/pops.12260.

24. McNeill, William H. *Keeping Together in Time: Dance and Drill in Human History*. Cambridge, MA: Harvard University Press, 2008.

25. Solnit. *Wanderlust*.

26. Sturm, Virginia E., et al. "Big Smile, Small Self: Awe Walks Promote Prosocial Positive Emotions in Older Adults." *Emotion*. September 2020. Advance online publication, https://doi.org/10.1037/emo0000876.

27. O'Mara, Shane O. *In Praise of Walking: A New Scientific Exploration*. New York: W. W. Norton, 2019; 셰인 오마라, 구희성 옮김,《걷기의 세계: 뇌과학자가 전하는 가장 단순한 운동의 경이로움》(미래의창, 2022). 이 책은 걷기의 모든 정신적, 신체적 이점을 종합해 설득력 있게 제시한다.

28. Graham, Carol, and Julia Ruiz Pozuelo. "Happiness, Stress, and Age: How the U-Curve Varies across People and Places." Forthcoming in the *Journal of Population Economics*, 30th Anniversary Issue. *Journal of Population Economics* 30, no. 1 (2017): 611. https://doi.org/10.1007/s00148-016-0611-2.

29. Lyubomirsky, Sonja. "Hedonic Adaptation to Positive and Negative Experiences." In *Oxford Library of Psychology: The Oxford Handbook of Stress, Health, and Coping*, edited by S. Folkman, 200–204. New York: Oxford University Press, 2011.

30. *Søren Kierkegaard's Journals and Papers*, ed. and trans. Howard V. Hong and Edna H. Hong. Bloomington, IN: Indiana University Press, 1978, 6:113.

31. Jacobs, Jane. *The Death and Life of Great American Cities*. New York: Random House, 1961; 제인 제이컵스, 유강은 옮김,《미국 대도시의 죽음과 삶》(그린비, 2010).

32. Jackson, Phil. *Sacred Hoops: Spiritual Lessons of a Hardwood Warrior*. New

York: Hachette Book Group, 2006. 그와 대화를 해보니 스티브가 필 잭슨의 팀플레이에서 많은 것을 배웠음을 분명히 알 수 있었다.

33. Fisher, Len. *The Perfect Swarm: The Science of Complexity in Everyday Life*. New York: Basic Books, 2007.

34. Gelfand, Caluori, Jackson, and Taylor. "The Cultural Evolutionary Trade-Off of Ritualistic Synchrony."

35. Totterdell, Peter. "Catching Moods and Hitting Runs: Mood Linkage and Subjective Performance in Professional Sport Teams." *Journal of Applied Psychology* 85 (2000): 848–59. https://doi.org/10.1037/0021-9010.85.6.848.

36. Mukherjee, Satyam, Yun Huang, Julia Neidhardt, Brian Uzzi, and Noshir Contractor. "Prior Shared Success Predicts Victory in Team Competitions." *Nature Human Behaviour* 3, no. 1 (2019): 74–81. https://doi.org/10.1038/s41562-018-0460-y. 팀 화합에 대해 보다 자세한 내용을 알고 싶다면 다음을 참조. Ryan, Joan. *Intangibles: Unlocking the Science and Soul of Team Chemistry*. New York: Little, Brown and Company, 2020; 조앤 라이언, 김현성 옮김,《팀 케미스트리: 팀 전력을 끌어올리는 보이지 않는 능력》(두리반, 2023).

37. Chang, Andrew, Steven R. Livingstone, Dan J. Bosnyak, and Laurel J. Trainor. "Body Sway Reflects Leadership in Music Performance." *Proceedings of the National Academy of Sciences* 114, no. 21 (2017): E4134–41. https://doi.org/10.1073/pnas.1617657114.

38. Cottingham, Marci. "Interaction Ritual Theory and Sports Fans: Emotion, Symbols, and Solidarity." *Sociology of Sport Journal* 29 (2015): 168–85. https://doi.org/10.1123/ssj.29.2.168.

39. Cottingham. "Interaction Ritual Theory and Sports Fans: Emotion, Symbols,

and Solidarity."

40. Ehrenreich, Barbara. *Dancing in the Streets: A History of Collective Joy*. New York: Holt, 2007.

41. Muni, Bharata. *Natyasastra: English Translation with Critical Notes*, translated by A. Rangacharya. Bangalore: IBH Prakashana, 1986.

42. Tarr, Bronwyn, Jacques Launay, Emma Cohen, and Robin Dunbar. "Synchrony and Exertion during Dance Independently Raise Pain Threshold and Encourage Social Bonding." *Biological Letters* 11 (2015): 20150767. http://doi .org/10. 1098/rsbl.2015.0767.

43. Trainor, Laurel, and Laura Cirelli. "Rhythm and Interpersonal Synchrony in Early Social Development." *Annals of the New York Academy of Sciences* 1337 (2015). https://doi.org/10.1111/nyas.12649.

44. Hejmadi, Ahalya, Richard J. Davidson, and Paul Rozin. "Exploring Hindu Indian Emotion Expressions: Evidence for Accurate Recognition by Americans and Indians." *Psychological Science* 11 (2000): 183 – 87.

6장

1. Carson, Rachel. "Help Your Child to Wonder." *Woman's Home Companion*, July 1956, 48.

2. Eisenberger, Naomi I., Mona Moieni, Tristen K. Inagaki, Keely A. Muscatell, and Michael R. Irwin. "In Sickness and in Health: The Co-regulation of Inflammation and Social Behavior." *Neuropsychopharmacology* 42, no. 1 (2017): 242. Dickerson, Sally S., Margaret E. Kemeny, Najib Aziz, Kevin H. Kim, and John L. Fahey. "Immunological Effects of Induced Shame and Guilt." *Psychosomatic Medicine* 66 (2017): 124 – 31.

3. 사회적 거절감과 염증 수치 증가 사이의 연결성은 인종차별, 따돌림, 성

차별, 성희롱, 낮은 계층 출신이라는 낙인 등 사회에서 겪는 일들이 생물학적 질병을 일으키는 경로에 직접 영향을 끼친다는 사실을 시사하며, 이에 대해 깊이 고민해보게 한다. John-Henderson, Neha A., Jennifer E. Stellar, Rodolfo Mendoza-Denton, and Darlene D. Francis. "Socioeconomic Status and Social Support: Social Support Reduces Inflammatory Reactivity for Individuals Whose Early-Life Socioeconomic Status Was Low." *Psychological Science* 26, no. 10 (2015): 1620 – 29. John-Henderson, Neha A., Jennifer E. Stellar, Rodolfo Mendoza-Denton, and Darlene D. Francis. "The Role of Interpersonal Processes in Shaping Inflammatory Responses to Social-Evaluative Threat." *Biological Psychology* 110 (2015): 134 – 37. Muscatell, Keely A., Mona Moeini, Tristen K. Inagaki, Janine D. Dutcher, Ivana Jevtic, Elizabeth C. Breen, Michael R. Irwin, and Naomi I. Eisenberger. "Exposure to an Inflammatory Challenge Enhances Neural Sensitivity to Negative and Positive Social Feedback." *Brain, Behavior, and Immunity* 57 (2016): 21 – 29. Muscatell, Keely A., Katarina Dedovic, George M. Slavich, Michael R. Jarcho, Elizabeth C. Breen, Julienne E. Bower, Michael R. Irwin, and Naomi I. Eisenberger. "Neural Mechanisms Linking Social Status with Inflammatory Responses to Social Stress." *Social Cognitive and Affective Neuroscience* 11 (2016): 915 – 22. Marsland, Anna L., Catherine Walsh, Kimberly Lockwood, and Neha A. John-Henderson. "The Effects of Acute Psychological Stress on Circulating and Stimulated Inflammatory Markers: A Systematic Review and Meta-analysis." *Brain Behavioral Immunology* 64 (August 2017): 208 – 19. https://doi.org/10.1016/j.bbi.2017.01.011. Epub January 12, 2017. PMID: 28089638; PMCID: PMC5553449.

4. Stellar, Jennifer E., Neha John-Henderson, Craig L. Anderson, Amie M. Gordon, Galen D. McNeil, and Dacher Keltner. "Positive Affect and Markers of Inflammation: Discrete Positive Emotions Predict Lower Levels of Inflammatory

Cytokines." *Emotion* 15, no. 2 (2015): 129.

5. Angell, Marcia. "The Epidemic of Mental Illness: Why?" *New York Review of Books*, June 23, 2011. Angell, Marcia. "The Illusions of Psychiatry" *New York Review of Books*, July 14, 2011.

6. "State of Veteran Mental Health and Substance Abuse." American Addiction Centers, 2019, https://americanaddictioncenters.org/learn/state-of-veterans/, accessed on February 15, 2022.

7. Blanning, Tim. *The Romantic Revolution*. New York: Random House, 2012, 7.

8. Holmes, Richard. *The Age of Wonder: The Romantic Generation and the Discovery of the Beauty and Terror of Science*. New York: Vintage Books, 2008.

9. Richardson, Robert D. *Emerson: The Mind on Fire*. Berkeley: University of California Press, 1995.

10. Emerson, Ralph W. *The Journals and Miscellaneous Notebooks of Ralph Waldo Emerson*. Volume IV, 1832 – 1834. Edited by Alfred R. Ferguson. Cambridge, MA: Belknap Press of Harvard University Press, 1964, 272 – 75.

11. Ball, Philip. *Patterns in Nature: Why the Natural World Looks the Way It Does*. Chicago: University of Chicago Press, 2016; 필립 볼, 김명남 옮김, 《가지: 형태들을 연결하는 관계》(사이언스북스, 2014). 이 책에는 자연의 성스러운 기하학 패턴과 진화에 따른 심오한 디자인에 대한 놀라운 예시가 담겨 있다. 에머슨이 오래도록 흥미를 보였던 추론의 정교한 패턴들에 그것들이 어떤 영향을 미쳤는지도 알 수 있다. 산맥 같은 자연 속 프랙털 패턴들은 저마다 다른 크기로 형태가 반복되는 것이 생명계 법칙임을 보여준다. 나선형 패턴은 삶의 많은 부분 그리고 삶 그 자체가 어떤 발단의 순간에서 시작되어 나선형으로 뻗어 나가며 점차 거대해진다는, 성장의 시간 패턴에 대해 생각해보게 한다. 자연 속 부분과 전체의 관계는 우리가 언제나 보다 거대한 시스템의 일부로서 존재한다는 사실을 일

깨워준다.

12. Wilson, E. O. *Biophilia: The Human Bond with Other Species*. Cambridge, MA: Harvard University Press, 1984; 에드워드 O. 윌슨, 안소연 옮김,《바이오필리아: 우리 유전자에는 생명 사랑의 본능이 새겨져 있다》(사이언스북스, 2010).

13. 자연계 다양한 부분들에서 우리가 느끼는 경외심은 과학적 발견, 평생토록 지속되는 격정, 끈끈한 공동체의 원동력이 되었다. 구름을 보고 느낀 경외심과 경이를 바탕으로 개빈 프레터-피니 Gavin Pretor-Pinney는 그 경이로움을 좇는 구름 감상 협회 Cloud Appreciation Society를 결성하고 경외심을 불러일으키는 책을 출간했다. Pretor-Pinney, Gavin. *The Cloudspotter's Guide: The Science, History, and Culture of Clouds*. New York: Penguin Books, 2006; 개빈 프레터-피니, 김성훈 옮김,《구름관찰자를 위한 가이드: 신기하고 매혹적인 구름의 세계》(김영사, 2023). 물과 서핑을 향한 애정을 바탕으로 월러스 J. 니컬스 Wallace J. Nichols는 물가에 있을 때의 이로움을 연구하고 실현하는 운동을 조직했다. Nichols, Wallace J. *Blue Mind: The Surprising Science That Shows How Being Near, In, On, or Under Water Can Make You Happier, Healthier, More Connected, and Better at What You Do*. New York: Little Brown and Company, 2014; 월러스 J. 니컬스, 신영경 옮김,《블루마인드: 물이 어떻게 사람을 건강하고 행복하게 하며 자신감과 존재감을 느끼게 하는지에 관한 놀라운 과학》(프리렉, 2015).

14. 1850년대에 크림전쟁에서 부상당한 병사들을 돌보며 플로렌스 나이팅게일은 정원 또한 의료서비스의 하나로 보게 되었다. 오늘날 연구자들은 비타민D 합성 증가부터 스트레스 관련 뇌파 활동 감소까지 정원 가꾸기의 다양한 이점들을 입증하는 결과를 보고한다. Thompson, Richard. "Gardening for Health: A Regular Dose of Gardening." *Clinical Medicine* (London) 18, no. 3 (June 2018): 201–5. https://doi.org/10.7861/

clinmedicine.18-3-201. PMID: 29858428; PMCID: PMC6334070.

15. Haviland-Jones, Jeanette, Holly H. Rosario, Patricia Wilson, and Terry R. McGuire. "An Environmental Approach to Positive Emotions: Flowers." *Evolutionary Psychology* 3 (2005): 104–32.

16. Soudry, Y., Cedric Lemogne, D. Malinvaud, S. M. Consoli, and Pierre Bonfils. "Olfactory System and Emotion: Common Substrates." *European Annals of Otorhinolaryngology, Head and Neck Diseases* 128, no. 1 (2011): 18–23. https://doi.org/10.1016/j.anorl.2010.09.007. Epub January 11, 2011. PMID: 21227767.

17. Anderson, Cameron, John A. D. Hildreth, and Laura Howland. "Is the Desire for Status a Fundamental Human Motive? A Review of the Empirical Literature." *Psychological Bulletin* 141, no. 3 (2015): 574–601.

18. Baumeister, Roy, and Mark Leary. "The Need to Belong: Desire for Interpersonal Attachments as a Fundamental Human Motivation." *Psychological Bulletin* 117 (1995): 497–529. https://doi.org/10.1037/0033-2909. 117.3.497.

19. 줄리앤 홀트-런스타드 Julianne Holt-Lunstad는 엄청나게 많은 문헌을 개관해 친구, 가족, 동료와 맺는 건강한 관계가 의사들이 우려하는 그 어떤 위험 요인보다도 우리 신체 건강에 지대한 영향을 미친다는 획기적인 사실을 발견했다. 경외심이 건강에 이로운 것 역시 부분적으로는 우리가 대부분 공동체로 인식하는 사람들과 함께 경험하는 정서이기 때문이다. Holt-Lunstad, Julianne, Timothy B. Smith, Mark Baker, Tyler Harris, and David Stephenson. "Loneliness and Social Isolation as Risk Factors for Mortality: A Meta-analytic Review." *Perspectives on Psychological Science* 10, no. 2 (2015): 227–37. Holt-Lunstad, Julianne, Timothy B. Smith, and J. B. Layton. "Social Relationships and Mortality Risk: A Meta-analytic Review." In

PLoS Medicine 7, no. 7 (2010): e1000316. https://doi.org/10.1371/journal. pmed.1000316.

20. Gopnik, Alison. *The Gardener and the Carpenter*. New York: Farrar, Strauss and Giroux, 2016; 앨리슨 고프닉, 송길연, 이지연 옮김,《정원사 부모와 목수 부모: 양육에서 벗어나 세상을 탐색할 기회를 주는 부모 되기》(시그마북 스, 2019).

21. Kuo, Ming. "How Might Contact with Nature Promote Human Health? Promising Mechanisms and a Possible Central Pathway." *Frontiers in Psychology* 6 (2016): 1093. https://doi.org/10.3389/fpsyg.2015.01093.

22. 이 가설을 뒷받침하는 증거로, 자연에 머무르는 것이 몸과 마음에 도움 이 되는 온갖 이야기들이 플로렌스 윌리엄스Florence Williams의《자연이 마음을 살린다》 전반에 깔려 있다. Williams, Florence. *The Nature Fix: Why Nature Makes Us Happier, Healthier, and More Creative*. New York: W. W. Norton, 2017; 플로렌스 윌리엄스, 문희경 옮김,《자연이 마음을 살린다: 도시생활자가 일상에 자연을 담아야 하는 과학적 이유》(더퀘스트, 2018).

23. Berman, Marc G., John Jonides, and Stephen Kaplan. "The Cognitive Benefits of Interacting with Nature." *Psychological Science* 19 (2008): 1207. https://doi. org/10.1111/j.1467-9280.2008.02225.x.

24. Kuo, Frances E., and Taylor A. Faber. "A Potential Natural Treatment for Attention-Deficit/Hyperactivity Disorder: Evidence from a National Study." *American Journal of Public Health* 94, no. 9 (2004): 1580-86.

25. James, William. *The Principles of Psychology*. Vol. 1. New York: H. Holt, 1890, 424.

26. Green, Kristophe, and Dacher Keltner. "What Happens When We Reconnect with Nature." *Greater Good*, March 1, 2017.

27. Frumkin, Howard, et al. "Nature Contact and Human Health: A Research

Agenda." *Environmental Health Perspectives* 125, no. 7(2017): 075001. https://doi.org/10.1289/EHP1663.

28. 대자연 속 경외심을 다룬 책 가운데 나는 산 관련 개인 경험과 문화적 역사, 자연주의적인 묘사, 과학 측면까지 풍부하게 아우른 이 책을 가장 좋아한다. Macfarlane, Robert. *Mountains of the Mind: Adventures in Reaching the Summit*. New York: Vintage Books, 2004; 로버트 맥팔레인, 노만수 옮김, 《산에 오르는 마음: 매혹됨의 역사》(글항아리, 2023).

29. Anderson, Craig L., Maria Monroy, and Dacher Keltner. "Emotion in the Wilds of Nature: The Coherence and Contagion of Fear during Threatening Group-Based Outdoors Experiences." *Emotion* 18, no. 3 (2017): 355 – 68. Anderson, Craig L., Maria Monroy, and Dacher Keltner. "Awe in Nature Heals: Evidence from Military Veterans, At-Risk Youth, and College Students." *Emotion* 18, no. 8 (2018): 1195 – 202.

30. 이에 대한 과학적 설명은 다음의 내 저서 5장에서 다루었다. *The Power Paradox: How We Gain and Lose Influence*. New York: Penguin Press, 2017.

31. Emerson, Ralph W. "Nature." In *Ralph Waldo Emerson, Selected Essays*. New York: Penguin, 1982, 39.

32. Twenge, Jean M. *Generation Me: Why Today's Young Americans Are More Confident, Assertive, and Entitled – and More Miserable Than Ever Before*. New York: Atria, 2006. Sansone, Randy A., and Lori A. Sansone. "Rumination: Relationships with Physical Health." *Innovations in Clinical Neuroscience* 9, no. 2 (2012): 29 – 34.

33. Twenge, Jean M., and W. Keith Campbell. *The Narcissism Epidemic: Living in the Age of Entitlement*. New York: Atria, 2010; 진 트웽이, 키스 캠벨, 이남석 옮김, 《나는 왜 나를 사랑하는가》(옥당, 2010).

34. Piff, Paul K., Pia Dietze, Matthew Feinberg, Daniel M. Stancato, and Dacher

Keltner. "Awe, the Small Self, and Prosocial Behavior." *Journal of Personality and Social Psychology* 108, no. 6 (2015): 883 – 99. 이 연구의 제한점에 대해서는 짚고 넘어가지 않을 수 없다. 유칼립투스 숲은 경외심을 불러일으키는 대상이지만 북부 캘리포니아에서는 엄연히 침입종으로, 기름기 많은 잎과 열매 탓에 많은 문제가 일어나기도 한다. 이처럼 우리는 침입종, 권위적인 리더, 가짜 예언, 가짜 뉴스 등 우리를 잘못된 길로 인도하는 대상에서도 경외심을 느낄 수 있으며, 그런 일은 실제로도 흔하다.

35. Wohlleben, Peter. *The Hidden Life of Trees: What They Feel, How They Communicate – Discoveries from a Hidden World*. Vancouver; Berkeley: Greystone Books, 2016. Haskell, David G. *The Songs of Trees: Stories from Nature's Great Connectors*. New York: Viking, 2017; 데이비드 조지 해스컬, 노승영 옮김,《나무의 노래: 자연의 위대한 연결망에 대하여》(에이도스, 2018). Sheldrake, Merlin. *Entangled Life: How Fungi Make Our Worlds, Change Our Minds, and Shape Our Futures*. New York: Random House, 2020; 멀린 셸드레이크, 김은영 옮김,《작은 것들이 만든 거대한 세계: 균이 만드는 지구 생태계의 경이로움》(아날로그, 2021).

36. 또 다른 관련 연구에서는 경외심이 저절로 끌어오르는 자연 이미지 열장을 보는 것만으로도 참가자들이 신뢰 게임에서 낯선 상대와 자원을 더 많이 공유한다는 결과를 발견했다. Zhang, Jia W., Paul K. Piff, Ravi Iyer, Spassena Koleva, and Dacher Keltner. "An Occasion for Unselfing: Beautiful Nature Leads to Prosociality." *Journal of Environmental Psychology* 37 (2014): 61 – 72.

37. Stellar, Jennifer E., Amie M. Gordon, Craig L. Anderson, Paul K. Piff, Galen D. McNeil, and Dacher Keltner. "Awe and Humility." *Journal of Personality and Social Psychology* 114, no. 2 (2018): 258 – 69.

38. Atchley, Ruth A., David L. Strayer, and Paul Atchley. "Creativity in the Wild:

Improving Creative Reasoning through Immersion in Natural Settings." *PLoS ONE* 7, no. 12 (2012): e51474. https://doi.org/10.1371/journal.pone. 0051474.

39. 제시 샤피로는 미국 내 정치 양극화의 발생 및 근원(인터넷 사용은 아니다!)에 대해 상세히 기술했다. 그의 최신 글을 하나 소개한다. Boxell, Levi, Matthew Gentzkow, and Jesse Shapiro. "Cross-Country Trends in Affective Polarization." NBER Working Paper No. 26669, June 2020, revised November 2021. https://doi.org/10.3386/w26669.

40. Robinson, Robert, Dacher Keltner, Andrew Ward, and Lee Ross. "Actual versus Assumed Differences in Construal: 'Naive Realism' in Intergroup Perception and Conflict." *Journal of Personality and Social Psychology* 68 (1995): 404 – 17.

41. Stancato, Daniel, and Dacher Keltner. "Awe, Ideological Conviction, and Perceptions of Ideological Opponents." *Emotion* 21, no. 1 (2021): 61 – 72. https://doi.org/10.1037/emo0000665.

42. Froese, Paul, and Christopher D. Bader. *America's Four Gods: What We Say about God – and What That Says about Us*. New York: Oxford University Press, 2010.

43. Marsh, Paul, and Andrew Bobilya. "Examining Backcountry Adventure as a Spiritual Experience." *Journal of Outdoor Recreation, Education, and Leadership* 5 (2013): 74 – 95. https://doi.org/10.7768/1948-5123.1188.

44. Ferguson, Todd W., and Jeffrey A. Tamburello. "The Natural Environment as a Spiritual Resource: A Theory of Regional Variation in Religious Adherence." *Sociology of Religion* 76, no. 3 (Autumn 2015): 295 – 314. https://doi.org/10. 1093/socrel/srv029.

45. Pierotti, Raymond. *Indigenous Knowledge, Ecology, and Evolutionary Biology*. New York: Routledge, 2011.

46. 오늘날 식물학자들은 식물도 뿌리계나 곤충에게 잡아먹힐 때 방출하는 화학물질들을 통해 다른 식물과 소통하고 주변 환경에 적응하며 심지어 의도를 지녔다는 증거들을 보고한다. 식물에 의식이 있다는 주장에 회의적인 관점은 다음을 참조. Taiz, Lincoln, Daniel Alkon, Andreas Draguhn, Angus Murphy, Michael Blatt, Chris Hawes, Gerhard Thiel, and David Robinson. "Plants Neither Possess nor Require Consciousness." *Trends in Plant Science* 24, no. 8 (2019): 677–87. 또 다른 관점은 다음을 참조. Simard, Suzanne. *Finding the Mother Tree: Discovering the Wisdom of the Forest.* New York: Alfred Knopf, 2020; 수잔 시마드, 김다히 옮김, 《어머니 나무를 찾아서: 숲속의 우드 와이드 웹》(사이언스북스, 2023).

47. Zhao, Huanhuan, Heyun Zhang, Yan Xu, Jiamei Lu, and Wen He. "Relation between Awe and Environmentalism: The Role of Social Dominance Orientation." *Frontiers in Psychology* 9 (2018): 2367. https://doi.org/10.3389/fpsyg.2018.02367.

48. McMahon, Jeff. "Meat and Agriculture Are Worse for the Climate than Power Generation, Steven Chu Says." *Forbes*, April 4, 2019. https:// www.forbes.com/ sites/jeffmcmahon/2019/04/04/meat-and-agriculture-are-worse-for-the-climate-than-dirty-energy-steven-chu-says/?sh=12fb475611f9.

49. Blanning, Tim. *The Romantic Revolution*. New York: Random House, 2012, 139.

50. Wordsworth, William. *The Prelude – an Autobiographical Poem*. Bristol, UK: Ragged Hand, 2020, 9; 윌리엄 워즈워스, 김승희 옮김, 《서곡》(문학과지성사, 2009).

7장

1. Sontag, Susan. *Reborn: Journals and Notebooks, 1947–1963*. Edited by David

Rieff. New York: Farrar, Straus, and Giroux, 2008; 수전 손태그, 데이비드 리프 엮음, 김선형 옮김,《다시 태어나다》(이후, 2013).

2. Bainbridge, Constance M., Mila Bertolo, Julie Youngers, S. Atwood, Lidya Yurdum, Jan Simson, Kelsie Lopez, Feng Xing, Alia Martin, and Samuel A. Mehr. "Infants Relax in Response to Unfamiliar Foreign Lullabies." *Nature Human Behaviour* 5 (2021): 256 – 64. https://doi.org/10.1038/s41562-020-00963-z.

3. Collins, Anita. *The Lullaby Effect: The Science of Singing to Your Child*. Self-published, Publicious, 2019.

4. E. T. A. *Allgemeine musikalische Zeitung* (Leipzig), *1810*. Translated by Martyn Clarke. In David Charlton, ed., E. T. A. Hoffmann's Musical Writings. Cambridge, UK: Cambridge University Press, 1989, 96 – 97, 98. 호프만이 1810년 베토벤 교향곡 5번에 대해 쓴 글이다. 음악이 경외심의 매개체라고 여긴 것은 비단 비평가나 "고상한" 음악을 하는 음악가들만이 아니다. 포스트 펑크 밴드 닉 케이브 앤드 더 배드 시즈Nick Cave and the Bad Seeds의 리드 싱어 닉 케이브는 우리가 음악에서 경외심을 느끼는 이유를 누구보다 간결하게 분석했다. "위대한 곡은 경외심을 느끼게 한다. (중략) 경외심은 거의 전적으로, 우리 인간의 한계에 입각한다. 순전히 자신의 잠재력을 뛰어넘으려는 인간들의 뻔뻔함에서 비롯한 것이다." Cave, Nick. "Considering Human Imagination the Last Piece of Wilderness, Do You Think AI Will Ever Be Able to Write a Good Song?" The Red Hand Files, Issue 22, blog post, January 2019. Accessed on February 16, 2022. https://www.theredhandfiles.com/considering-human-imagination-the-last-piece-of-wilderness-do-you-think-ai-will-ever-be-able-to-write-a-good-song/.

5. '사색하다wonder'는 호기심을 뜻하는 단어에서, '거닐다wander'는 이리저리 걷는다는 뜻의 단어에서 생겨난 말로 그 어원은 전혀 다르지만 경외

심과의 명백한 관련성 때문에 둘 다 마음과 감정 특징을 묘사할 때 쓰인다. "Are 'Wonder' and 'Wander' Etymologically Related?" English Stack Exchange, May 8, 2013. https://english.stack exchange.com/questions/113411/are-wonder-and-wander-etymologically-related.

6. Darwin, Charles. *The Autobiography of Charles Darwin, 1809–1882*. Edited by Nora Barlow. New York: W. W. Norton, 1958, 61–62; 찰스 다윈, 이한중 옮김,《나의 삶은 서서히 진화해왔다: 찰스 다윈 자서전》(갈라파고스, 2018).

7. In Rentfrow, Peter J., and Daniel J. Levitin, eds. *Foundations of Music Psychology: Theory and Research*. Cambridge, MA: MIT Press, 2000. 음악과 감정에 관한 선구적인 연구 결과는 다음을 참조. Huron, David. *Sweet Anticipation: Music and the Psychology of Expectation*. Cambridge, MA: MIT Press, 2006. 정서와 음악을 과학적으로 연구한 고전 도서로는 다음을 참조. Meyer, Leonard B. *Emotion and Meaning in Music*. Chicago: University of Chicago Press, 1956. 뚜렷한 정서에 보다 초점을 맞춘 연구로는 다음을 참조. Gabrielsson, Alf, and Patrik N. Juslin. "Emotional Expression in Music." In *Handbook of Affective Sciences*, edited by Richard J. Davidson, Klaus R. Scherer, and H. H. Goldsmith, 503–34. London: Oxford University Press, 2003. Scherer, Klaus R., and Evandro Coutinho. "How Music Creates Emotion: A Multifactorial Approach." In *The Emotional Power of Music*, edited by Tom Cochrane, Bernardino Fantini, and Klaus R. Scherer, 122–45. Oxford, UK: Oxford University Press, 2013.

8. Davis, Miles, and Quincy Troupe. *Miles: The Autobiography*. New York: Simon & Schuster, 1990, 7.

9. Popova, Maria. *Figuring*. New York: Pantheon Press, 2019, 462. 포포바는 경외심과 밀접한 관련이 있는 위대한 지적 운동들에서 마거릿 풀러와 레이철 카슨을 비롯한 수많은 괴짜 여성들의 역할에 대해 뛰어난 통찰을 제시했다.

10. 이러한 표정들에 대한 최신 연구는 다음을 참조. Cowen, Alan S., and Dacher Keltner. "What the Face Displays: Mapping 28 Emotions Conveyed by Naturalistic Expression." *American Psychologist* 75, no. 3 (2020): 349 – 64. https://doi.org/10.1037/amp0000488.

11. Trost, Wiebke, Thomas Ethofer, Marcel Zentner, and Patrik Vuilleumier. "Mapping Aesthetic Musical Emotions in the Brain." *Cerebral Cortex* 22 (2012): 2769 – 83.

12. Byrne, David. *How Music Works*. New York: Three Rivers, 2012.

13. Loomba, Rohit S., Rohit Arora, Parinda H. Shah, Suraj Chandrasekar, and Janos Molnar. "Effects of Music on Systolic Blood Pressure, Diastolic Blood Pressure, and Heart Rate: A Meta-analysis." *Indian Heart Journal* 64, no. 3 (2012): 309 – 13. https://doi.org/10.1016/S0019-4832(12)60094-7.

14. Trappe, Hans-Joachim, and Gabriele Voit. "The Cardiovascular Effect of Musical Genres." *Deutsches Ärzteblatt International* 113, no. 20 (2016): 347. PMID: 27294814; PMCID: PMC4906829.

15. Ferreri, Laura, et al. "Dopamine Modulates the Reward Experiences Elicited by Music." *Proceedings of the National Academy of Sciences* 116, no. 9 (2019): 3793 – 98. https://doi.org/10.1073/pnas.1811878116. PMID: 3067 0642; PMCID: PMC6397525.

16. Konečni, Vladimir J., Rebekah A. Wanic, and Amber Brown. "Emotional and Aesthetic Antecedents and Consequences of Music-Induced Thrills." *American Journal of Psychology* 120 (2007): 619 – 43.

17. Abrams, Daniel A., Srikanth Ryali, Tianwen Chen, Parag Chordia, Amirah Khouzam, Daniel J. Levitin, and Vinod Menon. "Inter-subject Synchronization of Brain Responses during Natural Music Listening." *European Journal of Neuroscience* 37 (2013): 1458 – 69. Trost, Wiebke, Sascha Frühholz, Tom

Cochrane, Yann Cojan, and Patrik Vuilleumier. "Temporal Dynamics of Musical Emotions Examined through Intersubject Synchrony of Brain Activity." *Social Cognitive and Affective Neuroscience* 10, no. 12 (2015): 1705 – 21. https://doi. org/10.1093/scan/nsv060.

18. Henry, Molly J., D. J. Cameron, Dana Swarbick, Dan Bosnyak, Laurel Trainor, and Jessica Grahn. "Live Music Increases Intersubject Synchronization of Audience Members' Brain Rhythms." Presentation to the Cognitive Neuroscience Society Annual Conference, Boston, March 27, 2018.

19. 나사NASA에서는 각기 다른 행성들이 발산하는 에너지 패턴들을 우리가 들을 수 있는 소리로 변환했으며, 식물들이 내는 매우 느린 소리들을 음악으로 변환하는 장치도 있다.

20. 음악 및 신비적 경외심을 느끼는 중에 이처럼 밝은 빛을 감지하거나 유체 이탈을 경험하는 현상과 임사 체험 기저에 있는 신경생리학적 과정에 대해 올리버 색스가 제시한 가설은 다음 글에서 확인. Sacks, Oliver. "Seeing God in the Third Millennium." *Atlantic*, December 12, 2012. https:// www.theatlantic.com/health/archive/2012/12/seeing-god-in-the-thirdmillennium/266134/.

21. Langer, Susanne K. *Feeling and Form: A Theory of Art*. New York: Macmillan, 1953, 374.

22. Haidt, Jonathan. "The Emotional Dog and Its Rational Tail: A Social Intuitionist Approach to Moral Judgment." *Psychological Review* 108 (2001): 814 – 34. https://doi.org/10.1037//0033-295X.108.4.814. Graham, Jesse, Brian A. Nosek, Jonathan Haidt, Ravi Iyer, Spassena Koleva, and Peter H. Ditto. "Mapping the Moral Domain." *Journal of Personality and Social Psychology* 101, no. 2 (2011): 366 – 85, https://doi.org/10.1037/a0021847.

23. 이마누엘 칸트는 예술 영역을 "상상력의 자유로운 유희"라고 했다. Kant,

Immanuel. *Critique of Judgment*. Translated by J. H. Bernard. New York: Hafner Press, 1951, 190. 여기서 '자유로운'이란 예술 활동을 할 때 우리가 사회 제약과 기본 상태의 자기가 요구하는 것들로부터 자유롭다는 사실을 의미한다. '유희'란 우리가 이것저것 탐구하고 자신의 생각들을 실행에 옮겨볼 수 있다는 의미로, 예술이라는 형태가 제공하는 안전거리 너머에서 어쩌면에 대한 상상력의 나래를 마음껏 펼칠 수 있다.

24. Langer, Susanne. *Feeling and Form*. New York: Charles Scribner's Sons, 1953, 27.

25. Banse, Rainer, and Klaus R. Scherer. "Acoustic Profiles in Vocal Emotion Expression." *Journal of Personality and Social Psychology* 70 (1996): 614 – 36. Scherer, Klaus R. "Vocal Affect Expression: A Review and a Model for Future Research." *Psychological Bulletin* 99 (1986): 143 – 65.

26. 이와 관련해 연구자들은 소리의 다양한 요소에 집중한다. 여기에는 음악의 음으로 지각되는 음파의 주파수, 즉 음의 높낮이가 포함된다. 가령 즐거운 음악은 음이 높은 반면 슬픈 음악은 낮다. 리듬은 각 음이 지속되는 길이와 이들이 어떻게 어우러져 소리 단위를 형성하는가를 가리킨다. 템포는 음악 작품의 전반적인 속도로, 라몬즈 Ramones의 음악이나 활기 넘치는 폴카처럼 빠른지 혹은 브라이언 이노 Brian Eno의 환경음악처럼 느린지를 말한다. 음조곡선은 끝으로 또는 절정으로 갈수록 음이 고조된다든지 체념을 소리로 표현한 듯 가라앉아가는 등 소리의 변화 형태를 의미한다. 음색은 각기 다른 악기나 가수의 목소리가 내는 그만의 특정한 소리를 뜻한다. 어리사 프랭클린, 조니 미첼, 조니 캐시 Johnny Cash, 밥 딜런, 톰 웨이츠 Tom Waits, 드레이크, 데이비드 번, 니키 미나즈와 같은 위대한 가수들의 목소리는 한두 음만 듣고도 바로 누군지 알 수 있다. 음량은 음파의 진폭, 즉 에너지로서 얼마나 큰 소리를 지각하는지를 가리킨다. 비트는 타악음을 이용해 강조를 준 부분으로, 이 박자에 따라

우리는 음악을 들으며 발을 구르거나 몸을 흔들거나 부딪치며, 청소년
이라면 보호자가 보고 있지 않을 때 트월킹을 추기도 한다.

27. Cowen, Alan S., Petri Laukka, Hillary A. Elfenbein, Runjing Liu, and Dacher
Keltner. "The Primacy of Categories in the Recognition of 12 Emotions in
Speech Prosody across Two Cultures." *Nature Human Behaviour* 3 (2019):
369-82.

28. 역사학자들 또한 음악 소리가 어떻게 시간에 따른 삶의 패턴들을 전달
하는지 주목해왔다. 노예제가 시행되던 시기에 흑인들은 찬송가를 변형
해 노예 처우와 자유에 대한 희망을 담은 노래를 만들어 부르곤 했다.
많은 곡들이 노예들의 무력함과 고통을 상징하는 낮은 음과 느린 리듬
으로 이루어졌다. 음조곡선은 뒤로 갈수록 고조되는 양상을 띠며 희망
과 고무감을 불러일으키고 힘을 북돋고 흑인들의 새로운 집단 정체감
을 떠올리며 경외심을 느끼게 했다. 이 시기 흑인음악은 미국 역사의 중
심에 있는 예속, 결의, 항의, 정체감 변화라는 삶의 패턴들을 나타낸다.
Barker, Thomas P. "Spatial Dialectics: Intimations of Freedom in Antebellum
Slave Song." *Journal of Black Studies* 46, no. 4 (2015): 363-83. https://doi.
org/10.1177/0021934715574499. 다음 책 또한 참조. Southern, Eileen. *The
Music of Black Americans: A History*. 3rd ed. New York: W. W. Norton, 1997.
마이클 에릭 다이슨Michael Eric Dyson은 1980년대에 필라델피아나 사우스
브롱크스 같은 도시에서 사회적인 삶의 패턴을 표현하기 위한 수단으
로서 어떻게 랩이 생겨났는지 상세히 기록했다. 랩은 본래 젊은 흑인 남
성들이 당시 인종차별에 저항하고 터프함을 키울 수 있는 방법으로 길
거리에서 하던 '다즌스 놀이(어느 한쪽이 패배 선언을 할 때까지 서로 상대 가
족, 특히 어머니에 대한 상스러운 농담을 하며 모욕하는 게임 - 옮긴이)'의 장난스
러운 말투 속 리듬, 비트, 음의 높낮이, 음조곡선에서 유래되었다. 이 같
은 삶의 패턴을 담은 소리들이 전 세계 수십억 인구가 그 나름대로 억

압, 자유, 정체감, 힘을 이해하기 위한 도구로서 기댈 수 있는 예술 형태로 변환된 것이다. Dyson, Michael E. *Know What I Mean?: Reflections on Hip Hop*. New York: Basic Civitas Books, 2007.

29. Cowen, Alan, Xia Fang, Disa Sauter, and Dacher Keltner. "What Music Makes Us Feel: At Least 13 Dimensions Organize Subjective Experiences Associated with Music across Different Cultures." *Proceedings of the National Academy of Sciences* 117, no. 4 (2020): 1924 – 34. 다음 책 또한 참조: Schindler, Ines, Georg Hosoya, Winfried Menninghaus, Ursula Beermann, Valentin Wagner, Michael Eid, and Klaus R. Scherer. "Measuring Aesthetic Emotions: A Review of the Literature and a New Assessment Tool." *PLoS ONE* 12, no. 6 (2017): e0178899. https://doi.org/10.1371/journal.pone.0178899.

30. Overy, Katie, and Istvan Molnar-Szakacs. "Being Together in Time: Musical Experience and the Mirror Neuron System." *Music Perception* 26, no. 5 (2009): 489 – 504. https://doi.org/10.1525/mp.2009.26.5.489.

31. Beck, Guy L. *Sacred Sound: Experiencing Music in World Religions*. Waterloo, CAN: Wilfrid Laurier University Press, 2006. 이 책은 다양한 종교에서 쓰이는 신성한 소리들을 매우 학구적인 관점에서 설명한다.

32. Bellah, Robert. *Religion in Human Evolution: From the Paleolithic to the Axial Age*. Cambridge, MA: Harvard University Press, 2011.

33. Morley, Iain. *The Prehistory of Music: Human Evolution, Archaeology, and the Origins of Musicality*. Oxford, UK: Oxford University Press, 2013. Wallin, Nils L., Bjorn Merker, and Steven Brown. *The Origins of Music*. Cambridge, MA: MIT Press, 2000.

34. Tomlinson, Gary. *A Million Years of Music: The Emergence of Human Modernity*. New York: Zone Books, 2015. 이 흥미롭고도 복잡한 책에서 톰린슨Tomlinson은 약 180만 년 전 동아프리카에서 초기 인류가 사냥하고

고기를 저미고 땅을 파고 나무를 자르고 스스로를 지키기 위한 필수 도구였던 아슐리안Acheulean 양면 주먹도끼를 만드는 과정에서 처음 음악이 생겨났다고 주장한다. 고고학적 근거에 따르면 이 같은 도끼 하나를 생산하는 데에는 여섯 가지에서 여덟 가지로 이어지는 특정 신체 활동이 필요했다고 한다. 우리 선조들은 여럿이 모여 몸짓과 소리를 통해 한 몸처럼 움직임으로써 이 도끼들을 만들었으리라. '꿍차' 하는 소리 또는 완전히 대칭인 도끼를 보며 내는 오오나 아아 하는 소리와 다른 사람들의 작품을 보고 우와 하는 감탄사는 흔히 돌을 깨어 만든 도끼 모습과 연관 있었다. 이를 바탕으로 톰린슨은 도끼를 만들던 사람들이, 각기 다른 소리는 저마다 어떤 활동과 세상에 나타나는 결과물을 구체적으로 나타내며 그 소리를 함께 만드는 사람들로 이루어진 더 큰 시스템 속에 존재한다는, 음악에 대한 기본 인지구조를 학습했다고 주장했다.

35. 이는 신경과학자이자 음악가인 대니얼 레비틴의 중심 가설이다. Levitin, Daniel. *This Is Your Brain on Music: The Science of a Human Obsession*. New York: Penguin Press, 2013; 대니얼 레비틴, 이진선 옮김, 《음악인류: 우리 뇌 속에 음악이 들어오면 벌어지는 일들》(와이즈베리, 2022). 이에 대한 최신 평가가 궁금하다면 다음을 참조. Savage, Patrick, Psyche Loui, Bronwyn Tarr, Adena Schachner, Luke Glowacki, Steven Mithen, and W. Fitch. "Music as a Coevolved System for Social Bonding." *Behavioral and Brain Sciences* 44 (2021): 1 – 42. https://doi.org/10.1017/S0140525X20000333.

36. Levitin, Daniel J., J. A. Grahn, and J. London. "The Psychology of Music: Rhythm and Movement." *Annual Reviews in Psychology* 69 (2018): 51 – 75.

37. Cameron, D. J., J. Bentley, and Jessica A. Grahn. "Cross-Cultural Influences on Rhythm Processing: Reproduction, Discrimination, and Beat Tapping." *Frontiers in Psychology* 6 (2015): 366. https://doi.org/10.3389/fpsyg.2015.00366.

38. Valdesolo, Piercarlo, and David DeSteno. "Synchrony and the Social Tuning of

Compassion." *Emotion* 11 (2011): 262 – 66.

39. Fukui, Hajime, and Kumiko Toyoshima. "Chill-Inducing Music Enhances Altruism in Humans." *Frontiers in Psychology* 5 (2014): 1215. https://doi.org/10.3389/fpsyg.2014.01215.

40. Savage, Patrick E., Stephen Brown, Emi Sakai, and Thomas E. Currie. "Statistical Universals Reveal the Structures and Functions of Human Music." *Proceedings of the National Academy of Sciences* 112, no. 29 (July 2015): 8987 – 92. https://doi.org/10.1073/pnas.1414495112. 아프리카, 아시아, 중동, 북아메리카, 남아프리카에서 수집한 304곡의 음악 요소 스무 가지를 분석한 연구 결과다.

41. Snibbe, Alana C., and Hazel R. Markus. "You Can't Always Get What You Want: Educational Attainment, Agency, and Choice." *Journal of Personality and Social Psychology* 88 (2005): 703 – 20. https://doi.org/10.1037/0022-3514.88.4.703.

42. Brown, Steven, Patrick E. Savage, Albert M. S. Ko, Mark Stoneking, Y. C. Ko, J. H. Loo, and Jean A. Trejaut. "Correlations in the Population Structure of Music, Genes and Language." *Proceedings of the Royal Society B: Biological Sciences* 281, no. 1774 (2013): 20132072. https://doi.org/10.1098/rspb.2013.2072. Pamjav, Horolma, Zoltan Juhász, Andrea Zalán, Endre Nemeth, and Bayarlkhagva Damdin. "A Comparative Phylogenetic Study of Genetics and Folk Music." Molecular Genetic Genomics 287 (2012): 337 – 49. https://doi.org/10.1007/s00438-012-0683-y. Callaway, Ewen. "Music Is in Our Genes." *Nature*, December 10, 2007. https://www.nature.com/news/2007/071210/full/news.2007.359.html.

43. https://www.myscience.org/news/wire/berkeley_talks_transcript_how_an_awe_walk_helped_one_musician_reconnect_with_her_home-2019-berkeley.

44. 음악의 1차 기능은 어떤 기대를 설정하고 그에 어긋나거나 충족하도록 상상을 펼치는 것이라는 레너드 마이어Leonard Meyer의 영향력 있는 이론과 내 이 경험은 맞아떨어진다. Meyer, Leonard B. *Explaining Music: Essays and Explorations*. Berkeley: University of California Press, 1973.

8장

1. Murdoch, Iris. *The Sovereignty of Good*. London: Routledge, 1970, 83; 아이리스 머독, 이병익 옮김,《선의 군림》(이숲, 2020).

2. 물질적인 이득과 지위를 위해, 경외심을 불러일으키는 삶의 경이들을 소유하고 상품화하고자 하는 인간의 노력은 끝이 없다. 이를 잘 보여주는 사례 중 내가 좋아하는 것 둘을 꼽자면 다음과 같다. 먼저 신비로운 종부터 다른 문화권 유물까지 전 세계의 경탄할 만한 대상들을 부유층이 예로부터 어떻게 상품화하고 수집해왔는지 묘사한, 눈이 번쩍 뜨이는 문화의 역사는 이 책을 참조. Daston, Lorraine, and Katharine Park. *Wonders and the Order of Nature 1150 – 1750*. New York: Zone Books, 2001. 한편 미 대륙의 숭고한 풍경을 화폭에 담는 운동이 서쪽으로 영토를 확장해 원주민을 식민지화하고 강제 이주시킨 행위를 어떻게 예술적으로 정당화했는지에 대한 논의는 다음을 참조. Wilton, Andrew, and Tim Barringer. *American Sublime: Landscape Painting in the United States 1820 – 1890*. Princeton, NJ: Princeton University Press, 2002.

3. Melville, Herman. *Moby-Dick*. Lexington, KY: Createspace, 2015, 80.

4. Murdoch, Iris. *The Sovereignty of Good*. London: Routledge, 1970, 83.

5. Dutton, Dennis. *The Art Instinct: Beauty, Pleasure, and Human Evolution*. London: Bloomsbury, 2009. Henshilwood, C. S. "Emergence of Modern Human Behavior: Middle Stone Age Engravings from South Africa." *Science* 295, no. 5558 (2002): 1278 – 80. 동굴벽화가 6만 5000년 전 제작되었다는 탄소 연

대 측정 증거에 대해서는 다음을 참조. Hoffmann, Dirk, et al. "U-Th Dating of Carbonate Crusts Reveals Neandertal Origin of Iberian Cave Art." *Science* 359 (2018): 912 – 15. https://doi.org/10.1126/science.aap7778.

6. Schindler, Ines, Georg Hosoya, Winfried Menninghaus, Ursula Beermann, Valentin Wagner, Michael Eid, and Klaus R. Scherer. "Measuring Aesthetic Emotions: A Review of the Literature and a New Assessment Tool." *PLoS ONE* 12, no. 6 (2017): e0178899. https://doi.org/10.1371/journal.pone.0178899.

7. Gopnik, Blake. "Aesthetic Science and Artistic Knowledge." In *Aesthetic Science: Connecting Minds, Brains, and Experience*, edited by Art Shimamura and Steve Palmer. New York: Oxford University Press, 2012. 예술이 엄연히 상상 활동임에도 우리 삶의 가장 심오한 윤리 문제에 대한 진실과 유익한 정보가 담겨 있다는 느낌을 불러일으킨다는 점에서, 데니스 더턴Dennis Dutton과 내 동료 연구자인 키스 오틀리는 이를 "예술의 역설"이라고 칭했다.

8. Sutton, Peter C. *Pieter de Hooch, 1629 – 1684*. Hartford, CT: Wadsworth Atheneum, 1998.

9. Langer, Susanne. *Feeling and Form*. New York: Charles Scribner's Sons, 1953, 374.

10. Nisbett, Richard E., and Timothy D. Wilson. "Telling More Than We Can Know: Verbal Reports on Mental Processes." *Psychological Review* 84, no. 3 (1977): 231 – 59. https://doi.org/10.1037/0033-295X.84.3.231. 이 통찰력 있는 논문은 우리 이론과 단어와 개념이 실제로 우리가 세상을 받아들이는 보다 무의식적이고 자동적이며 직감적인 방식을 대부분 담아내지 못한다는 사실을 지적한다.

11. 시각예술과 뇌에 관한 연구는 다음을 참조. Kawabata, Hidekai, and Semir Zeki. "Neural Correlates of Beauty." *Journal of Neurophysiology* 91 (2004): 1699 – 1705. Nadal, Marcos, and Marcus T. Pearce. "The Copenhagen

Neuroaesthetics Conference: Prospects and Pitfalls for an Emerging Field." *Brain and Cognition* 76 (2011): 172 – 83. Chatterjee, Anjan. *The Aesthetic Brain: How We Evolved to Desire Beauty and Enjoy Art*. New York: Oxford University Press, 2014. Starr, Gabrielle G. *Feeling Beauty: The Neuroscience of Aesthetic Experience*. Cambridge, MA: MIT Press, 2013. Pelowski, Matthew, Patrick S. Markey, Michael Forster, Gernot Gerger, and Helmut Leder. "Move Me, Astonish Me... Delight My Eyes and Brain: The Vienna Integrated Model of Top-Down and Bottom-Up Processes in Art Perception (VIMAP) and Corresponding Affective, Evaluative, and Neurophysiological Correlates." *Physics of Life Reviews* 21 (2017): 80 – 125.

12. Pelowski, Markey, Forster, Gerger, and Leder. "Move Me, Astonish Me ... Delight My Eyes and Brain." Starr, *Feeling Beauty*.

13. Auden, W. H., and Norman Holmes Pearson. *Poets of the English Language*. Vol. 4. New York: Viking Press, 1950, 18.

14. Beardsley, Monroe C., Susan L. Feagin, and Patrick Maynard. *Aesthetics*. Oxford, UK: Oxford University Press, 1997.

15. Fisher, Rose-Lynn. *Bee*. New York: Princeton Architecture Press, 2010. 다음 사이트 또한 참조. www.rose-lynnfisher.com.

16. Fisher, Rose-Lynn. *The Topography of Tears*. New York: Bellevue Literary Press, 2017. 작품을 감상하려면 다음 사이트를 방문. https://www.newyorker.com/tech/annals-of-technology/slide-show-the-topography-of-tears.

17. Kreibig, Sylvia D. "Autonomic Nervous System Activity in Emotion: A Review." *Biological Psychology* 84 (2010): 394 – 421.

18. Haeckel, E., O. Briedbach, I. Eibl-Eibesfeldt, and R. P. Hartmann. *Art Forms in Nature: The Prints of Ernst Haeckel*. Munich: Prestel, 1998. 이 책에 수록된 과학적 설명은 유겐트슈틸Jugendstil과 아르누보art nouveau 운동을 비

롯해 시각디자인 분야에서 일어났던 많은 운동에 영향을 미쳤다.

19. Gopnik, Adam. "The Right Man: Who Owns Edmund Burke?" *New Yorker*, July 22, 2013.

20. 이러한 관점은 분명 지나치게 단순하며 버크 자신의 개인 편향이 반영된 것임에 틀림없다. 정서와 후각은 신경 경로를 다수 공유하는데, 향기가 강력한 마음의 울림과 경외심을 불러일으키는 현상도 이로써 어느 정도는 설명이 가능하다. Soudry, Y., Cedric Lemogne, D. Malinvaud, S. M. Consoli, and Pierre Bonfils. "Olfactory System and Emotion: Common Substrates." *European Annals of Otorhinolaryngology, Head and Neck Diseases* 128, no. 1 (2011): 18 – 23. https://doi.org/10.1016/j.anorl.2010.09.007. Epub January 11, 2011. PMID: 21227767.

21. Zajonc, Robert B. "Feeling and Thinking: Preferences Need No Inferences." *American Psychologist* 35 (1980): 151 – 75.

22. 예술 비평가 존 버거는 영향력 있는 저서《다른 방식으로 보기》에서 우리가 경험하는 편안하고 좋고 아름다운 느낌을 다소 회의적인 시각에서 다시 생각해보아야 할 이유들을 제시한다. 가령 수백 년 동안 르누아르나 드가 같은 남성들이 그린 작품 속 여성 나체는 높은 사회 지위 때문에 통제되고 좁아진 남성의 시선에서 비롯한다. 이 경우 예술은 당시 가부장제에서 이루어지던 예속적인 성 역학을 보존하는 방식으로, 작품을 감상할 때 편안함을 느끼도록 보는 이를 학습시킨다. Berger, John. *Ways of Seeing*. London: Penguin Books, 1972; 존 버거, 최민 옮김,《다른 방식으로 보기》(열화당, 2012).

23. Palmer, Stephen E., Karen B. Schloss, and Jonathan S. Gardner. "Hidden Knowledge in Aesthetic Preferences: Color and Spatial Composition." In *Aesthetic Science: Connecting Minds, Brains, and Experience*, edited by Art Shimamura and Steve Palmer, 189 – 222. New York: Oxford University Books,

2012.

24. Langer, Susanne K. *Mind: An Essay on Human Feeling*. Baltimore: Johns Hopkins Press, 1967. Shimamura, Art, and Steve Palmer, eds. *Aesthetic Science: Connecting Mind, Brain, and Experience*. New York: Oxford University Press, 2012. 이러한 관념과 더불어 예술이 정서를 불러일으키는 힘을 지녔다는 것을 보여준 최신 연구는 다음을 참조. Berger, Karol. *A Theory of Art*. New York: Oxford University Press, 2000.

25. Kandinsky, Wassily, and M. T. H. Sadler. *Concerning the Spiritual in Art*. New York: Dover, 1977, 2.

26. 거대하고 수수께끼 같은 것을 지각하는 과정에서 그 안에 속한 참가자로서 자기보다 거대한 무언가와 연결되었다는 감각 경험은 그림뿐만 아니라 모든 시각디자인 작품에서 동일하게 일어난다. 예컨대 넓고 쾌활하며 빛으로 가득한 오스만 대로와 파리 광장들은 1850년대부터 줄곧 보다 거대한 집단 정체감으로 파리 시민을 통합해왔다.

27. Stone, Rebecca. *The Jaguar Within: Shamanic Trance in Ancient Central and South American Art*. Linda Schele Series in Maya and Pre-Columbian Studies. Austin: University of Texas Press, 2011.

28. Winkelman, Michael. *Shamanism*. 2nd ed. Santa Barbara, CA: Praeger Press, 2010.

29. Nadal, Marcos, and Marcus T. Pearce. "The Copenhagen Neuroaesthetics Conference: Prospects and Pitfalls for an Emerging Field." *Brain and Cognition* 76 (2011): 172-83. Chatterjee, Anjan. *The Aesthetic Brain: How We Evolved to Desire Beauty and Enjoy Art*. New York: Oxford University Press, 2014.

30. An, Donghwy, and Nara Youn. "The Inspirational Power of Arts on Creativity." *Journal of Business Research* 85 (2018): 467-75. https://doi.org/10.1016/j.jbusres.2017.10.025. Antal, Ariane B., and Ilana N. Bitran. "Discovering the

Meaningfulness of Art in Organizations." *Journal of Cultural Management and Cultural Policy/Zeitschrift für Kulturmanagement und Kulturpolitik* 4, no. 2 (2018): 55–76. https://doi.org/10.14361/zkmm-2018-0203.

31. Van de Vyver, Julie, and Dominic Abrams. "The Arts as a Catalyst for Human Prosociality and Cooperation." *Social Psychological and Personality Science* 9, no. 6 (2018): 664–74. https://doi.org/10.1177/1948550617720275.

32. Nielsen, Stine L., Lars B. Fich, Kirsten K. Roessler, and Michael F. Mullins. "How Do Patients Actually Experience and Use Art in Hospitals? The Significance of Interaction: A User-Oriented Experimental Case Study." *International Journal of Qualitative Studies on Health and Well-Being* 12, no. 1 (2017): 1267343. https://doi.org/10.1080/17482631.2016.1267343.

33. Seresinhe, Chanuki I., Tobias Preis, and Helen S. Moat. "Quantifying the Impact of Scenic Environments on Health." *Scientific Reports* 5 (2015): 1–9. https://doi.org/10.1038/srep16899.

34. Jackson, Laura. "The Relationship of Urban Design to Human Health and Condition." *Landscape and Urban Planning* 64 (2003): 191–200. https://doi.org/10.1016/S0169-2046(02)00230-X.

35. Shariff, Azim F., Aiyana K. Willard, Teresa Andersen, and Ara Norenzayan. "Religious Priming: A Metanalysis with a Focus on Prosociality." *Personality and Social Psychology Review* 20 (2016): 27–48. 칠레에서 진행된 한 연구 결과에 따르면 사람들은 일반 강당에 있을 때보다 예배당에 있을 때 낯선 이들에게 더 협조적이었다. 이에 대해 누구나 생각할 수 있는 해석은 예배당의 종교적인 의미가 사람들에게 친절한 행동을 촉발했다는 것이다. 그렇지만 이러한 거룩하고 고결한 기질 효과가 예배당 디자인이 불러일으킨 경외심에 따른 것이라는 해석도 가능하다. Ahmed, Ali, and Osvaldo Salas. "Religious Context and Prosociality: An Experimental Study from

Valparaíso, Chile." *Journal for the Scientific Study of Religion* 52, no. 3 (2013): 627 – 37. https://doi.org/10.1111/jssr.12045.

36. Crile, Susan. *Abu Ghraib: Abuse of Power*. Rome: Gangemi Editore, 2007.

37. Mocaiber, Izabela, Mirtes G. Pereira, Fatima S. Erthal, Walter Machado-Pinheiro, Isabel A. David, Mauricio Cagy, Eliane Volchan, and Leticia de Oliveira. "Fact or Fiction? An Event-Related Potential Study of Implicit Emotion Regulation." *Neuroscience Letters* 476, no. 2 (2010): 84 – 88. 또 다른 연구에서는 분노를 유발하는 실험적 처치(학대 조건)가 실시간 연극 공연 또는 채용 기업의 적성검사 형태로 제시되었다. 같은 사회적 사건이라도 연극 공연으로 관람한 참가자들에게서는 말초신경의 생리 반응이 약하게 나타났다. Wagner, Valentin, Julian Klein, Julian Hanich, Mira Shah, Winfried Menninghaus, and Thomas Jacobsen. "Anger Framed: A Field Study on Emotion, Pleasure, and Art." *Psychology of Aesthetics, Creativity, and the Arts* 10, no. 2 (2016): 134 – 46. https://doi.org/10.1037/aca0000029.

38. Stamkou, Eftychia, Gerben A. van Kleef, and Astrid C. Homan. "The Art of Influence: When and Why Deviant Artists Gain Impact." *Journal of Personality and Social Psychology* 115, no. 2 (2018): 276 – 303. https://doi.org/10.1037/pspi0000131.

39. Berger, Jonah, and Katy Milkman. "What Makes Online Content Viral?" *Journal of Marketing Research* 49, no. 2 (2012): 192 – 205.

9장

1. Neihardt, John G. *Black Elk Speaks* (Complete). Lincoln and London: University of Nebraska Press, 2014, 30; 존 G. 니이하트, 김정환 옮김,《검은고라니는 말한다》(두레, 2002).

2. Larson, Kate Clifford. *Harriet Tubman: Portrait of an American Hero*. New York:

Little, Brown and Company, 2004, 190.

3. Fahmy, Dahlia. "Key Findings about Americans' Belief in God." Pew Research Center, April 15, 2018. https://www.pewre search.org/fact-tank/2018/04/25/ key-findings-about-americans-belief-in-god/. "In U.S., Decline of Christianity Continues at Rapid Pace." Pew Research Center, October 17, 2019. https:// www.pewforum.org/2019/10/17/in-u-s-decline-of-christianity-continues- at-rapid-pace/.

4. 종교를 과학적으로 연구한 기존 문헌에 따라 여기서 '종교적'이라고 함은 조직적이고 형식적인 기관 및 종교 교리를 가리키며, '영적'이라는 용어는 한 개인이 신이라고 여기는 대상과 관련해 겪은 경험을 지칭한다.

5. Wright, Robert. *The Evolution of God*. New York: Little, Brown and Company, 2009; 로버트 라이트, 허수진 옮김, 《신의 진화》(동녘사이언스, 2010). 로버트 라이트는 수렵채집 시대부터 현대에 이르기까지 인간 사회에서 신의 보편성을 상술하고 이러한 보편적인 경향성에 대한 진화론적인 주장을 펼친다.

6. 이 현상은 후생유전학이라고 알려졌다. 후생유전학은 트라우마가 유전자 발현을 가능케 하는 세포의 수초를 형성하고 단백질에 변형을 가함으로써 한 세대에서 다음 세대로 전해지는 원리를 밝힌다. Carey, Nessa. *The Epigenetics Revolution*. New York: Columbia University Press, 2012; 네사 캐리, 이충호 옮김, 《유전자는 네가 한 일을 알고 있다: 현대 생물학을 뒤흔든 후성유전학 혁명》(해나무, 2015).

7. Eliade, Mircea. *The Sacred and the Profane: The Nature of Religion*. Orlando, FL: Harcourt Brace Jovanovich, 1987.

8. Tzu, Lao, and Charles Johnston. *The Tao Te Ching: Lao Tzu's Book of the Way and of Righteousness*. Vancouver: Kshetra Books, 2016, 11–12.

9. Pollan, Michael. *Second Nature: A Gardener's Education*. New York: Grove

Press, 1991; 마이클 폴런, 이순우 옮김,《세컨 네이처》(황소자리, 2009).

10. Emerson, Ralph Waldo. The Divinity School Address: Delivered Before the Senior Class in the Harvard Divinity School Chapel at Cambridge, Massachusetts, July 15, 1838. New York: All Souls Unitarian Church, 1938.

11. 맬컴 클레멘스 영 또한 헨리 데이비드 소로의 자연에 대한 글이 자기 시대의 영적 일기와 얼마나 닮았는지 설명하고 영이 경험한 것과 같은, 자연 속에서 신과 조우한 듯한 감각을 드러내는 글을 썼다. Young, Malcolm C. The Spiritual Journal of Henry David Thoreau. Macon, GA: Mercer University Press, 2009.

12. Richardson, Robert D. William James: In the Maelstrom of American Modernism. New York: Houghton Mifflin, 2006.

13. Bronson, Bertrand H. Johnson Agonistes and Other Essays. Vol. 3. Berkeley: University of California Press, 1965, 52.

14. Tymoczko, Dmitri. "The Nitrous Oxide Philosopher." Atlantic Monthly, May 1996.

15. James, William. The Varieties of Religious Experience: A Study in Human Nature: Being the Gifford Lectures on Natural Religion Delivered at Edinburgh in 1901 - 1902. New York; London: Longmans, Green, 1902.

16. 제임스는 신비적 경외심을 다음 특성에 입각해 정의했다. 첫째, 이 상태는 형언할 수 없으며 언어로는 도저히 담아낼 방법이 없다. 둘째, 순이지적이며 인간 실존과 현실 본질에 대한 심오한 깨달음을 수반한다. 아울러 일시적이고 순간적인 감정에 기반한다. 끝으로 신비적 경외심은 수동적인 특성을 띠어서 이를 경험하는 동안에는 자기라는 감각과 행위 주체감이 사라진다.

17. Van Cappellen, Patty. "Rethinking Self-Transcendent Positive Emotions and Religion: Perspectives from Psychological and Biblical Research." Psychology of

Religion and Spirituality 9 (2017): 254 – 63.

18. Kripal, Jeffrey J. *The Flip: Epiphanies of Mind and the Future of Knowledge.* New York: Bellevue Literary Press, 2019. 이 책에서 크리팔Kripal은 역사적으로 잘 알려진 학자들의 영적 신념을 형성하는 데 지대한 영향을 미친 다양한 영역의 비범한 경험들을 다룬다.

19. 복음주의 기독교인들이 어떻게 신의 음성을 듣는지에 대한 흥미로운 설명은 다음을 참조. Luhrmann, Tanya. *When God Talks Back: Understanding the American Evangelical Relationship with God.* New York: Alfred Knopf, 2012.

20. Foster, Michael D. *The Book of Yokai.* Berkeley: University of California Press, 2015.

21. Boyer, Pascal. "Religious Thought and Behaviour as By-Products of Brain Function." Trends in Cognitive Science 7, no. 3 (2003): 119 – 24. Boyer, Pascal. *Religion Explained: The Evolutionary Origins of Religious Thought.* New York: Basic Books, 2001. Taves, Ann, Egil Asprem, and Elliott Ihm. "Psychology, Meaning Making, and the Study of Worldviews: Beyond Religion and Non-religion." *Psychology of Religion and Spirituality* 10, no. 3 (2018): 207 – 17.

22. Barrett, Justin. "Exploring the Natural Foundations of Religion." *Trends in Cognitive Science* 4, no. 1 (2000): 29 – 34.

23. 어른 보호자에 대한 애착은 위협이 닥쳤을 때 이들이 자신을 쓰다듬고 토닥이며 안심시키고 마음을 편안하게 해주었던 경험에 뿌리를 두며, 이들이 우리 필요와 욕구에 얼마나 주의를 기울여주었는가에 따라 보호자라는 거대하고 강력한 존재에 대한 믿음이 형성된다. 애착 경험이 신에 대한 신념 발생의 근거라는 추측도 타당하게 여겨진다. 이러한 관점에서는 특정 문화와 가정환경이 갖추어지는 경우, 성인이 된 우리 삶에서 신이 무형의 애착 대상인 '안전기지'가 되기도 한다고 본다. Cherniak, Aaron

D., Mario Mikulincer, Phillip R. Shaver, and Pehr Granqvist. "Attachment Theory and Religion." *Current Opinion in Psychology* 40 (2021): 126 – 30. Granqvist, Pehr, and Lee A. Kirkpatrick. "Religion, Spirituality, and Attachment." In *APA Handbook of Psychology, Religion, and Spirituality*. Vol. 1, *Context, Theory, and Research*, edited by Kenneth I. Pargament, Julie J. Exline, and James W. Jones, 139 – 155. American Psychological Association, 2013. https:// doi.org/10.1037/14045-007. 이 논문은 신에 대해 안정애착을 형성했다는 감각이 정신적 괴로움 완화 같은 종교의 일부 이점들을 설명할 수 있음을 보여준다. Bradshaw, Matt, Christopher G. Ellison, and Jack P. Marcum. "Attachment to God, Images of God, and Psychological Distress in a Nationwide Sample of Presbyterians." *International Journal for the Psychology of Religion* 20, no. 2 (2010): 130 – 47. https://doi.org/10.1080/10508611003608049.

24. Beauregard, Mario, and David Leary. *The Spiritual Brain: A Neuroscientist's Case for the Existence of the Soul*. New York: HarperCollins, 2007; 마리오 뷰리가드, 데니스 오리어리, 김영희 옮김, 《신은 뇌 속에 갇히지 않는다: 21세기를 대표하는 신경과학자의 대담한 신 존재 증명》(21세기북스, 2010). Newberg, Andrew. *Neurotheology: How Science Can Enlighten Us about Spirituality*. New York: Columbia University Press, 2018. 다음 저서 또한 참조. Sheldrake, Rupert. *Science and Spiritual Practices*. Berkeley: Counterpoint Press, 2018; 루퍼트 셸드레이크, 이창엽 옮김, 《과학자인 나는 왜 영성을 말하는가: 영국의 생물학자가 들려주는 '일상의 영성'을 가능케 하는 7가지 방법》(수류책방, 2019).

25. 이에 대해서는 제스 브라이언 홀런벡Jess Bryon Hollenbeck이 약 2500년 전에 생겨난 각국 종교 및 1만 년 전 혹은 그보다 더 오래전부터 전해 내려온 아메리카 전 대륙의 다양한 원주민 사회의 문화적, 영적 전통 속 신비적 경외심의 장소들을 방문하고 정리한 책 《신비주의: 경험, 반응 그리고 권

능Mysticism: Experiences, Responses, and Empowerment》을 보면 알 수 있다.
Hollenbeck, Jess Bryon. *Mysticism: Experiences, Responses, and Empowerment*.
University Park, PA: Penn State University Press, 1996.

26. Halpern, Paul. *Synchronicity: The Epic Quest to Understand the Quantum Nature of Cause and Effect*. New York: Basic Books, 2020.

27. 1996년, 사회심리학자 폴 로진Paul Rozin은 일찍이 이러한 발상을 제시하는 논문을 발표했다. 그는 정서처럼 진화로 생겨난 기능이 우리 복잡한 사회적 삶에서 지속적으로 발생하는 새로운 맥락에 맞추어 새로운 쓰임새를 찾게 된다는 전적응前適應 관련 진화론적 사고에 착안해 이 같은 이론을 떠올렸다. 혐오 연구의 세계적 권위자인 로진은 '핵심 혐오core disgust(사회적, 도덕적 혐오와 달리 상한 음식 등 생존과 관련해 학습한 일차적이고 본능적인 혐오 - 옮긴이)' 요소들이 문화로 인해 새로운 도덕적, 종교적 형태로 정교해지는 현상을 설명하는 데에도 이 이론을 적용했다. 핵심 혐오 또는 음식 등에 대한 불쾌감은 독성물질을 섭취하지 않기 위해 진화했다. 이에 우리는 상한 음식의 유독한 냄새와 맛을 접하면 움찔하고, 입과 위에서 그 물질을 게워낸다. 로진은 바로 이 혐오의 핵심 구조가 도덕적 혐오로 확장되게끔 전적응했다고 생각했다. 불쾌감을 유발하고 악취를 풍기는 유독한 것에 대한 지각은 육신의 죄, 부정한 마음, 추잡한 부, 구원받아야 할 불행한 삶, 타락한 성격처럼 종교적, 도덕적 특성을 향한 도덕적 혐오 표상에도 그대로 반영되었다. 혐오스러운 것을 게워내거나 깨끗하고 순수해지고자 하는 원시 욕구는 인도에서 종교 행사 기간 동안 강에 몸을 담그는 전통, 일본에서 절에 들어가기 전 물로 손과 입을 헹구는 절차, 미국의 세례 같은 정화 수행으로 의식화되었다. Rozin, Paul. "Towards a Psychology of Food and Eating: From Motivation to Model to Meaning, Morality and Metaphor." *Current Directions in Psychological Science* 5 (1996): 18 - 24.

28. 도덕적 정서가 종교 및 영적으로 활용된 또 다른 사례는 2500여 년 전 축軸의 시대에 생겨난 수많은 종교 역사를 광범위하게 다룬 카렌 암스트롱Karen Armstrong의 책에서 찾아볼 수 있다.《축의 시대》에서 암스트롱은 상업과 무역이 발전하면서 중동, 지중해, 아시아에서 전통 공동체들이 무너지기 시작했다고 주장한다. 폭력 또한 증가했다. 이러한 위기에 대응해 사람들은 자신들의 핵심 신념을 글로 적어 남기고 함께 의식과 수행에 참여하며 유대교, 기독교, 힌두교, 불교, 도교, 유교, 고전 그리스 사상이 발달하는 토대를 마련했다. 암스트롱은 자비, 공감, 타인의 고통에 대한 배려, 용서, 감사 등 인류가 고도로 사회적인 종으로 진화하면서 갖춘 모든 정서 과정이 이러한 종교 전통 발생에 핵심 역할을 했음을 증명한다. Armstrong, Karen. *The Great Transformation: The Beginning of Our Religious Traditions*. New York: Anchor Books, 2007; 카렌 암스트롱, 정영목 옮김,《축의 시대: 종교의 탄생과 철학의 시작》(교양인, 2010).

29. Holden, Janice M., Bruce Greyson, and Debbie James. *The Handbook of Near-Death Experiences: Thirty Years of Investigation*. Santa Barbara, CA: Praeger, 2009.

30. Krishna, Gopi. *Living with Kundalini: The Autobiography of Gopi Krishna*. Edited by Leslie Shepard. Boston and London: Shambhala, 1993, 3.

31. 하버드대학교 신학부 졸업생인 캐스퍼 터 카일Casper ter Kuile은 우리가 다시 이러한 의식을 행함으로써 신비적 경외심을 찾을 수 있다고 믿는다. 훌륭한 저서《리추얼의 힘》에서 터 카일은 종교 전통을 퇴비화하고 신비적인 경외심으로 향하는 길을 다음과 같이 소개한다.

신성한 글을 읽으라. 자신의 삶, 일, 기술, 사회생활로부터 안식일을 만들라. 자신을 들여다보고 조용히 마음챙김하는, 기도라고 해도 좋은 활동을 할 기회를 만들라. 다른 사람들과 함께 식사하라. 자연 속에서 걸으라.

ter Kuile, Casper. *The Power of Ritual: How to Create Meaning and Connection in Everything You Do*. New York: Harper One, 2020; 캐스퍼 터 카일, 박선령 옮김, 《리추얼의 힘: 하버드 신학대학원 펠로우가 찾아낸 관계, 연결, 일상 설계의 기술》(마인드빌딩, 2021).

32. Van Cappellen, Patty, and Megan E. Edwards. "The Embodiment of Worship: Relations among Postural, Psychological, and Physiological Aspects of Religious Practice." *Journal for the Cognitive Science of Religion* 6, no. 1 – 2 (2021): 56 – 79.

33. 요가의 이로움과 이에 대한 과학적 연구 결과는 다음을 참조. Broad, William J. *The Science of Yoga*. New York: Simon & Schuster, 2012.

34. 145개 연구를 개관하며 총 9만 8000명의 데이터를 종합해 살펴본 결과, 영적인 감각을 보고한 사람들은 우울감을 느끼는 경향이 적었다. Smith, Timothy B., Michael E. McCullough, and Justin Poll. "Religiousness and Depression: Evidence for a Main Effect and the Moderating Influence of Stressful Life Events." *Psychological Bulletin* 129 (2003): 614 – 36. https://doi.org/10.1037/0033-2909.129.4.614. 신비적 경외심은 신체 건강에도 도움이 된다. 한 실증적 연구 결과에 따르면 에이즈에 걸린 동성애자 남성들 가운데 정기적으로 영적인 글을 읽고 기도하고 영적 토의에 참여하며 예배에 참석한 사람들은 면역 반응 지표 중 하나인 살해 T세포 수치가 높게 나타났다. Ironson, Gail, and Heidemarie Kremer. "Spiritual Transformation, Psychological Well-Being, Health, and Survival in People with HIV." *International Journal of Psychiatry in Medicine* 32, no. 3 (2009): 263 – 81. 이 같은 연구 결과들을 종합한 한 개관 논문에서는 종교 활동을 하는 사람들의 사망률이 전 연령대에서 낮게 나타난다는 결론을 내렸다. McCullough,

Michael E., William T. Hoyt, David B. Larson, Harold G. Koenig, and Carl Thoresen. "Religious Involvement and Mortality: A Meta-analytic Review." *Health Psychology* 19, no. 3 (2000): 211 – 22. https://doi.org/10.1037// 0278-6133.19.3.211.

35. Van Cappellen, Patty, Maria Toth-Gauthier, Vassilis Saroglou, and Barbara L. Fredrickson. "Religion and Well-Being: The Mediating Role of Positive Emotions." *Journal of Happiness Studies* 17 (2016): 485 – 505. Van Cappellen, Patty, Maria Toth-Gauthier, Vassilis Saroglou, and Barbara L. Fredrickson. "Religiosity and Prosocial Behavior among Churchgoers: Exploring Underlying Mechanisms." *International Journal for the Psychology of Religion* 26 (2016): 19 – 30.

36. Norenzayan, Ara, Azim Shariff, Will M. Gervais, Aiyana K. Willard, Rita A. McNamara, Edward Slingerland, and Joseph Henrich. "The Cultural Evolution of Prosocial Religions." *Behavioral and Brain Sciences* 39 (2015): e1. https://doi. org/10.1017/S0140525X14001356.

37. Taves, Ann. *Religious Experience Reconsidered: A Building-Block Approach to the Study of Religion and Other Special Things*. Princeton, NJ: Princeton University Press, 2009. Norenzayan, Shariff, Gervais, Willard, McNamara, Slingerland, and Henrich. "The Cultural Evolution of Prosocial Religions." Wilson, David S. *Darwin's Cathedral: Evolution, Religion, and the Nature of Society*. Chicago: University of Chicago Press, 2002. Bellah, Robert. *Religion in Human Evolution: From the Paleolithic to the Axial Age*. Cambridge, MA: Harvard University Press, 2011.

38. 조슈아 그린Joshua Greene은 도덕에 관한 자신의 훌륭한 저서에서 이 같은 부족주의가 오늘날 인류가 마주한 핵심적인 도덕 문제라고 주장했다. Greene, Joshua. *Moral Tribes: Emotion, Reason, and the Gap between Us and*

Them. New York: Penguin Press, 2013; 조슈아 그린, 최호영 옮김,《옳고 그
름: 분열과 갈등의 시대, 왜 다시 도덕인가》(시공사, 2017).

39. Lee, Martin A., and Bruce Shlain. *Acid Dreams: The Complete Social History
of LSD: The CIA, the Sixties, and Beyond*. New York: Grove Press, 1985.
Steven, Jay. *Storming Heaven: LSD and the American Dream*. New York:
Grove Press, 1987. Pollan, Michael. *How to Change Your Mind: What the New
Science of Psychedelics Teaches Us about Consciousness, Dying, Addiction,
Depression, and Transcendence*. New York: Penguin Press, 2019.

40. 게들이 집게발로 거대함을 나타내어 다른 게들의 기를 죽이고 항복하
게 함으로써 자기 지위와 생존, 번식 확률을 높이는 것이 아닐까 생각하
면 참 흥미롭다. 어쩌면 침팬지가 폭포 춤을 추는 동안 취하는 행동에
대한 제인 구달의 묘사를 비롯해 우리가 지금까지 다룬 그 어떤 기초적
인 경외심의 기원보다도 진화론 면에서 역사가 깊을지 모른다.

41. Hood, Ralph W., Jr., Ghorbani Nima, Paul J. Watson, Ahad F. Ghramaleki,
Mark N. Bing, H. K. Davison, Ronald J. Morris, and W. P. Williamson.
"Dimensions of the Mysticism Scale: Confirming the Three-Factor Structure in
the United States and Iran." *Journal for the Scientific Study of Religion* 40 (2001):
691–705. 후드의 측정법은 다양한 종교에서 종교적 신비체험을 조사
한 월터 스테이스Walter Stace의 뛰어난 연구를 읽고 영감을 얻은 것이다.
Stace, Walter T. *Mysticism and Philosophy*. New York: St. Martin's Press, 1960.
Stace, Walter T. *The Teachings of the Mystics*. New York: Mentor, 1960.

42. Caspi, Avshalom, and Terrie E. Moffitt. "When Do Individual Differences
Matter? A Paradoxical Theory of Personality Coherence." *Psychological Inquiry* 4,
no. 4 (1993): 247–71. https://doi.org/10.1207/s15327965 pli0404_1.

43. Connelly, Brian S., Deniz S. Ones, and Oleksandr S. Chernyshenko. "Introducing
the Special Section on Openness to Experience: Review of Openness Taxonomies,

Measurement, and Nomological Net." *Journal of Perso nality Assessment* 96, no. 1 (2014): 1 – 16. https://doi.org/10.1080/00223891.2013.830620.

44. Shiota, Michelle N., Dacher Keltner, and Oliver P. John. "Positive Emotion Dispositions Differentially Associated with Big Five Personality and Attachment Style." *Journal of Positive Psychology* 1 (2006): 61 – 71.

45. Griffiths, Roland R., William A. Richards, Una McCann, and Robert Jesse. "Psilocybin Can Occasion Mystical-Type Experiences Having Substantial and Sustained Personal Meaning and Spiritual Significance." *Psychopharmacology* 187, no. 3 (2006): 268 – 83; discussion 284 – 92. https://doi.org/10.1007/s00213-006-0457-5. Epub July 7, 2006. PMID: 16826400.

46. Hendricks, Peter J. "Classic Psychedelics: An Integrative Review of Epidemiology, Therapeutics, Mystical Experience, and Brain Network Function." *Pharmacology and Therapeutics* 197 (2019): 83 – 102. Chi, Tingying, and Jessica A. Gold. "A Review of Emerging Therapeutic Potential of Psychedelic Drugs in the Treatment of Psychiatric Illnesses." *Journal of the Neurological Sciences* 411 (2020): 116715. Johnson, Matthew W., Albert Garcia-Romeu, Mary P. Cosimano, and Roland R. Griffiths. "Pilot Study of the 5-HT2AR Agonist Psilocybin in the Treatment of Tobacco Addiction." *Journal of Psychopharmacology* 28, no. 11: (2014): 983 – 92. Hendricks, Peter S., Christopher B. Thorne, C. B. Clark, David W. Coombs, and Matthew W. Johnson. "Classic Psychedelic Use Is Associated with Reduced Psychological Distress and Suicidality in the United States Adult Population." *Journal of Psychopharmacology* 29, no. 3 (2015): 280 – 88.

47. Hendricks, Peter S. "Awe: A Putative Mechanism Underlying the Effects of Classic Psychedelic-Assisted Psychotherapy." *International Review of Psychiatry* 30, no. 4 (2018): 331 – 42. https://doi.org/10.1080/09540261.2018.1474185.

48. 이와 관련된 실증적 연구 결과는 다음을 참조. Carhart-Harris, Robin L.,

et al. "Neural Correlates of the Psychedelic State as Determined by fMRI Studies with Psilocybin." *Proceedings of the National Academy of Sciences* 109, no. 6 (2012): 2138 – 43.

49. Vollenweider, Franz X., and Katrin H. Preller. "Psychedelic Drugs: Neurobiology and Potential for Treatment of Psychiatric Disorders." *Nature Reviews Neuroscience* 21 (2020): 611 – 24. https://doi.org/10.1038/s41583-020-0367-2.

50. Hendricks. "Awe: A Putative Mechanism Underlying the Effects of Classic Psychedelic-Assisted Psychotherapy."

51. 성지순례와, 함께 걸으려는 우리 성향에서 찾을 수 있는 순례의 진화론적 뿌리, 그리고 과학적인 시선으로 바라본 영적 수행에 대한 흥미롭고 폭넓은 논의는 다음을 참조. Sheldrake, Rupert. *Science and Spiritual Practices*. Berkeley: Counterpoint Press, 2018.

52. 환경위생 연구소가 설립되었던 시기에는 부유층만이 변기와 위생시설을 갖추고 있었다. 현재는 인도인의 약 31퍼센트가 이를 누린다.

53. 물론 내가 편향적으로 유독 버클리의 자유언론 운동에 역사적인 의미를 크게 부여하는 면도 없지는 않은데, 그래도 이러한 시위의 역사와 흑인민권운동에서 받은 영향 그리고 반전시위로까지 퍼져 나간 과정을 자세히 알고 싶다면 다음을 참조. Rosenfeld, Seth. *Subversives: The FBI's War on Student Radicals and Reagan's Rise to Power*. New York: Farrar, Strauss and Giroux, 2012.

54. 이 같은 결핍형 마음가짐에 대한 생각은 코넬대학교에 재직 중인 나의 친구 톰 길로비치Tom Gilovich가 리프 반 보벤Leaf van Boven과 함께한 연구를 떠올리게 한다. 이 연구에서는 우리가 물질주의에 치중할 때에는 행복감을 덜 느끼는 반면 경험에 집중할 때에는 훨씬 행복해진다는 사실을 과학적으로 입증했다. Van Boven, Leaf, Margaret C. Campbell, and Thomas

Gilovich. "The Social Costs of Materialism: On People's Assessments of Materialistic and Experiential Consumers." *Personality and Social Psychology Bulletin* 36 (2010): 551–63.

10장

1. Whitman, Walt. *Song of Myself: 1892 Edition*. Glenshaw, PA: S4N Books, 2017, 10; 월트 휘트먼, 윤명옥 옮김, 《나 자신의 노래》(지만지, 2010).

2. 인류 진화와 사회에서 출산의 역할을 살펴본 걸출한 문헌으로는 다음 도서들이 있다. Hrdy, Sarah B. *Mother Nature: A History of Mothers, Infants, and Natural Selection*. New York: Ballantine, 1999; 세라 블래퍼 하디, 황희선 옮김, 《어머니의 탄생: 모성, 여성, 그리고 가족의 기원과 진화》(사이언스북스, 2010). Epstein, Randi Hutter. *Get Me Out: A History of Childbirth from the Garden of Eden to the Sperm Bank*. New York: W. W. Norton, 2010.

3. Zebrowitz, Leslie. *Reading Faces: Windows to the Soul?* Boulder, CO: Westview Press, 1997.

4. Feldman, Ruth, Katharina Braugh, and Frances A. Champagne. "The Neural Mechanisms and Consequences of Paternal Caregiving." *Nature Reviews Neuroscience* 20 (2019): 205–24. 이에 대한 훌륭한 개관은 다음을 참조. Siegel, Daniel. *The Developing Mind*. 3rd ed. New York: Guilford Press, 2020; 대니얼 시겔, 김보연 외 옮김, 《마음의 발달: 관계, 뇌, 마음의 통합을 위한 신경관계생물학》(하나의학사, 2022).

5. Hawkes, Kristen, James F. O'Connell, and Nicholas G. Blurton-Jones. "Hazda Women's Time Allocation, Offspring Provisioning, and the Evolution of Long Postmenopausal Life Spans." *Current Anthropology* 38, no. 4 (1997): 551–77. Hawkes, Kristen. "Grandmothers and the Evolution of Human Longevity." *American Journal of Human Biology* 15, no. 3 (2003): 380–400.

6. 낸시 바다크의 연구를 더욱 자세히 살펴보고 싶다면 그녀의 웹사이트를 방문해보자. https://www.mindfulbirthing.org/. 이를 요약한 책도 출간되었다. Bardacke, Nancy. *Mindful Birthing: Training the Mind, Body, and Heart for Childbirth and Beyond*. New York: HarperCollins, 2014.

7. 아동기 및 어린아이를 키울 때 느끼는 경이는 인간 발달에서 나타나는 두 가지 거대한 힘 덕분에 더욱 강력해지는데, 바로 상호주체성과 놀이다. 어머니는 아이를 달래고 쓰다듬고 아기의 주의를 사로잡는 데에 특화된 소리와 억양으로 '모성어'를 건네거나 미소 짓는 등 긍정적인 정서를 보일 때 이러한 힘들을 경험한다. 반면 아버지는 요세미티 국립공원 하프돔에서 낙하산 슈트를 입고 신나게 뛰어내리기라도 한 것처럼 아기를 공중으로 던지거나 안은 채 비행기를 태워주는 등 거칠고 탐색적인 놀이에서 이를 경험한다.

8. Colantino, Joseph A., and Elizabeth Bonawitz. "Awesome Play: Awe Increases Preschooler's Exploration and Discovery." In *Proceedings of the 40th Annual Conference of the Cognitive Science Society*, 1536–41. Edited by Timothy M. Rogers, Marina Rau, Jerry Zhu, and Chuck Kalish. Madison, WI: Cognitive Science Society, 2018.

9. Anderson, Craig L., Dante D. Dixson, Maria Monroy, and Dacher Keltner. "Are Awe-Prone People More Curious? The Relationship between Dispositional Awe, Curiosity, and Academic Outcomes." *Journal of Personality* 88, no. 4 (2020): 762–79. https://doi.org/10.1111/jopy.12524.

10. Twenge, Jean M. "Increases in Depression, Self-Harm, and Suicide among U.S. Adolescents after 2012 and Links to Technology Use: Possible Mechanisms." *Psychiatric Research & Clinical Practice*. Published online March 27, 2020. https://doi.org/10.1176/appi.prcp.20190015.

11. Popova, Maria. *Figuring*. New York: Pantheon Press, 2019.

12. Carson, Rachel. "Help Your Child to Wonder." *Woman's Home Companion*, July 1956.

13. Carson, Rachel. *The Sense of Wonder: A Celebration of Nature for Parents and Children*. New York: Harper Perennial, 1998; 레이첼 카슨, 표정훈 옮김, 《센스 오브 원더》(에코리브르, 2012).

14. 이를 시각적으로 잘 표현한 작품으로 다음을 참조. Schwartzberg, Louie, dir. *Fantastic Fungi*. 2019. Los Gatos, CA: Netflix, 2019; 넷플릭스 다큐멘터리 〈환상의 버섯〉.

15. Halifax, Joan. *Being with Dying. Cultivating Compassion and Fearlessness in the Presence of Death*. Boulder, CO: Shambala Publications, 2008; 조앤 핼리팩스, 이성동, 김정숙 옮김, 《죽음을 명상하다: 삶과 죽음에 관한 마인드풀니스와 컴패션》(민족사, 2019).

16. Goetz, Jennifer, Emiliana Simon-Thomas, and Dacher Keltner. "Compassion: An Evolutionary Analysis and Empirical Review." *Psychological Bulletin* 136, no. 3 (2010): 351–74.

17. Woolf, Virginia. *The Essays of Virginia Woolf*. Edited by Andrew McNeillie. London: Hogarth Press, 2008, 161.

18. Norton, Loretta, Raechelle M. Gibson, Teneille Gofton, Carolyn Benson, Sonny Dhanani, Sam D. Shemie, Laura Hornby, Roxanne Ward, and G. B. Young. "Electroencephalographic Recordings during Withdrawal of Life-Sustaining Therapy until 30 Minutes after Declaration of Death." *Canadian Journal of Neurological Science* 44, no. 2 (2017): 139–45.

19. Taylor, Adam. "How Long Does the Brain Remain Conscious after Decapitation?" *Independent*, May 6, 2019. https://www.independent.co.uk/life-style/health-and-families/health-news/decapitation-survive-speak-anne-boleyn-henry-viii-conscious-brain-a8886126.html.

20. Pearson, Patricia. *Opening Heaven's Door: What the Dying Are Trying to Say about Where They're Going*. New York: Atria, 2014.

21. Koren, Leonard. *Wabi-Sabi: For Artists, Designers, Poets, and Philosophers*. Point Reyes, CA: Imperfect Publishing, 2008; 레너드 코렌, 박정훈 옮김,《와비사비: 그저 여기에》(안그라픽스, 2019).

11장

1. Darwin, Charles. *On the Origin of Species by Means of Natural Selection*. London: Murray, 1859, 489.

2. Browne, Janet. *Charles Darwin*. Vol. 1, *Voyaging*. New York: Alfred Knopf; London: Jonathan Cape, 1995. *Charles Darwin*. Vol. 2, *The Power of Place*. New York: Alfred Knopf, 2002; 재닛 브라운, 임종기 옮김,《찰스 다윈 평전: 종의 수수께끼를 찾아 위대한 항해를 시작하다(찰스 다윈 평전 1)》《찰스 다윈 평전: 나는 멸종하지 않을 것이다(찰스 다윈 평전 2)》(김영사, 2010).

3. Goetz, Jennifer, Emiliana Simon-Thomas, and Dacher Keltner. "Compassion: An Evolutionary Analysis and Empirical Review." *Psychological Bulletin* 136, no. 3 (2010): 351–74.

4. Darwin, Charles. *The Expression of Emotions in Man and Animals*. 3rd ed. New York: Oxford University Press, 1998.

5. 다윈의 설명에 대한 표는 다음을 참조. Keltner, Dacher. *Born to Be Good: The Science of a Meaningful Life*. New York: W. W. Norton, 2009, 18–20; 대커 켈트너, 하윤숙 옮김,《선의 탄생: 나쁜 놈들은 모르는 착한 마음의 비밀》(옥당, 2011).

6. Gosling, Sam. *Snoop: What Your Stuff Says about You*. New York: Basic Books, 2001; 샘 고슬링, 김선아 옮김,《스눕: 상대를 꿰뚫어보는 힘》(한국경제신문, 2010).

7. Sulloway, Frank J. *Freud, Biologist of the Mind: Beyond the Psychoanalytic Legend*. New York: Basic Books, 1979.

8. Sulloway, Frank J. *Born to Rebel: Birth Order, Family Dynamics, and Revolutionary Genius*. New York: Pantheon, 1996; 프랭크 설로웨이, 정병선 옮김, 《타고난 반항아: 출생 순서, 가족 관계, 그리고 창조성》(사이언스북스, 2008).

9. Darwin. *On the Origin of Species by Means of Natural Selection*, 489.

10. Darwin. *On the Origin of Species by Means of Natural Selection*, 489 – 90.

11. Kim, Sharon. *Literary Epiphany in the Novel, 1850 – 1950*. New York: Palgrave Macmillan, 2012.

12. Capra, Fritjof, and Pier Luigi Luisi. *The Systems View of Life: A Unifying Vision*. Cambridge, UK: Cambridge University Press, 2014. 시스템사고에 대한 초창기 철학적 주장은 다음을 참조. von Bertalanffy, L. *General Systems Theory*. New York: Braziller, 1968.

13. Nowak, Martin A. "Five Rules for the Evolution of Cooperation." *Science* 314 (2006): 1560 – 63.

14. Lent, Jeremy. *The Patterning Instinct: A Cultural History of Humanity's Search for Meaning*. Amherst, NY: Prometheus Books, 2016. 제러미 렌트 Jeremy Lent 는 이 패기 넘치는 책에서 패턴을 지각하는 우리 능력이 하나 되어 움직이고 모방하고 집단행동을 하는 등 경외심을 불러일으키는 여러 사회 성향들로부터 생겨났다고 설명한다. 즉 이 덕분에 우리는 패턴을 지각할 줄 아는 종이 되었다.

15. Lieberman, Matthew D. *Social: Why Our Brains Are Wired to Connect*. Oxford, UK: Oxford University Press, 2013; 매슈 D. 리버먼, 최호영 옮김, 《사회적 뇌 인류 성공의 비밀》(시공사, 2015).

16. 나의 동료 연구자인 리처드 니스벳은 그리스 고전 철학 및 계몽주의 시대 영향과 환원주의적인 분석에 대한 특별한 선호 때문에 지금 같은 형

태를 띤 시스템사고에 따라 문화가 나뉘었으며, 이러한 현상은 서구보다 동아시아 문화권에서 더 흔하게 나타난다고 주장했다. Nisbett, Richard. *The Geography of Thought: Why We Think the Way We Do*. New York: Free Press, 2003; 리처드 니스벳, 최인철 옮김,《생각의 지도: 동양과 서양, 세상을 바라보는 서로 다른 시선》(김영사, 2004).

17. Wulf, Andrea. *The Invention of Nature: Alexander von Humboldt's New World*. New York: Vintage Books, 2015; 안드레아 울프, 양병찬 옮김,《자연의 발명: 잊혀진 영웅 알렉산더 폰 훔볼트》(생각의힘, 2021).

18. 영적이거나 종교적인 비범한 지각 경험 덕분에 사람들이 새로운 사고 시스템을 갖추게 되는 원리에 대한 흥미로운 설명은 다음을 참조. Kripal, Jeffrey J. *The Flip: Epiphanies of Mind and the Future of Knowledge*. New York: Bellevue Literary Press, 2019.

19. Bai, Yang, Laura A. Maruskin, Serena Chen, Amie M. Gordon, Jennifer E. Stellar, Galen D. McNeil, Kaiping Peng, and Dacher Keltner. "Awe, the Diminished Self, and Collective Engagement: Universals and Cultural Variations in the Small Self." *Journal of Personality and Social Psychology* 113, no. 2 (2017): 185–209.

20. Wilson, Edward O. *The Meaning of Human Existence*. New York: Liveright Publications, 2014; 에드워드 O. 윌슨, 이한음 옮김,《인간 존재의 의미: 지속 가능한 자유와 책임을 위하여》(사이언스북스, 2016).

21. Valdesolo, P., and Jesse Graham. "Awe, Uncertainty, and Agency Detection." *Psychological Science* 25 (2014): 170–78. http://dx.doi.org/10.1177/0956797613501884.

22. Keltner, Dacher, and James J. Gross. "Functional Accounts of Emotion." *Cognition & Emotion* 13, no. 5 (1999): 467–80.

경외심

일상에서 맞닥뜨리는 경이의 순간은
어떻게 내 삶을 일으키고 지탱해주는가

초판 1쇄 발행 2024년 6월 19일
초판 2쇄 발행 2024년 7월 19일

지은이 대커 켈트너
옮긴이 이한나
펴낸이 최순영

출판2 본부장 박태근
W&G 팀장 류혜정
편집 남은경
디자인 김태수
교정교열 박경리

펴낸곳 ㈜위즈덤하우스 **출판등록** 2000년 5월 23일 제13-1071호
주소 서울특별시 마포구 양화로 19 합정오피스빌딩 17층
전화 02) 2179-5600 **홈페이지** www.wisdomhouse.co.kr

ISBN 979-11-7171-221-2 03180

· 이 책의 전부 또는 일부 내용을 재사용하려면 반드시 사전에 저작권자와
  ㈜위즈덤하우스의 동의를 받아야 합니다.
· 인쇄·제작 및 유통상의 파본 도서는 구입하신 서점에서 바꿔드립니다.
· 책값은 뒤표지에 있습니다.